T0326570

Sprachattitüden in Uganda

Schriften zur Afrikanistik
Research in African Studies

Herausgegeben von Rainer Vossen

Band 20

Julia Maximiliane Becker

Sprachattitüden in Uganda

Sprachpolitik und interethnische Beziehungen

Bibliografische Information der Deutschen Nationalbibliothek
Die Deutsche Nationalbibliothek verzeichnet diese Publikation in
der Deutschen Nationalbibliografie; detaillierte bibliografische
Daten sind im Internet über http://dnb.d-nb.de abrufbar.

Zugl.: Frankfurt (Main), Univ., Diss., 2012

Umschlaggestaltung:
© Olaf Glöckler, Atelier Platen, Friedberg

Gedruckt auf alterungsbeständigem,
säurefreiem Papier.

D 30
ISSN 1436-1183
ISBN 978-3-631-64422-5 (Print)
E-ISBN 978-3-653-03020-4 (E-Book)
DOI 10.3726/978-3-653-03020-4

© Peter Lang GmbH
Internationaler Verlag der Wissenschaften
Frankfurt am Main 2013
Alle Rechte vorbehalten.

PL Academic Research ist ein Imprint der Peter Lang GmbH.

Peter Lang – Frankfurt am Main · Bern · Bruxelles · New York ·
Oxford · Warszawa · Wien

www.peterlang.de

„Having a language does not only allow us to make sense of what we see and hear out there. It also allows us to look inside of our mind and soul to ask such questions as: Who are we? Where do we come from? Where are we going? Why are we here? Language is there for questions to be formulated and for answers to be proposed"

(Duranti 1997: 338).

Dank

Die Aufenthalte in Uganda waren ein sehr aufregendes Erlebnis und das nicht nur, weil das Land interessant und schön zugleich ist. Ich habe in Uganda Menschen kennengelernt, die mir – ohne mich lange zu kennen – das Vertrauen entgegenbrachten, mit mir zu sprechen, zu diskutieren und Informationen zu teilen. Diesen Mitarbeitern, Bekannten, Unterstützern und Freunden gilt mein größter Dank: Sie haben diese Arbeit erst möglich gemacht und meine Zeit in Uganda zu einer sehr schönen Erinnerung.

Auch an der Goethe-Universität in Frankfurt habe ich im Institut für Afrikanische Sprachwissenschaften/Institut für Afrikanistik immer große Unterstützung erfahren. Besonders danke ich Herrn Prof. Dr. Rainer Voßen für die konstruktiven Diskussionen und die engagierte Betreuung meiner Arbeit. Einen ebensolchen Dank richte ich an Frau Prof. Dr. Rose Marie Beck von der Universität Leipzig, die mir mit ihren kreativen Anregungen und den ausgiebigen Diskussionen aus vielen Sackgassen den Ausweg gewiesen hat.

Dem Deutschen Akademischen Austauschdienst (DAAD) danke ich für die finanzielle Unterstützung meiner Feldforschungsaufenthalte.

Herrn Prof. Dr. Thomas Bearth danke ich herzlich für die Vermittlung des Kontaktes in den *Nakasongola District*. Dies hat mir den Einstieg sehr erleichtert.

Gerne möchte ich allen Kolleginnen und Kollegen des Instituts für Afrikanische Sprachwissenschaften/Institut für Afrikanistik der Goethe-Universität für das angenehme Arbeitsklima und die vielen produktiven Gespräche danken – insbesondere meiner „Zimmerkollegin" Anna Haffner für die immer angenehme Zusammenarbeit.

Inhaltliche Diskussionen, fachliche Anregungen und vor allem der Austausch „rundherum" haben diese Arbeit vervollständigen können: Ein großer Dank geht daher auch an das Doktorandenkolloquium des Instituts für Afrikanische Sprachwissenschaften/Institut für Afrikanistik und der DocAG „Interpretative Sozialforschung" der Grade (früher FGS) der Goethe-Universität. Das gemeinsame Interpretieren und Diskutieren waren eine Bereicherung und auch jenseits der Diskussionen eine sehr willkommene Abwechslung.

Damit nicht genug. Ich danke allen Freundinnen und Freunden, die mir in der Zeit des Promovierens in jedweder Hinsicht Unterstützung waren und mich den Wert der Freundschaft gelehrt haben.

Besonderen Dank möchte ich an meine Freundinnen Heike Andreas, Bernadette Böcker, Claudia Borchers, Kirstin Frohnapfel, Alexandra Herzberger, Barbara Kemper und Rhea Seehaus richten. Heike, Bernadette und Rhea für die vielen Diskussionen, Anregungen und die gute Zusammenarbeit, Claudia, Alexandra und Kirstin, die mir mit ihren „flinken Augen" die Korrektur erleichtert haben und Barbara als Anlaufstelle und Ansprechpartnerin in Uganda.

Meinen letzten Dank richte ich an meine Familie, ohne die vieles so nicht möglich gewesen wäre: Meinen Eltern und meinem Patenonkel Eike danke ich von ganzem Herzen für die immerwährende Unterstützung (nicht nur während der Zeit des Promovierens) und die vielen aufmunternden Worte.

Meinem Vater für die unendlich vielen Seiten des Korrekturlesens, die zahlreichen Inspirationen und Diskussionen. Meiner Mutter für das immer „offene Ohr" und großartige Unterstützung „rundherum"!

Zuletzt danke ich Ingo. Für seine Leidenschaft für Uganda, seinen Enthusiasmus und vieles mehr.

Inhaltsverzeichnis

I Einleitung...17
1.0   Untersuchungsgegenstand..20
2.0   Ziel der Arbeit...21
3.0   Aufbau der Arbeit..22

II Theoretische Grundlagen...25
4.0   Theoretische Ansätze zu Sprache und Identität.................25
    4.1   Sprachbegriff...25
    4.2   Die Rolle der Sprache in der Identitätskonstruktion.........31
    4.3   Sprache und Identität im Nationenbildungsprozess.........36
    4.4   Sprachpolitik und Nationenbildung in Afrika.................40
    4.5   Sprachattitüden und Sprachideologien.........................47
    4.6   Resümee...52

III Methoden und Forschungsprozess.................................53
5.0   Methoden und Methodologie..53
    5.1   Qualitative Sozialforschung – eine kurze Einführung.......53
    5.2   Methodenkombination...54
    5.3   Zur Generalisierbarkeit qualitativer Forschungs-
         ergebnisse...56
6.0   Erhebungsmethoden..57
    6.1   Das problemzentrierte Interview...................................57
    6.2   Die Gruppendiskussion...60
    6.3   Die Konstitution der Gruppen.......................................61
7.0   Analysemethoden...63
    7.1   Die qualitative Inhaltsanalyse.....................................63
    7.2   Gesprächsanalyse und Kritische Diskursanalyse.............66
        7.2.1   Die ethnographische Gesprächsanalyse.................67
        7.2.2   Die Kritische Diskursanalyse.................................68
8.0   Zusammenfassung...70
9.0   Der Forschungsprozess in Uganda..................................70
    9.1   Das Sample...72
    9.2   Regionen und ethnische Gruppen...................................74
        9.2.1   *Kampala District*...75
        9.2.2   Zentraluganda: *Nakasongola District*................76
        9.2.3   Der Westen: *Mbarara District*............................77
        9.2.4   Der Osten: *Mbale District*.................................78
        9.2.5   Der Norden: *Gulu District*.................................79
    9.3   Zugang zum Feld...79
10.0 Reflektion der Methodologie und des Forschungsprozesses.......80

IV Sprachattitüden in Uganda – Eine multiperspektivische
Betrachtung..85
11.0 Die Metaebene: Die Kernfunktionen von Sprache.........................85
   11.1 Identität..86
      11.1.1 Die räumliche Konstruktion von Identität
         in Uganda..90
         11.1.1.1 Clan..91
         11.1.1.2 *tribe*...95
         11.1.1.3 Nation..96
   11.2 Inklusion und Exklusion...97
   11.3 Macht..100
      11.3.1 Öffentliche Sphäre: Politik...100
      11.3.2 Privatsphäre: Intrapersonale Ebene...............................104
12.0 Die Perspektive der Regierung: Sprachpolitik und
   gesellschaftliche Entwicklung in Uganda.....................................108
   12.1 Die präkoloniale Phase..110
   12.2 Die koloniale Phase...112
   12.3 Die postkoloniale Phase..117
      12.3.1 Exoglossische Sprachpolitik unter
         Milton Obote..119
      12.3.2 Politischer und sprachlicher Wandel
         unter Idi Amin...126
   12.4 Die Regierung Museveni und das *National Resistance*
      Movement...130
      12.4.1 Machtübernahme 1986..131
      12.4.2 Die *Lord's Resistance Army* –
         Widerstand aus dem Norden..132
   12.5 Die ugandische Sprachpolitik vor der
      Verfassung von 1995..133
   12.6 Die ugandische Sprachpolitik seit der
      Verfassung von 1995..135
      12.6.1 Präferierte Nationalsprache Kiswahili............................139
         12.6.1.1 Außenpolitische Relevanz:
            Das Wirtschaftsbündnis EAC
            und die Sprachenfrage..142
         12.6.1.2 Innenpolitische Relevanz: Kiswahili
            als Ausdruck tribaler Einheit...................................146
   12.7 Die Position der Regierung zur offiziellen Sprache
      Englisch..153
   12.8 Sprachattitüden und Handlungspotentiale der
      ugandischen Regierung...155

13.0 Die Perspektive der Bevölkerung: Sprachattitüden
    zur Nationalsprachenfrage in Uganda 159
  13.1 Nationalsprache in Uganda – Positionen der Bevölke-
    rung 160
      13.1.1 Die Notwendigkeit einer Nationalsprache 160
      13.1.2 Nationalsprache als Faktor gesellschaftlicher
          Einigkeit 162
      13.1.3 Nationalsprache als Sprache allgemeiner
          Verständigung 164
      13.1.4 Nationalsprache als Konfliktgegenstand 166
  13.2 Sprachattitüden der ugandischen Bevölkerung 171
      13.2.1 Neutralität 172
      13.2.2 Gewalt..........................178
      13.2.3 Schmerz und Scham 186
      13.2.4 Stolz 188
      13.2.5 Überlegenheit und Dominanz 191
      13.2.6 Eliten und Macht 195
      13.2.7 Bildungsniveau 196
      13.2.8 Verbreitung 203
      13.2.9 Sprache der Hauptstadt 210
      13.2.10 Regionalität 214
      13.2.11 Schmelztiegel der Sprachen 220
      13.2.12 Sprache der Zukunft 223
      13.2.13 Ablehnung 226
  13.3 Zwischenfazit 230
      13.3.1 Kiswahili 231
      13.3.2 Luganda 235
      13.3.3 Acholi 238
      13.3.4 Englisch 240
14.0 Die Perspektive der Wissenschaft: Wissenschaftliche
    Positionen zu Sprache und Recht 244
  14.1 Sprachenrechte in der Analyse – eine diskurs-
    analytische Betrachtung 245
  14.2 Sprachenrechte und *Linguistic Human Rights* –
    ein Überblick 246
  14.3 Identität 256
      14.3.1 Die Bedeutung der Muttersprache in Uganda 259
      14.3.2 Die Muttersprache als Unterrichtssprache in
          der Primarbildung 262
  14.4 Inklusion und Exklusion 273
      14.4.1 Forcierte Inklusion 277

14.4.2 Positive Exklusion: Markierung ethnischer
    Grenzen..281
14.5 Macht..285
    14.5.1 Dominante Sprachen in Uganda................................289
    14.5.2 Interethnische Machtbeziehungen in Uganda.............295
    14.6 Der wissenschaftliche Diskurs um Sprachenrechte –
        ein Resümee...298
V Fazit..307
15.0 Sprachattitüden in Uganda – ein Rückblick.........................307
16.0 Funktionalität von Sprache..311
17.0 Ausblick..316

VI Bibliographie..317

Abkürzungsverzeichnis

AU	African Union
DP	Democratic Party
EAC	East African Community
HSMF	Holy Spirit Mobile Forces
IDP	Internally Displaced People
ITLC	Interterritorial Language Committee
KY	Kabaka Yekka
LRA	Lord's Resistance Army
NCDC	National Curriculum Development Center
NGO	Non-Governmental Organization
NRA	National Resistance Army
NRM	National Resistance Movement
UMDF	Uganda Media Development Foundation
UNDP	United Nations Development Programme
UNCP	Uganda National Culture Policy
UNESCO	United Nations Educational, Scientific and Cultural Organization
UNHCR	United Nations High Commissioner for Refugees
UPC	Uganda's People Congress

Tabellen- und Abbildungsverzeichnis

Tabelle 1   Übersicht der Muttersprachen der Gesprächspartner   73
             in Uganda

Tabelle 2   „Die Verwendung von Sprachen in der   134
             Schulausbildung nach der Empfehlung der
             ‚Kommission zur Überarbeitung der Bildungspolitik'
             (1989)"

Abbildung 1 Identifikationsstruktur in Uganda   91

Karte 1   Sprachen & Sprachfamilien in Uganda   71

Karte 2   Untersuchungsgegenstand: Distrikte in Uganda   75

Transkription
(nach GAT 2, Selting et al. 2009)

((...))	unverständliche Passage
(.)	Minimalpause
(1.2)	Dauer der Pause in Sekunden
[...]	Auslassung in der Sequenz
[mhm]	Hörersignal im Text, bei Gruppendiskussion mit Hinweis auf den Sprecher/Sprecherin
lang[uage	
[it is the	überlappende Sprechweise
>leise Sprechen<	leises Sprechen
>>leise Sprechen<<	sehr leises Sprechen
<lautes Sprechen>	lautes Sprechen
<<lautes Sprechen>>	sehr lautes Sprechen
@lachend@	lachende Sprechweise
she=said	schnelle Sprechweise, Wortgrenzen verschwimmen
the WHAT?	Betonung einzelner Silben oder Worte
a:, a::	Vokallängung

KAPITEL I

Einleitung

Sprachattitüden sind Ausdruck dessen, was Menschen über eine Sprache oder sprachliche Varietät denken und mit ihr assoziieren. Jeder Mensch bewertet Sprachen unterschiedlich, je nach dem, welche individuellen Erlebnisse und historischen Ereignisse seinen Erfahrungshorizont geprägt haben. Als solche sind Sprachattitüden eine Komponente in der gegenseitigen Beurteilung von Menschen.

Ein Beispiel: Zwei Menschen[1] treffen aufeinander und beginnen ein Gespräch. Realisieren sie im V88erlauf der Kommunikation, dass sie dieselbe Sprache sprechen, kann dies verschiedene Reaktionen hervorrufen: einerseits kann durch die (Mutter)Sprache ein Gefühl von Zusammengehörigkeit und Gemeinschaft erzeugt werden: Nicht nur das gemeinsame Vokabular und die daraus resultierende problemlose Kommunikation tragen zu diesem Gefühl bei. Über eine Sprache werden weitere Aspekte transferiert: (Landes-)Kultur, Geschichte, kulturimmanente Eigen- und Besonderheiten und nationale Traditionen. Diese erleichtern das gegenseitige Verständnis. Die beiden Fremden empfinden möglicherweise aufgrund ihrer gemeinsamen Sprache und Kultur ein Gefühl der Verbundenheit und werden diese Situation positiv bewerten.

Andererseits aber kann diese Interaktion auch ein negatives Gefühl bei den Gesprächspartnern hervorrufen. Diese unbewusste Reaktion wird dann durch die Sprache, den Dialekt oder die sprachliche Varietät ausgelöst. Das Gesagte bzw. das Medium, in dem etwas gesagt wurde, evoziert eine ablehnende Haltung seitens eines oder beider Interaktanten, weshalb sich die Kommunikation im negativen Fall auf ein Minimum reduzieren und das Bild der beiden Menschen prägen wird. Bamgbose beschreibt diese Reaktionen wie folgt:

> „If we don't like a group, we tend to transfer our negative feelings about that group to their language. Discriminating against their language through avoidance, non-recognition, suppression, proscription, etc. may well be a subtle way of discriminating against the group itself" (Bamgbose 2000: 4).

Dieses Phänomen unbewusster Bewertung anhand von Sprachen wird Sprachattitüden genannt. Sie umfassen die Gefühle, Haltungen und Einstellungen gegenüber Sprachen und sprachlichen Varietäten, derer

---

1 In dieser Arbeit wird auf eine gendergerechte Sprache geachtet. Sollte in manchen Fällen nur die maskuline Form verwendet werden, wird dennoch auf beide Geschlechter referiert, wenn es nicht anders expliziert wird.

Menschen sich in unterschiedlicher Weise bedienen können. Sprachattitüden stehen somit in einem engen Zusammenhang mit Stereotypen und Vorurteilen und sind daher auch häufig in Kontexten von Identität, Macht und Zugehörigkeit zu finden. Sie stehen im Zentrum des Erkenntnisinteresses dieser Arbeit und werden im Folgenden im Hinblick auf Sprachpolitik und interethnische Beziehungen in Uganda untersucht.

Das ostafrikanische Land Uganda hat etwa 30 Millionen Einwohner, die auf einer Fläche leben, die etwa zwei Dritteln der Größe der Bundesrepublik entspricht. In Uganda werden 43 Sprachen gesprochen, die vier Sprachfamilien zugeordnet werden. Am weitesten verbreitet sind nilotische Sprachen (Norduganda) und Bantusprachen (West-, Zentral- und Ostuganda). Des Weiteren werden auch zentralsudanische und Kuliaksprachen gesprochen. (vgl. Lewis 2009).

In Uganda gibt es keine Sprache, die als Kommunikationsmittel für die ganze Bevölkerung dient. Englisch ist zwar offizielle Sprache des Landes, wird aber nur von einem Teil der Bevölkerung verstanden und gesprochen. Eine Sprache, die die überregionale Kommunikation und Interaktion ermöglicht, existiert nicht. Es stellt sich die Frage, wie die Kommunikation zwischen den Sprachgemeinschaften, die im Wesentlichen mit den ethnischen Gruppen des Landes übereinstimmen, hergestellt werden soll. Die interethnischen Beziehungen in Uganda sind – bedingt durch die Geschichte des Landes – vergleichsweise gespannt und die Identifikation mit der Nation ist sehr gering.

Es ist daher Aufgabe der Regierung, mithilfe von Sprachpolitik interethnische Interaktion zu fördern und ein nationales Kommunikationsmittel zu etablieren. Zunächst werden die Begriffe *offizielle Sprache*, *lingua franca* und *Nationalsprache* definiert.

Als *offizielle Sprache*, oder auch *Amtssprache*, wird jene Sprache bezeichnet, die in der Beziehung zwischen Bürger und Staat verwendet wird. So werden in der offiziellen Sprache Rechtsnormen publiziert, Verwaltungs- und Gerichtsverfahren durchgeführt, Beschwerden geführt und Auskünfte erteilt. Die offizielle Sprache ist die Sprache, die das Verhältnis Bürger-Staat konstituiert und in der wesentliche Merkmale und Pfeiler eines Staates formuliert sind (Verfassung, Rechtsnormen). In einem multilingualen Land, in dem die Muttersprache nicht gleichzeitig Amtssprache ist (wie beispielsweise in Deutschland), muss das Bildungssystem dafür sorgen, dass das Erlernen dieser Sprache im Schulunterricht gewährleistet wird, um eine problemfreie Kommunikation zwischen Bürger und Staat zu ermöglichen. Durch die Festschreibung einer offiziellen Sprache kommt es zu einem Normierungsprozess, in dem andere Sprachen als Kommunikationsinstrument gegenüber dem Staat ausgeschlossen werden (vgl. u.a. Manz 2002).

Mit *lingua franca* bezeichnet man eine überregionale „Vermittlungssprache" in einer multilingualen Sprachgemeinschaft. Die häufig auch als „Verkehrssprache" bezeichnete *lingua* franca „wird vor allem in bestimmten Bereichen des öffentlichen Lebens wie Handel, Arbeitswelt, Schule, Militär und öffentlicher Verwaltung" (Broß 2001b: 673f.) verwendet. Auf dem afrikanischen Kontinent haben sich zahlreiche Verkehrssprachen in unterschiedlichen Regionen herausgebildet. In Ostafrika hat sich das Kiswahili als *lingua franca* etabliert.

Im Fokus der Untersuchung der Sprachpolitik in Uganda steht die *Nationalsprache*. Sie ist weniger deutlich abgegrenzt und wird häufig auch mit der *Amtssprache* oder *lingua franca* gleichgesetzt, bzw. als „eine nach sprachpolitischen Kriterien bestimmte Verkehrssprache innerhalb eines staatlichen Gebiets" (Broß 2001a: 431) definiert. In der Afrikanistik ist der Begriff der Nationalsprache nicht fest umrissen oder durch ein einheitliches Konzept definiert. Heine unterscheidet *de jure* und *de facto* Nationalsprachen: *De jure* Nationalsprachen sind diejenigen Sprachen, die gesetzlich von der Regierung manifestiert wurden. *De facto* Nationalsprachen beschreibt Heine als jene Sprachen, die von mehr als der Hälfte der Bevölkerung gesprochen werden, die symbolisch für eine nationale Identität oder nationalen Zusammenhalt stehen oder die Ausdruck nationaler Kultur und Lebensform sind (vgl. Heine 1979 in Smieja 2003: 71). Die Hauptfunktion einer Nationalsprache ist die Schaffung einer nationalen Identität in einer multiethnischen und multilingualen Gesellschaft. Hinter der Etablierung einer Nationalsprache steht meist eine politische Absicht:

> „The declaration may be a step in the process of asserting the nationhood of a newly independent or established nations, for instance, as in the case of Swahili in Tanzania, Hebrew in Israel, Malay in Malaysia, and Indonesian in Indonesia" (Holmes 1992: 106).

In dieser Arbeit werden die drei Status wie folgt definiert: Die offizielle Sprache beschreibt das Verhältnis zwischen Staat und Bürger, die *lingua franca* ist definiert als eine weit verbreitete, regionale Sprache in der alltäglichen Kommunikation. Die Nationalsprache hingegen dient der Identifikation mit der Nation und der interethnischen Kommunikation. Vorliegend wird die gesetzliche Manifestierung der Nationalsprache vorausgesetzt, da sie im Rahmen von Sprachpolitik diskutiert wird. Im Zentrum dieser Arbeit steht also die Etablierung einer *de jure* Nationalsprache.

In Uganda wurden seit der Unabhängigkeit immer wieder Versuche unternommen, eine Sprache zur nationalen Kommunikation zu etablieren. Bis heute gibt es jedoch weder eine *de jure* noch eine *de facto* Nationalsprache. Da Sprache ein Merkmal kollektiver Identitäten ist, dient sie als Mittel der „symbolische[n] Integration" (Fishman 1975: 32): „[...] sie [die Nationalsprache, Anm. J.B.] ist es auch tatsächlich, die dabei mithilft, Individuen, die sonst kein Interaktionsnetzwerk bilden, zu einer symbolischen Sprachgemeinschaft oder zu einem „Volk" zu vereinigen" (ebd.).

Sprachattitüden werden in dieser Arbeit als Zugang zu Sprachpolitik und interethnischen Beziehungen verwendet, um den symbolischen Charakter von Nationalsprachen in Uganda aus verschiedenen Perspektiven zu betrachten.

1.0 Untersuchungsgegenstand

Die übergeordnete Fragestellung der Arbeit lautet: *In welcher Weise beeinflussen Sprachattitüden die Sprachpolitik und interethnische Beziehungen in Uganda?*

Dazu werden Rolle und Bedeutung verschiedener indigener Sprachen in Uganda untersucht und analysiert, wie verschiedene Sprachen und sprachpolitische Modelle von der Regierung, der Gesellschaft und der Wissenschaft konnotiert werden und welche Bilder und Ideologien hinter diesen Sprachen stehen.

Zur Analyse des Datenmaterials dienen folgende Fragen als Leitfaden:

• Welcher Zusammenhang wird zwischen Sprache und Identität hergestellt?
• Welche Ziele werden von der Regierung mit Sprachpolitik verfolgt und wie positioniert sich die Bevölkerung dazu?
• Wie wird das Verhältnis von Sprache und Mensch in Uganda konzipiert?
• Sind interethnische Beziehungen in Uganda beeinflusst/ beeinträchtigt durch den Faktor Sprache? Wie positionieren sich die *tribes*[2] zueinander?
• Wie konstituiert sich die Trias aus Sprache, Identität und Nationalgedanke?
• Wie drücken sich diese Relationen in der sprachlichen Praxis aus? Lassen sich hieraus Sprachattitüden ableiten?

---

2 In dieser Arbeit wird statt des deutschen Begriffs „Stamm" der englische Begriff *tribe* verwendet, da sich die Autorin von dem häufig negativ konnotierten und umstrittenen Begriff abgrenzen möchte. Da aber die Befragten immer wieder von *tribe* sprachen, wird dieser Begriff in den Sprachgebrauch der Arbeit übernommen. Wie alle anderen Fachbegriffe oder englischen Bezeichnungen, die nicht übersetzt werden, wird auch *tribe* in dieser Arbeit immer kursiv gedruckt.

- Welche Haltungen und Sprachattitüden liegen dem Wissenschaftsdiskurs zugrunde und wie prägen diese die Politik?
- Lassen sich politische mit gesellschaftlichen Interessen vereinen, und welche Rolle können Sprachattitüden dabei spielen?
- In welchem Zusammenhang steht das mit den theoretischen Konzepten von Sprachenrechten und Nationenbildung?

Eine leitende These der Arbeit ist, dass Sprachattitüden interethnische Beziehungen beeinflussen bzw. Ausdruck derselben sind. Als solche können sie Einfluss auf Sprachpolitik nehmen.

Zur Beantwortung der allgemeinen Fragestellung und der Teilfragen wurde in zwei mehrmonatigen Feldforschungsaufenthalten 2008 und 2009, die beide durch den Deutschen Akademischen Austauschdienst (DAAD) gefördert wurden, empirisches Datenmaterial erhoben und mithilfe eines qualitativen Methodenkanons untersucht.

Es besteht die Überzeugung, dass durch die Analyseperspektive der Sprachattitüden eine „Innenansicht" auf Sprachpolitik gegeben werden kann, die neue Aspekte zum Thema aufwirft. Dazu wird die ugandische Sprachpolitik aus drei Perspektiven untersucht: Die Perspektive der Regierung (Kapitel 13) eröffnet die Untersuchung und stellt den politischen und gesetzlichen Rahmen von Sprachpolitik in Uganda vor. In der Perspektive der Bevölkerung (Kapitel 14) werden die Haltungen der Gesellschaft zu Sprachpolitik und Nationalsprachenfrage untersucht. Es wird davon ausgegangen, dass die Analyse der Haltungen der Bevölkerung Einblicke in die Bewertung von sprachpolitischen Entscheidungen geben kann. Die Perspektive der Wissenschaft (Kapitel 15) schließlich deckt dem Wissenschaftsdiskurs inhärente Sprachattitüden auf und hinterfragt seine Motive und Ziele.

2.0 Ziel der Arbeit

Die Arbeit leistet einen empirischen Beitrag zu den wissenschaftlichen Konzepten von Identität, Sprachpolitik und Nationalität und gibt damit Anstoß für weitere empirische Projekte. Durch die Verknüpfung linguistischer, soziologischer und politikwissenschaftlicher Elemente versteht sich die Arbeit als interdisziplinärer Beitrag zu Sprachpolitik und interethnischen Beziehungen.

Die facettenreiche Betrachtung von Regierungs-, Bevölkerungs- und Wissenschaftsperspektive versucht, die Problematik von Nationalsprache und Mehrsprachigkeit in Uganda zu rekonstruieren und zu analysieren. Die Wahl der Sprachattitüden als Analysegrundlage wird als neuer Ansatz zur Sprachpolitikforschung präsentiert, der Konzepte aus der

Sprachsoziologie und den Sozialwissenschaften miteinander verbindet. Die bisher zu Sprachattitüden und -ideologien erschienenen Publikationen haben vor allem eine quantitative Ausrichtung. Vorliegend hingegen wird eine qualitative Herangehensweise gewählt, um einerseits den Facettenreichtum der Haltungen abbilden und andererseits einen alternativen Blick auf Sprachpolitik und Nationalsprachenfrage liefern zu können. Anhand des Fallbeispiels Uganda werden durch eine Tiefenanalyse die Haltungen von Regierung und Bevölkerung zu verschiedenen Sprachoptionen untersucht. Darüber hinaus soll eine Untersuchung der Wissenschaftsperspektive Aufschluss darüber geben, in welcher Weise Sprachattitüden der Wissenschaft implizit sind und wie sich diese auf die Rezipienten auswirken und deren Haltungen prägen können.

Diese Perspektive wird mit den empirisch gewonnenen Erkenntnissen aus Uganda kontrastiert und versucht, so das Einflusspotential wissenschaftlicher Konzepte nachzuweisen. Auf diese Weise sollen neue Impulse für die Untersuchung des Gegenstands der Sprachpolitik gegeben und Erkenntnisse für den Wissenschaftsdiskurs geliefert werden.

3.0 Aufbau der Arbeit

Die Studie ist angesiedelt im übergeordneten Wissenschaftsfeld von Sprache, Identität und Nationenbildung. Hierzu werden in Kapitel II Theoretische Grundlagen zunächst der aktuelle Forschungsstand beschrieben und die relevanten Konzepte und Ansätze vorgestellt, die als Rahmen für die Arbeit fungieren.

In Kapitel III Methoden und Forschungsprozess wird die Arbeit in ihrem methodologischen Rahmen verortet. Erhebungs- und Analysemethoden zählen zum Methodenkanon der qualitativen Sozialforschung. Sowohl bei der Erhebung als auch bei der Analyse wurden verschiedene methodische Ansätze miteinander verknüpft, um den verschiedenen Facetten der Fragestellung und der Interdisziplinarität Rechnung zu tragen. Als Grundlage der Analyse dienen einerseits das in Uganda erhobene empirische Material und andererseits Zeitungsberichte, Regierungsdokumente, politische Reden von Regierungsoberhäuptern, Autobiographien, wissenschaftliche Texte sowie Internetseiten verschiedener regionaler Einrichtungen und Institutionen. Des Weiteren werden der Forschungsprozess und das Sample vorgestellt. Abschließend werden Methodologie und Forschungsprozess in Uganda kritisch reflektiert.

Unter Punkt IV Sprachattitüden in Uganda – Eine multiperspektivische Betrachtung werden die empirischen Ergebnisse präsentiert. Bei der Analyse hat sich gezeigt, dass Sprache auf zwei Ebenen wirkt. Es werden Metaebene und Gegenstandsebene unterschieden. Während die Metaebene auf einer allgemeinen Ebene die Kernfunktionen von Sprache be-

schreibt (Kapitel 11), werden auf der Gegenstandsebene die drei bereits
genannten Perspektiven eingenommen, um die Fragstellung der Arbeit
zu beantworten: Aus einer historischen Betrachtungsweise wird als
erstes die Perspektive der Regierung (Kapitel 12) untersucht. Hierzu
werden durch Zuhilfenahme von Primärquellen und historischer Sekundärliteratur die Sprachattitüden der Regierungen Obote, Amin und Museveni herausgearbeitet. Es wird aufgezeigt, wie sich die sprachpolitischen Entscheidungen verändert, welche inhärenten Haltungen die jeweiligen Regierungen geprägt und welche Motive hinter diesen Attitüden gestanden haben. Die Perspektive der Bevölkerung (Kapitel 13) gibt
einerseits Aufschluss über die individuellen Einstellungen der Gesellschaft zu verschiedenen sprachpolitischen Optionen und andererseits
über die interethnischen Beziehungen Ugandas. Hier stehen sehr mar-
kante und häufig auftretende Sprachattitüden, die mithilfe von Gruppendiskussionen und problemzentrierten Interviews erhoben wurden im
Fokus. Abschließend werden anhand der Sprachattitüden Sprachprofile
zu den Sprachen erstellt, die von den Befragten als Optionen für die Nationalsprache genannt wurden. Die Perspektive der Wissenschaft (Kapitel 14) rundet den empirischen Teil der Arbeit ab. Im Fokus steht die
Analyse der *Linguistic Human Rights* und die dem Wissenschaftsdiskurs
um Sprachenrechte inhärenten Sprachattitüden.

Im Fazit werden abschließend die Ergebnisse zusammengeführt und
Ausblicke für weitere Forschungsarbeiten gegeben.

KAPITEL II

Theoretische Grundlagen

„Verbal language both brings us together with other human beings, and sets us apart from each other. Through language we assimilate a culture, a system of meaning and a way of reasoning and viewing the world. Our mother tongue, or language of primary socialisation, provides our initial contact with the world and facilitates the formation of values and our views of ourselves. In pre-colonial African societies the languages which were used developed consistently with the social and cultural transformation" (Campbell-Makini 2000: 113).

4.0 Theoretische Ansätze zu Sprache und Identität

Sprache und Identität bilden den theoretischen Rahmen des Forschungsprojektes. Innerhalb dieser Determinanten dreht sich die Fragestellung um Sprachattitüden, Sprachpolitik und interethnische Beziehungen in Uganda. Der Zusammenhang von Sprache und Identität, wie im Folgenden noch ausführlich gezeigt werden wird, nimmt Einfluss auf die Haltungen von Menschen zu anderen Menschen und ihren Haltungen gegenüber bestimmten Sprachen, welche wiederum Auswirkungen auf das Handeln und den politischen Entscheidungsprozess nationaler Sprachpolitiken haben – so eine These der Arbeit.

Innerhalb des folgenden Kapitels wird deshalb zunächst der dieser Arbeit zugrunde liegende Sprachbegriff wissenschaftlich gerahmt, um anschließend die Diskurse um den Zusammenhang von Sprache und Identität in Relation zum Nationenbildungsprozess darzustellen. Ferner wird die symbolische Funktion von Sprache untersucht, insbesondere als Verbindungselement zu und im Hinblick auf die Konzepte von Sprachideologien und Sprachattitüden. Im Fokus steht hierbei immer der Zusammenhang von Mehrsprachigkeit, Kultur und Identitätskonstruktion (mittels Sprache) in Afrika, der insbesondere auch im Hinblick auf den *double bind* von Ethnizität und Nationalität für den ugandischen Kontext von besonderer Bedeutung ist.

4.1 Sprachbegriff

Stellt man die Frage, was Sprache eigentlich ist, so werden die Antworten sehr unterschiedlich ausfallen: Sprache ist eines der wichtigsten Güter der Menschheit. Als komplexes Phänomen ist sie Ressource, ideologisches Instrument, Identifikationsmerkmal, Kommunikations- und Verständigungsmittel, „Symbol der Sprachgemeinschaft [...] und Strukturierungsmedium unseres Weltwissens" (Lapinski & Rosenberg 2001: 11). Ihre Komplexität macht Sprache zu einer zentralen Kategorie in gesellschaftlichen Strukturen. Broszinsky-Schwabe konstatiert, dass „[k]eine menschliche Gesellschaft ohne Sprache existieren [kann]" (2011: 99). In vorliegender Arbeit wird Sprache in der Tradition der Sprachsoziologie und Soziolinguistik als elementarer Bestandteil zur Herstellung gesellschaftlicher Prozesse und Wirklichkeiten bzw. als „sprachliches Handeln" definiert, welches als „cultural resource" und „set of sociocultural practices" fungiert (Schieffelein 1990: 16)[3]. In diesem Verständnis ermöglicht Sprache zwischenmenschliche Kommunikation und wird vorliegend vor allem im Spannungsfeld von Gesellschaft, Kultur und Identität betrachtet. Sprache ist also Ausdruck sozialer Zugehörigkeit und dient als solche unterschiedlichen Funktionen, wie berufliche Konversation, informelle Unterhaltungen, Informationsaustausch sowie emotionale Auseinandersetzungen, welche derart kulturell unterschiedlich ausgestaltet sein können[4].

> „Für das Individuum ist die Sprache nicht nur eine Bedingung der sozialen Interaktion, sie dient auch zur Prägung der subjektiven Erfahrung. Sprache ist überdies das wichtigste Instrument für die soziale Vermittlung und subjektive Internalisierung solcher Wirklichkeiten" (Knoblauch 1995: 43).

Die Betrachtung von Sprache als sozialem und kulturellem Phänomen sowie ihrer gesellschaftlichen Funktion, bzw. der Interaktion, wendet sich gegen die scharfe Trennung von Sprache und Sprechen der strukturalistischen Ansätze der modernen Linguistik[5].

Die Differenz von Sprache und Sprechen wurde in der Sprachwissenschaft als „Leitdichotomie" (Deppermann et al. 2006: 5) hervorgehoben. Dieser Ansatz geht auf den „Gründer der Linguistik" (Mooney 2011: 2), Ferdinand de Saussure (*langue* vs. *parole*), zurück und wurde von vielen weiteren Sprachwissenschaftlern aufgegriffen. Chomsky gehört ebenfalls zu den Vertretern einer normativen Sprachwissenschaft, die Sprache als abstraktes, regelgeleitetes System idealisiert und die Kommunikation le-

---

3 Sprachsoziologie und Soziolinguistik befassen sich beide mit dem Wissenschaftsfeld von Sprache und Gesellschaft. Die Sprachsoziologie wird als Teildisziplin der Soziologie und die Soziolinguistik als Teilgebiet der Sprachwissenschaft zugeordnet.
4 Zu den unterschiedlichen Funktionen von Sprache und ihrer kulturellen Ausprägung siehe u.a. Hudson 1987: 106ff. Kultur wird in vorliegender Arbeit im Sinne Goodenoughs verwendet: „a society's culture consists of whatever it is one has to know or believe in order to operate in a manner acceptable to its members, and to do so in any role that they accept for any one of themselves" (Goodenough 1957 zitiert nach Wardhaugh 1992: 217). Dieses Wissen wird sozial – durch das Aufwachsen in der betreffenden Gesellschaft – erworben. Diese Definition wendet sich damit vom Begriff und der Definition der „Hochkultur" ab und sieht Kultur vielmehr als ein sozial erworbenes Wissen, welches die Integration in der Gesellschaft ermöglicht.
5 In ihrer Publikation von 2003 gehen die Autoren Bauman und Briggs der Trennung von Sprache und sozialen Faktoren historisch nach und verorten sie bereits in den Theorien von Francis Bacon und anderen Autoren des ausgehenden 19. Jahrhunderts (vgl. Bauman & Briggs 2003).

diglich als performativen Akt versteht (Kompetenz vs. Performanz). In der Sprachwissenschaft wurde in der Folge das abstrakte System Sprache losgelöst von Kommunikation und seiner interaktionalen Funktion betrachtet.

> „Besonders prominent ist etwa Chomskys Diktum der ‚poverty of the stimulus', nach dem die alltäglichen Sprachproduktionen so unsystematisch seien, dass es unmöglich ist, auf ihrer Basis allein mithilfe allgemeiner kognitiver Fähigkeiten das Regelsystem einer Sprache zu ermitteln und zu erlernen. Auch heute noch liegt diese Sichtweise vielen normativen und universalistischen Grammatikverständnissen zu Grunde" (Deppermann et al. 2006: 5).

Auch Knoblauch (1995) kritisiert diese Dichotomie von Sprache und Sprechen:

> „Eine solche ‚abstrakt-objektivistische' Vorstellung der Sprache leidet nicht nur daran, dass die Sprache zu einem unabhängigen Gebilde verdinglicht wird, wie es eigentlich nur in der Sprachwissenschaft vorkommt; ja genaugenommen wird sie erst von der Sprachwissenschaft zu einem solchen eigenständigen System ‚linguistisch konstruiert' (Grace 1987). (Von einem Sprach'system' kann, wie Bakthin schon bemerkte, nur aus der idealisierenden Sicht der Linguistik geredet werden)" (Knoblauch 1995: 36).

In der Soziologie wurde durch den *linguistic turn* die Rolle der Sprache in gesellschaftlichen Prozessen hervorgehoben. Basierend auf den Arbeiten Wittgensteins, der „Sprache zum wichtigsten Mittel der Erkenntnis erklärte" (Knoblauch 2005: 172), untersuchten Sprachsoziologen die Funktionen von Sprache sowie „sprachliches Handeln". Auch Habermas (1995) leistete mit seiner Arbeit „Theorie des Kommunikativen Handelns" einen bedeutenden wissenschaftlichen Beitrag über die Relevanz und den Zusammenhang „kommunikativer Praxis" für die „intersubjektiv geteilte Lebenswelt" (Habermas 1995: 32).

In der Soziolinguistik trug Dell Hymes mit seiner Arbeit „Ethnography of Speaking" (1962), häufig auch „Ethnographie des Sprechens" oder „Ethnographie der Kommunikation" genannt, zur „Kontextualisierung des Sprechereignisses" bei (Knoblauch 2005: 101). Hymes grenzte sich bewusst von Lévi-Strauss und Chomsky ab: Während Lévi-Strauss' vergleichender Ansatz im Zentrum von Hymes' Kritik steht, ist es die von der Kommunikation losgelöste Betrachtung der Sprache bei Chomsky, von der sich Hymes distanziert. Im Gegensatz zur klassischen Ethnographie fokussiert die „Ethnographie des Sprechens" den Sprachgebrauch sowie die kulturellen Muster, die sich im Gespräch entfalten. „Die Ethnographie des Sprechens versucht, Sprechweisen in einer Art und Weise zu beschreiben, wie sie das soziale Leben innerhalb bestimmter Sprachgemeinschaften konstruieren und reflektieren" (Titscher et al. 1998: 109). Angelehnt an ethnographische Ansätze sucht die „Ethnographie des Sprechens" nach ganzheitlichen Erklärungen für die reale Lebenswelt, die sich im Sprachgebrauch eines Menschen widerspiegelt, d.h. sie untersucht alle Faktoren, die für das Verstehen eines kommunikativen Aktes notwendig sind. Zu diesen Faktoren zählen das Setting und Szenario, die Partizipanten und ihre gesellschaftlichen Positionen, der Ablauf einer Sequenz, das Genre, die Normen einer Interaktion in einer bestimmten Gesellschaft sowie die Art und Weise, in der eine Aussage getroffen wird (vgl. Wardhaugh 1992: 245f.). Wichtig hierbei ist vor allem, dass Sprache kulturell verschiedene Ausprägungen aufweist und Sprecher über unterschiedliche Sprecherkompetenzen verfügen können. Hymes bezeichnet Kommunikation folglich auch als „skilled work" (zitiert nach ebd.: 247).

Großen Anteil an der „Ethnographie des Sprechens" hatte Hymes' US-amerikanischer Kollege John J. Gumperz, der wesentlich an der Entwicklung der „Ethnographie des Sprechens" beteiligt war und seinerseits schließlich die „interaktionale Soziolinguistik" begründete. Diese untersucht, wie Bedeutung in Interaktion hergestellt wird und basiert auf einem „streng interaktionistischen Begriff der Kommunikation als eines wechselseitigen Wirkungshandelns" (Knoblauch 1991: 447). Gumperz führt den Begriff der „kommunikativen Kompetenz" ein, der, ähnlich Hymes' Definition von „skilled work", die Fähigkeit eines Sprechers als zentralen Aspekt in der Kommunikation hervorhebt:

> „Whereas linguistic competence covers the speaker's ability to produce grammatically correct sentences, communicative competence describes his ability to select, from the totality of grammatically correct expressions available to him, forms which appropriately reflect the social norms governing behavior in specific encounters" (Gumperz 1972: 205).

Kommunikative Kompetenz wird durch die soziale Interaktion im Kindesalter erlernt und ist damit eine gesellschaftliche und kulturspezifische Fähigkeit. Da reibungslose Interaktion und Kommunikation immer auch einen gemeinsamen Verstehenshorizont der Interaktanten voraussetzen, entstand in diesem Zusammenhang auch die Unterscheidung von *speak* und *talk*. Während das Sprechen einer Sprache (*to speak*) auf dem Beherrschen grammatischer Regeln fußt, benötigt man zur Kommunikation (*to talk*) ein kulturspezifisches Hintergrundwissen, ein gemeinsames Relevanzsystem, um das „Gelingen" eines Gesprächs zu gewährleisten. Der Verstehenshintergrund kann durchaus kulturell unterschiedlich sein, womit es die Aufgabe der Ethnographie und der Ethnomethodologie ist, gerade diese Spezifika herauszuarbeiten, nachzuvollziehen und zu explizieren.

Mit ihren Arbeiten begründeten Hymes und Gumperz die Soziolinguistik. Auch die sprachsoziologischen Arbeiten von William Labov (1966, 1972, 1984, 2001) trugen zur sozialen Wende in der Sprachwissenschaft bei. Labov, der sich u.a. mit der sozialen Stratifikation von Sprechergemeinschaften sowie Sprachwandel und Sprachvariation auseinandersetzte, analysierte, wie sich – unabhängig von individuellen Prägungen – kollektive Sprachstile in einer Gruppe etablieren können.

Die Wissenschaftsdisziplinen der Soziolinguistik, Sprachsoziologie, linguistischen Anthropologie und interaktionalen Linguistik befassen sich allesamt mit der Kontextualisierung von Sprache, bzw. ihrer Rolle in sozialen Prozessen[6]: Das Verhältnis von Sprache und Gesellschaft ist reziprok: Gesellschaftliche Faktoren beeinflussen das Sprachverhalten eines Menschen (Soziolekt, Jugendsprache, Stadtsprache, etc.) und Sprache beeinflusst das Soziale durch Interaktion und sprachliches Handeln (vgl. u.a. Seargeant 2009: 345). Als solches ist Sprache in hohem Maße als ein symbolischer Akt zu verstehen. Bourdieu (1990) beschreibt diese Symbolik vor allem im Hinblick auf Machtdiskurse:

> „Die Macht der Wörter ist nichts anderes als die *delegierte Macht* des Sprechers, und seine Worte – das heißt untrennbar der Gegenstand seines Diskurses und seine Art zu sprechen – sind allenfalls ein Beweis – neben anderen – der *Delegationsgarantie*, mit der er versehen ist" (Bourdieu 1990: 73, Hervorhebung im Original).

Dabei sind neben Rhetorik und individuellem Sprachstil eines Menschen vor allem auch der gesellschaftliche Kontext, seine Position und sein Status von Bedeutung. Habermas führt die Symbolik auf das „von der Kommunikationsgemeinschaft intersubjektiv geteilte [...] Hintergrundwissen" zurück (Habermas 1995: 32). Bourdieu betont ferner, dass diese Machtdiskurse Teil des „legitimen Sprachgebrauchs" (1990: 77) sein und von den Rezipienten anerkannt werden müssen. Die Symbolik entfaltet sich also über das Amt oder den Akteur, in dessen Funktion oder als welcher der Sprecher spricht. Wird dieses Amt oder dieser Akteur anerkannt, so kann sich die Symbolik der Wörter, die gesprochen werden, herausbilden[7]. Bourdieu wendet sich damit auch von der strikten Trennung von Grammatik und Interaktion ab und stellt fest, dass

---

6 Zu den unterschiedlichen Forschungsinteressen und -schwerpunkten siehe u.a. Mesthrie et al. (2000).

7 Einen Beitrag mit Afrikabezug hat Jennifer Jackson (2006) geliefert, die in ihrem Artikel mit dem Titel „To be a Developed Nation is to Speak as a Developed Nation" politische Diskurse in Madagaskar im Rahmen der Präsidentschaftswahlen untersucht hat.

jede Äußerung als soziale Handlung interpretiert werden muss (Knoblauch 1995: 38).

Es ist zu konstatieren, dass Sprache und Gesellschaft eng miteinander verknüpft sind und sich gegenseitig beeinflussen. In dieser Arbeit wird Sprache als wesentliches Merkmal gesellschaftlicher Prozesse angesehen: Sprache ist der zentrale Gegenstand in sprachpolitischen Entscheidungen, durch Sprachattitüden werden Sprachen kontextualisiert und außerdem wird Sprache von den befragten Individuen und Kollektiven ideologisiert. Daher wird Sprache in dieser Arbeit als komplexes soziales System definiert, das zur Strukturierung des (alltäglichen) Lebens dient, Identität konstituiert und verschiedene Funktionen erfüllt.

Die Vielfalt der sprachlichen Funktionen wird in der wissenschaftlichen Debatte immer wieder betont, und auch die Feldforschung in Uganda hat gezeigt, dass Sprache Funktionen übernimmt und dadurch situativ und bewusst verwendet werden kann (vgl. 11.0 Die Metaebene: Die Kernfunktionen von Sprache).

Wardhaugh (1992) liefert eine Übersicht zu den in der Geschichte der Soziolinguistik erarbeiteten Funktionen von Sprache, zu denen u.a. eine interaktionale Funktion (zum Erhalt intrapersoneller Beziehungen), eine imaginative Funktion (für Kreativität), eine persönliche Funktion (zum Ausdruck der eigenen Persönlichkeit) sowie viele weitere zählen. Luckmann definiert drei Funktionen von Sprache: erstens eine soziale, zweitens eine Bedeutungsfunktion und drittens eine referentielle Funktion. Die soziale Funktion, von Luckmann als „phatische Funktion" bezeichnet, „verortet Sprechende in einer Sozialstruktur, indem sie identifiziert, Solidarität und Beziehungen anzeigt, distinguiert, differenziert und distanziert" (Knoblauch 2005: 175). Die Referenz auf gemeinsame Geschichte oder Erlebtes stellt zwischen den Menschen kommunikativ eine Verbindung her und produziert ein Gemeinschaftsgefühl. Sprache wird als „Mittel zur Legitimation" dieser Gruppen verstanden und als „wichtige Stütze für die sozial konstruierten Normalwelten sozialer Gruppen, Klassen, Nationen und ganzer Gesellschaften" (ebd.: 176). Diese Funktion spielt daher eine entscheidende Rolle für die vorliegende Arbeit, insbesondere im Hinblick auf die Konstruktion von ethnischer Zugehörigkeit und Nationalität.

Die Bedeutungsfunktion ist laut Luckmann zentral, da sie das Instrument zur Herstellung von Verständnis zwischen den Interagierenden ist (vgl. ebd.). Das heißt, dass Sprache als Verständigungsmittel zwischen den Menschen dient und durch sie eine Beziehung zwischen ihnen hergestellt werden kann. Sprache ist hierbei Voraussetzung intrapersoneller Kontaktaufnahme.

Die referentielle Funktion von Sprache bezieht sich auf die individuelle Ebene des Sprechenden. Diese Funktion beschreibt „Symptom und Indikation" (ebd.) und liefert Informationen über den Sprechenden: In der Art, wie ein Mensch sich ausdrückt und spricht, verrät er einiges über sich selbst. Sprache und Sprachverhalten sind Ausdruck der menschlichen Identität und Herkunft: „Language is accordingly said to be indexical of one's social class, status, region of origin, gender age group and so on" (Mesthrie et al. 2000: 6).

Die unterschiedlichen Funktionen, die Sprache erfüllen kann, zeigen also, dass sie auf der individuellen und kollektiven Ebene zentral für die Herstellung von Identität und Zugehörigkeit und damit von Individualität und Nationalität ist. Im weiteren Verlauf der Arbeit wird zu zeigen sein, dass Sprache weitere, wichtige Funktionen erfüllt.

Bevor die Rolle von Sprache in der Konstruktion kollektiver Strukturen, wie der Nation, betrachtet wird, soll zunächst auf der individuellen Ebene untersucht werden, inwieweit und auf welche Weise Sprache zur Identitätskonstruktion beiträgt.

4.2 Die Rolle der Sprache in der Identitätskonstruktion

Der Zusammenhang zwischen Sprache, Identität und Kultur scheint eindeutig zu sein[8]:

> „Language is inescapably a badge of identity [...]. Whenever we open our mouths to speak we provide those who hear us, chosen interlocutors and mere bystanders alike, with a wealth of data, a congeries of linguistic clues others use to position us within a specific social stratum. Our particular uses of language may situate us geographically, physically (by sex or age), ethnically, nationally, and, especially in stratified societies, according to class or caste" (Blot 2003: 3).

Diese Arbeit richtet ihren Fokus auf den Zusammenhang von Sprache, Identität und Kultur (vgl. Buchholtz & Hall 2004: 369). Identität wird definiert als

> „Ergebnis spezifischer sozialer Erfahrungen [...], die [...] nie aufhören. Aufgrund dieser Erfahrungen, wie bewusst oder unbewusst sie auch sein mögen, konstruiert das Individuum ein Bild von sich und von den anderen, die ihm dieses Bild in der Interaktion face to face spiegeln. Und es kon-

---

8 Es ist darauf hinzuweisen, dass sich die Identität eines Menschen aus vielen Identitätskonzepten zusammensetzen kann. Für die Identität eines Menschen spielen Faktoren wie Ethnizität oder Religion (um nur einige Determinanten zu nennen) eine ebenso wichtige Rolle, die in dieser Arbeit aber nicht von Bedeutung für den Untersuchungsgegenstand sind und daher hier nicht aufgeführt werden können. In den Interviews und Gruppendiskussion in Uganda wurden des Weiteren Essen, traditionelle Tänze, Kleidung und Sportteams (ugandische Fußballnationalmannschaft) als wesentliche Merkmale von Identität genannt.

struiert auch ein Bild von der Gesellschaft, wie sie ihm durch allgemeine Erwartungen und konkrete Institutionen begegnet" (Abels 2009: 388).

Identität wird verstanden als hybrides Konzept, das sich im Laufe eines Lebens immer wieder verändert und anpasst (vgl. ebd.). In dieser Konzeption spielt Sprache eine zentrale Rolle: Sprache und Identität sind eng miteinander verknüpfte Konzepte, wobei die Rolle der Sprache dabei unterschiedlich definiert wird. Buchholtz und Hall (2004: 370) definieren Sprache als zentralen Aspekt in der Produktion von Identität und verweisen damit mehr auf den flexiblen, diskursiven Charakter von Sprache und Identität. Sprache sei „an important aspect of identity, of who and what we are" folgert Campbell-Makini (2000: 113) und hebt sie damit als einen integralen Bestandteil von Identität hervor. Die Definitionen unterscheiden sich vor allem in der gestalterischen Dimension der Sprache im Identitätsprozess. Eine Position betrachtet Sprache als Ausdruck von Identität: Sprache stellt durch ihren kommunikativen und diskursiven Charakter Identität her. In dieser Definition ist Sprache das Produkt sozialer Interaktion und wird als solche auf intrapersoneller Ebene ausgehandelt:

> „They [identities, Anm. J.B.] are the product of social interaction between the individuals and other members of society. Reflection on our interactive experiences - facilitated and canalized by language – enables us to become who we are, to extrapolate from the inter- to the intrapersonal" (Riley 2008: 16).

Mead (1934), an dessen Definition von Identität sich diese Arbeit anlehnt, beschreibt Identität als prozessualen Tätigkeits- und Erfahrungsprozess, der abhängig ist von sozialer Interaktion einzelner Individuen. Meads Gedanken bildeten damit den Ausgangspunkt vieler weiterer theoretischer Konzepte von interaktiv hergestellter Identität, wie beispielsweise im „Symbolischen Interaktionismus" von Blumer[9].

Identität wird von Mead als Ergebnis von Interaktion betrachtet[10]. Er konstruiert die Identität eines Individuums als zweifach organisiert: „antizipierte Erwartungen der anderen und eigene Antwort des Individuums" (Krappmann 2000: 39). Diese Darstellung des Konzepts des „Selbst" von Mead ist in Interaktionsprozessen sehr wichtig, da Identität über die Kommunikation mit anderen erst hergestellt wird bzw. „sich das Individuum seiner selbst bewusst wird, indem es sich mit den Augen des Anderen betrachtet" (Abels 2010a: 254). Die Interaktanten be-

---

9 Mehr zum Symbolischen Interaktionismus und dessen Einfluss auf die qualitative Sozialforschung findet sich in Kapitel 5.1 Qualitative Sozialforschung – eine kurze Einführung.
10 Mead (1863-1931) wendet sich damit ab von den zu seinen Lebzeiten dominierenden Theorien des Behaviorismus und der Psychoanalyse.

rücksichtigen im Gespräch die Position und den Hintergrund des anderen und versuchen so, dessen Relevanzsystem zu verstehen und zu durchdringen. Diesem sogenannten „role-taking" (ebd.) steht ein System von Symbolen[11] zur Verfügung, hauptsächlich Sprache, mithilfe dessen Bedeutung transportiert wird, die in der Interaktion von den Interaktanten reziprok antizipiert wird. In diesem Verständnis wird Identität interaktiv ausgehandelt und ist damit kein feststehendes sondern ein hybrides Konstrukt und wird immer zwischen den Interaktanten unterbewusst vereinbart (vgl. Krappmann 2000: 40). Dies entspricht dem in der Ethnomethodologie und Soziolinguistik verwendeten *Display*-Konzept[12]: im Gespräch offenbaren (*to display*) die Gesprächspartner, dass sie sich an bestimmten Ordnungskategorien orientieren und legen diese für das Gegenüber offen. Das ist notwendig, weil die Interaktanten unterschiedliche Konzeptionen ihrer sozialen Lebenswelt haben und diese im Gespräch vorgetragen und positioniert werden müssen (vgl. ebd.: 35ff.). Damit versuchen sie, Verständnis untereinander herzustellen.

Eine andere Position sieht Sprache als ein Merkmal von Identität neben anderen. In diesem – etwas abgeschwächten – Verständnis wird Sprache als ein Teil des kulturellen Hintergrunds betrachtet. Der Mensch erfährt die Welt durch Sprache. Seine Sprache, Kultur und Tradition beeinflussen seine Weltvorstellung und damit seine Identität.

> „Language is both the foundation and the instrumentality of the social construction of reality. Language focalises, patterns and objectivates human experience. Language is the principal means by which an individual is socialised to become an inhabitant of the world shared with others and also provides the means by which, in conversation with others, the common world becomes plausible to him. On this linguistic base is erected the edifice of interpretive schemes, cognitive and moral norms, value systems and, finally, theoretically-articulated 'world-views' which, in their totality, form the world of 'collective representations' (as the Durkheimian School puts it) of any given society" (Berger 1970: 378, zitiert nach Riley 2008: 18f.).

In beiden Fällen ist Sprache zentrales Merkmal von individueller Identität. In der vorliegenden Arbeit wird beiden Anschauungen Raum gegeben und untersucht, in welcher Weise Sprache in Uganda zum Identifikationsprozess beiträgt. In gesellschaftlichen Strukturen kann mithilfe

---

11 Der Begriff des Symbols im Zusammenhang mit Sprache taucht in der Wissenschaft immer wieder auf (siehe auch Bourdieu weiter oben). Mead definierte das Symbol wie folgt: „Wir verweisen auf den Sinn einer Sache, wenn wir ein Symbol verwenden. Symbole stehen für den Sinn jener Dinge und Objekte, die einen solchen Sinn haben; es handelt sich bei ihnen um Teile der Erfahrung, die andere Teile der Erfahrung aufzeigen oder repräsentieren, die gegenwärtig oder in der gegebenen Situation nicht direkt vorhanden, aber alle in der Situation präsent sind" (Mead 1934 zitiert nach Abels 2010b: 20).
12 Dieses Verhalten der Interaktanten wird in der Literatur auch „accountability" genannt.

von Sprache gesellschaftliche Realität geschaffen werden. So verfügen Sprecher der gleichen (Mutter)Sprache in der Regel über das Wissen eines gemeinsamen kulturellen Kontextes, sind also in der Lage, kulturspezifische und traditionelle Konventionen durch Sprache angemessen zu erfüllen: Dies können beispielsweise förmliche Anredetraditionen gegenüber älteren Mitgliedern eines Kulturkreises, geschlechtsspezifische Anredeformen oder Kommunikation unter vertrauten Personen sein[13]. Gleichzeitig können auch soziale Hierarchien in der Konversation durch bestimmte Mechanismen illustriert werden. Außerdem werden durch Sprache auch soziale Räume geschaffen, indem durch die Sprachwahl, des sogenannten Lektes oder Registers, verschiedenen kulturellen oder gesellschaftlichen Kontextbedingungen Rechnung getragen wird[14]. Sprache erfüllt in diesen Konstellationen bei der Schaffung von Identitäten eine mediale Rolle (vgl. Ochs 2005: 79): Einerseits als Teil der Identität selbst und andererseits als Instrument zu ihrer Herstellung.

Die Umstände bestimmen, welche Identität im Vordergrund steht. Die jeweilige prominente Identität schlägt sich auch in der Sprachwahl und der Ausdrucksweise eines Menschen nieder. Im Englischen wird dies mit „indexing multiple identities" (Fought 2008: 23) treffend umschrieben und so die Rolle der Indexikalität in diesem Zusammenhang deutlich gemacht. Sprachlich werden diese Identitäten auf unterschiedliche Weise markiert. Die Sprache der Herkunft hat fast immer eine große Bedeutung: Je nachdem, ob es sich um eine dominante, eine bedrohte oder Minoritätensprache handelt, kann die gezielte Sprachwahl ein Statement zur jeweiligen ethnischen Herkunft bedeuten. Durch *Code-Switching* können überdies ethnische Zugehörigkeit und Loyalität ausgedrückt werden. Daneben können suprasegmentale Eigenschaften, verschiedene Diskursstrategien oder spezifische linguistische Variationen und sprachliche Varietäten Identitätskonstruktionen eines Menschen offenlegen (vgl. ebd.: 21f.). Eine häufig zu beobachtende Strategie sind geschlechtsspezifische morphologische Unterscheidungen sowie geschlechtsspezifische Wortwahl und Kommunikationsstile. Ferner werden durch die Sprachwahl soziale Identitäten und Relationen offen gelegt, die bedingt sind durch die Adressatengruppe (Unterhaltung Erwachsene – Kinder) oder hierarchische Kommunikationsstile (Vorgesetzter – Mitarbeiter) (vgl. Hudson 1987: 120ff.). Zudem spielt das Sprachverhalten eine wichtige Rolle bei Inklusion und Exklusion, insbesondere bei kollektiven Identitäten: Eine gemeinsame Sprache kann ein Solidaritätsbewusstsein hervor-

---

13 Hierzu zählen beispielsweise die Scherzverwandtschaft im Pulaar oder die Begrüßungskonventionen im Wolof (vgl. Irvine 1975).
14 Eine solche Konstellation könnte die Kommunikation auf universitärer Ebene darstellen, die beispielsweise im Kiswahili ein eigenes Register ist (vgl. hierzu *Campus Swahili*, Blommaert 1992).

rufen, ebenso wie verschiedene Sprachen eine trennende und diversifizierende Wirkung haben können (vgl. Blot 2003: 3), wie es auch in 11.2 Inklusion und Exklusion am Beispiel Ugandas dargestellt werden wird. „The perception of shared identity often requires as its foil a sense of alterity, of an Other who can be positioned against those socially constituted the same" (Buchholtz & Hall 2004: 371).

Die multiple Identitätsstruktur eines Menschen wird beeinflusst von Geschlecht, ethnischer Zugehörigkeit, Religion, sozialer Klasse, Beruf und/oder sexueller Orientierung, um nur einen Bruchteil der Faktoren zu benennen, die bei der Identitätsbildung wichtig sind. Fought beschreibt dies anschaulich am Beispiel ihrer eigenen Person:

> „On a particular Wednesday, I may spend most of the time highlightening my role as a professor at a liberal arts college. The following Saturday, I may spend all day playing the role of loving daughter for my mother's birthday celebration, an occasion at which the fact that I am professor may be more or less irrelevant" (Fought 2008: 20).

Bamgbose (1991) konstatiert, dass insbesondere in afrikanischen, multilingualen Gesellschaften mehrere Identitäten nebeneinander existieren (vgl. Bamgbose 1991: 12). Aus diesem Grund werden in vorliegender Arbeit soziale, kulturelle und nationale Identität unterschieden.

Unter sozialer Identität wird in Anlehnung an Ochs das „inferential *outcome* of linguistically encoded acts and stances" (Ochs 2005: 85, Hervorhebung im Original) verstanden. Soziale Identität wird in diesem Verständnis durch sprachliches Handeln konstruiert: „Linguistic constructions at all levels of grammar and discourse are crucial indicators of social identity for members as they regularly interact with one and another" (ebd.: 78). Strauss bezeichnet „soziale Identität" daher als Zuschreibung von außen (vgl. Abels 2010a: 255).

Sowohl kulturelle als auch nationale Identität, welche im Hinblick auf die Fragestellung von besonderer Bedeutung sind, beschreiben kollektive Identitäten auf unterschiedlichen Ebenen. Aus einer konstruktivistischen Perspektive wird kollektive Identität nicht als etwas Gegebenes betrachtet, sondern als soziales Konstrukt. Der Mensch entscheidet autonom über die jeweilige Zugehörigkeit und kann dies durch seine Sprachwahl kenntlich machen (vgl. Giesen 1999: 13).

Während kulturelle Identitäten vor allem die Identifikation mit einer ethnischen Entität oder einem *tribe* – im Sinne der ugandischen Kategorien – umfassen, der sich Weltanschauung, Ideale und Werte teilt, definiert die nationale Identität die Zugehörigkeit zu einer Nation und die positive Identifikation mit ihr und ihren Traditionen, Menschen und ihrer Geschichte, um nur einige Aspekte nationaler Identitätsbildung zu nennen (vgl. Broszinsky-Schwabe 2011: 46f.). Durch Ritualisierung (z.B. das Singen der Nationalhymne) werden alle Unterschiede zwischen den Individuen, die dieser Gemeinschaft, der Nation, angehören, nivelliert. Dadurch „eignet es sich besonders zur Konstruktion von Gemeinschaftlichkeit" (Giesen 1999: 15).

Im Folgenden wird daher der Beitrag von Sprache zur Herstellung einer nationalen Identität untersucht.

4.3 Sprache und Identität im Nationenbildungsprozess

Der Gedanke einer einheitlichen Nation wurde im 18. Jahrhundert in Deutschland von Herder geprägt und zielte darauf ab, den Partikularismus zu überwinden und größere territoriale und soziale Einheiten zu schaffen (vgl. Broszinsky-Schwabe 2011: 46f.). Herder formulierte einen Zusammenhang zwischen der Sprache und der geistigen Kraft eines Volkes[15], und beeinflusste damit maßgeblich die Sprachwissenschaft im Deutschland des 19. Jahrhunderts mit ihren großen Denkern Goethe sowie den Gebrüdern Schlegel und Grimm (vgl. Riley 2008: 9)[16]. Wilhelm von Humboldt griff ebenfalls den Herderschen Gedanken auf und konstatierte, dass Sprache ein Komplement des Denkens sei und die Verbalisierung eines Gedankens erst ermögliche. Damit gehörten Herder und Humboldt zu den Vordenkern des Zusammenhangs von Sprache und Nation, der für diese Arbeit grundlegend ist.

Die Nation ist als soziale Konstruktion zu verstehen, deren Ziel die Schaffung einer nach innen gerichteten Kohärenz und einer Abgrenzung eines Staates nach außen ist, verbunden mit der Herrschaft über ein bestimmtes Territorium (vgl. Mau 2007: 20ff.).

---

15 Die Anthropologie des 19. Jahrhunderts vertrat überwiegend die Position, dass Sprache mit der geistigen Kapazität einer Rasse in Verbindung stehe. Eine primitive Rasse spreche demnach eine primitive Sprache und umgekehrt (vgl. Girtler 2006: 60). So entstand auch der Terminus der „primitiven Sprache". In diesen Sprachen, so die Annahme, sei es unmöglich, sich aufgrund des begrenzten Vokabulars präzise auszudrücken.

16 Jedoch beeinflusste Herder auch außerhalb Deutschlands die Wissenschaftslandschaft: So bauten die Arbeiten von Franz Boas, Edward Sapir und Benjamin Whorf auf Herders Arbeiten auf. Boas grenzte sich mit seinen Arbeiten von den gängigen Theorien seiner Zeit ab und begründete die *Cultural Anthropology*. Seinem wissenschaftlichen Werk lag die Annahme zugrunde, dass das „System Sprache" genutzt werden könne, um das „System Kultur" zu entschlüsseln (vgl. Mac Giolla Chríost 2003: 10). Auf Boas Ansätze baute der US Amerikaner Edward Sapir auf, der ebenfalls die Beziehung von Sprache und Kultur in den Vordergrund seiner Arbeit stellte: „Of all aspects of culture it is a fair guess that language was the first to receive a highly developed form and that its essential perfection is a prerequisite to the development of culture as a whole" (Sapir 1921: 155). Die von Whorf erstellte und heute sehr umstrittene „Sapir-Whorf-Hypothese" nahm an, dass sich Sprache „bestimmend auf die Kultur als Organisationsprinzip der Welt der Dinge" (Titscher, Wodak, Meyer & Vetter 1998: 109) auswirke. Diese These wurde in der Vergangenheit immer wieder heftig kritisiert und inzwischen weitgehend widerlegt. Jedoch wird seit einigen Jahren an der Rehabilitation der Hypothese gearbeitet (vgl. u.a. Lucy 1992; Gumperz & Levinson 1996).

Nation und Staat beziehen sich zwar auf das gleiche Territorium, beschreiben aber unterschiedliche Konzepte: Während als Staat die politische und verfasste Entität verstanden wird, wird die Nation beschrieben als „a kind of collective identity" (Utzinger 2009: 171). Auch Hansen definiert Nation als großes Kollektiv oder Konglomerat (Hansen 2009: 50, 114). Nationale Identität als kollektive Identität ist primär ein Konzept der westlichen Welt und wurde definiert als „a community of people obeying the same laws and institutions within a given territory" (Smith 1991: 9). Diese Definition von Nation, als territoriale, rechtliche und politische Institution mit einer gesellschaftlich homogenen Ideologie, prägte das Nationenverständnis über mehrere Jahrhunderte (vgl. Smith 1991). In Osteuropa und Asien entstand ein Gegenkonzept zu dem dominanten westlichen Nationenverständnis, welches ethnische Komponenten in den Vordergrund schob (vgl. ebd. 11). In dieser Definition war die Nation eine „Gemeinschaft gleichen Ursprungs" (Smith 1991: 11, Übersetzung J.B.). Bamgbose entwirft die Nation in Abgrenzung zur Ethnie: Statt einer primären Loyalität gegenüber der ethnischen Entität, konstruiert er die Nation über die Kohäsion sowie die politische Legitimation, wodurch nationale Identität geschaffen und Entwicklung vorangetrieben werde (vgl. 1991: 13). Nichtsdestotrotz scheint es ein übergeordnetes Konzept von nationaler Identität zu geben, das allerdings kulturell unterschiedlich ausgestaltet werden kann. Gleich ist, dass die Nation als eine Gemeinschaft innerhalb spezifischer Grenzen konstruiert wird, die eine geteilte Geschichte und eine gemeinsame Kultur vereint und die sich nach außen gegenüber anderen Nationen abgrenzt.

Die nationale Identität, die Identifikation mit der Nation, in der man lebt, ist Symbol und Mechanismus einer durch nationale Grenzen markierten, gesellschaftlich homogenen Einheit. Als kollektive Identität wird sie im Folgenden definiert als symbolische Etablierung einer einheitlichen Identifikationsstruktur für alle Ugander, die über interethnische und sprachliche Differenzen hinweg vermag, das Volk bzw. die Gesellschaft als „Ugander" zu vereinen.

Als ein zentraler Bestandteil einer Nation wird in der Literatur die Einführung einer Nationalsprache postuliert. Das Herdersche Prinzip „one nation – one language", das ebenfalls auf die Französische Aufklärung und den französischen Philosophen Condillac zurückgeführt werden kann, wurde im 19. Jahrhundert zur politischen Ideologie und prägte die Nationenbildung in Europa (vgl. u.a. Broszinsky-Schwabe 2011: 47; Woolard 1998: 17). Nation wurde in diesem Zusammenhang verstanden den als „neu entstandene Form politisch-gesellschaftlicher Integration und Sinnstiftung für den Einzelnen" (Faulstich 2008: 10).

Die Bedeutung der Sprache in diesem Kontext wurde in Verbindung mit der Verschriftlichung von Sprache gebracht:

> „Die Schriftsprachen schufen auf drei verschiedene Weisen das Fundament für das Nationalbewusstsein (sic!). Vor allem bildeten sie die einheitliche Grundlage für den Austausch und die Kommunikation unterhalb des Lateinischen und oberhalb der gesprochenen Umgangssprachen. Menschen, die die verschiedensten französischen, englischen und spanischen Idiome gebrauchten und darum nur schwer oder gar nicht miteinander reden konnten, vermochten sich nun mit Hilfe von Buchdruck und Papier zu verständigen. In diesem Prozeß (sic!) wurden sie allmählich der Hunderttausende, ja Millionen Menschen in ihrem eignen Sprachbereich gewahr – und gleichzeitig der Tatsache, dass *ausschließlich* jene Hunderttausende oder Millionen dazugehörten. Diese Mit-Leser, mit denen sie über den Buchdruck verbunden waren, bildeten in ihrer besonderen, diesseitigen und ,ersichtlichen' Unsichtbarkeit den Beginn der national vorgestellten Gesellschaft" (Anderson 1996: 50, Hervorhebung im Original).

Die Verschriftlichung, Standardisierung und Festschreibung einer Sprache erfüllt eine wichtige Funktion in der Gesellschaft: Ist die nationale Sprache bestimmt, wird sie formal in allen Bildungseinrichtungen gelehrt und somit können (fast) alle Bürger Kompetenz in dieser Sprache erhalten. Sprecher von Minderheitensprachen werden somit vor einer Exklusion innerhalb eines Staates, die Kymlicka und Patten als „ghettoization" bezeichnen, bewahrt (Kymlicka & Patten 2003: 12). Dadurch werden ökonomische und politische Nachteile einzelner Gesellschaftsgruppen minimiert, soziale Mobilität erhöht und ein Gemeinschaftsgefühl gestärkt (vgl. ebd.).

> „Language as a communicative system [...] is commonly acknowledged to function as an important symbol of group identity, often stimulating a natural sense of solidarity among communities sharing a single variety of speech [...] and the significant establishment of fully extensive national identities in independent states" (Simpson 2008: 1).

Dem inhärenten Gedanken, dass Sprache ein wesentliches Merkmal einer Nation[17] sein müsse, folgt der Schluss, dass eine einheitliche Sprache in einem Staat maßgeblich für die Schaffung einer homogenen Nation sei[18]. Das Ideal einer Nation bzw. ihrer Gesellschaft ist „monolingual,

---

17 Weitere wesentliche Merkmale einer Nation bzw. einer nationalen Identität sind Abstammung, Geschichte, Kultur und Religion. Blommaert und Verschueren fassen diese Charakteristika als Cluster zusammen, das die Nation näher beschreibt (1998: 192).
18 In dieser Arbeit wird der Begriff der Nation synonym mit nationaler Identität verwendet. In der Wissenschaft wird häufig zwischen Nation als „materieller" Seite, d.h. der politischen Konstitution eines Staates mit seinen politischen Organen, und der nationalen Identität, der konstruierten, kulturell-einheitlichen Gesellschaft dieses Staatengebildes, unterschieden (vgl. u.a. Faulstich 2008: 12). Da das Staatengebilde „Uganda" in vorliegender Arbeit in seiner politisch-geographischen Verfasstheit nicht in Frage gestellt wird, werden die Begriffe Nation und nationale Identität synonym verwendet.

monoethnic, monoreligious, monoideological" (Blommaert & Verschueren 1998: 195). Damit entsprechen ausnahmslos alle Staaten Afrikas südlich der Sahara nicht dem Ideal einer Nation. Die Staatenentwicklung in Afrika hat zudem keinen vergleichbaren Sprachnationalismus erlebt und selbst die ethnischen Konstellationen der europäischen Staaten treffen auf diese Definition meist nicht zu (vgl. u.a. Simpson 2008: 12). Die Identifikation mit der Nation ist häufig einer ethnischen nachgeordnet, wie auch am Beispiel Ugandas in 11.1.1 Die räumliche Konstruktion von Identität in Uganda gezeigt wird[19].

Außerdem, so McLaughlin, müsse zwischen interner und externer nationaler Identität unterschieden werden, d.h. einerseits die Identifikation des Bürgers mit seiner Nation und andererseits als das Selbstverständnis einer Nation im Weltgefüge (vgl. McLaughlin 2008). Die vorliegende Arbeit befasst sich vornehmlich mit der internen, kohäsiven nationalen Identifikation. Wichtig ist hierbei, dass die Nationalsprache nicht von den Bürgern eines Landes bestimmt wird, sondern ein politischer Akt ist, der von der Regierung gesetzlich manifestiert wird, mit der Idealvorstellung, eine homogene Nation zu etablieren.

> „National languages are products of state action, and, more specifically, political elites and institutions. That is not to say that states invent languages; but they react to their preexistent reality in various ways – by reforming them or leaving them alone; legitimating or denigrating them; granting them institutional support or withholding it; or manipulating them for a variety of purposes – nationalism, democratization, social control, the oppression of minorities, ethnic homogenization, the management of ethnic conflict, the dissemination of civic attitudes, the spreading of a religion or secularism, and so on" (Safran 2005: 6f.)

Gleichwohl muss erneut darauf hingewiesen werden, dass Sprache nur ein Symbol für nationale Identität von vielen sein kann und die Einführung einer monolingualen Strategie nicht zwangsläufig erfolgversprechend sein muss[20]. In dieser Arbeit wird Sprache vielmehr hinsichtlich ihrer symbolischen Bedeutung in Nationenbildungsprozessen, im politischen Diskurs sowie auf intrapersoneller Ebene betrachtet. Im Bourdieuschen Sinn ist die Bedeutung der Sprache im Nationenbildungsprozess als Symbol für Zusammengehörigkeit, Homogenität und

---

19 In Globalisierungsdiskussionen wird häufig auch die Unterordnung der nationalen unter eine transnationale Identität festgestellt (vgl. hierzu u.a. Mau 2007: 217ff.).
20 Am Beispiel der Demokratischen Republik Kongo demonstriert Bokama, dass nationale Identität nicht zwangsläufig über eine monolinguale Sprachpolitik hergestellt werden muss, sondern auch in einer multilingualen Strategie erzeugt werden kann: So hat die DRK vier nationale Sprachen, Kikongo, Kiswahili, Lingala und Tshiluba, die regionale Hauptverbreitungsgebiete haben und dennoch ist die Identifikation mit der Nation sehr hoch. Die Faktoren hierfür rekonstruiert Bokama aus der gemeinsam erlebten Geschichte und der Identifikation mit der Popkultur des Landes (vgl. Bokama 2008: 233f.).

nationale Identität zu verstehen (vgl. hierzu auch Kapitel 4.1 Sprachbegriff). Sprache erfüllt in diesem Verständnis Funktionen, wie auch in
11.0 Die Metaebene: Die Kernfunktionen von Sprache erläutert wird. Auf
diese Weise erhält Sprache Symbolcharakter.

Laut Blommaert und Verschueren (1998) wird in interethnischen Konflikten häufig die sprachliche Differenz zwischen den ethnischen Gruppen hervorgehoben, um Konflikte zu verschärfen. Sprache steht symbolisch für den Unterschied und fungiert als Instrument, um sich abzugrenzen oder Gräben zu vertiefen, wobei es durchaus sein kann, dass es
– abgesehen von tatsächlich sprachlichen Unterschieden – wenig Differenzen zwischen den betreffenden Ethnien im Kampf um die Vormachtstellung in einer Nation gibt (vgl. Blommaert & Verschueren 1998:
193). Gerade in der Definition ethnischer Identität ist Sprache Symbol
„mentaler Repräsentation" (Bourdieu 1990: 94). Bourdieus Verständnis
konzentriert sich überwiegend auf das Verhältnis von Herrscher zu Beherrschten. Die Konstitution einer nationalen Identität ist auch als Konstrukt der Regierung zu betrachten, die ein symbolisches Nationsver-
ständnis schafft, mit dem sich die „Beherrschten" im Bourdieuschen Sinn
identifizieren oder gegen das sie aufbegehren. Bei der Schaffung einer
Nation, die Bourdieu unter der „Entstehung von Gruppen" (1990: 106)
subsumiert, wird die Symbolik der Gemeinschaft vor allem auch über
Sprache ausgedrückt: Über das (politische) Wort werden Grundsätze der
Nation festgelegt, sie dienen der Schaffung einer gemeinschaftlichen Ge-
sellschaftsordnung, und die Sprache selbst ist Symbol dieser Gemeinschaft.

Sprache ist in diesem Kontext die Kernkategorie nationaler Identität:
Das bedeutet, in der Art und Weise, in der Menschen sich ausdrücken,
verorten sie sich selbst im gesellschaftlichen Gefüge. Diese Positionierung entsteht in einer Wechselwirkung: mittels der Art der Aussage und
der Botschaft positioniert sich der Sprecher und liefert eine Darstellung,
wer er ist. Gleichzeitig entscheidet über die Positionierung auch der Hö-
rer, der Rezipient: Er verarbeitet die Aussage des Sprechers, interpretiert
sie und nimmt so selbst am Identitätsprozess teil (vgl. Hudson 1987:
195).

In sprachpolitischen Prozessen erfüllt die Nationalsprache eine eben-
solche symbolische Funktion, quasi als „Wahrzeichen", wie im Folgenden erörtert wird.

4.4 Sprachpolitik und Nationenbildung in Afrika

Die Sprachpolitik ist im Spannungsfeld von Sprache und Politik angesiedelt. Sie regelt mit gesetzlichen Vorgaben, Strukturprogrammen und
-maßnahmen auf einer politischen Ebene den Sprachgebrauch eines Lan-

des in unterschiedlichen Sphären (öffentliche Einrichtungen, Sprache der Politik, Kommunikationsmittel zwischen Bürger und Staat). Obwohl Sprachpolitik im ursprünglichen Sinn nicht auf staatliche Regelungen festgelegt ist, wird sie – ebenso wie Nationenbildung – dennoch weitestgehend als staatlich initiierter und gelenkter Prozess angesehen.

Bevor im Folgenden ausführlich auf sprachpolitische Konzepte in Afrika eingegangen wird, muss zunächst der Diskussion über Nationen und Nationalsprachen in Afrika Raum gegeben und die wissenschaftliche Haltung dieser Arbeit diesbezüglich konkretisiert werden.

Der Herdersche Grundsatz *one nation – one language* beschreibt zwar treffend die europäische Realität und Entwicklung der Nationalstaaten Europas, kollidiert aber mit der Mehrsprachigkeit Afrikas. So werden beispielsweise in Kamerun bei einer Population von 16 Millionen Menschen 250 Sprachen gesprochen, in Nigeria sind es bei 140 Millionen Menschen 400 Sprachen und in Uganda kommen auf etwa 30 Millionen Bürgerinnen und Bürger immerhin 43 Sprachen. Diese heterogene und multilinguale Gesellschaftsstruktur *innerhalb* eines Staates ist mitunter auf die willkürliche Grenzziehung in der Kolonialzeit zurückzuführen. So wurden ethnische Gruppen zu staatlichen Gebieten zusammengefasst, die vorher autonom und unabhängig voneinander lebten. Anders als in den europäischen Staaten handelt es sich in Afrika um junge Nationen. Diese Heterogenität stellt Nationen wie Uganda vor die Herausforderung, ein Gemeinschaftsgefühl zu erzeugen. Das Verhältnis von Sprache und nationaler Identität beschreibt sowohl das Gefühl der Zugehörigkeit eines Bürgers zu seinem Nationalstaat, als auch das Selbstverständnis eines Staates innerhalb der internationalen Staatengemeinschaft (vgl. u.a. McLaughlin 2008: 79). Beide Anschauungen spielen für die unterschiedlichen Perspektiven auf Sprachpolitik eine wesentliche Rolle und werden im Verlauf der Arbeit ausführlich in den entsprechenden Kapiteln diskutiert.

Die Anwendung des europäischen Nationenkonzepts auf die afrikanischen Staaten wurde häufig kritisiert. Gegenstand der Kritik sind das Konzept selbst, der Homogenitätsgedanke und seine Motivation. Das Konstrukt der „Nation" diente dem Ziel, die Menschen eines territorial begrenzten Gebiets zu einer Gemeinschaft zu vereinen. Geprägt von den Erfahrungen mit dem europäischen Kolonialismus des 19. und 20. Jahrhunderts, waren die neuen Staatsoberhäupter bestrebt, unabhängige, junge Nationalstaaten zu konstituieren. Die afrikanischen Kolonien konnten nach ihrer Unabhängigkeit – bis auf die gemeinsam erlebte Fremdherrschaft – auf nur wenig national geteiltes Kulturgut zurückgreifen. Dennoch zielten die überwiegenden Regierungen darauf ab, die disparaten Ethnien innerhalb der neugeschaffenen Landesgrenzen zu einer Nation zu vereinen. Diese Absicht bezeichnet Smith als „integration nationalism" (Smith 1991: 82).

Kritiker des eurozentristischen Modells heben die besondere Historie des Kontinents hervor: Die afrikanische Nationenbildung wird als Reaktion auf die koloniale Fremdherrschaft interpretiert, deren vereinendes Element der Kampf gegen den gemeinsamen Feind, die Kolonialmacht, war (siehe hierzu u.a. Davidson 1992: 164; Omar 2002: 41). Nuscheler und Ziemer beschreiben diese Form des Widerstands und Aufbegehrens folglich als Erstarken eines „Nationalbewusstseins", das den afrikanischen Bürgern während der Fremdherrschaft abhanden gekommen sei (1980: 91). Diese Nationenbildung – mit der Etablierung einer Nationalsprache – diente als eine Strategie zur Überbrückung der Unterschiede und zur Schaffung einer homogenen staatlichen Einheit: „So it came about that the doctrine of nation-statism [...] became enshrined at the supreme problem-solving formula for peoples emerging from the dead hand of tyrannical and foreign rule [...]" (Davidson 1992: 137). Das der Nation scheinbar inhärente Versprechen nach Freiheit und Frieden (vgl. ebd.: 147) war dabei das zentrale Motiv zur Einführung des Nationengedankens in Afrika. Das klassische, europäische Konzept diente vor allem als Leitfaden bzw. Orientierungshilfe.

In dieser Arbeit steht die mit dem Nationalgedanken verbundene Einführung einer Nationalsprache im Fokus und untersucht aus einer soziolinguistischen Perspektive im Sinne Fishmans (1972b, 1972c) die Frage, warum Sprache – trotz aller Kritik – als so wesentlich für Nationalität erachtet wird (1972b: 44). Kritiker der Nationalsprache führen verschiedene Argumente gegen die Einführung einer solchen an, die sich weitestgehend mit der Kritik am Nationenmodell decken. Hobsbawm bezeichnet die Nationalsprache zwar als nutzlos für die multilinguale Gesellschaft und die Nation an sich, sieht aber dennoch eine Notwendigkeit einer Nationalsprache, vor allem für die Identifikation der in der Diaspora lebenden Menschen (vgl. Hobsbawm 2005: 183).

Blommaert und Verschueren zeigen – basierend auf realpolitischen und wissenschaftlichen Argumentationen – Gründe auf, die für eine monolinguale Nationalsprachenpolitik sprechen: Einerseits die Integrations-Annahme, die Multilingualismus als ein Hindernis für eine erfolgreiche, nationale Integration sieht, und andererseits die Effizienz-Annahme, die wirtschaftliche Aspekte in den Vordergrund stellt (1998: 206). Blommaert und Verschueren unterscheiden überdies „individuelle" und „gesellschaftliche" Mehrsprachigkeit. Während individuelle Mehrsprachigkeit ein erstrebenswertes Ziel sei, bedeute gesellschaftliche Mehrsprachigkeit Konfliktpotential und stelle ein Hindernis für die Entwicklung eines Staates dar. Bei individueller Mehrsprachigkeit wird die Qualifikation des Einzelnen dem Kollektiv untergeordnet, da es eine allumfassende, einheitliche Sprache gibt, welche die Kommunikation unter den Menschen erlaubt. Das Risiko liegt in der Unterdrückung von Minoritätssprachen, die sich dem Diktat einer dominanten Nationalsprache beugen müssen. In der wissenschaftlichen Diskussion wird dies insbesondere seitens der Vertreter von Sprachenrechten kritisiert, die in solchen politischen Entscheidungen und sprachlichen Entwicklungen eine Gefährdung sogenannter „kleiner" Sprachen sehen. Der Verlust der Sprachen sei gleichbedeutend mit dem Verlust der eigenen Kultur. Die Wissenschaftlerinnen und Wissenschaftler (u.a. Skutnabb-Kangas & Philippson 1995, Blommaert 1999a, 1999b) knüpfen an die hier bereits erläuterten Zusammenhänge von Sprache, Identität und Kultur an. Dieser Wissenschaftsdiskurs wird ausführlich in Kapitel 14.0 Die Perspektive der Wissenschaft behandelt. Insgesamt ist festzustellen, dass es in einer Vielzahl wissenschaftlicher Auseinandersetzungen eine Tendenz gibt, die Mehrsprachigkeit in Afrika als nachteilig für die politische und gesellschaftliche Entwicklung zu erachten.

Die realpolitische Situation in Afrika nach Ende der Kolonialzeit zeigt eindeutig, dass sich die Sprachplanungsprozesse an dem europäischen Modell orientierten und eine monolinguale Strategie im Rahmen der Nationenbildung verfolgten[21]. Die meisten Anführer junger Nationen entschieden sich für die Etablierung der Sprache der ehemaligen Kolonialmacht als Nationalsprache. Diese exoglossische Sprachpolitik begründete sich auf verschiedenen Faktoren. Einerseits geschuldet der Angst vor Tribalismus, der fehlenden oder nur schwach ausgeprägten Verschriftlichung vieler afrikanischer Sprachen sowie andererseits dem hohen Prestige, das den Kolonialsprachen zugeschrieben wurde. Da es während der Kolonialzeit nur einer kleinen Elite erlaubt war, die Kolonialsprache zu erlernen und diese gleichbedeutend mit gesellschaftlichem und wirtschaftlichem Aufstieg und somit der Verbesserung der Berufschancen und Lebensumstände war, erhielten diese Sprachen ein gesellschaftlich höheres Prestige als die lokalen Sprachen (vgl. Simpson 2008: 3). Zudem konnte so interethnischen Konflikten und Machtkämpfen vorgebeugt werden (vgl. ebd.: 4) In vielen Fällen sollte diese Politik langfristig von einer lokalen, indigenen Sprache abgelöst werden, „as a linguistic means to draw their populations together and build a sense of belonging to a single people united in a sovereign territory and cooperating in the goal of developing a better future for all" (ebd.)[22]. In

---

21 Allgemein zu Sprachpolitik in Afrika siehe Reh & Heine (1982).
22 Im Laufe der Jahre haben sich verschiedene afrikanische Staaten, die sich seinerzeit für eine exoglossische Sprachpolitik entschieden hatten, dazu entschlossen, eine afrikanische Sprache in den Status der offiziellen Landessprache, neben der europäischen Sprache, zu erheben. 1997 etablierte Südaf-

der Praxis bedeutete dies zunächst, dass eine Sprache als offizielle Sprache etabliert wurde, um den Nationenbildungs-Prozess positiv zu beeinflussen. Diese Aufgabe erfüllte meist die ehemalige Kolonialsprache, und so wurden die afrikanischen Sprachen lediglich – wenn überhaupt – durch Printmedien, Radio oder im Primarschulwesen verbreitet. Die Pflege der indigenen Sprachen wurde anderen Institutionen, wie der Kirche, überlassen oder durch private Initiative gewährleistet.

Nur wenige Staaten, wie Tansania oder Somalia, entschieden sich nach der Unabhängigkeit für eine endoglossische Sprachpolitik und erhoben eine indigene Sprache zur Landessprache[23], meist neben der Sprache des Kolonialreiches. Unter der sozialistischen Herrschaftsführung Julius Nyereres wurde Kiswahili als Nationalsprache in Tansania eingeführt[24]. Ein zentraler Aspekt seiner Politik war, durch die Einführung einer einheitlichen Nationalsprache Tribalismus vorzubeugen (vgl. Topan 2008: 257). Durch eine allumfassende Strategie implementierte Nyerere Kiswahili als Sprache des Volkes, der Regierung und der Bildung und schuf ein idealisiertes Bild dieser Sprache, wodurch er ihre Etablierung als Nationalsprache förderte:

> „Firstly, it was considered the carrier of African and Tanzanian values and it was 'romantizised' as such. It was linked to 'racial pride, freedom and Ujamaa and anticolonialism' (Blommaert 1999: 69). Secondly, it was seen as a symbol of national unity, a language that was 'anti-tribal'. Thirdly, Swahili was perceived as an egalitarian language that belonged to all, that is 'ethnically unmarked' since its first language speakers did not constitute a dominant (or potentially dominant) group in independent Tanzania, and did not pose a threat to the growth of a fully inclusive Swahili-centred national identity. Finally, it was seen as a modern language that was capable of being used in all walks of life of modern Tanzanians" (Topan 2008: 259).

Nyereres Politik in Tansania unterstützte tatsächlich den Nationenbildungsprozess des Landes. Die Wahl der Sprache spielte – natürlich neben anderen Faktoren – eine wesentliche Rolle zur Überwindung interethnischer Disparitäten und zur Etablierung eines tansanischen Nationalgefühls (vgl. ebd.). Die gesellschaftliche und politische Entwicklung des Nachbarlands Uganda unterscheidet sich hingegen von der Tansanias. Wie bereits in der Einleitung festgestellt wurde, gibt es bis heute

---

rika beispielsweise in seiner Verfassung elf Sprachen als offizielle Landessprachen (davon zehn lokale Sprachen und Englisch).
23 In Tansania das Kiswahili und in Somalia das Somali.
24 Bereits vor der Unabhängigkeit wurde Kiswahili in Tansania verwendet und verbreitet: Zunächst kamen durch den Handel mit Kiswahili-sprechenden Küstenbewohnern die Menschen des Inlands mit Kiswahili in Verbindung. Durch Missionarsaktivitäten wurde Kiswahili verschriftlicht und in Tanganyika als Sprache der Kirche etabliert. Zunächst wurde von der deutschen Kolonialregierung Kiswahili als Kommunikationsmittel eingeführt und später von der britischen beibehalten (vgl. u.a. Topan 2008: 255ff.).

keine homogene „ugandische Nation". Wie in der genaueren Analyse zu den Rollen und Haltungen gegenüber verschiedenen Sprachmodellen in 12.0 Die Perspektive der Regierung erörtert wird, ist die Nationenbildung in Uganda für die Regierung eine Herausforderung im Hinblick auf Politik und Gesellschaft.

Rezente Forschungsergebnisse widerlegen frühere Thesen, dass eine multilinguale Sprachpolitik dem wirtschaftlichen Fortschritt schade, sowie dass multilinguale Sprachsettings in einem Land die Wahrscheinlichkeit eines Staatszerfalls erhöhten (vgl. Reh 2001: 578f., Bamgbose 1991). Aus diesem Grund wird in vielen afrikanischen Staaten die schulische Sprachplanung auf eine individuelle Dreisprachigkeit (jedenfalls außerhalb der Großstädte) ausgelegt: Erstsprache[25] plus afrikanische Verkehrssprache, sofern diese nicht mit der Erstsprache identisch ist, plus europäische Sprache und gegebenenfalls weitere afrikanische und außerafrikanische Sprachen.

Die Herausforderung des modernen Nationalstaats, der, in Afrika wie in Europa, im Wandel befindlich ist, scheint also darin zu liegen, Einheit herzustellen und gleichzeitig bestehende Diversität im Volk zu akzeptieren und nicht zu unterdrücken. Spitulnik sieht dieses Konzept in Sambia verwirklicht, ist sich aber auch der damit verbundenen Risiken bewusst:

> „Nevertheless, the state has continued to articulate a rhetoric of encompassing nationalism ('One Zambia, One Nation') alongside its philosophy of ethnic pluralism. I argue that these two ideologies of 'unity no matter what' and 'diversity within the unity' are mutually reinforcing but that they are also in a constant state of tension with the possibility of ideological implosion. The net result is that the state's claim to build unity, fend off tribalism, and also encourage unique ethnic cultures amounts to a cautious pluralism with bounds, where diversity always verges on divisiveness, and where attention to difference itself borders on subversion" (Spitulnik 1998: 168, Hervorhebung im Original).

Sambia hat aus diesem Grund sieben lokale Sprachen (Bemba, Nyanja, Tonga, Lozi, Kaonde, Luvale, Lunda) neben der offiziellen Sprache Englisch als Nationalsprachen etabliert. Jede dieser Sprachen hat einen regionalen Schwerpunkt und erfüllt dort die Aufgabe der allgemeinen Kom-

---

25 Es ist festzuhalten, dass trotz der jahrzehntelangen exoglossischen und monolingualen Sprachpolitik der Anteil der Sprecher einer europäischen Sprache auf 20-30% der Bevölkerung, einer kleinen kaum wachsenden Bildungselite, beschränkt ist. Hierin spiegelt sich ein generelles Problem des Nationalstaats wider, das häufig von den Kritikern angeführt wird: Mit Umsetzung der Nationenbildung wurden die Eliten eines Landes beauftragt. Die politische Hoheit, der Bildungsfortschritt und das Sprachvermögen der Kolonialsprache (meist der offiziellen Sprache des Landes) waren einer kleinen Elite vorbehalten, die, nicht selten, ihren Machtvorteil ausnutzte und fortan autokratisch regierte (vgl. u.a. Omar 2002: 43): „Power, it is true, is in the hands of this minority [this new elites]. Herein lies one of the most remarkable sociological aspects of contemporary Africa: that the kind of class structure which seems to be emerging is based on linguistic factors" (Alexandre 1972: 8).

munikation (vgl. Marten & Kula 2008: 297). Auch hier sehen Marten und
Kula vor allem die gemeinsam gelebte Geschichte und die Koexistenz
mehrerer nationaler Sprachen als die Motivation für eine gelebte und ge-
fühlte sambische Identität (vgl. ebd.: 312f.).

In der Tat ist eine Wandlung des Nationalstaates zu beobachten: Der
höchst ideologisierte Begriff der Nation und das dahinterstehende Konzept idealisieren eine staatliche Homogenität, die den Rahmenbedingungen einer globalisierten und internationalisierten Welt nicht standhalten
kann. Der Gedanke einer Nation, und hier fokussiert auf die Frage der
Nationalsprache, kann nur insofern umgesetzt und interpretiert werden,
als diejenige Sprache oder derjenige Leitgedanke, die bzw. der es vermag, eine heterogene Gesellschaft eines Staates zu vereinen, ihnen eine
Art „Gemeinsamkeit" und „Identifikation" zu verleihen. Ziel der Schaffung einer Nation ist der „innere Zusammenhalt" und die „mögliche Abgrenzung nach außen, (…) [um] in der Bevölkerung ein kollektives Bewusstsein einer gemeinsamen Identität" (Broszinsky-Schwabe 2011: 47)
zu schaffen. Der Gedanke einer gemeinsamen, nationalen Identität zur
Abgrenzung von anderen Staaten und Kulturen muss auch in dieser Arbeit als Grundgedanke des Nationenbildungsprozesses gesehen werden:
Hierzu zählen neben dem Faktor Sprache u.a. eine gemeinsame Geschichte, nationale Fahne und Hymne, nationale Feiertage (Jahrestag der
ugandischen Unabhängigkeit) und Mythenbildung (vgl. ebd.: 48).

Trotz der bestehenden und hier aufgeführten – mitunter berechtigten
– Kritik an idealtypischen Nationenmodellen und ihrer Anwendbarkeit
auf den afrikanischen Kontinent darf man den Versuch unternehmen,
Nation und Mehrsprachigkeit gemeinsam zu betrachten und zu analysieren, zumal Sprache als kommunikatives System

> „is commonly acknowledged to function as an important symbol of group
> identity, often stimulating a natural sense of solidarity among communi-
> ties sharing a single variety of speech, and is sometimes deliberately mani-
> pulated to create feelings of belonging to populations larger than the local
> or the regional, and the significant establishment of fully extensive natio-
> nal identities in independent states" (Simpson 2008: 1).

Diese Arbeit sieht das Konzept der Nationalsprache als einen symbolischen Akt, der mit der Gründung und der Schaffung eines homogenen
Staats- und Gesellschaftsverständnisses des ugandischen Staates verbunden ist. Angelehnt an die vorangehenden Ausführungen wird daher die
Nationalsprache als wesentliches Merkmal nationaler Identität betrachtet, die dazu beiträgt, die Heterogenität des Landes zu überwinden, um
Fortschritt jedweder Art (ökonomisch, politisch, gesellschaftlich) voran-
zutreiben.

„Therefore, we can say, as far as nation-building is concerned, that from a context-unspecific, theoretical point of view, language has the potential to serve a dual ethnic/civic function which is crucial to the development of national identity" (Orman 2008: 36).

Das bedeutet, dass die Diskussion um eine Nationalsprache als eine Form der sprachlich symbolischen Auseinandersetzung mit der Nation und dem Staatsverständnis Ugandas anzusehen ist. Der Diskurs um die Notwendigkeit und die Kritik am Nationenkonzept wird in dieser Weise obsolet und in dieser Arbeit daher nicht diskutiert. Die politische Agenda Ugandas und die Grenzen des Landes werden als feststehende Ausgangspunkte der Studie gesehen. Statt der Diskussion des Nationalismuskonzepts stehen in dieser Arbeit vielmehr die Verknüpfung sprach- und politikwissenschaftlicher Aspekte in Form von Sprachattitüden und -ideologien im Vordergrund.

Warum und anhand welcher Kategorien Menschen einander bewerten und welche Rolle Sprache in diesem Zusammenhang spielt, wird im folgenden Kapitel zu Sprachattitüden erläutert.

4.5 Sprachattitüden und Sprachideologien

Ausgedrückt in Form von Glaubensaussagen, Emotionen oder Verhalten, artikulieren Sprachattitüden dem Menschen inhärente Denkmuster und Haltungen (vgl. hierzu auch Löw-Wiebach 2005). Im Sinne der sogenannten „folk linguistics" (u.a. Preston 2004) beschreiben Sprachattitüden diejenigen Ideologien und Einstellungen, die sogenannte „ordinary people" (Milroy & Milroy 1985: 10) bzw. sprachwissenschaftliche „Laien" gegenüber Sprachen und sprachlichen Varietäten haben. Sprachattitüden werden als Gegenentwurf zur akademischen Sprachwissenschaft verwendet, um eine Innenansicht bzw. einen Eindruck davon zu erhalten, wie Menschen selbst sprachliche Phänomene oder ganze Sprachen einordnen. Fairclough argumentiert in diesem Zusammenhang, dass Menschen sich immer zu Sprache positionieren. „[C]ritical awareness of language [...] arises within the normal ways of people reflect on their lives as part of their lives" (zitiert nach Mooney 2011: 2).

In der vorliegenden Arbeit werden Sprachattitüden als ‚wissenschaftliche Brille' d.h. als Heuristik verstanden, durch die auf Nationalsprachen, Sprachpolitik und interethnische Beziehungen geblickt wird. Im Fokus stehen also die Einstellungen und Positionen, die Menschen gegenüber Sprachen und sprachlichen Varietäten einnehmen. Gerade im Hinblick auf die gegenseitige Bewertung erscheint die Betrachtung des Gegenstands aus der Sicht der Sprecherinnen und Sprecher sinnvoll. Die

Einnahme dieser anderen Perspektive ermöglicht das Gewinnen neuer Erkenntnisse im Bereich der Nationalsprachenpolitik. Dieser Arbeitsbereich der Soziolinguistik und linguistischen Anthropologie befasst sich mit den Fragen, welche linguistischen Phänomene von Sprechern eines kulturellen Kreises genutzt werden, um stereotype Aussagen über andere soziale, ethnische oder kulturelle Gruppen zu treffen (vgl. Blot 2003: 3). „How are the marks of language, specific linguistic features, linked to ethnicity, to gender, to race, and to class? How is language employed on conveying one's group identity?" (ebd.).

Das vor allem im englischsprachigen Raum verbreitete und recht umfassende Konzept der Sprachideologien, *language ideologies*, geht über die einseitige Betrachtung von Sprache hinaus und kontextualisiert sie: „[Language ideologies] envision and enact ties of language to identity, to aesthetics, to morality, and to epistemology" (Woolard 1998: 3). Seargeant definiert Sprachideologien als die Art und Weise, wie wir über Sprache denken (Seargeant 2009: 348). Garrett, Coupland und Williams (2003) definieren Sprachideologien mit einem anderen Fokus und grenzen diese damit von den Sprachattitüden ab:

> „In sociolinguistics language ideology is emerging as an important concept for understanding the politics of language in multilingual situations, such as in relation to immigration and social inclusion/exclusion generally [...] and indeed as a politically more sensitive backdrop to any investigation of language variation and change" (Garrett, Coupland & Williams 2003: 11).

Entsprechend dieser Definition fällt die Frage nach nationaler Identität und Nationalsprache in das Untersuchungsfeld der Sprachideologien[26].

Im Zentrum aller Definitionen zu Sprachideologien und auch – wie noch zu zeigen sein wird – zu Sprachattitüden steht die Interdependenz von Sprache, Denken und Handeln. Der Begriff der Ideologie bezieht sich auf die Annahme, dass es kulturelle Konzeptionen gibt, was eine Sprache ist, wie sie funktioniert und welche Rolle sie im gesellschaftlichen Gefüge einnimmt. Diese kulturell geprägten, ideologischen Konzeptionen beeinflussen die Art und Weise, wie Menschen sich mit und gegenüber Sprache verhalten (vgl. Seargeant 2009: 348f.). Dabei geht es bei Sprachideologien nicht allein um Sprache, sondern um ihre Verknüpfung mit gesellschaftlichen, ökologischen und ökonomischen Faktoren, und damit um ihre wissenschaftliche Beziehung zu anderen Disziplinen.

---

26 Heller (1999) untersucht in diesem Zusammenhang die Ideologie der *francophonie* im Spannungsfeld von nationaler Ideologie und Globalisierung im frankophonen Teil Kanadas. Sie beschreibt die damit verbundenen Konflikte und rückt das Untersuchungsfeld der Standardvarietäten in den Untersuchungsfokus.

Sprachattitüden, Sprachideologien oder auch sprachliche Vorurteile stehen als Begriffe für das Konzept, das der Frage nachgeht: „Why do people evaluate each other, favourably or unfavourably, on the basis of speech?" (Hudson 1987: 197). Sprachattitüden befassen sich spezifisch mit den Haltungen und Einstellungen, die Menschen gegenüber einer Sprache haben. Bereits in den siebziger Jahren entstanden erste Arbeiten zu Sprachattitüden: Dabei standen vor allem Haltungen gegenüber dem Erlernen einer Zweitsprache im Zentrum der wissenschaftlichen Diskussion (vgl. Gardner & Lambert 1972). Zu den ersten Arbeiten in Nordamerika zählten die Untersuchungen von Fishman (1971, 1972a), der sich mit dem Sprachverhalten von Puerto Ricanern in New York[27] auseinandersetzte und betonte, dass es Sprachattitüden zu bestimmten Sprachvarietäten gebe und dass das Sprachverhalten inklusive und exklusive Funktionen erfüllen kann.

In den folgenden Jahren erschienen immer mehr Publikationen zu Prestige und Haltungen bestimmter Sprachen und Dialekte (vgl. hierzu u.a. Gardner 1985, Edwards 1982). Ein wichtiges Werk der neunziger Jahre ist die Publikation *Attitude and Language* von Baker (1992), die systematisch das Konzept der Sprachattitüden untersucht und modellhaft erarbeitet. Wichtig dabei sind drei Komponenten von „attitudes": „cognitive", „affective" und „conative" bzw. „readiness for action" (Baker 1992: 12). Die kognitive Komponente bezieht sich auf Gedanken und Glauben, während die affektive Komponente die Gefühle gegenüber dem Objekt der jeweiligen Haltung beschreibt (vgl. Adegbija 1994: 49). Die dritte Komponente, die mit konativ bzw. „readiness for action" betitelt ist, bescheibt „a behavioural intention or plan of action under defined contexts and circumstances" (Baker 1992: 13). Alle drei Komponenten sind ebenfalls für Sprachattitüden relevant, wobei kognitive und affektive Komponente in dieser Arbeit vor allem auf der Ebene des Individuums untersucht werden, wohingegen die konative Komponente vorliegend hauptsächlich auf sprachpolitischer Handlungsebene von Bedeutung ist.

Garrett (2010) charakterisiert Sprachattitüden als Gegenstand des täglichen Lebens und unterscheidet sie auf verschiedenen Ebenen, basierend auf der Arbeit von Baker (1992): Sprachattitüden betreffen häufig die Haltung gegenüber ganzen Sprachen (Garrett 2010: 10f.). Insbesondere Minderheitensprachen sind häufig dem Vorwurf ausgesetzt, sie seien keine „richtigen" Sprachen, da sie über keine komplexe Grammatik verfügten. Diese mangelnden Wissens oder Verständnisses für Sprache vor-

---

27 In Folge der Arbeiten von Fishman entstanden eine Reihe weiterer Arbeiten zu Sprachattitüden von Hispanos/ spanischsprechenden Ethnien in Amerika: Attinasi (1983); Ramirez (1981); Zentella (1981), (1997); Galindo (1995) und Rivera-Mills (2000).

genommene Wertung ist relativ weit verbreitet und ein klassisches Untersuchungsfeld von *language attitudes*. Auf der Wortebene kann die Wahl eines Begriffs bestimmte Assoziationen beim Rezipienten hervorrufen. Dies wird im Marketing und in der Werbebranche genutzt und instrumentalisiert. Eine weitere Ebene, die Sprachattitüden beeinflusst, so Garrett, ist die Standardisierung von Sprachen. Die meist stark ideologisierten Standardvarietäten einer Sprache seien sehr positiv besetzt und beeinflussten unbewusst das Sprecher- und Rezipientenverhalten (vgl. ebd.: 7). Auswirkungen haben Standardisierungen auch auf die Grammatik: Garrett beschreibt, dass Sprachinnovationen, die vom Standard der jeweiligen Sprache abweichen, beispielsweise im Bereich der Jugendsprachen, häufig negative Haltungen hervorrufen. Des Weiteren beobachte man auch beim *Code-Switching* verschiedene, meist negative Sprachattitüden, die das Bild dieser Variation oder seiner Sprecher nachhaltig prägen. Insbesondere monolinguale Sprecher haben negative Haltungen gegenüber dieser Ausdrucksform, die abwertend als „Kauderwelsch" bezeichnet wird (ebd.: 11). Tatsächlich wird durch *Code-Switching* gezielt eine bestimmte Zugehörigkeit ausgedrückt und ist damit ein wesentliches Merkmal individueller Identitätsprozesse. Auch Akzent kann Untersuchungsgegenstand der Sprachattitüden sein. Verschiedene Akzente können bestimmte Reaktionen und Assoziationen hervorrufen. Im deutschsprachigen Raum ist beispielsweise festzustellen, dass eine stark dialektal eingefärbte Aussprache negativ bzw. als „einfältig" betrachtet wird, ebenso wie die Färbung durch einen fremdsprachigen Akzent Anstoß von Kritik sein kann (siehe hierzu u.a. Lippi-Green 2011).

Sprachattitüden sind mithin sehr eng verbunden mit den Konzepten von Stereotypisierung, Meinungsforschung und Wertediskussionen. Auch der Habitusbegriff wird in diesem Zusammenhang häufiger genannt. Sprachattitüden sind Haltungen von Menschen gegenüber einer bestimmten Sprache, Varietät oder einem Dialekt. Zur Unterscheidung von bewussten und manifestierten Einstellungen, die sich auf die behaviouristische Ebene auswirken, wählen Garrett, Coupland und Williams (2003) die Begriffe ‚Habitus' und ‚Haltung': Habitus beschreibt sich auf das Handeln auswirkende Einflüsse, Attitüden oder routinierte Praktiken. Haltungen sind hingegen vielmehr unbewusste Einstellungen, die das Handeln aber nur begrenzt, in jedem Fall aber unbewusst, beeinflussen (vgl. 2003: 9f.). Ebenso wichtig ist die Trennung von Haltung und Meinung (*attitude* vs. *opinion*): Baker sieht den Unterschied in der Verbalisierung der Meinung im Gegensatz zur intrinsischen, nicht verbalisierten Haltung (vgl. ebd. 10). Oppenheim gibt folgende Definition für „attitudes", die ebenso auf die spezifischere Variante der *language attitudes* angewendet werden kann:

> „a construct, an abstraction which cannot be directly apprehended. It is an inner component of mental life which expresses itself, directly or indirectly, through more obvious processes as stereotypes, beliefs, verbal statements or reactions, ideas and opinions, selective recall, anger or satisfaction or some other emotion and in various other aspects of behaviour" (Oppenheim 1982: 39).

Es gibt einige Arbeiten zu Sprachattitüden in Afrika, wobei in jüngster Zeit wenige Publikationen hierzu erschienen sind. Adegbija (1994) hebt die Bedeutung der Sprachattitüden für den afrikanischen Kontext hervor und zeigt in seinem Buch auf, welche Ansatzpunkte sich auf dem afrikanischen Kontinent ergeben. Er nutzt für seine Forschung vor allem quantitative Erhebungsmethoden und präsentiert damit nur quantifizierende Ergebnisse in seinen Studien (Adegbija 1994, 1997). Auch Ute Smit hat 2000 eine Arbeit zu Sprachattitüden und sozialem Wandel in Südafrika vorgelegt. Zwei Beiträge aus den achtziger Jahren von Akere (1982) und Saah (1986) gehören zu den ersten Untersuchungen mit Fokus auf afrikanische Beispiele. Akere (1982) untersuchte die Sprachattitüden von 67 Sprechern verschiedener Yoruba-Dialekte in einem Vorstadtgebiet in Nigeria. Den Dialekten wurde ein unterschiedlich großes Prestige zugeschrieben, was Akere auf sozioökonomische, kulturelle und andere Faktoren zurückführte. Das Sprachverhalten, so Akere, sei von diesen Sprachattitüden beeinflusst, sodass sich viele Sprecher bemühten, die urbane Varietät zu verwenden, um ihre „urban identity" (Akere 1982: 353) zu kreieren und darzustellen. Saah beschrieb am Beispiel Ghanas, welche Bedeutung Sprachattitüden auf das Sprachverhalten haben können. Das hohe Prestige des Englischen führe dazu, dass die Menschen Englisch den lokalen Sprachen vorzögen. Saah untersuchte hierbei aber außerdem noch die Verwendung verschiedener Varietäten des Englischen und schloss seine Untersuchung mit der Feststellung „[i]t [the language, Anm. J. B.] is the sum total of the social behaviour of its users" (Saah 1986: 375).

Auch in Bezug auf sprachpolitische Entscheidungen in Afrika lassen sich Veränderungen und Beeinflussungen von Sprachattitüden beobachten: In Südafrika unter dem Apartheidsregime wurde durch die mit der Sprachpolitik korrelierende „rassische Trennung" eine Wertung der indigenen südafrikanischen Sprachen vorgenommen. Während die Sprache der weißen Afrikaner, Afrikaans, große Verbreitung erfuhr und als Kommunikationsmittel unter ihnen diente, wurde diese Sprache für die schwarzen Südafrikaner zur Sprache der Unterdrückung und somit negativ konnotiert (vgl. Bamgbose 1991)[28].

Es ist festzustellen, dass die überwiegenden Arbeiten zu Sprachattitüden in Afrika einem methodisch quantitativen Vorgehen folgen. Die vorliegende Arbeit hingegen bedient sich der qualitativen Methodologie, die in III Methoden und Forschungsprozess vorgestellt wird, und leistet damit einen weiteren, neuen Beitrag zur Untersuchung von Sprachattitüden in Afrika.

4.6 Resümee

Sprache als kulturelles und soziales Phänomen steht mit ihren vielen Funktionen im Fokus der Studie. Es hat sich gezeigt, dass Sprache ausschlaggebend für die Herstellung sozialer Wirklichkeit, Identität und Zugehörigkeit ist. Dadurch ist Sprache niemals wertneutral, weil Menschen sich stets zur ihr und ihren Funktionen positionieren. Bei der Frage nach einer Nationalsprache für Uganda konkurrieren, kooperieren und konfligieren die Sprachattitüden von Regierung, Bevölkerung und Wissenschaft. Es wird zu zeigen sein, dass die drei Positionen in diesem Spannungsfeld von Sprache, Nation und Identität ihrerseits nicht nur Haltungen an den Diskussionsgegenstand herantragen, sondern auch Haltungen durch ihr Handeln oder ihre Aussagen prägen. Die Betrachtung unterschiedlicher Positionen zu Nationalsprachenpolitik und interethnischen Beziehungen aus der Perspektive der Sprachattitüden eröffnet eine neue Sichtweise auf die Thematik und die Funktionalität von Sprache.

Das Bestreben dieser Arbeit liegt darin, den Untersuchungsgegenstand, der sich im hier vorgestellten Wissenschaftsfeld bewegt, empirisch mithilfe eines qualitativen Methodenverständnisses zu analysieren und damit eine wissenschaftliche Lücke zu schließen.

Es wird zu zeigen sein, dass mithilfe der Verwendung qualitativer Methoden weitere interessante Aspekte der Sprachattitüden zum Vorschein kommen, sowie die bereits von den verschiedenen Forscherinnen und Forschern erkannten Phänomene untermauert bzw. ergänzt werden können. Im Untersuchungsfeld von Sprache und Identität stellt die Analyse der Sprachattitüden in Bezug auf Nationalsprache, Sprachpolitik und interethnische Beziehungen in Uganda einen weiteren afrikaspezifischen Beitrag dar.

---

28 Weitere Arbeiten, die sich explizit der Untersuchung von Sprachattitüden in Afrika widmen, sind: Sure & Ogechi (2009), Mordaunt (1991), Webb (1992).

KAPITEL III

Methoden und Forschungsprozess

5.0 Methoden und Methodologie

Die in der Einleitung formulierte Fragestellung für diese Arbeit legt die Entscheidung für ein qualitatives Vorgehen nahe. Dies ist einerseits dadurch bedingt, dass qualitative Methoden eine dichte Beschreibung von Vorstellungen zu einem bestimmten Thema ermöglichen, und zum anderen durch den Umstand, dass bisher keine diesem Forschungsinteresse vergleichbaren qualitativ ausgerichteten Studien erschienen sind und die Arbeit damit einen „explorativen" Charakter hat (vgl. II Theoretische Grundlagen).

Vor der ausführlichen Betrachtung der Erhebungs- und Auswertungsmethoden wird zunächst das methodische Vorgehen des Studie in der qualitativen Sozialforschung verortet.

5.1 Qualitative Sozialforschung – eine kurze Einführung

Qualitative Forschung wird immer dort angewendet, wo es um die Erschließung eines bislang wenig erforschten Gegenstandsbereichs geht (vgl. Flick, von Kardoff & Steinke 2000: 25). Anhand der subjektiven Darstellung von Menschen werden deren soziale Lebenswelten[29] rekonstruiert, um zu einem besseren Verständnis der sozialen Wirklichkeit zu gelangen. In Abgrenzung zu quantitativer Forschung, die das Vorhandensein theoretischer Konzepte und daraus abgeleiteter Hypothesen voraussetzt, zielt die qualitative Sozialforschung auf die Untersuchung kaum bekannter Phänomene, die Untersuchung bereits bekannter Phänomene aus einer anderen Perspektive bzw. der Generierung neuer Theorien ab (Rosenthal 2005: 18)[30].

---

29 Der Begriff der sozialen Lebenswelt stammt aus der phänomenologischen Philosophie und besagt, dass jeder Mensch „innerhalb eines bestimmten »Sinnhorizontes« handelt, der für ihn nicht hintergehbar ist" (Heinze 2001: 97). Die Lebenswelt als Sinnhorizont setzt sich für jedes Individuum aus seinen persönlich gemachten Erfahrungen und den daraus resultierenden Weltanschauungen zusammen. Wichtig ist, dass die Sinnhorizonte sich von Mensch zu Mensch unterscheiden, da sie sich aus individuellen Erfahrungen zusammensetzen. Allerdings lassen sich durchaus Ähnlichkeiten der Lebenswelten in verschiedenen Kulturkreisen erkennen. (vgl. ebd.). Schütz und Luckmann (1975) definieren die „Lebenswelt wie folgt. „Die Wissenschaften, die menschliches Handeln und Denken deuten und erklären wollen, müssen mit einer Beschreibung der Grundstrukturen der vorwissenschaftlichen, für den – in der natürlichen Einstellung verharrenden – Menschen selbstverständlichen Wirklichkeit beginnen. Diese Wirklichkeit ist die alltägliche Lebenswelt" (zitiert nach Abels 2010b: 64).
30 Häufig werden auch qualitative und quantitative Methoden in einem Forschungsdesign angewendet: So können neben statistisch relevanten Daten auch vertiefende und ergänzende Erklärungen erhoben werden.

„Soziale Wirklichkeit lässt sich als Ergebnis gemeinsam in sozialer Interaktion hergestellter Bedeutungen und Zusammenhänge verstehen. Beides
wird von den Handelnden in konkreten Situationen im Rahmen ihrer subjektiven Relevanzhorizonte interpretiert und stellt damit die Grundlage
für ihr Handeln und ihre Handlungsentwürfe dar" (Flick, von Kardorff &
Steinke 2000: 20).

Die Annahme, dass Realität interaktiv hergestellt wird und eine sub-
jektive Bedeutung hat, ist Grundlage vieler qualitativer Forschungsan-
sätze. Kommunikation ist damit Gegenstand des Forschungsprozesses:
Das Datenmaterial wird dialogisch bzw. interaktiv durch die Anwendung verschiedener Methoden gewonnen oder liegt durch die Aufnah-
me von Alltagsgesprächen und -diskussionen bereits vor.

Die qualitative Sozialforschung ist in den vergangenen Jahren zu einem breiten Forschungszweig herangewachsen und wegen ihrer unterschiedlichen Anwendungsgebiete und Forschungsbereiche zu einer fast
unübersichtlichen Disziplin geworden (vgl. Flick, von Kardorff & Steinke 2000: 13). Diese Arbeit beruht auf der von Garfinkel in den sechziger
Jahren des vergangenen Jahrhunderts begründete Ethnomethodologie,
die davon ausgeht davon aus, dass soziale Wirklichkeit von Individuen
als kommunikativer Akt immer wieder neu produziert wird und dass
„sich alltägliches Handeln über Methoden konstituiert, über die jeder
Mensch als handelsgenerierender verfügt" (Schmidt-Grunert 1999: 23).
Auf diesem Wissenschaftsverständnis beruht auch der in Kapitel 4.1 vorgestellte Sprachbegriff. Diese Forschungsperspektive, die auf den Menschen und sein Umfeld als Untersuchungsgegenstand fokussiert ist, untersucht Alltagsroutinen und die interaktionale und „lokale Produktion
sozialer Ordnung und [...] sozialer Wirklichkeit" (Meuser 2003: 53). Hierzu werden die Daten vor allem in Gruppendiskussionen und teilneh-
mender Beobachtung generiert und diskursanalytisch bzw. konversa-
tionsanalytisch untersucht (vgl. Flick, von Kardorff & Steinke 2000: 22,
Flick 2010: 82). Die vorliegende Arbeit steht in der Tradition der ethnomethodologischen Forschungsperspektive und ist der rekonstruktiven
Sozialforschung zugeordnet (siehe 7.0 Analysemethoden).

5.2 Methodenkombination

Wissenschaftliche Forschung spiegelt auch immer einen Teil der realen (Lebens-)Welt wider. Im Gegensatz zur Wissenschaftslandschaft, die
sehr spezialisiert ist, ist die Realität vielschichtig und komplex. Gerade
im Bereich der Soziolinguistik ergeben sich interdisziplinäre Anknüpfungspunkte: In einer Disziplin, in der Sprache und Gesellschaft miteinander in Verbindung gebracht werden, zeigt sich, dass monodisziplinäre
Ansätze nicht ausreichen, um gesellschaftliche Situationen angemessen

untersuchen zu können. Unter Interdisziplinarität versteht man die Kombination verschiedener Wissenschaftsdisziplinen in einem gesellschaftsrelevanten Forschungsbereich zur Gewinnung eines integrierten und komplexen Forschungsergebnisses. Die Untersuchung von Sprachattitüden aus unterschiedlichen Perspektiven erfordert, über die linguistische Betrachtung hinaus, soziopolitische Faktoren in die Analyse einzubeziehen und Konfliktkonstellationen zu berücksichtigen, um ein Verständnis für die reale (ugandische) Lebenswelt zu erhalten. Diese Interdisziplinarität spiegelt sich auch in der methodischen Ausrichtung der Arbeit wider: Während es einer sozialwissenschaftlichen Perspektive bedarf, um gesellschaftsspezifische Strukturen zu erkennen, ermöglicht es eine soziolinguistische Betrachtung des Materials, spezifische Gesprächsstrukturen und -strategien herauszuarbeiten. Um diesen verschiedenen Ansätzen gerecht zu werden, wird in dieser Arbeit eine Kombination von qualitativen Methoden verwendet[31]: Zur Datenerhebung wurden Gruppendiskussionen und problemzentrierte Interviews geführt, um kollektive und individuelle Genese von Sprachattitüden untersuchen zu können. Bei der Analyse werden mit der Inhaltsanalyse nach Mayring zunächst Kategorien gebildet und daraus Schwerpunkte für die Analyse gesetzt. In einem zweiten Schritt wird mit der ethnographischen Gesprächsanalyse und der Kritischen Diskursanalyse das Material bearbeitet. Beide Analysen werden zunächst unabhängig voneinander durchgeführt. In der finalen Betrachtung werden die Ergebnisse zusammengeführt und zur Beantwortung der Fragestellung herangezogen. Bei dieser Art der Analyse entspricht die Vorgehensweise eher dem integrativen Ansatz von Moran-Ellis et al. (2006), die ebenfalls unterschiedliche Datenerhebungs- und Analysemethoden verwenden. Bei der Bearbeitung der Daten werden zunächst die einzelnen Analyseschritte ihren Methoden entsprechend angewandt – ohne dass diese Methoden in einem hierarchischen Verhältnis zueinander stehen – und schließlich in der Interpretation zusammengefügt (vgl. Moran-Ellis et al. 2006: 52). Auch in dieser Arbeit werden die Methoden statusgleich behandelt. Die Kombination von Methoden der qualitativen Sozialforschung aus dem Zweig der interpretativen Sozialforschung dient dem Ziel, die Untersuchung der nationalsprachlichen Problematik in Uganda möglichst facettenreich darstellen zu können.

---

31 Die Kombination von Methoden ist wissenschaftlich vielfach diskutiert worden. In der vorliegenden Arbeit wurden bei den Erhebungs- und Analysemethoden verschiedene epistemologische Ansätze verknüpft, wobei diese nicht in der Tradition der Triangulation oder der *mixed methods* stehen (Zur Triangulation siehe u.a. Jick 1979, Campbell & Fiske 1959.): Diese Konzepte verbinden qualitative mit quantitativen Methoden, um die Reliabilität der Forschungsergebnisse zu verbessern.

5.3 Zur Generalisierbarkeit qualitativer Forschungsergebnisse

Die Ergebnisse dieser Arbeit, ebenso wie die Ergebnisse aller qualitativen Forschungsprojekte, müssen vor dem Hintergrund des wissenschaftlichen Verallgemeinerungsparadigmas reflektiert werden.

> „Generalisierbarkeit meint: Für welche Bereiche gelten die aus der Untersuchung gewonnenen Aussagen? Auf welche Sprecherpopulationen, kulturelle Gemeinschaften etc. können sie übertragen werden bzw. verallgemeinert werden?" (Deppermann 2000: 109).

Seit der Anwendung qualitativer Methoden gibt es eine methodologische Kontroverse, inwieweit die Ergebnisse qualitativer Forschungsprojekte generalisierbar sind: Vertreter des quantitativen Paradigmas kritisieren, dass der methodische Zugang über Einzelphänomene, die Verwendung relativ weniger Probanden, keine repräsentativen Ergebnisse liefern kann. Dies ist tatsächlich *nicht* der Anspruch der qualitativen Forschung und wird dennoch häufig missverstanden. Qualitative Forschungen verstehen ihr Erkenntnisinteresse in der Abbildung sozialer Realitäten, die „nur interpretativ und in ihrer gesamten Komplexität und Tiefe erfasst werden könne[n]" (Heinze 2001: 37).

Heinze betont, dass Validität und Relevanz sich aus der theoretischen Fundierung jeder Arbeit ergeben. Das Erkenntnisinteresse sei zudem nicht vergleichbar mit dem quantitativer Forschungen und andererseits sei „die Art der Forschung für jede umfassende wissenschaftliche Gesellschaftsanalyse [unverzichtbar]" (ebd.: 39). Validität lässt sich laut Flick (2010) auch auf die qualitative Forschung anwenden und bezieht sich dabei auf die Validität der Interviewsituation, die kommunikative und prozedurale Validität. Die Essenz liegt in der Herstellung von Transparenz des Forschungsprozesses als auch in der Ergebnisdarstellung.

Reliabilität lässt sich für Interviewdaten und auch für die Daten der Gruppendiskussionen durch Schulungen und Reflektionen in Forschungs- und Arbeitsgruppen herstellen (vgl. Flick 2010: 491f.).[32]

Für die vorliegende Arbeit wird also festgehalten, dass die Ergebnisse keinen Anspruch auf Repräsentativität im Sinne des quantitativen Paradigmas haben. Vielmehr dienen sie als profund analysiertes „Fallbeispiel" für die Untersuchung der Problematik der Nationalsprache und Sprachpolitik in multilingualen Staaten. Die Studie hat einen explorativen Charakter und leistet einen Beitrag zur qualitativen Untersuchung von Sprachattitüden und ist somit als Grundlagenforschung anzusehen.

---

32 Im Rahmen der Erstellung der vorliegenden Arbeit wurden mehrere Methodenworkshops und -werkstätten absolviert und im Kolloquium des Instituts für Afrikanische Sprachwissenschaften sowie in einem institutionalisierten Kreis der Doktoranden AG „Interpretative Sozialforschung" die Ergebnisse in regelmäßigen Abständen diskutiert und kritisch hinterfragt. Allen beteiligten Kommilitoninnen und Kommilitonen sowie Mitarbeiterinnen und Mitarbeiten gilt dafür mein herzlicher Dank.

Wo möglich, d.h. dort, wo es ähnliche Studien und Erkenntnisse gibt, werden Vergleiche gezogen und wird an bestehende Analysen angeknüpft (vgl. hierzu auch Deppermann 2000: 110). Durch die Einbettung in ein umfangreiches und umfassendes Theoriekonzept lassen sich durchaus Vergleiche, Auffälligkeiten und regionalspezifische Charakteristika herausarbeiten.

6.0 Erhebungsmethoden

Für die Untersuchung von Sprachpolitik und interethnischen Beziehungen in Uganda aus der Bevölkerungsperspektive stellte sich eine Kombination von problemzentrierten Interviews und Gruppendiskussionen als geeignet dar[33]. Mit problemzentrierten Interviews konnte in einem ersten Schritt das Feld abgesteckt und gezielt individuelle Haltungen eruiert werden. Gruppendiskussionen hingegen ermöglichen – je nach Art der Zusammenstellung –, Konfliktpotentiale und kollektive Muster abzubilden. In beiden Fällen handelt es sich also um die Erhebung von Daten im Rahmen von natürlichen[34] Gesprächssituationen, in dialogischer bzw. in Gruppenform, zur Untersuchung „individueller und kollektiver Handlungsstrukturen und Verarbeitungsmuster gesellschaftlicher Realität" (Witzel 1982: 67).

Die Gruppendiskussionen, deren Leitfaden sich aus den Erkenntnissen der geführten Interviews generierte, dienten zur Erhebung von Gruppenhaltungen und Dynamiken kollektiver Bildung von Stereotypen und Sprachattitüden.

6.1 Das problemzentrierte Interview

Das problemzentrierte Interview ist gekennzeichnet durch seine offene, halbstrukturierte Befragungstechnik und bietet dadurch die Möglichkeit, die theoretische Fragestellung vor dem Hintergrund subjektiver, von den Interviewpartnern selbst formulierten Wahrnehmungen und

---

33 Sicherlich hätten sich diese Methoden auch für eine Untersuchung der politischen Regierungsperspektive angeboten. Allerdings stimmten die Politiker, die sich einer Befragung stellten, einer Audioaufnahme nicht zu. Daher stammt das überwiegende Material aus Gesprächen mit Mitgliedern der ugandischen Bevölkerung. Siehe hierzu auch 10.0 Reflektion der Methodologie und des Forschungsprozesses.

34 In dieser Arbeit wird nicht mit dem Natürlichkeitsbegriff von Labov gearbeitet, der fordert, dass Gespräche aufgezeichnet werden sollten, wenn die Menschen es nicht bemerken (vgl. Depperman 2001: 25). Dies widerspricht der Forschungsethik. Daher wird in dieser Arbeit der Begriff des „natürlichen" Gesprächs in Abgrenzung zu künstlichen Korpora verstanden, wie dem Erzählen von Geschichten oder der Elizitation in der Linguistik (zur Methodik der linguistischen Feldforschung siehe u.a. Hellwig 2007: 69). „Natürlichkeit" bezieht sich hier vielmehr auf „gesprochene" Sprache, die in „natürlichen" Gesprächen oder Diskussionen aufgezeichnet wurde (vgl. hierzu Bergmann 1994). Die „Natürlichkeit" bezieht auf die „Favorisierung narrativer Darstellungsweisen" (Bergmann 2011: 25), d.h. die Erhebung von Datenkorpora, wie sie auch bei problemzentrierten Interviews entstehen.

Eindrücken mit einem spezifischen Fokus zu erschließen (vgl. u.a. Witzel 2000: 1)[35].

Das semi-strukturierte Interviewverfahren ist aus der Forschungspraxis heraus entstanden, mit der Absicht, „die tatsächlichen Probleme der Individuen im Rahmen eines gesellschaftlichen Problemfeldes systematisch zu eruieren" (Witzel 1982: 67). Es zielt darauf ab, den Gesprächspartner möglichst frei zu Wort kommen zu lassen, „um einem offenen Gespräch nahezukommen. Es ist aber zentriert, auf eine bestimmte Problemstellung, die der Interviewer einführt, auf die er immer wieder zurückkommt" (Schmidt-Grunert 1999: 41). Das problemzentrierte Interview wurde vor allem von Andreas Witzel (1982, 2000) beschrieben und als Methode der Datenerhebung ausgearbeitet.

Vorliegend wurden die problemzentrierten Interviews insbesondere während des ersten Feldforschungsaufenthalts 2008 zu explorativen Zwecken, d.h. zur Eingrenzung des Forschungsbereichs und zur Konkretisierung des Forschungsdesigns genutzt. In einem iterativen Forschungsprozess wurde aus diesen ersten Erkenntnissen, die sich am Relevanzsystem der Befragten orientierten, der Leitfaden der Interviews modifiziert und außerdem der Leitfaden zur Gruppendiskussion generiert. In der zweiten Forschungsphase 2009 dienten die modifizierten Interviewleitfäden der Erhebung individueller Perspektiven und Haltungen zu Sprachen und der Sprachensituation in Uganda.

Die drei Grundpositionen Problemzentrierung, Gegenstandsorientierung und Prozessorientierung strukturieren das Interview und geben den Gesprächspartnern einen inhaltlichen Rahmen vor, anhand dessen sie sich orientieren sollen. Dieser „heuristisch-analytische" (Witzel 2000: 2) Rahmen wird durch das vom Forscher erworbene Vorwissen, in dieser Arbeit dem Wissen um die aktuelle Sprachensituation und -politik in Uganda und den diesbezüglichen öffentlichen Diskussionen, in das Gespräch eingebracht, um den sich der Dialog zwischen Interviewer und Interviewtem entspinnt. Innerhalb diesen Rahmens werden den Gesprächspartnern freie Entfaltungsmöglichkeiten und Relevanzsetzung gewährt. Durch diese Strukturiertheit werden für die Forschung relevante und wichtige Themen in das Gespräch eingebunden, wodurch auch die Vergleichbarkeit der Daten erhöht wird. Dem „Prinzip der Offenheit" entsprechend werden die lenkenden Fragen des problemzentrierten Interviews offen formuliert und geben dem Interviewten die Möglichkeit, sein Erfahrungswissen und Realitätskonzept, in diesem Fall die

---

35 Zum Strukturierungsgrad qualitativer Interviewformen siehe Friebertshäuser (1997).

Haltungen gegenüber Sprache in Uganda, im vorgegebenen Rahmen darzulegen (vgl. ebd.: 2)[36].

Die *Gegenstandsorientierung* bezieht sich auf die Flexibilität der Methode zum Forschungs*gegenstand* (vgl. Friebertshäuser 1997: 379) und hebt ihre Eignung zur Kombination mit anderen Methoden hervor. Diese Studie nutzte die Erkenntnisse aus den problemzentrierten Interviews zu den Themen „Nationalsprache", „Identität" und „Sprachpolitik" als Grundlage für den Leitfaden der Gruppendiskussionen. Durch dieses induktiv-deduktive Wechselverhältnis ließen sich neue, offene Fragen für die Gruppendiskussionen erarbeiten, die sich jedoch am Relevanzsystem der Befragten orientierten.

Die *Prozessorientierung* bezieht sich vor allem auf den sich prozessual entwickelnden Gesprächsverlauf als Vertrauensverhältnis zwischen Befragtem und Interviewer (vgl. ebd.). Die im Gesprächsverlauf enthaltenen Brüche, Widersprüche und Redundanzen, werden als „sinnhaft" eingestuft und entsprechend analysiert (vgl. Friebertshäuser 1997: 379).

Kritiker bemängeln die Strukturiertheit der problemzentrierten Interviews, weil durch die Selektion möglicherweise weitere, interessante Themen ausgeklammert würden (vgl. Mayer 2006: 36ff.). Die Forschungspraxis in Uganda hat allerdings gezeigt, dass eine solche Strukturiertheit gerade im Vorfeld von Gruppendiskussionen von Vorteil ist: Die Befragten haben ihr Relevanzsystem in den Interviews, welche die Themen soziale Zugehörigkeit, Konstruktion der ugandischen Identität und die Sprachensituation in Uganda fokussierten, offenbart. Geprägt durch ihre individuellen Lebenserfahrungen offenbarte sich die Mehrdimensionalität der Thematik. Das Interviewgerüst räumt den Gesprächspartnern viel Freiraum zur Entfaltung ihrer Gedanken ein, erlaubt zugleich aber auch, sie wieder zum eigentlichen Problem zurückzuführen. Die Kategorien der „Nationalsprache" und der „Identität" wurden von den Interviewpartnern mit ihren eigenen Assoziationen und Vorstellungen geprägt. Hieraus entfalteten sich dann die Untersuchungsfelder und der für diese Arbeit zentrale Untersuchungsgegenstand, die Sprachattitüden.

Durch einen spiralförmigen – sogenannten iterativen – Forschungsprozess, das Führen von Interviews, Anpassung des Leitfadens, Führen von Gruppendiskussionen, Führen von problemzentrierten Interviews und wiederholter Anpassung, wurde der Forschungsprozess immer wieder entsprechend der neu gewonnenen Erkenntnisse modifiziert. Somit lassen sich vorab getroffene, durch theoretisches Vorwissen erworbene

---

36 Über die einzelnen methodischen Instrumente und Schritte der Entwicklung eines problemzentrierten Interviews siehe Witzel (2000: 4f)., Friebertshäuser: (1997: 380f.)

Thesen an die Realität und den Forschungsgegenstand angleichen, um so Zirkelschlüsse weitestgehend auszuschließen.

Durch die problemzentrierten Interviews wurden die individuellen Präferenzen für oder die Aversionen gegen eine bestimmte Nationalsprache in Form von Stereotypen, Sprachattitüden und metaphorischen Darstellungen erhoben. Sie dienen zur Unterstützung der Analyse der Gruppendiskussionen bzw. als Kontrastfälle. Insbesondere im Hinblick auf die Entstehung von Stereotypen und die Verwendung gängiger Vorurteile ist eine Kontrastierung von Individual- und Kollektivhaltungen unerlässlich.

6.2 Die Gruppendiskussion

Als „das Produkt kollektiver Interaktionen" (Bohnsack 1993: 110) sind Gruppendiskussionen in der qualitativen Sozialforschung als Erhebungsmethode ausschließlich dazu geeignet, Kollektivhaltungen zu untersuchen. Schäffer (2001) beschreibt Gruppendiskussionen als „empirisch überprüfbare[n] Zugang zu kollektiven Phänomenen anhand einzelner Fälle (von Gruppen), ohne sich dabei in der Singularität zu verlieren" (Schäffer 2001: 3). Wichtig für die Herstellung einer Gruppendiskussion sei, so Lamnek, dass die Interaktanten sich „*face-to-face* kommunikativ zu einem bestimmten Gegenstand, von dem alle betroffen sind, austauschen, also miteinander interagieren'" (Lamnek 2005: 55, Hervorhebung im Original).

Die Gruppendiskussion ermöglicht in dieser Arbeit, den Einzelnen

> „in der Kommunikation mit denjenigen [zu erleben], mit denen er auch im Alltag kommuniziert, also innerhalb des gewohnten sozialen Kontextes, z.B. innerhalb der Clique, der Gruppe der Gleichaltrigen, mit denen der Befragte auch sonst zusammen ist" (Bohnsack 1993: 21).

Für das Forschungsdesign war dies von Interesse, um so auch gruppenspezifische Dynamiken zu erkennen, die Aufschluss über die interethnischen Konstellationen in Uganda geben können. Der „kommunikative Kontext" (ebd.), in dem sich die Diskussion entfaltet, ist Abbild des Relevanzsystems der Teilnehmenden.

Kollektiv entwickelte Aussagen bzw. im Kollektiv geäußerte Positionen sind insbesondere im Hinblick auf Sprachattitüden und -ideologien von Relevanz.

Methodologisch haben sich verschiedene Definitionen und Typen von Gruppendiskussionen entwickelt: Der in dieser Arbeit verwendete Ansatz orientiert sich an den Arbeiten von Bohnsack, Loos und Schäffer (vgl. u.a. Bohnsack 1993, 2000, 2008; Loos & Schäffer 2001; Bohnsack &

Przyborski 2006; Bohnsack & Schäffer 2001)[37], die aus der praxeolo-
gischen Wissenschaftssoziologie stammen und an die forschungsprak-
tische Arbeit von Mangold (1960) anknüpfen und diese weiterentwi-
ckelten. Bohnsack untersucht mithilfe von Gruppendiskussionen „kollektive Orientierungsmuster" (Lamnek 2005: 59). Das Konzept des Kollektiven nimmt eine besondere Stellung in den Arbeiten der praxeolo-
gischen Wissenschaftssoziologie ein: Sie wendet sich vom „Primat des
Individuums" (Loos & Schäffer 2001: 29) ab und konstruiert das Kollektive auf zwei Ebenen: Auf der Ebene des Forschungsgegenstandes muss
die Entwicklung der Meinungen und Haltungen berücksichtigt werden.
Auf der Ebene der Rekonstruktion der Diskursorganisation ist es notwendig, die Aussagen in ihrem kollektiven Rahmen, d.h. vor dem Relevanzsystem der Teilnehmenden, zu reflektieren. Kollektive Erfahrungen
werden im „kollektiven Rahmen" reproduziert. So eröffnet sich der Blick
auf die sozialen Lebenswelten (vgl. ebd.: 28). Der Betrachtung eines Kollektivs liegt die Annahme zugrunde,

> „dass Sinn- und Bedeutungszuschreibung, Lebensorientierungen usw.
> sich primär sozial konstituieren, gemeinsamen Erfahrungsräumen ent-
> stammen und sich im Miteinander von Menschen mit gleichen oder ähn-
> lichen Erfahrungen zeigen" (Lamnek 2005: 59).

Laut Bohnsack (2008) kann man tatsächlich nur dort von „Gruppendiskussionen" sprechen,

> „wo die methodologische Bedeutung von Interaktions-, Diskurs- und
> Gruppenprozessen für die Konstitution von Meinungen, Orientierungs-
> und Bedeutungsmustern in einem zugrundeliegenden theoretischen Mo-
> dell, d.h. in metatheoretischen Kategorien mit theoriegeschichtlicher Tra-
> dition verankert sind" (Bohnsack 2008: 105).

6.3 Die Konstitution der Gruppen

Die Konstellation von Gruppen nimmt Einfluss auf die Gruppendiskussion. Es wird zwischen natürlichen und künstlichen sowie homogenen und heterogenen Gruppen unterschieden. In dieser Arbeit wurde
nur mit natürlichen Gruppen gearbeitet, um keinen „Laborcharakter"
entstehen zu lassen. (vgl. Lamnek 2005: 54, Loos & Schäffer 2001: 43). Definiert als natürliche Gruppen, auch Realgruppen genannt, sind Gruppen, die sich aus Menschen zusammensetzen, die auch außerhalb der
Gruppendiskussionssituation als Gruppe im Alltag bestehen. Loos und
Schäffer heben hervor, dass in natürlichen Gruppen eine ergiebige Diskussion besser zustande kommt, da „deren Mitglieder ein hinreichend

---

37 Zur Erstellung von Leitfäden und der praktischen Vorbereitung von Gruppendiskussionen siehe
u.a. Loos & Schäffer (2001: 51).

ähnliches ‚Weltbild', also hinreichend ähnliche existentielle Hintergründe und Erfahrungen haben" (2001: 43). Für das Fallbeispiel Uganda wurde Teilnehmende ausgesucht, die aus derselben Region stammten, meist über ein vergleichbares Bildungsniveau verfügten und / oder sich bereits von der Arbeit, der Universität kannten bzw. Mitglieder einer ‚Clique', eines Bekannten- oder Freundeskreises waren. Die Entscheidung gegen künstliche Gruppen lag darin begründet, dass vorliegendes Forschungsthema durchaus Konfliktcharakter birgt und die Befürchtung bestand, dass sich fremde Menschen in einem künstlichen Raum nicht in solcher Weise öffnen würden, wie es Menschen in einem vertrauten Umfeld tun. Durch die Wahl einer natürlichen Gruppe konnte eine für fremde Menschen typische Reaktion des ‚sich-gegenseitig-Abtastens' und Taxierens vermieden werden, was gegebenenfalls Einfluss auf den Gesprächsverlauf hätte haben können[38].

Ein weiteres Unterscheidungs- und Klassifikationskriterium bei Gruppendiskussionen sind homogene und heterogene Gruppen. Bei homogenen Gruppen sind die Teilnehmer im Hinblick auf die Fragestellung miteinander vergleichbar, ihre Hintergründe sind ähnlich. Bei heterogenen Gruppen existieren Differenzen, die einen Stimulus für den Diskussionsverlauf bedeuten können. In dieser Arbeit wurde sowohl mit homogenen als auch mit heterogenen Gruppen gearbeitet: Homogenität und Heterogenität beziehen sich in diesem Forschungsvorhaben auf die Muttersprache, Geschlecht und Ethnizität[39] der Diskutanten. Eine homogene Gruppe besteht also aus Sprechern der gleichen Muttersprache, gleichen Geschlechts oder gleichen Ethnie. Eine heterogene Gruppe vereint Sprecher verschiedener Muttersprachen oder Ethnien.

Die erhobenen Gruppendiskussionen, sowohl ethnisch und sprachlich hetero- und homogen zusammengestellt, zeigen damit diverse Typen von Kollektiven auf, die Aufschluss über Gruppenmeinungen und -dynamiken geben können. Insbesondere im Hinblick auf die Frage nach der Nationalsprache kamen – verglichen zu den problemzentrierten Interviews – „kollektive Sinnmuster" (Bohnsack 2000: 375) und kollektive Dynamiken zu Stereotypisierungen und Sprachattitüden zum Vorschein, die in der Analyse detailliert beschrieben werden.

---

38 Zur Reflektion der Methodenauswahl und der Erfahrung in der Forschungspraxis siehe 10.0 Reflektion der Methodologie und des Forschungsprozesses.

39 Ursprünglich war geplant, auch geschlechtlich homogene Gruppen zu befragen. Dies wurde in der ersten Feldforschungsphase nach zwei jeweils geschlechtlich homogenen Gruppendiskussionen jedoch verworfen. Zu den Gründen siehe Kapitel 10.0 Reflektion der Methodologie und des Forschungsprozesses. In das Datenkorpus wurde nur die „weibliche" Gruppendiskussion aufgenommen – das Material aus der rein männlichen Diskussion wurde nicht verwendet.

7.0 Analysemethoden

Die Fragestellung erfordert eine Auseinandersetzung mit inhaltlichen und strukturellen Aspekten. Das Erkenntnisinteresse der Arbeit liegt vor allem darin zu untersuchen, wie sich Sprachattitüden im Kollektiv strukturell von Individualmeinungen unterscheiden, wie Positionen und Perspektiven zu einem bestimmten Thema entstehen und wie sich Dominanzverhältnisse und Gesellschaftshierarchien der unterschiedlichen Ethnien in den Gesprächen rekonstruieren und abbilden lassen.[40]

Die Analyse des Datenmaterials wird in zwei Schritten vollzogen: In einem ersten Schritt werden mithilfe der qualitativen Inhaltsanalyse Kategorien herausgearbeitet, die die thematischen Schwerpunkte der Analyse festlegen. In einem zweiten Schritt werden durch die Anwendung diskurs- bzw. gesprächsanalytischer Methoden die Handlungsstrategien der Interaktanten untersucht und Rekonstruktionen der sozialen Lebenswelt vorgenommen. Beide Analysemethoden basieren – ebenso wie die Erhebungsmethoden – auf dem rekonstruktiven und ethnomethodologischen Forschungsparadigma der qualitativen Sozialforschung.

Im Folgenden werden beide Methoden, entsprechend ihrer Anwendungslogik im Analyseverfahren, vorgestellt.

7.1 Die qualitative Inhaltsanalyse

Bei Inhaltsanalysen stehen „menschliche Kommunikationsprozesse" (Groeben & Rustemeyer 2002: 233) als zentraler Untersuchungsgegenstand im Fokus der Analyse.

Die qualitative Inhaltsanalyse geht über die rein inhaltliche Betrachtung von Gesprächen hinaus und klassifiziert den Inhalt als Teil des Kommunikationsprozesses. So können Rückschlüsse auf bestimmte Aspekte der Kommunikation (z.B. Intention des Senders, Reaktion des Empfängers) abgeleitet und untersucht werden (vgl. Mayring 2002: 12).

Mithilfe der qualitativen Inhaltsanalyse wird untersucht, *was* die Gesprächspartner zu einem bestimmten Aspekt in das Gespräch oder die Gruppendiskussion einbringen und *wie* etwas gesagt wird.

> „In dem, was Menschen sprechen und schreiben, drücken sich ihre Absichten, Einstellungen, Situationsdeutungen, ihr Wissen und ihre stillschweigenden Annahmen über die Umwelt aus. Diese Absichten, Einstellungen usw. sind dabei mitbestimmt durch das soziokulturelle System, dem die Sprecher und Schreiber angehören und spiegeln deshalb nicht

---

40 Die Arbeit lehnt an das „Display"-Konzept von Sacks et al. (1974) an, das davon ausgeht, „dass Interaktanten einander den Sinn und die Ordnung ihres Tuns aufzeigen" (Deppermann 2000: 99). Dieser Sinn bzw. diese Ordnung, häufig auch als „soziales Handeln" beschrieben, kann vom Forscher rekonstruiert werden. Dazu siehe 7.2 Gesprächsanalyse und Kritische Diskursanalyse sowie 4.2 Die Rolle der Sprache in der Identitätskonstruktion.

nur Persönlichkeitsmerkmale der Autoren, sondern auch Merkmale der sie umgebenden Gesellschaft wider – institutionalisierte Werte, Normen, sozial vermittelte Situationsdefinitionen usw. Die Analyse von sprachlichem Material erlaubt aus diesem Grunde Rückschlüsse auf die betreffenden individuellen und gesellschaftlichen, nicht-sprachlichen Phänomene zu ziehen" (Mayntz, Holm & Hübner 1974: 151).

Die Inhaltsanalyse hat ihren Ursprung in der quantitativen Forschungsarbeit und stammt aus dem US-amerikanischen Zweig der Kommunikationswissenschaften, die sie zur Untersuchung des Einflusses von Massenmedien auf die Gesellschaft einsetzten (vgl. Mayring & Brunner 2009: 672). Mit der Kritik an der rein quantitativen Forschung und durch die Einflüsse anderer Wissenschaftsdisziplinen, insbesondere durch die Einflüsse der Ethnomethodologie und des Symbolischen Interaktionismus, öffnete sich die Inhaltsanalyse dem qualitativen Forschungszweig und ging damit analytisch über den rein inhaltlichen Aspekt hinaus und wurde um die Untersuchung von latenten Sinnstrukturen und formalen Texteigenschaften erweitert. Die Kombination quantitativer und qualitativer Ansätze führte zu folgender Definition:

> „Sie [die qualitative Inhaltsanalyse, Anm. JB] stellt eine Methode zur Auswertung fixierter Kommunikation (z.B. Texte) dar, geht mittels eines Sets an Kategorien systematisch, regel- und theoriegeleitet vor und misst sich an Gütekriterien. Das qualitative Element besteht in der Kategorienentwicklung und der inhaltsanalytischen Systematisierung der Zuordnung von Kategorien zu Textbestandteilen – Schritte, die in quantitativer Inhaltsanalyse meist übergangen werden" (Mayring & Brunner 2009: 673).

Die qualitative Inhaltsanalyse, wie sie in vorliegender Arbeit verwendet wird, eignet sich auch für sprachwissenschaftliche bzw. interdisziplinäre Projekte: Wenn Worte als Konstrukte sozialen Handelns definiert werden, ist eine semiotische Untersuchung des Materials unabdingbar (vgl. Knapp 2008).

Diese Analysemethode arbeitet ausschließlich mit Textsorten, also Produkten sprachlichen Handelns. Dabei werden schon bestehende Textkorpora, wie Pressemeldungen, Gesetzestexte, offizielle Stellungnahmen und eigens für die Forschung erhobenes Datenmaterial[41], das ergänzt wird um Zeitungsausschnitte und offizielle Regierungsdokumente, verwendet (vgl. Mayring & Brunner 2009: 673). Die Auseinandersetzung mit sprachlichen Produkten erfordert auch eine sprachwissenschaftliche Analyse des Materials. Mayring kritisiert, dass gerade diese Komponente, insbesondere in den Sozialwissenschaften, häufig vernach

---

41 Als Grundlage für beide Analysemethoden wurden die Gruppendiskussionen und Interviews nach GAT2 (Gesprächsanalytisches Transkriptionssystem 2) (Selting et al. 2009) transkribiert und liegen somit in Textform vor. Zu GAT2 siehe auch Seite 15.

lässigt wird (2008a: 21). Die Verknüpfung ethnographischen und sprachwissenschaftlichen Wissens ermöglicht Textverständnis:

> „Ein Wort hat keine Bedeutung an sich, ein Text enthält auch keinen Inhalt
> an sich. Deshalb kann ich einem Text auch nicht den Inhalt entnehmen. Je
> nachdem, wie die sprachlichen Äußerungen im Text verwendet werden,
> ändert sich der Inhalt des Texts" (ebd.: 22).

Die Inhaltsanalyse geht sehr systematisch vor und reduziert große
Textkorpora durch mehrere Analyseschritte, um schließlich – ähnlich der
Grounded Theory von Glaser und Strauss (1992) induktiv Kategorien aus
dem Material herauszuarbeiten[42]. Für vorliegende Arbeit waren die folgenden Kategorien erkenntnisleitend: Der Gegenstand oder das Thema
(worum geht es?), die Richtung (wie wird das Thema behandelt?), die
Wortwahl (welche Einstellungen, Ziele und Wünsche werden thematisiert?), Eigenschaften (welche Eigenschaften werden zur Beschreibung
von Personen oder Sprachen verwendet?), AkteurInnen (wer initiiert bestimmte Handlungen (insbesondere in den Gruppendiskussionen), wer
führt sie aus?), Konflikte (was ist die Ursache eines Konfliktes (auch im
Gesprächsverlauf einer Gruppendiskussion)), wer ist daran beteiligt?)
sowie der Ausgang (wie endet ein Gespräch/ein Konflikt?) (vgl.
Titscher, Wodak, Meyer & Vetter 1998: 79). Die Kategorien werden –
ganz im Forschungsinteresse des qualitativen Forschungsparadigmas –
im Verlauf der Arbeit immer wieder überprüft, angepasst und verändert.
Auf diese Weise wird sich der Fragestellung schrittweise angenähert, indem Sets von sozialen Handlungs- und Argumentationsmustern identifiziert werden können. (vgl. Mayring 2008a, 2008b, 2002, 2000; Mayring &
Brunner 2009; Wagner 2006). Zu den Oberkategorien in dieser Arbeit
zählen vor allem die drei Analyseebenen, die in Subkategorien, wie beispielsweise den unterschiedlichen Sprachattitüden, aufgegliedert sind
(siehe Kapitel 13.2.1 – 13.2.13).

Dem Wissenschaftsverständnis der qualitativen Inhaltsanalyse entsprechend ist davon auszugehen, dass Inhalte von Texten nur durch ihren Kontext zu erschließen sind und Lesarten folglich von den Erfahrungen und dem Wissen der Forschenden geprägt sein werden. Knapp
(2008) empfiehlt daher ein sprachwissenschaftliches Vorgehen für die
qualitative Inhaltsanalyse: Das gemeinsame Wissen der Konversations-
teilnehmer (situationsabhängiges Wissen, kulturspezifisches Wissen),
der Sequenzzusammenhang sprachlicher Handlungen (d.h. die Stellung
einer Äußerung in einer Kommunikation gibt Aufschluss über ihre
Bedeutung), der thematische Zusammenhang im Text sowie die innere

---

42 Zur genauen Vorgehensweise der Inhaltsanalyse siehe Mayring (2002: 118f.).

Struktur von sprachlichen Handlungen (illokutionärer Aspekt) müssen berücksichtigt werden, um den Inhalt eines Gesprächs tatsächlich erfassen zu können. Hierbei können Sprecherwechsel (Sacks, Schegloff & Jefferson 1974), Sprechakttheorie (Searle 1971) oder Kollektivsymbolik (Becker, Gerhardt & Link 1997) wesentliche Beiträge zur Analyse leisten[43] (vgl. Knapp 2008).

Die qualitative Inhaltsanalyse stellt einen ersten Schritt in der Analyse des Datenmaterials dar. Die Ergebnisse und erarbeiteten Kategorien werden in einem zweiten Schritt mithilfe der Gesprächsanalyse und der kritischen Diskursanalyse untersucht.

7.2 Gesprächsanalyse und Kritische Diskursanalyse

Die Gesprächsanalyse untersucht anhand von natürlichen Gesprächsereignissen, wie in Interaktion – im Hinblick auf Verfahren und Regeln – Alltagsleben und -handeln hergestellt werden. Der Begriff des Gesprächs wird in dieser Arbeit im Sinne von Brinker und Sager als mündliche Realisierung mindestens zweier Interaktanten zu einem bestimmten Thema mit Sprecherwechsel definiert (vgl. Brinker & Sager 2006: 9).

Die Gesprächsforschung geht auf verschiedene Forschungsrichtungen aus unterschiedlichen Ländern zurück (vgl u.a. Austin 1972, Searle 1971, Steeger 1966. Allgemein zur Geschichte: Brinker & Sager 2006 14ff.).

Zur Analyse sprachvermittelter Wahrnehmung und Konstitution von Wahrnehmung dient sowohl die Gesprächsanalyse als auch die Kritische Diskursanalyse. Vorliegend werden mit ihr die kommunikativ hergestellten Sprachattitüden und interethnischen Beziehungen in Uganda herausgearbeitet, die sich als gesellschaftliche Hierarchien und Dominanzen in der sozialen Lebenswelt Ugandas manifestiert haben. Die Kritische Diskursanalyse wird zur Analyse der Sprachattitüden der wissenschaftlichen Diskussion mit besonderem Fokus auf Sprachenrechte herangezogen. Die Methode dient hierbei vor allem der Untersuchung der Terminologie des Wissenschaftsdiskurses und den damit verbundenen Sprachattitüden.

Die Gesprächsforschung wurde insbesondere von der *conversational analysi*[44]*s* und der aus dem angelsächsischen Raum stammenden Sprechakttheorie beeinflusst. Der Sprechakt wird definiert als die „kleinste Ein-

---

43 Diese Konzepte werden an entsprechender Stelle der Analyse kurz vorgestellt.
44 Die amerikanische Konversationsanalyse ist vor allem verbunden mit den Arbeiten von Harvey Sacks, die sich mit Sprecherwechsel in Gesprächen, Mechanismen des Sprachgebrauchs, Hörermaximen und vielen anderen Themen auseinandersetzte. Neben diesen Werken waren vor allem auch die Arbeiten von Emanuel Schegloff und Gail Jefferson von Bedeutung. Der amerikanische, pragmatische Zweig der Diskursanalyse, die sogenannte Konversationsanalyse, ist stark geprägt von der Ethnomethodologie von Harold Garfinkel, der Ethnographie des Sprechens, dem Sozialen Interaktionismus und der kognitiven Anthropologie (siehe hierzu auch II Theoretische Grundlagen).

heit der sprachlichen Kommunikation" (Brinker & Sager 2006: 17). Die Theorie ist sprecherorientiert und fokussiert die kommunikative Absicht, die ein Gesprächsteilnehmer mit seiner Aussage verfolgt. Die Sprechakttheorie ist vor allem geprägt durch die Arbeiten von Searle (1971) und Austin (1972). In den siebziger Jahren verlagerte sich das Erkenntnisinteresse auf die Sequenzen von Sprechakten und die damit verbundenen Sequenzmuster (z.B. Frage-Antwort-Sequenz, Vorwurf-Rechtfertigungssequenz, etc.). (vgl. Brinker & Sager 2006: 14ff.).

Die Gesprächsanalyse richtet den Fokus auf die Prinzipien und die Organisation der Herstellung von „Sinn" in Gesprächen (vgl. Deppermann 2000: 19). Die in dieser Arbeit angewandte ethnographische Gesprächsforschung geht vor allem auf die ethnomethodologisch geprägte Konversationsanalyse zurück und auf die Arbeiten von van Dijk sowie den Arbeiten von Jäger zur Kritischen Diskursanalyse. Die Gesprächsanalyse von Deppermann unterscheidet sich von anderen Formen der Konversationsanalyse durch die Berücksichtigung ethnographischen Wissens. Im Fokus der Gesprächsanalyse steht die Frage,

> „wie Menschen Gespräche führen. Sie untersucht, nach welchen Prinzipien und mit welchen sprachlichen und anderen kommunikativen Ressourcen Menschen ihren Austausch gestalten und dabei die Wirklichkeit, in der sie leben, herstellen. Die Gesprächswirklichkeit wird von den Gesprächsteilnehmern *konstituiert*, d.h. sie benutzen systematische und meiste routinisierte *Gesprächspraktiken*, mit denen sie im Gespräch Sinn herstellen und seinen Verlauf organisieren" (Deppermann 2001: 8, Hervorhebung im Original).

Die Kritische Diskursanalyse verknüpft „linguistische mit ideologie-, gesellschafts- und sprachkritischen sowie allgemeineren Fragestellungen" (Keller 2007: 26). Im Vergleich zur Gesprächsanalyse und Konversationsanalyse richtet sich der Fokus der Kritischen Diskursanalyse auf einen sozialtheoretischen Ansatz (vgl. ebd.). Die historische Entwicklung dieser heterogenen Wissenschaftsdisziplin, wird im Folgenden kurz skizziert[45].

7.2.1 Die ethnographische Gesprächsanalyse

Die ethnographische Gesprächsanalyse im Deppermann'schen Verständnis basiert auf der Methodologie der Konversationsanalyse, bezieht aber ethnographisches Wissen in die Analyse ein. Deppermann hebt einerseits die Stärken der Konversationsanalyse hervor, die er insbesondere im methodischen Vorgehen sieht, kritisiert andererseits aber die

---

45 Zur Durchführung von Gesprächs- und Diskursanalyse und ihren Arbeitsschritten siehe u.a. Deppermann (2000), Sacks, Schegloff & Jefferson (1974).

kontextfreie Betrachtung des Materials. Das bereits vorgestellte *display*-Konzept, vermittelt zwischen den Interaktanten und schafft auf diese Weise soziales Handeln. Die Konversationsanalyse geht davon aus, dass alle diese Informationen immer in Diskursen enthalten und für einen Dritten (in diesem Falle der/dem Forschenden) klar verständlich sind, wodurch eine Rekonstruktion des Gesagten vorgenommen werden kann. Dies kritisiert Deppermann, da seines Erachtens der Forscher nur dann den Sinn des Gesagten abstrahieren kann, wenn er über ethnographisches Wissen verfügt (vgl. Deppermann 2001: 50f.). Vielmehr zieht Deppermann die *display*-These als „methodologische Leitlinie" (ebd.: 51) heran, die den Forschenden vor die Herausforderung stellt,

> „seine Aussagen soweit als möglich auf die Aktivitäten der Gesprächsteilnehmer zu stützen, zu zeigen, dass seine Interpretationen mit den Details des interaktiven Geschehens lückenlos vereinbar sind, zu explizieren, dass und wie die Äußerungen der Gesprächsteilnehmer im Sinne seiner Aussagen interpretiert werden können" (ebd.).

Hier dient die ethnographische Gesprächsanalyse der Rekonstruktion der emischen Perspektiven und untersucht, wie sich die Haltungen in den Gesprächen und Diskussionen entfalten und ausgehandelt werden und wie auf diese Weise soziales Handeln geschaffen wird.

7.2.2 Die Kritische Diskursanalyse

Die Kritische Diskursanalyse ist international vor allem geprägt durch die Arbeiten von van Dijk (1997a, 1997b), Wodak (2007) und Fairclough (1997, 2003). Die Begrifflichkeit der Kritischen Diskursanalyse ebenso wie ihre wissenschaftliche Gesinnung leiten sich von ihrer Nähe zu (post-)marxistischen Disziplinen ab, wie der *Frankfurter Schule* und hierbei insbesondere Jürgen Habermas, den Arbeiten von Antonio Gramsci und Louis Althusser sowie von ihrer Nähe zur *Kritischen Linguistik*. In Deutschland hat Jäger (2009, 2010) mit dem *Duisburger Institut für Sprach- und Sozialforschung* seit den 1980er Jahren einen wesentlichen Beitrag zur Kritischen Diskursanalyse im deutschsprachigen Raum geleistet. In der Auseinandersetzung mit dem empirischen Material hat sich ergeben, dass Machtkonstellationen in den interethnischen Beziehungen des Landes eine große Rolle spielen. Die Kritische Diskursanalyse setzt genau an diesem Punkt an und konstatiert, dass Machtbeziehungen diskursiv hergestellt werden. Sie betrachtet daher „Macht im Diskurs als auch Macht über den Diskurs" (Titscher, Wodak, Meyer & Vetter 1998: 180). Während Fairclough und Wodak ihre Arbeiten auf das Ideologiekonzept von Althusser (1977) und den Hegemoniebegriff von Gramsci (1991) stützen, fußt die deutsche Kritische Diskursanalyse – auf die sich auch diese Studie beruft – vor allem auf den Arbeiten von Foucault, der sich von den marxistischen Ansätzen distanzierte und Sprache als Transporteur von Wissen entwarf (vgl. Keller 2007: 27). Foucaults zentrales Erkenntnisinteresse lag in dem Zusammenhang von Wissen und Macht. Diskurse sind „als Fluß von Wissen bzw. sozialen Wissensvorräten durch die Zeit" (Jäger 1999: 23) Wissensträger und strukturieren damit auch gesellschaftliche Machtverhältnisse. Die Macht ausübende Funktion von Sprache basiert auf der Annahme, dass Sprache bzw. „menschliches Sprechen" (Jäger & Jäger 2007: 24) als Tätigkeit innerhalb eines sozietalen historischen Kontexts eingebunden ist, und damit Teil der Produktion von Wirklichkeit ist. Aus dieser sprachlichen Produktion von Wirklichkeit leitet sich die Machtfunktion ab. Die Kritische Diskursanalyse definiert Diskurs also nicht als gesellschaftliche Praxis, sondern als Akteur, der Macht ausübt, weil Diskurse institutionalisiert, „geregelt und an Handlungen gekoppelt sind" (ebd.).

Die Kritische Diskursanalyse bezieht sich auf Alltagswissen und das Wissen, das von der Wissenschaft produziert wird, und untersucht in diesem Zusammenhang neben der Sprache auch die „Kollektivsymbolik" (ähnlich wie das Gruppendiskussionsverfahren). Diese umfasst kollektive Stereotypen, die Sprechergemeinschaften oder Gesellschaften zur Verfügung stehen und ihre soziale Lebenswelt und ihre Wahrnehmung prägen.

Diskurse sind nicht als Ausdruck gesellschaftlicher Praxis für die Kritische Diskursanalyse interessant, sondern weil sie gesellschaftlichen Zwecken zur Machtausübung dienen. Dies ist hinsichtlich der Frage nach der Einflussnahme wissenschaftlicher Diskurse auf sprachpolitische Entscheidungen und die Sprachattitüden unterschiedlicher Akteure in Uganda von Bedeutung. In dieser Arbeit dient die Kritische Diskursanalyse vor allem der Untersuchung der Haltungen, die von der Wissenschaft produziert werden: Bei der Betrachtung der etischen Perspektive auf Sprachpolitik, Nationalsprache und interethnische Beziehungen werden mithilfe der Kritischen Diskursanalyse die wissenschaftlichen Positionen untersucht und hinterfragt. Jäger und Jäger konstatieren, dass „Human- und Sozialwissenschaft immer, ob sie es zugeben oder nicht, politisch [sind]" (Jäger & Jäger 2007: 15). Mit dieser Position deuten sie an, dass Wissenschaft an sich immer schon eine Deutung der Welt verinnerlicht hat. So kann die Wirkung von Macht in aktuellen Diskursen um Sprachenrechte und Minoritätensprachen untersucht und der Versuch unternommen werden, die zugrunde liegende „Kollektivsymbolik" und ihren Einfluss auf die Sprachattitüden offenzulegen.

8.0 Zusammenfassung

Der Fokus der Studie liegt auf zweierlei: Wie werden Sprachhaltungen von Individuen und in der Gruppe konstituiert und organisiert? Gibt es so etwas wie eine kollektive Sprachhaltung bzw. Gruppendynamik, die Aufschlüsse über ihre Entstehung und Stereotypisierung geben können? Der Gesprächs- bzw. Diskussionsverlauf einer Gruppendiskussion birgt ebenfalls interessante Aspekte: In welcher Weise beeinflusst das Gesprächsthema die prozeduralen Strukturen einer Diskussion (d.h. welche Themen lösen eine hitzige Debatte aus, wie lassen sich die Diskutanten wieder zum Thema zurückführen, welche Rolle übernehmen die einzelnen Gesprächsteilnehmer?).

Zur Beantwortung dieser Fragen wurden sowohl zwei Erhebungs- als auch zwei Analysemethoden ausgewählt. Neben den eigens für die Forschung erhobenen Textkorpora dient auch anderes Material als empirische Analysegrundlage: Für die Regierungsperspektive wurde das Datenkorpus um lokale Diskurse, die im Zusammenhang mit der Fragestellung stehen, auf einer breiten Datenbasis (hierzu gehören u.a. Textdokumente wie Zeitungsberichte[46], Regierungsdokumente, zivilgesellschaftliche Publikationen und Programme) angereichert. Zur Analyse der etischen Perspektive wurden wissenschaftliche Texte zu Sprachenrechten und Sprachpolitik neben den Interviews und Gruppendiskussionen als empirisches Datenmaterial herangezogen.

9.0 Der Forschungsprozess in Uganda

Die Forschungsfrage fokussiert das Zusammenspiel von Sprache, Gesellschaft und interethnischen Beziehungen in Uganda. Das ostafrikanische Land wurde gezielt als Untersuchungsgegenstand herangezogen, weil hier – im Hinblick auf die Fragestellung – mehrere interessante Aspekte auftreten: Erstens hat Uganda weder seit seiner Staatsgründung 1962 noch seit der Verfassung von 1995 eine Nationalsprache gesetzlich manifestiert. Dennoch hat die amtierende Regierung eine umfassende Agenda sowie eine Absichtserklärung zur Etablierung einer Nationalsprache abgegeben. Zweitens ist die Mehrsprachigkeit in Uganda sehr ausgeprägt. Bei einer Bevölkerungszahl von ca. 30 Millionen Menschen (vgl. Republic of Uganda 2002) werden 43 Sprachen[47] gesprochen, die bis

---

46 Bei den Zeitungsberichten bilden die Datengrundlage vor allem die beiden großen ugandischen Tageszeitungen *Daily Monitor* und *New Vision*. Beide Tageszeitungen haben ihren Sitz in Kampala und erscheinen von Montag bis Samstag. Die 1986 von Museveni gegründete *New Vision* ist regierungsfreundlich einzustufen, wenngleich ein Gesetz besagt, dass die Medien frei, unabhängig und durchaus regierungskritisch Bericht erstatten sollen. *Daily Monitor* wurde 1992 als unabhängige Tageszeitung von Journalisten gegründet.
47 Da es sich bei einer Vielzahl der untersuchten Gruppen um Bantusprachensprecher handelt, werden auch in dieser Arbeit die Klassenpräfixe für Region, Personen und Sprache verwendet: Das Präfix bu- steht für die Bezeichnung der Region oder des jeweiligen Königreichs. Die Präfixe mu-

auf Englisch, Kiswahili und einer geringen Prozentzahl anderer nicht indigener Sprachen (wie z.b. Hindi) zu vier unterschiedlichen Sprachfamilien gehören (vgl. Lewis 2009). Diese sind die zentralsudanischen Sprachen, die Kuliaksprachen, sowie die Bantusprachen und nilotischen Sprachen. Die beiden Letzteren spielen im weiteren Verlauf der Arbeit eine zentrale Rolle, zumal sie auch – bezogen auf ihre regionale Ausbreitung – die beiden größten Sprachfamilien in Uganda sind. Die Grenze zwischen den nilotischen Sprachen in Norduganda und den Bantusprachen in Zentral-, Ost- und Westuganda verläuft entlang des Lake Kyoga und des weißen Nil (vgl. Abb. 1). Die Zahl der Bantusprachensprecher und das Gebiet, in dem Bantusprachen gesprochen werden, sind deutlich größer als die Sprecherzahl und das Verbreitungsgebiet der nilotischen Sprachen. So beträgt der Anteil der Bantusprachensprecher 50% der Gesamtbevölkerung. Die nilotischen Sprachen umfassen lediglich 30%. Die am weitesten verbreitete Sprache Ugandas, Luganda, wird von 4,1 Millionen Menschen als Muttersprache gesprochen. Im Norden des Landes ist Acholi mit ca. 1.2 Millionen Sprechern eine weit verbreitete, nilotische Sprache (vgl. Lewis 2009).

Karte 1: Sprachen & Sprachfamilien Uganda

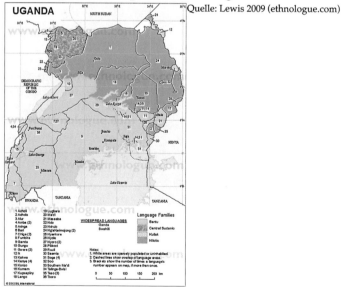

Quelle: Lewis 2009 (ethnologue.com)

(Singular) und ba- (manchmal auch wa-, Pluralpräfix) bezeichnen die Menschen selbst. Die Klassenpräfixe ki- (Klasse 7) bzw. lu- (Klasse 11) markieren explizit, dass es sich um die Sprache (und Kultur und Lebensweise) und nicht die Ethnie handelt. In dieser Arbeit werden also Sprachbezeichnungen wie Kiswahili, Luganda, Lugizu etc. verwendet, im Gegensatz zu den Sprachbezeichnungen beispielsweise des ethnologue (vgl. Lewis 2009).

Ziel der Studie ist es, sich der sprachpolitischen Situation Ugandas, aus Sicht der Sprachattitüden im Hinblick auf die ethnisch fragmentierte Gesellschaft anzunähern.

9.1 Das Sample

Im Vergleich zur quantitativen Forschung, in der vorab die Zusammenstellung der Personen, des sogenannten „Samples", festgelegt wird, um die Repräsentativität zu gewährleisten, erfolgt die Samplingstrategie der qualitativen Forschung nach anderen Kriterien. Die Auswahl des *theoretischen Samplings* zielt darauf ab, „ein Abbild der theoretisch relevanten Kategorien darstellen" zu können (Hermanns 1992 zitiert nach Rosenthal 2005: 85). Die Auswahl richtet sich also nach theoretischen Annahmen, die vor und während der Forschungsphase gemacht werden, und geht auf Glaser und Strauss (1967) zurück (vgl. Rosenthal 2005: 86). Anhand des jeweils erhobenen Materials entscheidet der Forschende, welche weiteren Daten noch erhoben werden müssen, bevor die *theoretische Sättigung*, das Nicht-Auftreten neuer Fälle und Kategorien, erreicht ist (vgl. ebd.: 87). In der vorliegenden Arbeit wurde nach dem ersten Feldforschungsaufenthalt das Feld erweitert. Zunächst standen lediglich zwei Distrikte im Fokus der Untersuchung: Der urbane *Kampala District* und der *Nakasongola District* als rurales Gegenstück (siehe Karte 2). Da jedoch nur 12% der ugandischen Bevölkerung in Städten lebt und 88% der Ugander auf dem Land, war es, um einen umfassenderen, lebensalltäglicheren Eindruck zu erhalten, notwendig, das Forschungsdesign um wwitere Distrikte und Sprechergemeinschaften zu erweitern. Die *theoretische Sättigung* wurde in den jeweiligen Distrikten dann erzielt, wenn keine weiteren Aspekte und Positionen zu Sprachattitüden und Nationalsprachenpolitik mehr aufgedeckt werden konnten. Folgende Kriterien wurden allerdings im Vorfeld als Konstanten festgelegt und während der gesamten Forschung beibehalten:

- Englischkenntnisse[48] der Gesprächspartnerinnen und -partner, da die Interviews und Diskussionen auf Englisch geführt wurden und damit auch die heterogenen Gruppenkonstellationen realisiert werden konnten. Dies bedeutete zwar auch eine Selektion, die aber aus forschungspraktischen Gründen unvermeidbar war (v.a. um auch heterogene Gruppen realisieren zu können). Ferner war dies im Hinblick auf Sprachattitüden gegenüber den lokalen Sprachen die aus der Sicht der Forscherin „neutralste" Sprache.
- Die Probanden mussten ugandische Staatsbürger sein[49].
- Die Probanden mussten volljährig sein[50].

---

48 Das Englischniveau der Befragten weicht unterschiedlich stark von der Varietät des Britischen Englisch ab, das in Europa als Standardvarietät gilt.
49 Eine Ausnahme, auf die an betreffender Stelle hingewiesen wird, ist die Gruppendiskussion in Gulu. Dort nahm auch eine kenianische Staatsbürgerin am Gespräch teil, die seit mehreren Jahren in Gulu lebt.

Insgesamt wurden 97 Personen befragt, davon 36 Frauen und 61 Männer. Die befragten Männer und Frauen waren im Alter von 20-60 Jahren[51]. Die folgende Tabelle zeigt die Verteilung der Muttersprachen. Von 77 Personen liegen Angaben zur Muttersprache vor[52]. Diese sind Sprecher sechzehn verschiedener Sprachen. Davon sind zehn Bantusprachen, fünf nilotische Sprachen und eine zentralsudanische Sprache.

Tabelle 1: Übersicht der Muttersprachen der Gesprächspartner in Uganda

Sprache	Sprachfamilie	Anzahl der Sprecher	Anzahl Gesamtbevölkerung[53]
Acholi	(nilotische Sprache)	19	1.170.000
Ateso	(nilotische Sprache)	4	1.570.000
Dhapadhola	(nilotische Sprache)	1	360.000
Karamojong	(nilotische Sprache)	1	260.000
Kiswahili	(Bantusprache)	1	2.330
Kitaita	(Bantusprache)	1	k.A.[54]
Kumam	(nilotische Sprache)	1	174.000
Luganda	(Bantusprache)	11	4.130.000
Lugbara	(Zentralsudansprache)	2	797.000
Lugizu[55]	(Bantusprache)	12	1.120.000
Lusamia	(Bantusprache)	1	335.000
Lusoga	(Bantusprache)	1	2.060.000
Rutooro	(Bantusprache)	2	488.000
Ruchiga	(Bantusprachen)	2	1.580.000
Runyankole[56]	(Bantusprache)	14	2.330.000
Ruruuli	(Bantusprache)	17	160.000
k.A.		7	

---

50 Eine Ausnahme bildet hier die Gruppendiskussion in Mbale, zu der die Gesprächsteilnehmer einen dreizehnjährigen Jungen mitbrachten, für den sie die Aufsichtspflicht übernommen hatten. Um den Jungen nicht auszuschließen, wurde er an der Diskussion beteiligt. Allerdings meldete er sich nicht zu Wort. Sollte es in der Diskussion einen Bezug auf den Jungen geben, wird darauf im Verlauf der Interpretationssequenz hingewiesen.

51 Alle Gespräche, problemzentrierten Interviews und Gruppendiskussionen wurden im Rahmen zweier Feldforschungsaufenthalte 2008 und 2009 in Uganda, gefördert durch den Deutschen Akademischen Austausch Dienst (DAAD), geführt.

52 Bei den fehlenden Daten handelt es sich ausschließlich um Informationen von Gesprächspartnern, deren Gespräche nicht aufgezeichnet wurden, wie z.B. Parlamentsabgeordnete, Mitarbeiter des *Ministry of Education and Sports*, des *National Curriculum Development Center* (NCDC) sowie verschiedener NGOs.

53 Vgl. Lewis (2009).

54 Die Befragte stammte aus Kenia, lebte nun aber seit mehreren Jahren in Norduganda.

55 Im Ethnologue (Lewis 2009) geführt unter Maasaba. Da die Sprecher in Uganda ihre Sprache als Lugizu bezeichneten, wird dieser Sprachenname hier verwendet.

56 Im Ethnologue (Lewis 2009) geführt unter Nyankore (zur Begründung s.o.).

Von den insgesamt 97 Personen liegen von 80 Audiodaten vor. Davon haben 34 an den insgesamt sechs Gruppendiskussionen teilgenommen. Es existieren 32 Audioaufnahmen mit Frauen und 48 mit Männern. Das Ungleichgewicht in der Kategorie „Geschlecht" ergibt sich daraus, dass auch Interviews mit Politikern und höheren Angestellten von Hilfsorganisationen geführt wurden. In Uganda findet man nur wenige Frauen in politisch relevanten Positionen und auch in den Führungsebenen von Hilfsorganisationen trifft man häufiger Männer an. Die Einschulungsquoten für Jungen und Mädchen in Uganda in der Sekundarstufe variiert allerdings nur geringfügig, mit 16,3% bei Jungen und 15,4% bei Mädchen (vgl. UNICEF 2008: 6). In den heterogenen Gruppendiskussionen wurde auf ein möglichst ausgeglichenes Geschlechterverhältnis geachtet. Insgesamt ist aber davon auszugehen, dass die Kategorie „Geschlecht" im Hinblick auf die Fragestellung eine eher zu vernachlässigende Rolle spielt.

9.2 Regionen und ethnische Gruppen

Zur Erhebung des Datenmaterials wurden sechs Distrikte ausgesucht. Die Auswahl erfolgte nach verschiedenen Kriterien. Erstens war ihre Lage ausschlaggebend: Auch wenn es sich bei einer qualitativen Studie nicht um die Darstellung eines ugandischen Gesamteindrucks geht, wurde beabsichtigt, auch Menschen außerhalb Zentralugandas zu befragen, um mögliche regionale Spezifika oder Besonderheiten herauszuarbeiten, die im Hinblick auf das Forschungsinteresse relevant sein könnten. Dafür wurden jeweils Distrikte aus dem Zentrum, Norden, Osten und Westen ausgewählt[57]. Die Distriktstruktur in Uganda ist sehr unübersichtlich. In den vergangenen Jahren und Monaten hat sich die Zahl der Distrikte enorm erhöht. Die aktuelle Zahl der Distrikte beläuft sich auf 111[58]. Da sich auch die *subcounties* immer wieder verändern, neu kreiert oder umgeordnet werden, wird in dieser Arbeit der Stand der Distrikte vom Juli 2011 als Arbeitsgrundlage verwendet.

Im Folgenden werden die Distrikte Kampala, Nakasongola, Mbarara, Mbale und Gulu und die dort lebenden Ethnien kurz vorgestellt[59].

---

57 Die Arbeit orientiert sich an der Distrikteinteilung der Regierung: Die ugandische Regierung hat Uganda in Distrikte unterteilt, die wiederum in *Central Region, Eastern Region, Northern Region, Western Region* aufgegliedert sind. Eine „Südregion" gibt es aufgrund der ugandischen Landesstruktur nicht.
58 Stand Juli 2011.
59 Eine Gruppendiskussion wurde in Jinja im Rahmen einer nationalen Konferenz einer deutschen Organisation mit den Mitarbeiterinnen und Mitarbeitern geführt. Für den *Jinja District* wird dazu aber keine Vorstellung erfolgen, da die Wahl des Distrikts durch die Organisationsführung quasi willkürlich erfolgte. Die im Material als GDJin2008fm codierte Gruppendiskussion ist vielmehr ein weiteres Beispiel einer sprachlich heterogenen Gruppendiskussion, die überall in Uganda hätte durchführt werden können.

Karte 2: Untersuchungsgegenstand: Distrikte in Uganda

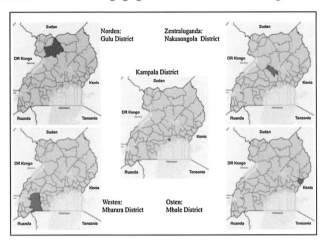

Quelle: Zusammenstellung von Distrikt-Karten von: www.wikipedia.org

9.2.1 *Kampala District*

Der *Kampala District* liegt in Zentraluganda und ist unterteilt in fünf *divisions*. Die Erhebungen wurden in der *Kampala Central Division* durchgeführt (14,7 km²). Die Hauptstadt und Regierungszentrum Kampala liegt im südlichen Teil des Landes und ist bis heute auch Herrschaftssitz des bugandischen Königreichs und wirtschaftliches Zentrum des Landes. Von der urbanen Bevölkerung leben etwa. 1.6 Millionen Menschen in Kampala. Sie ist die größte Stadt des Landes und zählt etwa das Achtfache an Einwohnern der zweitgrößten Stadt des Landes, Jinja. Nach politisch und wirtschaftlich instabilen Jahren nach der Unabhängigkeit zog es immer mehr Menschen in die Hauptstadt, in der Hoffnung, dort am ökonomischen Aufschwung teilhaben zu können. Der *Kampala District* vereint dadurch verschiedene ethnische Gruppen auf einer Fläche von etwa 195 Quadratkilometern.

Die Baganda stellen in Kampala mit 60% die stärkste ethnische Gruppe. Ihnen folgen mit 5% die Banyankole an zweiter Stelle. Die restlichen Ethnien Ugandas sind mit 33% der Gesamtbevölkerung des *Kampala Districts* vertreten. Von den verbleibenden 2% fremder Einwohner sind 21% Ruander, gefolgt von Tansaniern und einer stetig wachsenden indischen Gemeinschaft[60] (vgl. Republic of Uganda 2000: 4).

---

[60] Die indische Population in Uganda stellt insofern eine relevante Größe dar, als sie in den siebziger Jahren unter der Herrschaft von Idi Amin (1971-1979) ausgewiesen wurde und damit fast gänzlich aus Uganda verschwand. Seit den 1990er Jahren wächst die Zahl wieder stetig an, was auch mit den ansteigenden fremden Direktinvestitionen in Uganda zusammenhängt.

Die Sprache der Baganda, Luganda, wird von Guthrie (1948/1967) der Gruppe J.10 zugeordnet. Laut Zensus von 2002 sprechen in Uganda 4.130.000 Menschen Luganda als Erstsprache und ca. eine Million Menschen als Zweitsprache.

Die Gruppendiskussionen und Interviews in Kampala wurden sowohl mit bugandischen als auch Menschen anderer ethnischer Herkunft durchgeführt. Bei den Gruppendiskussionen wurde darauf geachtet, dass einerseits natürliche, rein bugandische Gruppen und andererseits natürliche Gruppen mit ethnisch-heterogener Beteiligung gebildet wurden, um die verschiedenen Lebenswelten in Kampala abbilden zu können. Interethnische Kommunikation und interethnische Beziehungen sind insbesondere in urbanen Zentren reale Kontexte und müssen auch als solche untersucht werden.

Das multilinguale Setting der Stadt nimmt daher eine besondere Stellung in der Analyse ein.

9.2.2 Zentraluganda: *Nakasongola District*

Der *Nakasongola District* in Zentraluganda erstreckt sich über 3.250 km² unterhalb des Lake Kyoga bis zum *Luwero District* im Süden des Landes, dem *Masindi District* im Westen und dem *Kayunga District* im Osten. Die gleichnamige Stadt hat ca. 7.600 Einwohner (vgl. Uganda Bureau of Statistics 2011). Mit der Verfassung von 1995 wurde das Gebiet dem bugandischen Königreich zugeordnet. Die Baruuli, die den Minderheiten Ugandas angehören, zählen mit den Banyara, die ebenfalls Ruruuli sprechen, zur größten Ethnie des 156.000 Einwohner umfassenden *Nakasongola Districts*[61].

Wie fast alle ethnischen Gruppen verfügen die Baruuli über einen *cultural leader*, den Isaabaruuli, der als traditionelle und kulturelle Instanz der ethnischen Gemeinschaft fungiert aber über keine politische Macht verfügt. Die Muttersprache der Mehrzahl der Bewohner im *Nakasongola District* ist Ruruuli. Dies ist eine Bantusprache und wird nach Guthrie (1948) in die Gruppe J.10 [Niger-Kongo > Volta-Kongo > Benue-Kongo > Bantoid > Süd-Bantoid > Zentral-Süd-Bantoid > J > Nyoro-Ganda] eingeordnet. Laut Lewis (2009) gibt es 160.000 Ruruuli-Sprecher in Uganda. Durch den engen Kontakt und die formale Angliederung an das Bugandakönigreich sprechen die meisten Baruuli folglich auch Luganda, ebenso wie die Sprachen der benachbarten Distrikte Runyoro und Langi.

---

61 Häufig werden die Baruuli auch Baruuli-Banyara genannt. Die Banyara sind einer der 120 Clans der Baruuli und wurden räumlich aufgrund der kolonialen Kriege getrennt. Sie teilen dieselben kulturellen Werte und Traditionen. Unterschiede werden mit den vielen äußeren Einflüssen begründet (van der Wal 2005).Wie auch das Joshuaprojekt beschreibt, beziehen sich die unterschiedlichen Bezeichnungen auf das Gewässer (Sezibwa River), das beide Gruppen voneinander trennt. Zur Vereinfachung werde ich im Folgenden statt Ruruuli-Runyala nur noch den Begriff „Ruruuli" verwenden.

Die Gesprächspartnerinnen und -partner waren zwischen 40 und 60 Jahre alt und weichen mit diesem hohen Altersdurchschnitt von den anderen Gesprächspartnern ab. Die Verschiebung hat sich durch die unterschiedliche Akquisition ergeben: Die Gesprächspartner wurden der Forscherin vom kulturellen Oberhaupt der Baruuli, dem Isaabaruuli, vermittelt. Der Isaabaruuli legte großen Wert darauf, der Forscherin besonders kompetente und über die Baruuli-Kultur fachkundige Gesprächspartner zu vermitteln, da von der Forscherin der Wunsch geäußert worden war, mehr über die Kultur und Tradition der Baruuli zu erfahren. Über dieses Wissen verfügt vor allem die ältere Bevölkerung, sodass sich o.g. Altersstruktur ergeben hat. Aus Respekt vor der Vermittlung dieser Wissensträger und mangels anderer Rekrutierungsmöglichkeiten dient dieses Material als Untersuchungsgegenstand. Darauf wird in der Analyse – falls es hierdurch zu Problemen der Vergleichbarkeit kommen sollte – hingewiesen. Auch kam durch die vom Isaabaruuli gesteuerte Auswahl der Gesprächspartner eine Ungleichverteilung zwischen Männern und Frauen zustande[62]. Aufgrund der Tatsache, dass es sich bei der Studie um keine genderspezifische Fragestellung handelt, spielt das Geschlecht der Probanden eher eine untergeordnete Rolle. Allerdings dürfen im Verlauf der Arbeit möglicherweise auftretende geschlechtsspezifische Aspekte, die nicht vorher abzusehen waren, nicht vernachlässigt werden. Es wurde daher versucht, in den anderen Distrikten ein ausgewogeneres Verhältnis zwischen Männern und Frauen herzustellen.

9.2.3 Der Westen: *Mbarara District*

Der 1.847 km² große *Mbarara District* liegt im Zentrum des Königreichs Ankole, eines der vier traditionellen Königreiche in Uganda, im Südwesten des Landes an der Grenze zu Tansania und Ruanda. Die gleichnamige Hauptstadt des Distrikts, Mbarara, ist mit 82.000 Einwohnern die größte Stadt in der Region und liegt 270 km von der Hauptstadt entfernt. Im *Mbarara District* leben ca. 460.000 Menschen (vgl. Uganda Bureau of Statistics 2011). Die Mehrzahl der Menschen lebt in ländlichen Gebieten. Nur knapp ein Fünftel der Bevölkerung lebt in Mbarara-Stadt. Etwa 72% der Haushalte sind abhängig von Subsistenzwirtschaft (vgl. Republic of Uganda 2007).

Ankole ist ein Kunstbegriff, der aus Luganda und Englisch zusammengesetzt wurde: „The name Ankole is a mixed Luganda-English corruption of Nkore, the pre-colonial kingdom around which the Ankole district was formed" (Doornbos 2001: 5 (Fußnote 2)).

---

62 Die Position der Frauen, insbesondere in ruralen Gegenden, ist sehr schwach. Sie gelten nicht als Wissensträgerinnen. Allerdings vermittelte der Isaabaruuli einen Kontakt zu einer älteren Lehrerin, die jedoch auch die einzige weibliche Ansprechpartnerin im *Nakasongola District* darstellte.

Die Gesellschaft der Banyankole ist unterteilt in „bahima", die Vieh-
halter, und die „bairu", die Bauern. Die Clanstrukturen erstrecken sich
über diese gesellschaftliche Teilung. Der über den Clanstrukturen ange-
siedelte König (Omugabe) war ebenfalls Oberhaupt aller Banyankole bis
zu seiner Abschaffung 1967 durch Milton Obote (siehe Kapitel 13.1-
13.3.1).

Im *Mbarara District* wird überwiegend Runyankole gesprochen, die
Sprache der Banyankole. Runyankole gehört zu den Niger-Kongo-Spra-
chen und wird von Guthrie der Gruppe J10 zugeordnet [Niger-Kongo >
Volta-Kongo > Benue-Kongo > Bantoid > Süd-Bantoid > Zentral-Süd-
Bantoid > J > Nyoro-Ganda] (vgl. Lewis 2009).

Neben Runyankole wird vor allem Englisch gesprochen. Durch die
nahe Verwandtschaft der benachbarten Sprachen dienen auch Rukiga
(oder auch Ruchiga) und andere Sprachen zur Kommunikation. Des
Weiteren wurde in Westuganda versucht, durch die Schaffung einer
Standardvarietät „Runyakitara", bestehend aus den verwandten und benachbarten Sprachen Runyoro, Rukiga, Runyankole und Rutooro, ein
überregionales Kommunikationsmittel zu schaffen. Wenngleich „Runyakitara" an den Universitäten unterrichtet wird, hat es sich als Kommunikationsmittel nicht etablieren können.

9.2.4 Der Osten: *Mbale District*

Der *Mbale District* liegt im Osten des Landes am Fuße des Mount El-
gon und umfasst eine Fläche von ca. 535 km². Er hat etwa 332.500 Einwohner, von denen die Mehrzahl in ländlichen Gebieten lebt. Die Dis-
trikt-Hauptstadt Mbale hat ca. 89.000 Einwohner (vgl. Uganda Bureau of
Statistcs 2011). Die größte ethnische Gruppe in Mbale sind die Bagizu,
die ca. 92% der Bevölkerung ausmachen (vgl. Mbale District 2007: 3f.).

Wie in allen urbanen Zentren des Landes ist die Gesellschaftsstruktur
in Mbale Stadt sehr heterogen. Da vor Ort sowohl Bagizu als auch Iteso,
die aus den benachbarten Distrikten Soroti und Kumi nach Mbale migriert sind, befragt wurden, werden im Folgenden sowohl Bagizu als
auch die Iteso kurz vorgestellt.

Die Bagizu gehören zu den Bantu-Sprachgemeinschaften. Sie leben im
Vergleich zu den Baganda und den Banyankole allerdings in keinem mo-
narchischen System. Vielmehr ist die gesellschaftliche Stratifikation dezentral und in drei Hauptclans unterteilt. Die Sprache der Bagizu, das
Lugizu[63], wird von Guthrie in die Gruppe J.30 eingeordnet [Niger-Kongo

---

63 Lewis (2009) verwendet für Lugizu die Bezeichnung „Maasaba", nennt Lugizu aber als alternative
Bezeichnung. In vorliegender Arbeit wird ausschließlich der Terminus „Lugizu" verwendet, da es
sich dabei um die in Uganda gängige Version handelt.

> Volta-Kongo > Benue-Kongo > Bantoid > Süd-Bantoid > Zentral-Süd-Bantoid > J > Masaba-Luyia] (vgl. Lewis 2009).
Die Iteso gehören zu den nilotischen Ethnien des Landes und haben –
basierend auf ihrer Herkunftslegende – ähnliche Ursprünge wie die
Langi, die Karamojong, die Jie und die Kumam (vgl. Nizita & Niwampa
1998: 124). Die Iteso leben ebenfalls im Osten des Landes, vornehmlich
aber in den Distrikten Soroti und Kumi (vgl. Nizita & Niwampa 1998:
124). Die Sprache der Iteso wird Iteso, Ateso oder einfach nur Teso genannt [Nilo-Saharanisch > Ostsudanische Sprachen > Nilotische Sprachen > Ostnilotisch > Lotuxo-Teso > Teso-Turkana > Teso] (vgl. Lewis
2009). Die Sprache gehört mit ca. 1,5 Millionen Sprechern in Uganda zu
den größeren Sprechergemeinschaften (vgl. Lewis 2009). Auch die Iteso
haben eine in Clans organisierte Gesellschaftsform, an deren Spitze jeweils ein *clanhead*, ein sogenannter *Apolon ka Ateker*, steht (vgl. Nizita &
Niwampa 1998: 124). Dieser Clanstruktur war keine weitere gesellschaftliche Hierarchiestufe übergeordnet.

9.2.5 Der Norden: *Gulu District*
Der *Gulu District* umfasst eine Größe von ca. 3.449 km², ist jedoch
deutlich schwächer besiedelt als der Süden des Landes. Er grenzt an sie-
ben weitere Distrikte in Norduganda sowie den Südsudan an. Die Stadt
Gulu hat ca. 150.000 Einwohner und ist das Handels- und Wirtschafts-
zentrum Nordugandas (vgl. Uganda Bureau of Statistics 2011). Der *Gulu
District* hat ca. 479.496 Einwohner (vgl. Gulu District). Der Norden
Ugandas ist vor allem besiedelt von nilotischen Sprachgemeinschaften.
Die größte Sprachgemeinschaft ist die des Acholi. Das Acholi gehört zu
den nilo-saharanischen Sprachen und wird wie folgt klassifiziert. [Nilo-
Saharanisch > Ostsudanische Sprachen > Nilotische Sprachen > Westni-
lotisch > Luo-Sprachen > Südliche Gruppe > Luo-Acholi > Alur-Acholi >
Lango-Acholi] (vgl. Lewis 2009). Gulu und die Nachbardistrikte Pader
und Kitgum sind das Hauptsiedlungsgebiet der Acholi und werden daher auch häufig als „Acholiland" bezeichnet. Die Acholi leben – anders
als die Bantugruppen – in segmentären Clanstrukturen, an deren Spitze
ein Clanoberhaupt steht.

9.3 Zugang zum Feld
Der Feldzugang beschreibt den Zugang des Forschers zu seinem For-
schungsfeld. Das Forschungsfeld wird definiert als „öffentliche Orte,
Gruppen, soziale Milieus (‚Szenen'), aber auch Organisationen und
Stammesgruppen" (Wolff 2000: 335). Für den Forscher ergeben sich zwei
grundlegende Fragen, bevor er mit dem Feld in Kontakt tritt. Erstens,

wie der Kontakt hergestellt wird, und zweitens, wie sich der Forschende zum Feld positioniert (vgl. ebd.: 335f.).

In der vorliegenden Arbeit wurde über mehrere Kanäle Kontakt zum Feld hergestellt. Durch eine Beschäftigung bei der *Deutschen Gesellschaft für Technische Zusammenarbeit* (GTZ) wurden Kontakte zu regionalen NGOs in Kampala bereits im Vorfeld geknüpft. Durch diese wurden wiederum im „Schneeballverfahren" weitere Kontakte geknüpft und Gesprächspartner vermittelt. Dadurch und durch die Empfehlung war die Bereitschaft zur Teilnahme an den Interviews und Gruppendiskussionen sehr hoch, weil auf diese Weise kein Misstrauen entstand und ein schnellerer Zugang erfolgen konnte.

Im *Nakasongola District* wurde der Forscherin die Kontaktaufnahme durch bereits bestehende Kontakte von Prof. Dr. Thomas Bearth (Universität Zürich) erleichtert.

Ferner konnte durch ein Empfehlungsschreiben der Regierung, das Teil der Forschungsgenehmigung war, Kontakt zu weiteren, sogenannten „Schlüsselinformanten" (Wolff 2000: 339) aufgenommen werden: In den unterschiedlichen Distrikten wurden über die Distriktverwaltung Kontakte zu potentiellen Interview- und Diskussionspartnern vermittelt. Außerdem wurden an Universitäten über die jeweiligen Professoren Studierende angesprochen, sodass auch Zweifel über die Absichten des Forschungsvorhabens ausgeräumt werden konnten.

Der Feldzugang hat sich als verlgeichsweise unproblematisch erwiesen. Problematischer gestaltete sich die eigene Positionierung im Feld und zum Feld. Das Feld als „soziales System" (ebd.) bildet eine geschlossene Einheit, zu dem die Forschende als „Fremdkörper" steht. In der Forschung in Uganda wurde durch die Verwendung der Methode der Gruppendiskussion jedoch versucht, relativ wenig Einfluss auf das Gesprächsgeschehen auszuüben. Allerdings lassen sich dennoch, insbesondere im Hinblick auf die Interviews, bestimmte Einflüsse beobachten, die im Folgenden reflektiert werden.

10.0 Reflektion der Methodologie und des Forschungsprozesses

Die Kombination der Methoden ermöglichte eine kulturspezifische und -sensible Betrachtung des Forschungsgegenstands. Wenngleich die Forscherin als Expertin in diesem Bereich angesehen wurde, war sie doch eine durch die westliche Welt sozialisierte Forscherin und als solche ein „Fremdkörper" im Forschungsfeld. Die Methodenkombination ermöglichte, die Forschungsperspektive zu objektivieren und inhärente, möglicherweise kulturspezifische Strukturen zu erkennen.

Der sozialwissenschaftliche Methodenkanon ist sehr euro- und anglozentristisch geprägt. Die hier vorgestellten Erhebungs- und Analysemethoden basieren in erster Linie auf Erfahrungen aus dem europäischen oder nordamerikanischen Kontext. Die Feldforschung in Uganda hat jedoch gezeigt, dass diese Modelle keineswegs universell anwendbar sind bzw. die Paradigmata der jeweiligen Methode nicht zwangsläufig auch auf dem afrikanischen Kontinent Gültigkeit besitzen. Sicher gibt es allgemeingültige Paradigmata von Konversation und Kommunikation. Die Arbeit von Bernadette Böcker (forth.) untersucht, inwieweit sprachliche Regeln, wie der Sprecherwechsel, in verschiedenen afrikanischen Sprachen verankert sind und welche Rückschlüsse sich daraus für ein universelles *Turntaking*-System ziehen lassen.

Allerdings funktioniert Kommunikation in unterschiedlichen Gesellschaften und in verschiedenen kulturellen Traditionen nicht immer nach den gleichen Regeln: Kommunikation ist – insbesondere in Afrika – geprägt von sozialen Registern und zeigt auch geschlechtsspezifische Besonderheiten: In geschlechtlich heterogenen Gruppendiskussionen fiel auf, dass Frauen Männern häufig das Rederecht überlassen und Überlappungen überwiegend in den folgenden Konstellationen festzustellen waren (Unterbrechende Person/Unterbrochene Person): Mann/Mann, Frau/Frau, Mann/Frau. Die Konstellation, dass eine Frau einen Mann unterbricht, bzw. dass eine von der Frau inszenierte Überlappung vollzogen wird, konnte kaum beobachtet werden. Wenn es zu solchen Konstellationen kam, dann handelte es sich meist um Mitglieder einer jungen, statusgleichen Gruppe, in der traditionelle Rollenbilder offensichtlich abgebaut waren. Zudem gab es in sprachlich homogenen Gruppen weniger Überlappungen als in heterogenen Gruppen, was auf die Konfliktivität zwischen den ethnischen Gruppen zurückgeführt wird.

Ferner gab es in fast jeder Gruppendiskussion einen hervorstechenden Redner, dem offensichtlich eine besondere Kompetenz in der Gruppe zugeschrieben wird und der über historische Fakten berichtete. Dieses Phänomen ist in der Literatur zu Gruppendiskussionen bisher nicht thematisiert worden. Der „Anführer", in Uganda tatsächlich immer eine männliche Person, nahm dabei die Rolle eines Erzählers ein, wurde in seinen Ausführungen niemals unterbrochen, sondern seine Aussagen lediglich durch entsprechende Hörersignale an wichtigen Stellen von der Gruppe verstärkt. In der Rolle des Erzählers klinkte er sich ein und ergänzte die Diskussion durch Erläuterungen und Hintergrundwissen. Diese Informationen schienen in erster Linie für die Diskussionsleiterin gedacht zu sein, wurden aber auch von den anderen Gesprächsteilnehmerinnen und -teilnehmern eingefordert.

Des Weiteren waren die Gruppendiskussionen häufig von einer Dynamik geprägt, die sich von der im europäischen Raum als Ideal stilisierten unterschied. So mussten wiederholt neue Impulse gegeben werden, um die Diskussion am Laufen zu halten, bzw. versicherten sich die Diskutanten bei der Diskussionsleitung rück, ob ihre Beiträge in die „richtige Richtung" verliefen. Wenngleich versucht wurde, dies zu unterbinden, kristallisierte sich dieses Verhalten als Charakteristikum der ugandischen Gruppendiskussion heraus und wurde im weiteren Verlauf der Forschung auch als Norm akzeptiert und in die Methodik aufgenommen. Eine wesentliche Rolle spielte hierbei sicher auch das interkulturelle Forschungsdesign und das Verhältnis zwischen Forscherin und Beforschten. Zwar fordern alle Methoden eine Reflexion der Forscherrolle für den Forschungsprozess, Interkulturalität spielt dabei meist eine untergeordnete Rolle. Es hat sich aber gezeigt, dass die Position einer europäischen Forscherin in einem afrikanisch-patriarchalen Forschungsumfeld Einfluss auf die Interaktion nimmt. Viele männliche Befragte reagierten zunächst distanziert auf die Forscherin. Hier halfen beim Abbau der Unsicherheit und Ablehnung vor allem die Weitervermittlung durch ihnen bekannte Institutionen oder Personen. Mitunter wurde auch festgestellt, dass die Forscherin nicht ernst genommen wurde. Eine rein männliche Gruppendiskussion stellte sich als gescheitert dar, weil die Teilnehmer ausschließlich Witze über die Forscherin machten und keine der Fragen beantworteten. Ob dies auf ihr Alter, ihr Geschlecht oder ihre Herkunft zurückzuführen war, blieb unklar. Dies führte dazu, dass in der Folge keine Gruppendiskussionen nur mit Männern besetzt wurden. In den problemzentrierten Interviews spielten die Geschlechterunterschiede bis auf sehr wenige Ausnahmen keine Rolle.

Viele Frauen hingegen versuchten die Gespräche zu instrumentalisieren, um für sie relevante Themen (wie Gleichberechtigung, Emanzipation) in das Gespräch einzubringen und die Interviewerin als „Verbündete" zu gewinnen. Gleichzeitig war festzustellen, dass gender-heterogene Gruppendiskussionen sehr gut funktionierten. Dies ist sicher auch auf die Altersstruktur zurückzuführen: Da viele Teilnehmende zwischen 20 und 40 Jahre alt waren, ergab sich eine gewisse Vertrautheit unter „Gleichaltrigen", die sich bei den Vorgesprächen einstellte und zu einer sehr angenehmen Befragungssituation führte.

Die Zusammenstellung des Samples zeigt, dass es ein Ungleichgewicht zwischen Männern und Frauen gibt. Dies ist auch durch die vorab festgelegten Grundvoraussetzungen bedingt. Wichtiger als Ungleichgewicht der Geschlechter ist jedoch zu bemerken, dass es auch in Hinblick auf das Bildungsniveau eine Schieflage gibt: Da eine Voraussetzung war, dass die Gesprächspartner Englisch sprechen, wurde der Fokus auf die alphabetisierte Bevölkerung bzw. Angehörige einer höheren Bildungsschicht gerichtet. Damit kann natürlich kein repräsentatives Bild „ugandischer" Sprachattitüden wiedergegeben werden. Dies wurde bereits in

Kapitel 5.3 Zur Generalisierbarkeit qualitativer Forschungsergebnisse thematisiert. Jedoch konnte dies nicht vermieden werden, da aufgrund der Vielzahl der Muttersprachen keine lokale Sprache als Kommunikationsmittel hätte dienen können. Dies wird im Fazit der Arbeit berücksichtigt.

Die interkulturellen Barrieren wurden durch eine gute Vorbereitung (umfangreiche Lektüre und Sammlung von Informationen zu Kulturen und Traditionen, etc.) und sensible Annäherung an die jeweiligen Gesprächspartnerinnen und -partner zu minimieren versucht. In den Fällen, in denen sie sich auf das zu untersuchende Material auswirken, wird in der Analyse darauf verwiesen.

KAPITEL IV

Sprachattitüden in Uganda – eine multiperspektivische Betrachtung

Nach der Darstellung des theoretischen und methodischen Rahmens dieser Arbeit wird nun der Fokus auf das Datenkorpus und seine Analyse gerichtet. Der empirische Teil der Arbeit ist aufgegliedert in zwei Ebenen: Metaebene und Gegenstandsebene unterscheiden sich in dieser Arbeit vor allem in der Wirkung. Die Metaebene umfasst die Funktionen von Sprache, wie Identitätsstrukturen, Inklusion und Exklusion sowie Machtgefüge und ist als übergeordnete Struktur zu verstehen. Diese „Kernfuntionen" von Sprache durchdringen die Sprachattitüden und sind auch immer ein Teil von ihnen. Auf diese Weise wirkt die Metaebene auf die Gegenstandsebene ein. Letztere widmet sich dem Fallbeispiel Uganda und untersucht den Zusammenhang von nationaler Sprachpolitik und interethnischen Beziehungen sowie ihre Perzeption aus drei Perspektiven: Zunächst wird das Erkenntnisinteresse auf die Perspektive der Regierung gelenkt. Ihre Sprachpolitik bzw. ihre Haltungen gegenüber verschiedenen Sprachen und ihre präferierten Konzepte werden untersucht. Im Anschluss werden aus einer emischen Perspektive die Sprachattitüden der Bevölkerung analysiert. Abschließend konzentriert sich die etische Perspektive darauf, welche Haltungen die Wissenschaft in Bezug auf Sprachenrechte und Sprachpolitik vertritt und wie der Wissenschaftskanon selbst Diskussionen prägt. Dies wird anhand einer kontrastiven Darstellung von den theoretischen Konzepten und ihrer Thematisierung im empirischen Material diskutiert.

Das Ziel der Analyse ist, zu untersuchen, auf welche Weise Sprachattitüden sprachpolitische Entscheidungen bzw. (unbewusst) das Sprecherverhalten und die Umsetzung einer Sprachpolitik beeinflussen.

11.0 Die Metaebene: Die Kernfunktionen von Sprache

Die hier als Metaebene bezeichnete Ebene begreift Sprache funktional. Das Sprachverhalten eines Menschen kann zwischenmenschliche Beziehungen beeinflussen.Die im Folgenden dargestellten Kernfunktionen von Sprache sind durch die induktive Vorgehensweise bei der Analyse des Materials herausgearbeitet (vgl. Kapitel III Methoden und Forschungsprozess) worden.

Sprachen werden – wie auch Bourdieu konstatiert – von Individuen offensichtlich immer in einem Kontext und in ihrer sozialen Herkunft betrachtet, die Einstellungen in Form von Sprachideologien und -attitüden kreieren können. Bourdieu beschreibt dies als „indexical connections between linguistic registers and identity" (zitiert nach Newell 2009: 158). In den Interviews und Gruppendiskussionen wurde deutlich, dass Sprache im Alltag der Menschen in Uganda – insbesondere unter Berücksichtigung der multilingualen Situation des Landes – eine wichtige Rolle spielt und dies auch in ihrem Bewusstsein verankert ist. Die Mehrsprachigkeit eines Landes zwingt die Menschen, Sprachen situationsangemessen zu verwenden: So kann es sein, dass man in der Arbeitswelt eine andere Sprache sprechen muss als auf dem Markt oder zuhause. Die Anwendungskontexte unterscheiden sich dabei sehr stark von den Lernkontexten. Kinder lernen – vorwiegend im urbanen Raum – aufgrund des Kontakts mit anderssprachigen Kindern neue Sprachen und entwickeln so ein intuitives Gefühl für ihr Sprachverhalten. Viel wichtiger als der Anwendungskontext ist, dass Menschen sich durch die gezielte Wahl einer Sprache zu ihrem Umfeld positionieren. Das heißt, dass die Sprachwahl inhärent immer auch ein Ausdruck von Abgrenzung und Identifikation mit einer sozialen, ethnischen oder nationalen Gruppe ist. Vor allem ist Sprache ein Identifikationsmerkmal, wie auch in 4.2 Die Rolle der Sprache in der Identitätskonstruktion beschrieben wurde.

11.1 Identität

Betrachtet man das Gesamtmaterial der Arbeit, ist festzustellen, dass unabhängig von der ethnischen Herkunft oder der spezifischen Lebensform (urban/rural) Sprache als identitätskonstituierendes Merkmal angesehen wird. Dabei beziehen sich alle Sprecherinnen und Sprecher fast ausnahmslos auf ihre Muttersprache.

Beispiel 1: Kla2008-38f (Lugizu) (471-479)[64]

```
01  […] I love I love being able to speak my language for
02  example [ja] because it's a beautiful language. In fact
03  I'm sad, when I'm in my village and people don't want to
04  speak their language they want to speak Luganda you know
05  it's like when I'm in Kampala I don't speak my language
06  cause everyone speaks Luganda, so why is it when I'm in
07  my hometown you know, it's, it's an identity, it's a
08  culture as well ahm it's [.] it's everything
```

---

64 Die Codes der Transkriptbeispiele setzen sich wie folgt zusammen: GD steht für Gruppendiskussion, keine Markierung für Interview. Danach folgen die einzelnen Regionskürzel (Gul: Gulu, Jin: Jinja, Kla: Kampala, Mba: Mbale, Mra: Mbarara, Nak: Nakasongola). Schließlich Aufnahmejahr und Geschlechterkonstellation (f: feminin, m: maskulin, fm: gemischte Gruppe). Die erste Angabe in Klammern verweist auf die Muttersprache des Sprechers/der Sprecherin (nur bei Interviews), die zweite auf die Zeilen im Originaltranskript.

Die Reduplikation der Eingangsphrase (01) verweist hier auf den hohen Stellenwert der Muttersprache für die Sprecherin. Eine Sprache sprechen zu „können" (01) zeigt zudem an, dass sie sich als privilegiert betrachtet, ihre Muttersprache beherrschen und anwenden zu können. Sie verweist hier vor allem auf das Beherrschen ihrer Muttersprache und grenzt sich damit von ihrem Bruder ab, der seine Muttersprache gar nicht sprechen könne, was sie in weiteren Gesprächen immer wieder stark kritisiert.

Die Sprecherin beschreibt ihre Muttersprache Lugizu als „schöne Sprache" (02), die Identität und Zugehörigkeit vermittle. Da sie in der ugandischen Hauptstadt Kampala lebe, dem sprachlichen Zentrum des Luganda, sei es ihr nicht möglich, Lugizu zu sprechen. Sie äußert daher den Wunsch, sich in ihrer Heimatstadt Mbale in ihrer Muttersprache zu unterhalten. Tatsächlich aber wollten die Menschen dort nicht Lugizu sprechen, sondern Luganda, was sie jedoch bedauert (03). Der Ausdruck des „Wollens" erscheint überdies interessant: Neben den bereits erwähnten spezifischen Anwendungsgebieten scheinen Menschen aber darüber hinaus auch über eine gewisse Entscheidungsfreiheit zu verfügen, was die Sprachwahl betrifft. In der Darstellung dieser Uganderin scheinen die Bewohner Mbales Luganda als Sprache zu präferieren (03-04). Sie wollen diese Sprache und nicht die vorherrschende Sprache des Distrikts und Muttersprache der Gesprächspartnerin, Lugizu, sprechen. Die Sprecherin beklagt dies, da sie aufgrund ihres Wohnorts Kampala im Alltag ohnehin gezwungen sei, Luganda zu sprechen. Die teilweise sehr persönliche und personifizierte Beschreibung hebt Lugizu von den anderen Sprachen Ugandas, bzw. den anderen Sprachen, die sie spricht, ab und verleiht ihr einen besonderen Status. Ihre Muttersprache sei eine Identität, eine Kultur, eben „alles" (08). Die Frau veranschaulicht damit, dass sie sich über ihre Muttersprache identifiziere: Sie sei Teil der Identität und der Kultur. Mit der nach der Pause eingefügten Schlussfolgerung verstärkt sie ihr Argument und präzisiert, welchen Verlust sie erleide, wenn sie in ihrer Heimatstadt nicht ihre Muttersprache sprechen könne.

Der folgende Ausschnitt stammt aus einer geschlechtlich wie sprachlich heterogenen Gruppendiskussion in Mbale, die sich zu gleichen Teilen aus Sprechern von Bantusprachen und nilotischen Sprachen zusammensetzte[65]. In folgendem Diskussionsausschnitt wird sprachliche Zugehörigkeit als kulturelle Identifikation konstruiert.

---

65 Allerdings war auf der Bantuseite ein dreizehn Jahre alter Junge, für den F2 und M4 an diesem Tag die Aufsichtspflicht übernommen hatten. Bis auf wenige Ausnahmen hat sich das Kind nicht an der Diskussion beteiligt.

Beispiel 2: GD Mba2009fm (1807-1821, 1838-1851)

```
01  F1:  I really adore my language in very many ways (0.9)
02       The saying goes that ((...)) that means language my
03       language gives me sense of belonging [JB: mh] that
04       means I belong somewhere this particular group of
05       people this is where I belong so it gives me that
06       sense of belonging that is one and then TWO I give
07       an example if I went to YOU or German [JB: mh] and
08       you know I'm leaving to strange people but
09       automatically when I go and I hear somebody
10       speaking ATESO (1.9) automatically I will RUN there
11       and say you know what? I'm also an Iteso and I've
12       come here so please I need you to help me, you're
13       happy (.) friendship is automatically established
14       [JB: I see] so that's already language
15  JB:  I see that's the connection
16  F2:  mh
17
```

und weiter:

```
18  F1:  we are one people so why are we fighting [JB: I see]
19       let's forget about those other things just look at
20       it look at me for what and find out what language we
21       can also identify and then we know that we come from
22       the same (.) place and that means we are all
23       different people we are honest (.) so that's
24       language I I think also a language on the other hand
25       (.) mh is a fact in about communication you're able
26       to express easily (.) ((...)) English will be a
27       problem to me automatically my language I will speak
28       it very fluently how do you sing a song and express
29       a feeling then I easily sing it in (.) maybe half in
30       English but in Ateso I will easily sing it (.) and
31       you know and everybody will get up and think she is
32       cheerful or think she is happy through her singing
33       in her language really something so important to me
```

F1 beschreibt ihre Zuneigung zu ihrer Sprache und in welcher Weise Sprache für sie Zugehörigkeit ausdrückt (01-14). Der Begriff der Zugehörigkeit taucht in ihrer Beschreibung sehr häufig auf und scheint für die Sprecherin von besonderer Relevanz zu sein, was sie anhand folgenden Beispiels verdeutlicht: Wäre sie auf Besuch in Deutschland und würde

sie dann ihre Muttersprache Iteso auf der Straße hören, würde sie dort-
hin eilen, um Hilfe zu erbitten (07ff.). Die Verwendung von „run" (10),
die durch besondere Betonung gekennzeichnet ist, impliziert Dringlich-
keit und unterstreicht ihr Bedürfnis nach Zugehörigkeit in einer fremden
Umgebung. Das Hören einer Sprache scheint Gefühle – wie in diesem
Fall Sicherheit und Vertrautheit – hervorrufen zu können. Sprache dient
als „kulturelle Anlaufstelle", kann ein freundschaftliches Verhältnis erzeugen, was die Sprecherin offensichtlich positiv konnotiert (12-13).

In der hier ausgelassenen Sequenz beschreibt die Sprecherin Sprache
vor allem als kulturelles Phänomen. Sie greift in Zeile 21 wieder ihren
Faden auf und konstatiert, dass Sprache Identität und Zugehörigkeit bedeute, was sie mit der gleichen Herkunft und einem geteilten Kulturgut
hervorhebt. Ferner sei Sprache aber auch ein Teil von Kommunikation,
da sie ermögliche, sich zu verständigen (25/26). Auf Englisch könne sie
sich nicht so leicht unterhalten wie in ihrer Muttersprache. Das Singen
von Liedern in ihrer Muttersprache verknüpft sie mit positiven Empfin-
dungen, die auch von anderen Menschen wahrgenommen werden
könnten. Sprache wird als Ausdruck kultureller Zugehörigkeit konstruiert, die mit Sicherheit und Glück konnotiert wird. Sprache erfüllt hier eine inklusive Funktion. Auch Broszinsky-Schwabe konstatiert: „Sie [die
Sprache, Anm. J.B.] ist der Bezug zu der Gemeinschaft, in der sie leben
und wesentlicher Teil ihrer kulturellen Identität" (2011: 60f.).

Sprache wird häufig auch als Indikator regionaler Zugehörigkeit dargestellt. Die Sprecherin einer geschlechtlich homogenen aber sprachlich
heterogenen Gruppendiskussion in Kampala bezeichnet im folgenden
Transkriptausschnitt Sprache als regionales Identifikationsmerkmal.

<u>Beispiel 3</u>: GD Kla2008f (31-35, F3)
```
01   First, first and foremost, ehm, language means identity.
02   I identify with my people [JB: ok] you know, by speaking
03   my language, my mother tongue that's when you know
04   anyone can know I am coming from that part of the
05   country [JB: ok]
```

Die Sprecherin eröffnet ihren Redebeitrag mit der Feststellung, dass
Sprache in erster Linie Identität bedeute. Sie spezifiziert ihre Aussage
nach dem Hörersignal „ok" (02) der Interviewerin und erklärt, dass ihre
Muttersprache sie eindeutig als zugehörig zu einer ethnischen Gemeinschaft, „my people" (02), und einer bestimmten Region „I am coming
from that part of the country" identifiziere.

11.1.1 Die räumliche Konstruktion von Identität in Uganda

Es hat sich gezeigt, dass Menschen sich offenbar, neben Kultur und Region, sehr stark über ihre Sprache identifizieren. In dieser Arbeit wird Identität wie in II Theoretische Grundlagen erarbeitet, definiert und als eine „zeitliche, räumliche und sachliche Verschränkung vielfältiger Strukturprinzipien (Klasse, Geschlecht, Alter, Herkunft, Ethnizität) und Wissensformationen" (Beck 2009b: 294) betrachtet. Damit lehnt es sich an den sogenannten *spatial turn* in den Sozialwissenschaften[66] an, der den Raumbegriff als soziales Strukturierungsprinzip erhebt. Raum wird definiert als kulturell-produzierte Größe, die in der Kommunikation ausgehandelt wird, und passt damit auch zu dem hier verwendeten Lebensweltmodell. Gerade im Hinblick auf die hybriden Systeme und Gesellschaftsstrukturen in Afrika bietet sich eine solche „räumliche" Betrachtung an, wie auch das Beispiel Uganda zeigt. Identitätsstrukturen werden hier in einer relativen hierarchischen Nähe zum Individuum rekonstruiert.

Aus dem Datenkorpus lassen sich drei unterschiedliche „Kategorien" von ethnischer Identität in Uganda generieren. Zum einen die Identifikation mit der Nation, die überwiegend sehr schwach ausgeprägt ist. Zum anderen existiert eine starke Affiliation mit dem eigenen *tribe*, der Sprachverhalten, Kultur und Gebräuche vermittelt. Die dritte Kategorie der Identifikation ist die des Clans. Die innerhalb eines *tribes* bestehende Clanstruktur ist offensichtlich noch einmal stärker, als die Affiliation mit dem *tribe*. Auf der Ebene der Clanstruktur werden dabei dialektale und historische Unterscheidungen vorgenommen.

Das folgende Schaubild versucht, die Identifikationsstrukturen in Uganda zu visualisieren und die drei Kategorien in ihrer Nähe zum Individuum darzustellen. Diese konzentrische Anordnung von Identität ist auch aus der Soziologie und den Rechtswissenschaften bekannt. Auch Githiora konstruiert für Kenia eine konzentrische Identitätsstruktur, die größtenteils sprachlich und ethnisch begründet ist (vgl. Githiora 2008: 238). In Uganda lassen sich ebendiese Merkmale feststellen, wie in Abbildung 1 graphisch dargestellt wird:

---

66 Theorie und Kritik zu diesem Modell siehe u.a. Döring & Thielmann (2008). Zum *spatial turn* und Afrika siehe u.a. Engel & Olsen (2010), Engel & Nugent (2010).

Abbildung 1: Identifikationsstruktur in Uganda

Durch das Raumkonzept kann man Zugehörigkeit in der konzentrischen Anordnung auch als Ausdruck der „Nähe" zum Individuum betrachten. Die räumliche Reichweite, bestehend aus sozialen, regionalen und sprachlichen Komponenten, wird hierbei als abstrakte Größenordnung in der Identitätskonstruktion definiert.

11.1.1.1 Clan

Die Gesprächspartner definieren den Clan als die ihnen am nächsten stehende Identifikationsstufe. Er erfüllt in der ugandischen Gesellschaft eine familienähnliche Funktion. Die Clanstrukturen der verschiedenen *tribes* in Uganda sind sehr different. So unterscheiden die Baruuli aus dem *Nakasongola District* in Zentraluganda 129 verschiedene Clans, die die Herkunft und die Zugehörigkeit eines Menschen der Ruruuli-Kultur bestimmen. Im Falle der Baruuli teilen sich aber alle Clans eine Sprache und ein Kulturgut. Die Unterscheidungen beziehen sich vor allem auf die unterschiedlichen Totems der Clans, wie folgendes Beispiel belegt:

Beispiel 4: Nak2008-06m (Ruruuli) (523-540)

```
01   JB:  You have 129 clans [mh] you told me and do you all
02        have the same traditions all the same ahm namings
03        and [yes] but the totems differ?
04   M1:  What is it? The totems yes the totems only differ
05        but other all the tradition the they have got some
06        issues that they the whole issue of twins they are
07        the same in differenti clans by the Baruuli
```

Die Interviewerin greift lenkend in das Gespräch ein und versucht, an das bereits an vorheriger Stelle gewonnene Wissen über die Clananzahl anzuknüpfen. Der Mann erläutert, nach einer kurzen Irritation, „what is it?" (04), dass sich – bis auf die Totems – die kulturellen Praktiken der Baruuliclans nicht unterscheiden. Die 129 Clans bilden eine feste Sozialstruktur und sind häufig mit der Dorfgemeinschaft gleichzusetzen. Jedem Clan steht ein *Clanhead* vor, der – ähnlich dem Familienoberhaupt – Entscheidungen für den Clan oder innerhalb der Clanstrukturen trifft. Das Clansystem ist pyramidenförmig aufgebaut, an dessen Spitze der Isaabaruuli, das kulturelle Oberhaupt bzw. der König der Baruuli, steht und der das Oberhaupt aller *Clanheads* ist[67].

Die Clanstruktur der Baganda ist ebenfalls sehr ausgeprägt. Ursprünglich hatte die bugandische Gesellschaft fünf Clans, deren Zahl inzwischen auf 52 angestiegen ist. Auf der offiziellen Homepage des bugandischen Königreichs (www.buganda.or.ug) wird die Funktion der Clans wie folgt beschrieben:

> „The clan in Buganda represents a group of people who can trace their lineage to a common ancestor and it is central to the Ganda culture. In the customs of Buganda, lineage is passed down along the same lines and the most important unit in Buganda's culture is the clan."[68]

Die Clans nehmen auch in der bugandischen Gesellschaft eine familienähnliche Rolle ein.

> „A formal introduction of a Muganda includes his own names, the names of his father and paternal grandfather, as well as a description of the family's lineage within the clan that it belongs to".

Der folgende Textausschnitt mit einer Muganda zeigt jedoch, dass die Identifikation in der Praxis weniger strengen Regeln folgt:

Beispiel 5: Kla2008-35f (Luganda) (599-635)
```
01   F1:  But you know a Muganda it we have clans [mh] so it's
02        it helps to identify you at a certain degree but
03        still if we go to the culture bit and identification
04        you go by the name [ok] so all of us will speak
05        Luganda, fine yes but there is this other name like
06        ahm like your traditional name [mh] identifies you
07        like which cul- which ahm (.) what is it called oh
08        God, I don't know, sorry
09   JB:  It's a Lugandan cultural name which identifies you
```

---

67 Alle Informationen zu den Clans der Baruuli, die überwiegend nur als Gesprächsnotizen vorliegen, wurden in Gesprächen mit dem Isaabaruuli, dem *Cultural Board* und dem *District Chairman* des *Nakasongola Districts* ermittelt. Die Gespräche wurden im Zeitraum von Mai bis Juli 2008 im *Nakasongola District* geführt.
68 http://www.buganda.or.ug/index.php/buganda-clans-and-their-totems, 14.07.2011, 16.30 Uhr.

```
10        with a clan or
11   F1:  ja, with a clan ya, which clan you belong to cause
12        There are many many clans
13   JB:  ah ok, how many clans are there
14   F1:  Ah I don't know, I really don't know ((lacht)) it's
15        weird I really don't know. I don't know, but mine is
16        ahm is Kasimba. My name is ahm Naruanga but Naruanga
17        is a somehow in Luganda in Uganda and Buganda it's
18        kind of a neutral name you can find it in other
19        different clans [ah] mh
20   JB:  That's interesting
21   F1:  ja, but for example if I could give another example
22   JB:  ja
23   F1:  you could find ah Nakai[ma      ]
24   JB:                        [Nakaima] ok
25   F1:  a name called Nakaima and [mh] it's specifically for
26        ah Nchima clan [mh] monkey
27   JB:  ah, ok
28   F1:  So the clans are the names of the clans are
29        according to maybe animals and according to plants
30   JB:  these are the totems or?
31   F1:  ja, ja
32   JB:  Is it connected to totems?
33   F1:. jaja, that's it.
34   JB:  ah ok, that's interesting
```

Die Sprecherin erklärt der Interviewerin in dieser Sequenz, wie das System der Clans funktioniert, scheint dabei aber etwas unsicher zu sein, da sie zu Beginn ihrer Erklärung sagt „what is it called, oh God, I don't know, sorry" (07-08). Die Interviewerin versucht der Sprecherin auf die Sprünge zu helfen, und diese fährt fort, das Clansystem zu erklären. Auf die Nachfrage, wie viele Clans es in der bugandischen Gesellschaft gebe, äußert F1, dass sie das nicht wisse, leitet dann aber auf ihren eigenen Clan über und expliziert daran das System. Sie gehöre dem Kasimba-Clan an (16). Ihr Name allerdings sei „neutral" und nicht eindeutig ihrem Clan zuzuordnen (18-19). Daraufhin wendet sie sich einem anderem Clan, dem Nchima-Clan, zu und beschreibt, dass dessen Totem ein Affe sei. Die Clans in Buganda werden durch jeweils ein Totem repräsentiert, das den Namen des Clans festlegt. Der Totem kann ein Tier, eine Pflanze, ein Gemüse etc. sein und ist für die Clanmitglieder unantastbar, d.h. handelt es sich bei dem Totem um ein Nahrungsmittel, darf dieses von den Clanmitgliedern nicht verspeist werden[69]. Da die Sprecherin auf den Nchima-Clan zur Explikation der Rolle des Totems zurückgreift, könnte

---

69 http://www.buganda.or.ug/index.php/buganda-clans-and-their-totems, 19.11.2011, 14.11 Uhr.

man vermuten, dass sie den Totem ihres eigenen Clans nicht kennt. Der Begriff des Totem fällt zudem auch erst durch die Interviewerin (30), und wird von der Sprecherin nur bestätigt. Die Sprecherin bewegt sich beruflich in einem sehr internationalen Kontext und ist zum Zeitpunkt des Interviews zwischen 25-30 Jahre alt. Ihre Affiliation zu ihrem Clan scheint hier also nur von untergeordneter Bedeutung zu sein. Crawford konstatierte im Bezug auf die Clanstrukturen in Uganda:

> „Clan- und Hauptlineage bilden einen wesentlichen Aspekt bei der sozialen Identität eines Individuums. Die gegenseitige Verbundenheit bleibt wirksam. Ein Muganda wird immer beides tun: Bei der Sicherung einer sozialen Nische, sei es einer ländlichen Siedlung oder im Bereich der städtischen Wirtschaft, wird er spezielle Unterstützung suchen, aber im anderen Fall auch gewähren. In Familienangelegenheiten aber, zur Sicherung des Wohlergehens von Kindern oder älteren Verwandten, in Erinnerung an die Verstorbenen und zur Ehrung der Ahnen, sind die Clanbeziehungen von immenser Bedeutung" (Crawford 1977 zit. nach: Füsser 1989: 58).

Die Clanstruktur der Bagizu aus Ostuganda ist für die Genealogie der Menschen sehr wichtig und unterscheidet drei unterschiedliche Clans. Auffällig ist, dass die Bagizu über dialektale Unterschiede ihre Clanzugehörigkeit determinieren.

Beispiel 6: GD Mba2009fm (1756-1777)

```
01  F2: My mother tongue helps me to identify with my
02      clansmates eh [JB: mh] as what <the way I
03      speak> if I met THIS one I know he is a Gishu
04      but he must be a different Gishu so we are a
05      little bit different
06  JB: why?
07  M4: That is what I told you at first
08  F2: That one is from the south
09  M4: As ah ((…)) Lagwere, ((…)) and the Masaba (.)
10      Masaba here also produced three children there
11      is Mangia Mungoko and Mu-((…)) my father is
12      Mungoko and my mum and my mum is ((…)) so my is
13      those languages almost the same thing but the
14      ACCENT pronounce
15  F2: [You know where you belong]
16  M4: [You know where you belong]
17  F2: this is my clan the way we speak
```

Die Sprecherin F2 führt die dialektale, sprachliche Unterscheidung zwischen den unterschiedlichen Clans ein, indem sie auf M4 deutet und sagt, dass, wenn sie ihn treffe und mit ihm spreche, sie zwar wisse, dass es sich bei ihm auch um einen Mugizu handele, allerdings um einen „different Gishu" (04). Auf die Rückfrage der Interviewerin JB ergreift der von F2 angesprochene Mann M4 das Rederecht und verweist in seiner Aussage auf eine dieser Textstelle vorausgehende Erklärung, in der M4 die Herkunftsgeschichte der Bagizu erzählte. Dies scheint ihm Erklärung genug zu sein, denn er beendet seinen *turn*. F2 ergreift erneut das Rederecht und führt ihren Gedanken, den sie in ihrem vorherigen Gesprächsbeitrag begonnen hatte, zu Ende, indem sie konstatiert, dass M4 aus dem Süden komme. M4 verweist noch mal auf die Herkunftsgeschichte und erklärt, mit der Betonung auf dem Wort „accent", dass sich die Clans dadurch unterscheiden würden. F2 führt den Gedanken weiter aus und erläutert, dass man so wisse, wohin man gehöre. M2 und F2 heben durch die Verwendung eines „double accord" (Beck 2009b), das zeitgleiche, synchrone Sprechen in Zeile 15 und 16, das Gesagte hervor. F2 beendet die Sequenz, indem sie sagt, dass man den Clan anhand der Sprechweise identifizieren könne. Hieraus wird deutlich, dass sprachliche Identität nicht nur auf der Ebene ganzer Sprachen festzustellen ist, sondern sich bereits auf untergeordneten Ebenen, wie beispielsweise der dialektalen Ebene, manifestiert. Dialekte dienen in diesem Fall der Inklusion bzw. Exklusion auf Clanebene und manifestieren die Grenzen zwischen den Clans.

Zusammenfassend ist festzuhalten, dass die Clanstrukturen in Uganda eine relevante Größe darstellen. Wenngleich der Grad der Identifikation variiert, wie man den Beispielen entnehmen kann, ist die Clanstruktur eine Bezugs- und Identifikationsgröße für die Befragten. Simpson konstatiert: „[...] loyality to (sub-)ethnic group or clan may be a stronger force than identification with other speakers of the same essential language" (2008: 13).

11.1.1.2 *tribe*

Der *tribe* stellt in einem räumlichen Verständnis von Identität die dem Individuum zweitnächste Bezugsgröße dar. Im ugandischen Beispiel wird die Bezeichnung *tribe* häufig von den Gesprächspartnern synonym mit Sprachgemeinschaft, Ethnie oder auch Region verwendet: Das folgende Beispiel stammt aus einer geschlechtlich und ethnisch heterogenen Gruppendiskussion in Kampala. Auf die Frage nach den spezifischen Besonderheiten ihrer jeweiligen *tribes* antwortete die junge Frau, deren Muttersprache die Bantusprache Rutooro ist, wie folgt:

Beispiel 7: GD Kla2009fm (111-113)

```
01   F1: My case there in yeah something unique about my
02       culture is that ah they're very gentle [JB: mh] and
```

```
03      they there's a way they pull the words (1.8) [M3: mh]
04      they they they don't speak as in speed (.)
```

F1 reagiert auf die Frage der Interviewerin, was die Besonderheiten der jeweiligen *tribes* seien, mit „something unique about my culture" und verwendet Kultur damit synonym mit *tribe*. Sie bezieht sich im Weiteren auf immanente Spezifika des *tribe* wie „cultural dance" oder eine bestimmte Art des Sprechens. Kultur- und *tribe*spezifisch sei die langsame Sprechweise der Batooro. Sie assoziiert mit ihrem *tribe* bzw. ihrer Kultur folglich auch sprachliche Merkmale neben Essens- und Tanztraditionen, sowie bestimmte kulturelle Erziehungspraktiken.

Zusammenfassend ist also festzuhalten, dass der *tribe* das kulturelle und ethische Verhalten eines Menschen bestimmt und beeinflusst. Diese räumliche Dimension ist sehr facettenreich: Je nachdem, zu welchem *tribe* man gehört, verändern sich Ess- und Kleidungstraditionen sowie Wertevorstellungen und Gesellschaftsstrukturen. Der *tribe* bildet damit den Kern der ethnischen und sprachlichen Identität.

11.1.1.3 Nation

Die Nation bildet schließlich den am weitesten vom Kern entfernten Identifikationsradius und drückt die am wenigsten starke Identifikation aus. Auf die Frage, was „typisch ugandisch" sei, konnten die meisten Gesprächspartnerinnen und -partner keine Antwort geben. Sehr häufig wurde die Diversität des Landes und seiner Kultur hervorgehoben, wie das Beispiel in einer sprachlich homogenen Gruppendiskussion in Norduganda zeigt:

<u>Beispiel 8</u>: GD Gul2009fm (390-397)
```
01   F1: you know when you first said Uganda I was I was
02       supposed to say Uganda has-
03   F4                      it'[s general        ]
04   F1:                        [multiple cultures]
05   F4: so many cultures
```

Es fällt auf, dass die beiden Sprecherinnen aus Gulu offensichtlich keine explizite Vorstellung davon haben, was „typisch ugandisch" sein könnte. Sprecherin F1 leitet ein, dass sie gedacht habe, die Interviewerin erwarte eine bestimmte Aussage. F4 fällt F1 ins Wort und erwidert, dass es sehr allgemein sei. Die überlappende Sprechweise zeigt, dass die beiden Frauen ihre Argumentation ergänzen und darin übereinstimmen, dass die Vielfältigkeit der Kulturen „ugandisch" sei. Im weiteren Verlauf dieser Diskussion übernimmt M2 das Rederecht und macht deutlich, dass er sich stärker mit seinem *tribe* identifiziere, als mit seiner Nation:

Beispiel 9: GD Gul2009fm (408-412)

```
01  Me, I associate more with the Acholi culture. One
02  because I'm an Acholi by tribe ((Frau lacht)) @ja@ an
03  Acholi by tribe then I've been raised up in in Acholi
04  land and with the Acholi culture although there are
05  other elements of other cultures have experienced but I
06  identify more with the Acholi culture
```

Hierin wird einmal mehr deutlich, wie stark die ethnische bzw. tribale Zugehörigkeit in Uganda ist: Angestoßen durch die vorangehenden Aussagen der beiden Frauen, expliziert M2, dass er sich stärker über seine Zugehörigkeit zum *tribe* der Acholi identifiziere, da er erstens als Acholi geboren, zweitens in der Region der Acholi aufgewachsen und dadurch drittens unter dem Einfluss der Acholi-Kultur aufgezogen worden sei. Der Sprecher leitet sein Identitätskonzept aus einem „Acholi"-Sozialisationsprozess ab, den er durchlaufen habe. Diese Prägung ist offensichtlich stärker, als die Sozialisation mit der ugandischen Nationalidentität. Andere kulturelle Einflüsse haben die Acholi Identität nicht schwächen können.

Die nationale Zugehörigkeit spielt für die meisten Interviewten nur eine untergeordnete Rolle, weshalb die nationale Identifikationsebene in der Graphik auch am weitesten von der Ebene des Menschen entfernt steht.

Diese Identifikationsstruktur ist für die vorliegende Arbeit von Bedeutung, da insbesondere im Hinblick auf die sprachpolitische Entwicklung des Landes tribale und nationale Identität eine besondere Rolle spielen.

11.2 Inklusion und Exklusion

Sprache evoziert Inklusion und Exklusion. „The ethnic and cultural diversity of human societies is reflected in language, discourse and communication. Members of ethnic groups routinely speak with, or about members of other groups" (van Dijk, Ting-Toomey, Smitherman & Trontman 1997: 144). Die Autoren unterscheiden drei wesentliche Bereiche interkultureller bzw. interethnischer Kommunikation: „intragroup discourse", „intergroup discourse" sowie „intragroup discourse about others" (ebd.: 145). Beim *intragroup discourse* steht die Untersuchung des

Sprachverhaltens einer Gruppe untereinander im Vordergrund[70]. *Intergroup discourse* bezieht sich auf das Sprachverhalten zwischen verschiedenen ethnischen Gruppen. Dieser Aspekt ist auch in der vorliegenden Arbeit von großem Interesse und im Hinblick auf Inklusion und Exklusion ebenso von Bedeutung wie der *intragroup discourse about others*. In der Kommunikation innerhalb einer Gruppe über eine andere Gruppe werden Stereotype (re)produziert und (Sprach-)Haltungen gegenüber bestimmten Gruppen geprägt.

Verstehen und Sprechen einer bestimmten Sprache sind Zugangsvoraussetzungen zu einer bestimmten Gruppe oder Ethnie. Sprache fungiert folglich als Instrument der Zugehörigkeit. Spricht man gezielt in einer Sprache, die ein Außenstehender nicht versteht, schließt man diesen aus der Gemeinschaft aus, da ohne Kommunikationsmittel die Anschlussfähigkeit an die Gruppe verwehrt bleibt.

Bisweilen wird sich dies gezielt zunutze gemacht. Dieses Phänomen ist in der Afrikanistik zum Beispiel auch aus dem Bereich der Geheim- oder Meidungssprachen bekannt. Die Entwicklung von Geheimsprachen, wie dem nám hɛnɛ[71], dient ausschließlich dem Ziel, Informationen nur einem ganz bestimmten Kreis von Menschen zugänglich zu machen. Im Falle von Geheimsprachen werden durch gezielte linguistische Strategien neue Sprachen „erfunden" bzw. bestehende Sprachen entfremdet und umgedeutet. In Meidungssprachen, wie dem Hlonipha in Südafrika, werden von bestimmten Gruppen, in diesem Fall der Gruppe der Frauen, Veränderungen der Alltagssprache bzw. Muttersprache vorgenommen. Verheiratete Frauen verwenden Hlonipha im Gespräch mit der Schwiegerfamilie zur Ehrerbietung und Darstellung ihres Respekts. Dazu werden beispielsweise bewusst die Silben der Namen der Schwiegerfamilie vermieden (vgl. Finlayson 1982). Durch systematische Meidungsstrategien, zu denen Menschen aus kulturellen Gründen gezwungen sind, entstehen neue Sprachen. Auch diese Form der Sprachwahl drückt Zugehörigkeit zu einer bestimmten Gruppe aus, bzw. markiert Distanz und Respekt.

Die Beispiele aus Uganda zeigen, dass es keiner Geheimsprache bedarf, um sich abzugrenzen. Folgendes Beispiel aus der Gruppendiskussion in Gulu zeigt, dass bereits bei der Begrüßung Zugehörigkeit verhandelt wird.

---

70 In der Studie von van Dijk, Ting-Toomey, Smitherman & Troutman (1997) handelt es sich bei der untersuchten Gruppe um afroamerikanische Frauen in den USA und ihr Kommunikationsverhalten.
71 Das nám hɛnɛ ist die Geheimsprache des Hõne, einer Jukunsprache (Storch 1999 & 2004).

Beispiel 10: GD Gul2009fm (913-916)

```
01  F3:  Because remember [F1: yes] if they came and they
02       found a group of people [F1: and] and then they start
03       asking you HOW do YOU greet? [F1: jaja] now that is
04       what differentiate you [from the rest]
05  F1:                        [from the rest]
06  F3:  You say "kopa'no" the other one is saying this the
07       other one is saying that (.) to establish you you
08       your your culture #00:28:09-7#
```

F3 führt das Grüßen als Identifikationsstrategie und Markierung der Zugehörigkeit ein. Mit der Formulierung „remember" (01) verweist sie offensichtlich auf ein gemeinsames Kontextwissen und verdeutlicht so den Verstehenshorizont. F1 versichert mit dem Hörersignal in Zeile 01, dass sie versteht, worauf F3 anspielt. Mit den folgenden Hörersignalen „and" und „jaja" (02/03) unterstützt sie den Redebeitrag von F3. Diese schildert eine Situation, in der Dritte auf eine Gruppe zugehen und diese fragen, wie sie grüßt. Die Schilderung „if they came" (01) ist an dieser Stelle unklar, da „sie" nicht näher definiert werden. Es scheint sich in jedem Fall um Fremde zu handeln, die das Begrüßungsritual der Gruppe, zu der sie stoßen, nicht kennen. Die Prosodie und Intonation der nachgeahmten Frage in Zeile 03 tragen zur „Expressivität des Gesprochenen" (Beck 2009b: 308) bei und heben zweierlei hervor: Die betonte Fragepartikel „how" verweist erstens darauf, dass die Fremden nicht vertraut sind mit der Begrüßung. Dies impliziert, dass sich das Begrüßungsverhalten der Ethnien in Uganda unterscheidet, was zweitens auch mit der Betonung von „you" präzisiert wird. Mit dieser Darstellungspraxis verdeutlichen die Interaktanten, dass durch das sprachliche Mittel der Begrüßung bereits eine Identifikation vorgenommen werden kann.

Die Unterstützung durch F1, die parallel zu F3 spricht und ihre Feststellung wiederholt, dass die Begrüßung die Unterscheidung von anderen Gruppen manifestiere, konkretisiert erneut das gemeinsame Kontextwissen dieser Gruppe. Dieser symbiotische Moment verweist auf ein kollektives Wissen, das nicht weiter expliziert werden muss. Die Antwort in Zeile 04, die durch einen *double accord* (vgl. Beck 2011: 210f.), das gleichzeitige Sprechen, betont wird, unterstreicht an dieser Stelle die Exklusionsabsicht. Der *double accord* ist eine Gesprächsroutine, der starke Übereinstimmung signalisiert, „in dem Wissen seine Autorität von der gemeinschaftlichen Bedeutungskonstitution durch das Echo erhält" (Beck 2009a: 56). Durch diese Strategie wird der Konsens der Gruppe hervorgehoben: Die Begrüßung als Auftakt der Interaktion fungiert als erstes Erkennungszeichen, welches die Interaktanten zueinander positio-

niert und Zugehörigkeit markiert. Auf diese Weise werden Inklusions-
und Exklusionsmechanismen initiiert.

11.3 Macht

Die Analyse des Datenmaterials hat viele sprachlich evozierte Machtkonstellationen offenbart, die nun dargestellt werden sollen. Macht lässt
sich im dualen System von Öffentlichkeit und Privatheit in Uganda
nachweisen. Im öffentlichen Bereich werden Machtmechanismen im Bereich der Politik untersucht. Auf der privaten Ebene spielen Machtkonstellationen in zwischenmenschlichen Beziehungen eine Rolle. Macht ist
stark geprägt von Inklusion und Exklusion und schafft damit gesellschaftliche Hierarchien. In den beiden folgenden Kapiteln werden diese
Befunde dargestellt.

11.3.1 Öffentliche Sphäre: Politik

Politische Macht manifestiert sich in Taten. Ein Instrument politischer
Machtausübung ist die Sprache. Die Verbalisierung politischen Handelns hat zum Ziel, die politische Entscheidung der Bevölkerung mitzu-
teilen und ihr andererseits ein Mitspracherecht zu ermöglichen. Sprache
wird im Bereich der Politik als Mechanismus zur Abgrenzung nach unten als auch nach oben wahrgenommen.

Diskursanalytisch offenbart sich die Rolle der Sprache bereits in der
politischen Terminologie: Mitspracherecht, also das Recht, sich interaktiv
mit der Politik auseinanderzusetzen und Einfluss zu nehmen, wird
durch das Bild des Sprechens vermittelt. Eine „Stimme abgeben" verweist auf die Möglichkeit, seiner Meinung im politischen Diskurs Gehör
zu verschaffen. Die Metapher der Sprache lässt Politik – in demokratischen Systemen – als einen dialogischen Prozess zwischen Herrscher
und Beherrschten erscheinen. Als gewählte Vertreter des Volkes artikulieren Politiker die Interessen ihrer Wählergemeinschaft. Sprache ist hierbei ein Instrument politischer Machtausübung. Sprachliche Instrumentalisierung und Manipulation sind dabei zwei mögliche Spielarten von
Sprache in politischen Prozessen.

Die Literatur beschreibt Sprache als Machtinstrument der Politik: Die
Machtausübung durch Sprache wird als „top-down"-Prozess verstanden:
„Das Top-Down-Modell geht von einer Hierarchie oder einer Kaskade
des politischen Kommunikationsprozesses aus" (Alemann 2012). Sprachliche Mechanismen des Volkes, die eine Umkehr dieses Machtgefüges
bedeuten, dem sogenannten „bottom-up"-Ansatz, sind kaum bekannt.
Dies liegt vor allem an den noch heute in Afrika dominierenden autokra-
tischen Regierungsformen, die eine Einbindung der Zivilgesellschaft in

politische Prozesse zumeist verhindern oder stark eingrenzen. Auch in Uganda werden politische Prozesse vor den Gesprächspartnerinnen und -partnern immer als „top-down"-Verhältnis wahrgenommen. Sie beschreiben Manipulation als Teil der politischen Strategie im Wahlkampf: zum einen kann durch die Sprachwahl eines Politikers die Streuung seiner Aussagen beeinflusst werden, indem er beispielweise eine Sprache spricht, die nur einer kleinen Gruppe von Menschen zugänglich ist. In vielen afrikanischen Ländern ist dies meist die Sprache der Elite, oft die ehemalige Kolonialsprache. Dies kommt einer Exklusionspraxis gleich (vgl. 11.2 Inklusion und Exklusion). Häufig verwenden Politiker diese Strategie, wenn sie sich vor Widerstand und Kritik des Volkes schützen wollen. Wählt der Politiker eine weit verbreitete Sprache, beispielsweise die *lingua franca* eines Landes oder einer Region, streut er die Information an den Großteil der Bevölkerung. Zum anderen können Politiker durch die gezielte Verwendung von Sprache versuchen, die Sympathien der Wähler zu gewinnen. In Beispiel 2 wird von einer Frau beschrieben, wie sich der ugandische Präsident Museveni dieser Strategie bedient, um die Wähler zu seinen Gunsten zu beeinflussen.

<u>Beispiel 11</u>: Kla2008-37f (Lugizu) (328-353)

```
01   F1:  When the president Museveni comes to Mbale
02   JB:  ja
03   F1:  or to our current district Manafwa and he speaks
04        Lugishu the locals are very happy. They give him
05        votes because he had spoken words in their language
06   JB:  ah ok but he he's not familiar with the langua[ge]
07   F1:                                                [he's]
08        not familiar but he can speak some words
09   JB:  ja
10   F1:  just to (1.4)
11   JB:  greetings?
12   F1:  aHA, greetings or to thank or to impress the locals
13        who don't know English [ok] because not everyone
14        knows English here, so it is very much important to
15        use that languages
```

Die Sprecherin legt in den Zeilen 01-05 dar, wie sich der Präsident bei der Bevölkerung durch sprachliche Strategien beliebt machen kann und verwendet hierzu ein Beispiel aus ihrem Heimatdistrikt Manafwa. Durch die Verwendung einiger Floskeln in der lokalen Sprache kann eine Beziehung zu den Wählern hergestellt werden. Diese Strategie des Präsidenten beschreibt eine Art „Selbst-Inklusion". Er nähert sich der Gruppe durch die Sprachwahl an, was von dieser positiv bewertet wird (04). Die

Darstellungsweise der jungen Frau ist hierbei auffällig. Sie verweist auf ihren Heimatdistrikt Manafwa, identifiziert sich aber offensichtlich nicht mit den dort lebenden Menschen. Die junge Frau, die als alleinerziehende Mutter in Kampala lebt, scheint sich von den in ihrem Heimatdistrikt lebenden Menschen distanzieren zu wollen: Die Benutzung des Begriffs „locals", der Lokalbevölkerung, geht in Uganda häufig mit den Konnotationen ungebildet, naiv und altmodisch einher. Dies untermauert sie, indem sie fortfährt, dass diese kein Englisch sprächen. Wegen ihres eigenen Bildungsgrads und ihrer Englischkenntnisse positioniert sie sich statushöher und verweist damit auf einen Stadt-Land-Bias, der auch Unterschiede im Bildungsniveau aufzuweisen scheint.

Die Darstellungsweise der Sprecherin zeigt, dass sie sich als „Eingeweihte" sieht, die die Strategie des Präsidenten durchschaut: Dieser benutze einige Wörter in der lokalen Sprache, in diesem Falle Lugizu[72], und gebe sich damit volksnah (12). Dies suggeriere eine Art Nähe zwischen dem Politiker und dem Volk, was zur Folge habe, dass diese Menschen ihm bei der Wahl ihre Stimmen geben würden. Sie dekodiert die Anwendung einiger Floskeln in einer lokalen Sprache als Machtstrategie, die sich der Präsident zunutze macht, um Stimmen für sich zu gewinnen. Durch die Darstellungsweise exkludiert die Sprecherin sich selbst: Die „Blendungs"strategie funktioniere lediglich mit der lokalen, ungebildeten Bevölkerung – sie selbst habe die Strategie durchschaut.

Dieser sprachliche Machtmechanismus' wird in der Politik häufig angewandt, um die Gunst der Wähler zu gewinnen. Diese „hörerorientierte Gestaltung" (Hanewinkel 1993: 85) ist Teil politischer Kommunikation und soll darüber hinwegtäuschen, dass „in der politischen Kommunikation die Vermittlung von Politik ‚von oben nach unten' dominiert" (Sarcinelli 1987, zitiert nach Hanewinkel 1993: 87). Bourdieu (1987) beschreibt dieses Machtverhältnis zwischen Politiker und Bürger, das sich sprachlich manifestiert, wie folgt:

> „Dies alles kann das tiefsitzende Mißtrauen – das freilich ein nicht minder tiefsitzendes Moment von Anerkennung nicht ausschließt – der Unterdrückten gegenüber der politischen Sprache nur verstarken, jener Sprache, die wie alles Symbolische auf der Seite der Herrschenden steht, diesen Virtuosen der Kunst, sich taktvoll auszudrücken und mit Worten abzuspeisen. In diesem Argwohn gegenüber der politischen Szene und der politischen Inszenierung, gegenüber diesem ganzen „Theater", dessen Regeln man nicht genau kennt, und demgegenüber der gemeine Geschmack sich waffenlos vorkommt, muß die Ursache für das apolitische Verhalten, das generelle Mißtrauen gegenüber allen Worten und Wortführern gesucht werden" (Bourdieu 1987: 726).

---

72 Die Sprecherin verwendet in ihrem Gesprächsbeitrag die Bezeichnung „Lugishu". Dies ist eine von vielen Bezeichnungen für dieselbe Bantusprache. Aus Gründen der Einheitlichkeit wird hier dennoch die Bezeichnung „Lugizu" vorgezogen.

Die Symbolik von Sprache in politischen Machtkonstellationen, die Bourdieu hervorhebt, wird auch im folgenden Beispiel in Uganda deutlich. Der Sprecher erklärt, dass die Adressierung der politischen Anhänger in der jeweils regional dominanten Sprache ein positives Gefühl erzeuge und dadurch Zustimmung erzielt werde.

<u>Beispiel 12</u>: Nak2008-06m (Ruruuli) (369-385)

```
01   JB:  Ok, [...] do yo think that LANGUAGE plays an important
02        Role in politics?
03   M1:  Yes it does [why?] because it is a medium of
04        mobilisation [ok] you can't mobilize people you can't
05        carry out assemblies and whatever and carry out
06        instructions you have to beat the language which the
07        majority do understand [mh] and in most cases if you
08        speak somebody's language he feels at home and then
09        he says he accepts you politically say yes to
10        somebody (.) because it is politician when they come
11        start learning how do they greet he greets you in a
12        language when he's on on his rallye ((lacht)) ah say
13        ah that's our man now. So the language very plays a
14        very important part [in politics, ok] ja
```

Zunächst hebt der Sprecher hervor, dass Sprache das „Medium der Mobilisierung" sei. Nur wenn man die Sprache spreche, könne man Menschen in verschiedenen politischen Umfeldern für sich gewinnen. Mit der Metapher der Heimat (08) deutet der Sprecher die symbolische Wirkung an, die Sprache haben kann. Lernt der Politiker also eine Sprache in einem wahlrelevanten Distrikt und begrüßt die Menschen in dieser Sprache, erweckt er den Eindruck, sich dort zuhause zu fühlen. Diese symbolische Assimilation veranlasse die Menschen dazu, diese Person zu unterstützen: „that's our man now" (13). Mit der Inklusion des Politikers, „unser Mann", in die eigene Gruppe oder Ethnie wird er zur politisch vertret- und wählbaren Option.

Die Zugehörigkeit zu einer ethnischen Gemeinschaft spielt in der ugandischen Politik eine besonders große Rolle, wie auch der kurze Textauszug aus folgendem Interview illustriert:

<u>Beispiel 13</u>: Kla2008-33m (Luganda) (599-602)

```
01   [...] because people tend to to sideline with theirs
02   sideline with the people they listen and they understand
03   too very well. So it plays a very very big role
```

Die Identifikation mit dem *tribe* scheint einen wesentlichen Einfluss auf die politischen Machtkonstellationen zu haben (siehe hierzu 11.1.1.2

tribe). Die Menschen scheinen Vertreter ihrer Gemeinschaften wählen zu wollen, um ihre Interessen bestmöglich vertreten zu wissen. Fast ausnahmslos stellen die Gesprächspartnerinnen und -partner in Uganda eine Relation zwischen Sprache und politischer Macht her. Und trotz des Bewusstseins über die gezielte Instrumentalisierung und Manipulation von Sprache, bestimmt die Sprachwahl eines Politikers sein Verhältnis zu seinen Wählern.

Die Beispiele haben gezeigt, dass sich Macht tatsächlich sprachlich manifestieren kann und dass sich ein Teil der Bevölkerung dieser Manipulation durchaus bewusst ist und sie kritisch bewertet.

Das sogenannte „elite closure" (Myers-Scotton 2006) bezeichnet den sprachlichen Mechanismus, den Politiker anwenden, wenn sie ihre Aussagen nur einer kleinen Gruppe von Menschen zugänglich machen wollen bzw. wenn sie ihren Status betonen wollen:

> „That is, members of a high-status group do two things with their linguistic varieties (languages, dialects or styles). First, the elite are very fluent in the official language, which is English, French, or Portuguese in much of sub-Saharan Africa [...]. Second, because they are very much at home in this official language, their use patterns mark 'who they are'. That is, they don't reserve it just for formal occasions, but use it frequently, either on its own or in codeswitching patterns (with a local language). Average people can't duplicate these use patterns because they don't have the same facility in the official language. [...] Thus, the elite shut out from elite status those groups who cannot manipulate the same linguistic varieties in the same patterns as the high-status group" (Myers-Scotton 2006: 134).

Auch dies ist ein Mechanismus, um auf der politischen Ebene die Macht Einzelner sprachlich zu markieren.

Im Folgenden wird nun die symbolische Wirkung von Sprache in intrapersonalen Machtverhältnissen untersucht.

11.3.2 Privatsphäre: Intrapersonale Ebene

Wie bereits im politischen Kontext untersucht wurde, kann Sprache Menschen manipulieren bzw. instrumentalisieren Menschen Sprache, um andere zu beeinflussen. Im nicht-öffentlichen Bereich lassen sich auch Machtkämpfe und Manipulationen von und durch Sprache nachweisen. Ein in der Feldforschung häufig auftauchendes Phänomen interpersoneller Dominanz- und Machtverhältnisse waren Aushandlungsprozesse zwischen Frauen und Männern in ethnisch heterogenen Ehen und Partnerschaften. Sprachwahl und Sprachverhalten dienten zur Veranschaulichung des Konfliktpotentials, wie das Beispiel einer rein weiblichen Gruppendiskussion in Kampala zeigt:

Beispiel 14: GD Kla2008f (407-420)

```
01  F1:  but (1.1) it depends (.) it depends you know a very
02        dominant, you know, if you have a dominant language
03        now especially like in forms of marriages or
04        whatever if a woman is like married into the other
05        clan, ya and they are dominant definitely she'll
06        have to pick up the language of you know the husband
07        like ((NAME F3)) is trying to learn you know cause
08        you find now you you whole family is now centred
09        around your husband's you know and that kind of
10        thing so your family becomes like you know they come
11        and visit and go (.) but then you kind of
12  ((...))learning
13        that other language so it really plays a big role
14  F2:  so to fit in that society
15  F1:  yeah
```

Heiraten zwei Menschen unterschiedlicher Herkunft, so gibt es einen Aushandlungsprozess zwischen den Partnern, welche Sprache zuhause gesprochen wird. Die Sprecherin verweist zunächst darauf, dass es unter den Sprachen Ugandas ein Machtungleichverhältnis gebe: So existieren „dominante Sprachen" (02), die statushöher als andere Sprachen sind (siehe hierzu auch 14.5.1 Dominante Sprachen in Uganda). Die junge Frau positioniert die Sprache hier als selbstständigen Akteur, der über eine gewisse Macht verfüge, die sich dann auf intrapersoneller Ebene niederschlage. Sie beschreibt, dass sich eine Frau, die in die Familie einer dominanten Sprachgemeinschaft einheirate, deren Sprache annehmen müsse (06). Es ist anzunehmen, dass es hier weniger um Hierarchien zwischen Sprachen geht als vielmehr um die gängigen Unterordnungspraxen in einer patriarchalen Gesellschaft, die sich auf der Ebene der Sprache widerspiegeln. Diese Strukturen in der ugandischen Bevölkerung, die sich – entsprechend der gemachten Beobachtungen in Uganda – fast ausnahmslos durch alle ethnischen Gruppen und Sprachgruppen zu ziehen scheinen, könnten vielmehr Ursache für die sprachliche Entscheidung in der Familie sein: In einer ethnisch ungleichen Ehe müsse die Frau die Sprache des Mannes erlernen, da sie automatisch seiner Familie zugehöre, was die Sprecherin an einem Beispiel zu verdeutlichen versucht (07-09). Unabhängig davon, ob es sich bei interethnischen Ehen um die Dominanz einer Sprache oder die geschlechtsspezifische Gesellschaftsstruktur handelt, wird Sprache als Symbol dafür genutzt und von den Gesprächspartnerinnen auch als solches wahrgenommen und dargestellt. Auch auf diese Weise nimmt Sprache eine besondere Rolle in sozialen Gefügen ein, wie auch folgendes Beispiel belegt:

Beispiel 15: GD Kla2008f (280-318)

```
01  F3:  But I would keep the issue of children learning
02       their lang- I mean mother tongue or whoever's
03       language it's a question it's a family kind of
04       affair ((lautes Rufen von anderer Stelle)) the way
05       you communicate at home matters and can be very
06       influencial let me give you an example I'm I'm I'm
07       married to someone from the west but my children are
08       learning my mother tongue
09  F1:  yeah
10  F3:  much more than they learn [their father's]
11  F1:                            [their father's]
12  F3:  because I have an influence over them it's not a
13       question of of of you know ehm they must learn their
14       father's lang- no, it's about it's a family kind of
15       affair and the way you influence your [children]
16  F1:                                        [children] yeah
17  F3:  if their father influences them they will definitely
18       learn the other language
19  F2:  <<NO>>, how influenci whichi (.) the way you
20       Communicate with them
21  F3:  the way you communicate with them the way you tell
22       you say their mom or their father (.) ((schnippst
23       mit den Fingern)) the way if their father wants to
24       speak English with them they will definitely not
25       learn his language but if I come back home and speak
26       to them in my mother tongue they will follow me
```

Die beiden Sprecherinnen aus der bereits oben zitierten Gruppendiskussion in Kampala scheinen in diesem Beispiel die Gelegenheit zu nutzen, in der Abwesenheit (ihrer) Männer über familiäre Angelegenheiten relativ offen sprechen zu können: F3 führt das Thema ein, indem sie konstatiert, dass die Wahl der Sprache, welche die Kinder in einer ethnisch-heterogenen Familie erlernen sollen, im Kreis der Familie verhandelt werde. Bereits in ihrem zweiten Satz macht die Sprecherin klar, dass es sich um ein wichtiges, da „einflussreiches" Thema handele (06). Erneut entwirft sie die Partner- bzw. Elternschaft als Machtkampf. Da F3 über größeren Einfluss über ihre Kinder verfüge, als ihr Mann, würden ihre Kinder ihre Muttersprache lernen und nicht die ihres Vaters (12-14). Das Erlernen der „Muttersprache" bzw. „Vatersprache" wird von der Sprecherin in Form einer zeitlichen Konsequenz dargestellt: Da die Mutter mehr Zeit mit den Kindern verbringe als ihr Mann, übe sie mehr Einfluss auf ihre Kinder aus, weshalb diese die Sprache der Mutter als Erstsprache erlernten (17). Durch die Verwendung einer routinisierten Gesprächsstrategie, in diesem Fall des *double accord* (10/11, 15/16) (vgl. Beck 2009a), heben F1 und F2 ihre Zustimmung sprachlich hervor und unterstützen so das Gesagte von F3. Im Hinblick auf den vorherigen Verlauf der Diskussion wird deutlich, dass die von F3 dargestellte sprachliche Einflussnahme auf ihre Kinder nicht den üblichen Mustern der ugandischen Gesellschaft entspricht.

Der geschilderte Machtkampf zwischen den Eltern ist also Ausdruck einer Geschlechterhierarchie in Uganda. Die Sprecherin F3, die ihre Sprache an die Kinder weitergibt und damit den patriarchalen Kreislauf unterbricht, schafft sich auf der einen Seite einen Freiraum in diesem System und andererseits manipuliert sie, indem sie ihre Kinder die Sprache der Mutter lernen lässt, die Machtkonstellationen in ihrer Ehe. Ihre Betonung „they will follow me" (26) erhärtet diese Lesart. F3 beschreibt das Verhältnis zu ihren Kindern als ein enges Bündnis, von dem der Vater ausgeschlossen ist. Auch hierbei handelt es sich um einen Exklusionsprozess.

Es konnte gezeigt werden, dass die auf einer Metaebene angesiedelten Kernfunktionen von Sprache von großer Bedeutung für (inter)ethnische Beziehungen und Identifikationsprozesse ist. Im weiteren Verlauf der Arbeit wird immer wieder auf diese Kernfunktionen von Sprache verwiesen werden, da die Verwendung von Sprache immer intentional ist. Dies ist für die Interpretation und Analyse von Sprachattitüden von besonderer Relevanz. Die Gesellschaft eines Landes ist geprägt von und durch Sprache. Auf der nun folgenden Gegenstandsebene werden Regierungsperspektive, Perspektive der Bevölkerung und Wissenschaftsperspektive aufgezeigt und der Faktor der Sprache und Sprachattitüden in Bezug auf Sprachpolitik und interethnische Beziehungen untersucht.

12.0 Die Perspektive der Regierung: Sprachpolitik und gesellschaftliche Entwicklung in Uganda

Nach der Betrachtung der Metaebene werden nun auf einer Gegenstandsebene drei Perspektiven zu Sprachattitüden eingenommen. Zuerst werden die Sprachattitüden der Regierung analysiert, danach folgt die Perspektive der Bevölkerung und schließlich die der Wissenschaft.

Machtmechanismen und die Instrumentalisierung von Sprache zu politischen Zwecken spielen in sprachpolitischen Prozessen eine wichtige Rolle. Sprachpolitische Entscheidungen wirken sich auf das Prestige einer Sprache aus und haben folglich Einfluss auf Sprachattitüden und -ideologien[73]. Gleichzeitig sind Sprachattitüden „a primary site of political process and of discursive mediation of those very activities and events that we recognize as political" (Kroskrity 2000 zitiert nach Boussofara-Omar 2011: 73).

In Kapitel 4.4 wurde der Zusammenhang von Nationenbildung und Sprachpolitik bereits ausführlich diskutiert. An dieser Stelle sei nun noch einmal darauf verwiesen, dass in dieser Arbeit Nation als symbolisches Konzept verstanden wird, die heterogene Gesellschaftsstruktur Ugandas zu überwinden. Die Nationalsprache wird dabei als wesentlicher Teil dieses Prozesses betrachtet, da er von der ugandischen Regierung als solcher in politischen Stellungnahmen und Programmen betont wird.

Die ugandische Sprachsituation lässt sich in ihrer Komplexität als sprachpolitische Herausforderung verstehen, keine Sprache von einer einfachen Mehrheit des Landes gesprochen wird:

> „The south and west comprising Buganda, Ankole, Kigezi, Tooro and Bunyoro are Bantu-speaking areas, and nearly two-thirds of the population of Uganda speak one of the closely related Bantu languages, the Eastern Bantu languages (Luganda, Lusoga, Lumasaba/Lugisu, Lugwere, Lunyole, Lusamia/Lugwe) are spoken by a third of the country's population, while the Western Bantu languages (Runyankole, Rukiga, Runyarwanda, Rutoro, Runyoro, Rurundi, Rukonjo, Rwamba) are spoken by almost an equal proportion. The largest language – Luganda – is, however, spoken as a first language by only sixteen per cent of the population and no other language is spoken by more than half this number. [...] The North-East can be associated with Eastern Nilotic languages (Akaramojong, Ateso, Kakwa and Sebei (sic!)), the North with the Western Nilotic languages (Lango, Acholi, Alur, Dhapadhopla and Kumam) and the extreme North-west with the Central Sudanic languages (Lugbara and Madi)" (Pawliková-Vilhanová 1996: 163).

---

73 Die Sprachpolitik des Apartheidsregimes in Südafrika hatte beispielsweise eine solche Wirkung: Während der sogenannten Rassentrennung waren Hautfarbe und Sprachwahl eines Menschen Erkennungszeichen und Ausdruck seiner Zugehörigkeit. Während die Sprache der weißen Afrikaner, Afrikaans, große Verbreitung im ganzen Land erfuhr, wurde diese Sprache für die schwarzen Südafrikaner zur Sprache der Unterdrückung und erhielt so eine negative Konnotation.

Auch in der wissenschaftlichen Literatur wird immer wieder das Fehlen einer Nationalsprache als Hindernis für die ugandische Entwicklung und nationale Identität beschrieben:

> „The absence of a common language has been a major obstacle to national integration in Uganda. A nation cannot develop a strong sense of itself if its people cannot communicate with one another, have little in common, no sense of a shared past, and no shared dream of the future enshrined in literature and folklore that everyone can understand. Unlike Tanzania or Kenya, Uganda did not develop a common language to weld its various ethnic groups together" (Kasozi 1994: 11).

Im Folgenden wird davon ausgegangen, dass auch die ugandische Regierung von Haltungen gegenüber bestimmten Sprachen geprägt ist und selbst Sprachattitüden prägen kann. Diese wirken sich auf die Regierungsprogrammatik aus bzw. lassen sich von ihr ableiten. Zudem wird davon ausgegangen, dass soziale und interethnische Beziehungen in Uganda maßgeblich beeinflusst sind von der geschichtlichen Entwicklung des Landes. Insbesondere die Fremdherrschaft, die damit verbundene willkürliche Grenzziehung in Uganda, die imperiale Missachtung gegenüber ethnischen Entitäten, die gezielte Instrumentalisierung bestehender Feindschaften und die Kollaboration und der Widerstand mit bzw. gegen die britische Kolonialregierung prägten die interethnischen Konflikte in Uganda nachhaltig (vgl. Okuku 2002: 11). Dies wirkte sich auch auf die Sprachattitüden und die Sprachpolitik nach der Unabhängigkeit aus.

Daher werden die gesellschaftlichen und sprachlichen Entwicklungen aus einer historischen Perspektive – vor, während und nach der Kolonialzeit – betrachtet. Im Zentrum der Untersuchung stehen hierbei vor allem die Veränderungen und Umbrüche in der Sprachpolitik der jeweiligen Epoche sowie die Sprachattitüden der jeweiligen Regierung. Es wird ferner versucht, das Einflusspotential, welches ihre Politik auf die Sprachattitüden der Bevölkerung haben kann, aufzuzeigen.

Neben der historischen Darstellung dienen als Grundlage der Analyse Reden der politischen Führer des Landes, Gesetzestexte, Zeitungsmaterial und Sekundärliteratur wie (Auto)Biographien der einzelnen Präsidenten. Wo es nötig erscheint, werden Vergleiche zu anderen afrikanischen Staaten gezogen.

Die erkenntnisleitenden Fragen in diesem Kapitel lauten: Welche Sprachattitüden werden von den Regierungen geprägt und welche Sprachen sind davon betroffen? Wie lassen sich diese rekonstruieren und welchen Einfluss kann Sprachpolitik auf die Sprachattitüden der Bevölkerung haben?

12.1 Die präkoloniale Phase

Vor der Schaffung des künstlichen Staatsgebildes „Uganda" durch die europäischen Kolonialmächte war das Zwischenseengebiet Heimat verschiedener ethnischer Gruppen, organisiert in unterschiedlichen Staats- und Regierungsformen. Im Süden des Landes lebten die Menschen in zentral organisierten, rechtlich formalisierten und hoch komplexen politischen Systemen, die über Könige, Parlamente, und hierarchisch organisierte Stammesführer (*chiefs*) verfügten (vgl. Mutibwa 1992: 1). Die im heutigen Norduganda lebenden sudanischen oder nilotischen Sprechergruppen (wie die Lugbara, Alur, Madi und Kakwa), die heute über die ugandischen Grenzen hinaus verstreut sind, waren – anders als die Bantugruppen – segmentär, d.h. dezentral, organisiert, ohne kommunale oder staatliche Strukturen (vgl. Leopold 2005: 213).

Während die Gesellschaften im Süden vor allem Handelskontakte mit anderen Gruppen pflegten, wurden die Gesellschaften im Norden durch die sudanischen Sklavenhändler zersplittert: Der erste Kontakt mit kulturfremden und politisch anders organisierten Ethnien erfolgte im ausgehenden 19. Jahrhundert, als sudanische Truppen aus dem Norden auf der Suche nach Sklaven und Elfenbein das Gebiet des „West Nile"[74] aufsuchten. In der Kolonialzeit wurde *West Nile* zu einem vom Rest des Landes isolierten Gebiet, das hauptsächlich als Reservepool für Arbeitskräfte genutzt wurde. So wurde das Bild geprägt, dass es sich bei den Menschen aus dem Norden um primitive und gewaltbereite Menschen handeln müsse. Zu diesem frühen Zeitpunkt waren die Kontakte des Nordens mit dem in Königreichen organisierten Süden auf ein Minimum reduziert.

Maßgeblichen Einfluss auf die Geschichte Ugandas nahm vor allem die Entwicklung Bugandas[75] zum prosperierenden und vorherrschenden Königreich im fruchtbaren Zwischenseengebiet sowie sein Verhältnis zum Königreich Bunyoro. Im Laufe der Jahrhunderte entwickelte sich – insbesondere zwischen diesen beiden Königreichen – ein Machtkampf um Land und Einfluss, aus dem Buganda schließlich als größtes und bedeutendstes Reich, eingebettet in die Seenlandschaft von Lake Albert, Lake Edward, Lake Kyoga und dem Victoriasee im Südosten, hervorging (vgl. Füsser 1989).

---

74 *West Nile* bezeichnet die Region im Nordwesten Ugandas und umfasst die Distrikte Adjumani, Arua, Koboko, Maracha-Terego, Moyo, Nebbi and Yumbe. Der Name der Region stammt von seiner Lage „westlich des Nils".
75 An der Spitze des bugandischen Königreiches steht bis heute der sogenannte *kabaka* (König), der im 17. Jahrhundert über die Clanstrukturen als Alleinherrscher der Baganda erhoben wurde (vgl. Füsser 1989: 29ff.). Durch seinen von ihm persönlich abhängigen Führungsstab etablierte sich der *kabaka* als Alleinherrscher (vgl. ebd.: 40).

Dieser Machtkampf beherrschte auch im 19. Jahrhundert das Zwischenseengebiet: Durch Annexion der Königreiche Toro und dem ungleich wohlhabenderen Reich Busoga, mit Vorkommen an Salz, Elfenbein und Vieh, erfuhr Bunyoro einen wirtschaftlichen Aufschwung (vgl. Doyle 2006: 59). Zudem schlug Bunyoro aus seiner geographischen Lage, als Schnittstelle zweier wirtschaftlich konkurrierender Systeme (Sansibar und Khartoum), Profit. Zeitgleich begann Buganda sich an den ostafrikanischen Küstenhandel anzubinden (vgl. Füsser 1989: 87). Beide Königreiche beteiligten sich an den aufkommenden wirtschaftlichen Handelsbewegungen im Elfenbein- und Sklavenhandel (vgl. Doyle 2006: 42, Füsser 1989: 87). Durch den Handel mit den arabischen Händlern gerieten die Bantuvölker nicht nur in Kontakt mit dem Islam, sondern auch mit Kiswahili, das von der ugandischen Bevölkerung sehr kritisch bewertet wurde:

> „After all it is the language in which the African has been insulted, exploited and despised in his own land by a group of foreigners who pride themselves on account of their economic power which is actually nothing but the result of a long time process of exploitation of others" (The People, Kampala, 21.05.1969: 7 zitiert nach Nsibambi 1971: 69).

Dieser Kommentar, der in einer ugandischen Zeitung erschien, spiegelt die damalige Ablehnung gegenüber Kiswahili wider. Die Aussage bezieht sich auf den arabischen Imperialismus, in dessen Verlauf viele Afrikaner versklavt und unterdrückt wurden. Zudem führte der Bau der Zugtrasse zwischen Kenia und Uganda viele Inder nach Uganda. Diese nutzten als Kommunikationsmittel mit ihrem Personal Kiswahili[76]. Durch diese speziellen Nutzungskontexte wurde Kiswahili in Uganda nur ein sehr niedriger Status zugeschrieben – es wurde als Sprache der Unterdrückung und des niedrigen sozialen Status wahrgenommen (vgl. ebd.). Bereits an dieser Stelle wird deutlich, dass Sprache als ein Instrument in Machtmechanismen bzw. in Machtkonstellationen Anwendung findet. Mithilfe der Sprache wird eine bestimmte Gruppe unterdrückt.

Dennoch nutzten die sich stark mit den Traditionen und Riten ihrer jeweiligen Clans identifizierenden Banyoro und Baganda Kiswahili als Kommunikationsmittel in Handelsfragen und als Medium interethnischer Kommunikation (vgl. Pawliková-Vilhanová 1996: 163). Bereits zu diesem frühen Zeitpunkt betrachteten die Baganda Kiswahili jedoch als Bedrohung für ihre eigene Sprache Luganda, sodass sich das Kiswahili nicht derart entwickeln konnte, wie in den angrenzenden Nachbarländern Tanganyika und Kenia (vgl. Mukuthuria 2006: 155).

---

76 Allerdings, so beschreibt es Kawoya, handelte es sich eher um ein Pidgin-Kiswahili (1985: 36).

Richtungweisend für die interethnischen Beziehungen und Hierarchien (im späteren Uganda) gestaltete sich die Politik des bugandischen Königs Mutesa II Ende des 19. Jahrhunderts. Einerseits intensivierte er die Handelsbeziehungen zu den ostafrikanischen Partnern und pflegte andererseits zusätzlich gute Kontakte zu den europäischen Afrikareisenden (Speke und Grant, ihnen folgte nach dreizehn Jahren Henry Morton Stanley), die sich positiv auf die Stellung des Königreiches in der Kolonialzeit auswirkten.

12.2 Die koloniale Phase

Mit der Intervention durch die europäische Kolonialpolitik wurde der afrikanische Kontinent nachhaltig geprägt: Die territorialen Machtansprüche, insbesondere der beiden europäischen Großmächte Großbritannien und Frankreich, formten die afrikanischen Staaten hinsichtlich ihrer geographischen Ausgestaltung und ihrer weiteren politischen Entwicklung.

1890 unterbreitete Carl Peters, deutscher Publizist und Afrikaforscher, Uganda einen Schutzvertrag mit der *Deutsch-Ostafrikanischen Gesellschaft* und kam damit der *Imperial British East African Company* zuvor (vgl. Füsser 1989: 119). Buganda sah sich gezwungen, seine regionale Vormachtstellung einer fremden Macht zu übertragen und kooperierte mit Deutschland (vgl. ebd.).

Das weitere „Schicksal" Ugandas wurde zwischen den europäischen Großmächten Deutschland und England entschieden: Nach Verhandlungen 1890 wurde der häufig als „Helgoland-Sansibar Vertrag"[77] bezeichnete Vertrag aufgesetzt, der die Zwischenseenregion – damit auch Buganda – in die britische Interessenssphäre einschloss, womit der Protektoratsvertrag mit der Deutsch-Ostafrikanischen Gesellschaft hinfällig wurde (vgl. ebd.). Unter der Führung des britischen Kolonialbeamten Lord Frederick Lugard kam es zu einer zügigen Expansion des Gebiets in Ostafrika, und einer Ungleichbehandlung der verschiedenen ethnischen Gruppen des neugeschaffenen Staates „Uganda". Der Status Ugandas unter britischer Fremdherrschaft ist nicht eindeutig zu bezeichnen: Formell war Uganda keine Kolonie, sondern lediglich „Protektorat". In der Praxis jedoch verfügte das Schutzgebiet über fast gar keine Rechte, sodass die Bezeichnung Kolonie treffender ist. In der Literatur zu diesem Thema wird Uganda folglich auch als „Kolonie" bezeichnet, woran sich diese Arbeit anschließt. Füsser legt den Zeitpunkt der Umwand-

---

77 Der korrekte Vertragstitel lautet: „Vertrag zwischen Deutschland und England über die Kolonien und Helgoland vom 01. Juli 1890".

lung in eine Kolonie auf das Jahr 1894 fest, da Uganda zu diesem Zeitpunkt sämtliche staatliche Souveränität verlor (vgl. ebd.: 126). Das Herrschaftskonzept der Briten sah vor, indirekt[78], das heißt, durch lokale Autoritäten und basierend auf bestehenden politischen Strukturen, zu regieren. Da der bugandische König sich einerseits den Missionaren und andererseits den Afrikareisenden offen zugewandt hatte und sein Reich sehr mächtig war, pflegten die Briten enge Kontakte zum bugandischen Königreich. Diese wurden 1900 durch das *Buganda Agreement* vertraglich festgeschrieben und machten Briten und Baganda zu Vertragspartnern – jedoch mit ungleichem Status. Das entscheidende Element dieses Vertrages war die Sonderrolle, die Buganda zugestanden wurde. Die exklusive Position war eine im Rahmen der *indirect rule* häufig angewendete Praxis, die jedoch in der postkolonialen Phase in vielen anglophonen Ländern zu Problemen führte. Der Vertrag begrenzte zwar die Macht des bugandischen Königs, die Verwaltung lag jedoch wieterhin in der Hand der Baganda (vgl. Füsser 1989: 128). „While the political system in Uganda was a pyramid of power that was effecttively based on race, Buganda came to occupy a special status amongst the colonised" (Okuku 2002: 12). Buganda hatte zwar den eigenen politischen Handlungsspielraum eingebüßt, allerdings wurden dem Königreich alle anderen ethnischen Gruppen des Landes untergeordnet (vgl. Füsser 1989: 129). Auch der Name der Kolonie, „Uganda", eine Ableitung von der Bezeichnung für das Königreich Buganda, lässt dessen Dominanz deutlich werden. Während Bunyoro, von den Briten zum Feindbild stilisiert[79], einen Großteil seines Landbesitzes an die Baganda abtreten musste[80], wur-

---

78 Das britische Konzept der *indirect rule*, das von Lord Frederick Lugard 1919 als doktrinäres Konzept entwickelt wurde, basierte auf den bestehenden hierarchischen und politischen Strukturen der traditionellen Gesellschaften in den Kolonien. Dieses Konzept entstand einerseits aufgrund der begrenzten Mitarbeiterkapazitäten und finanziellen Mittel und andererseits angesichts der Zielsetzung, die vorgefundene Gesellschaft mit ihren traditionellen Institutionen, Kulten und Autoritäten mit den Werten „moderner Zivilisation" von „innen" heraus zu verändern (vgl. Young 1994: 107ff.). Durch diese Formalisierung sollte das Konzept der indirect rule eine gewisse „doktrinäre Gemeinsamkeit" (Albertini 1976: 246) aller britischen Kolonien vermitteln. Dazu erkannten die Briten – im Gegensatz zur Kolonialmacht Frankreich – vorkoloniale Herrschafts- und Autoritätsstrukturen an. Tendenziell ließen die Briten die Herrscher gewähren und griffen nur selten direkt in die Herrschaftspraxis ein. Bestimmte Hoheitsrechte, wie Polizeigewalt, Steuerrecht, Landvergabe wurden jedoch in britische Hand übergeben. Die britische Regierung versicherte, im Interesse der Einheimischen zu regieren, indem sie die traditionellen Strukturen bestmöglich ausnutzte und im Sinne der Afrikaner weiterentwickelte. Im Vergleich zum französischen bedeutete das britische Konzept für die afrikanische Bevölkerung, dass ihre traditionellen Autoritäten und ihre ethnischen Ursprünge – wenigstens teilweise – bewahrt wurden. Zudem zielte das Konzept der indirect rule darauf ab, „gute Afrikaner" heranzubilden. So wurden in den Schulen neben der englischen Sprache auch die traditionellen Sprachen gelehrt (vgl. Young 1994, Albertini 1976).
79 „Lugard was to save his career by a masterly campaign of imperialist propaganda, in which all that had to be destroyed in Africa was combined in his representation of Kabaleega as a protector of the slave trade and militant Islam and an obstacle to the efficient exploitation of the lakes region's natural wealth" (Doyle 2006: 63).
80 Dem Reich wurde sein Kernstück aberkannt. Die sogenannten „lost counties" Buyaga und Bugangaizi gehörten zu den wohlhabendsten und am dichtesten besiedelten Distrikten in Bunyoro (vgl.

den auch die Nachbarreiche Toro, Ankole und Busoga mithilfe der Unterstützung der Baganda dem britischen Protektorat angegliedert (vgl. ebd.: 126).

Campell-Makini betrachtet die Marginalisierung der afrikanischen Sprachen als Resultat der kolonialen Fremdherrschaft in Afrika (Campell-Makini 2000: 122). Auch in Uganda lässt sich ein Eingriff in die Sprachenlandschaft nachweisen. In den ersten Jahren der britischen Kolonialherrschaft herrschte in Uganda Uneinigkeit über die zu praktizierende Sprachpolitik. Involviert war hier insbesondere die *Church Missionary Society*. Wie in anderen afrikanischen Kolonien spielten auch in Uganda die Missionen eine besondere Rolle, weil das Bildungssystem komplett in ihrer Hand lag. Die Sprachpolitik der Missionen variierte abhängig von der geographischen Lage und dem ethnischen Setting. Wenngleich die Missionen selbst das Kiswahili als Instruktionsmedium nutzten, sahen sie in der Sprache gleichzeitig eine Gefahr, da eine Verbindung zwischen dem Kiswahili und dem Islam[81] bestand, die die Kirchen als Bedrohung empfanden. Daher bemühten sich die Missionen, die Lokalsprachen zu fördern, um die christliche Botschaft verbreiten zu können (vgl. Kawoya 1985: 40). Die Missionen setzten sich deshalb stark für die Förderung des Luganda ein. Die *Church Missionary Society* ging sogar so weit, dass sie das Kiswahili in ihren Schulen boykottierte (vgl. Pawliková-Vilhanová 1996: 164).

Allerdings wurde Kiswahili von vielen Kolonialbeamten verwendet, „to suit administrative and educational convenience" (ebd.: 163). Dies lag mitunter auch an der weiten Verbreitung Kiswahilis in den benachbarten Kolonien Tanganyika und Kenia[82]. Für eine kurze Periode lässt sich eine Konkurrenz zwischen Kiswahili und Englisch verzeichnen (vgl. ebd.): Von 1900 bis 1912 war Kiswahili zwar „Official Local Language" (vgl. Ladefoged et al. 22f.) jedoch keine verwendete Sprache in Uganda, umso mehr, als mit dem *Buganda Agreement* von 1900 Luganda und Englisch als Sprachen Ugandas festgeschrieben wurden. So wurde der Vertrag lediglich in einer englischen Version und in Luganda vorgelegt (vgl. Mukuthuria 2006: 155). Damit wurde auf einer sprachlichen Ebene ein

---

Doyle 2006: 80). Diese Zergliederung wirkte sich auch ökonomisch nachhaltig aus. Und obwohl der Kabaleega (das traditionelle Oberhaupt der Banyoro) im Amt verbleiben durfte, formell aber keine Entscheidungskompetenzen mehr hatte, war das bunyorische Reich nur noch ein unbedeutender Distrikt der Nation Ugandas: „It is likely that nowhere else in East Africa was the introduction of the colonial rule so painful as in Bunyoro" (ebd.: 91).

81 Durch die Handelskontakte in präkolonialer Zeit war der Glaube des Islam auch nach Uganda vorgedrungen. Insbesondere das Königreich Bunyoro hatte sich dieser Religion zugewandt. Dies war ein weiterer Grund für die Marginalisierung.

82 In Tanganyika war Kiswahili von der zunächst deutschen Kolonialmacht als Kommunikationsmittel zwischen Kolonialbeamten und Bevölkerung eingesetzt und schließlich auch von der britischen Kolonialregierung übernommen worden: hiermit kam es bereits zu einem frühen Zeitpunkt zu einer starken Verbreitung des Kiswahili.

soziales Ungleichgewicht geschaffen: Die selektive Übersetzung des Vertrags und der daraus resultierende eingeschränkte Zugang zeigen, welchen exkludierenden Charakter sprachpolitische Entscheidungen haben können. Der indirekten Herrschaftsstrategie entsprechend wurden in ganz Uganda ausschließlich Baganda als Verwalter der Kolonialregierung eingesetzt. „The appointment of Baganda evangelists and administrative agents to various parts of the Protectorate contributed further to the spread of the Luganda language" (Pawliková-Vilhanová 1996: 165). Diese Herrschaftspraxis förderte also eine „Gandaisierung", die sich folglich auch auf die Verbreitung der Sprache auswirkte:

> „So, when they [the Baganda, Anm. JB.] assumed the role of administrators, a golden opportunity was in their hands to enforce their language to fellow colonial subjects to perpetuate their glory, therefore undermining the role of Kiswahili as a language of wider communication" (Mukuthuria 2006: 155).

Britische Verwaltungsbeamte nahmen an, dass dies einen positiven Einfluss auf das gesamte Staatsgebiet von Uganda haben und die Nationenbildung vorantreiben würde (vgl. Doyle 2006: 98). Im Zuge der Gandaisierung wurde, neben der Implementierung bugandischer Verwalter in allen Distrikten, Luganda als Sprache der Kirche und der Verwaltung eingeführt (vgl. Okuku 2002: 12).

Die Dominanz des Luganda bedeutete einen Eingriff in das Sprachverhalten aller Sprachgemeinschaften und damit für die meisten anderen ethnischen Gruppen eine weitere Demütigung und Unterordnung unter das bugandische Königreich. Insbesondere für Bunyoro war die Verwendung des Luganda in der öffentlichen Sphäre eine Unterwerfung: „ [the] very strong idea amongst the Baganda is, that once get the Banyoro to talk Luganda and they are morally putting themselves under the rule of [B]Uganda" (Briefwechsel 1901, zitiert nach Doyle 2006: 99)[83]. Die in den zwanziger Jahren des vergangenen Jahrhunderts mit dem neuen britischen Gouverneur Archer einsetzende Ausgleichspolitik befreite zwar das Königreich Bunyoro aus seiner Abseitsstellung, konnte es aber nicht an den gesellschaftlichen Status Bugandas oder der anderen Königreiche heranführen.

---

83 Zu den wenigen loyalen Gruppen zählten die Bagizu in Ostuganda. Sie akzeptierten und schätzen die Arbeit des bugandischen Kolonialadministrators Semei Kakungulu, der im Auftrag der Briten die Kolonialisierung im Osten des Landes überwachte und vorantrieb. Diese loyale Haltung ist bis heute erhalten geblieben. Ssemei Kakungulu (1868-1928) kooperierte mit der britischen Besatzungsmacht und arbeitete für sie im Osten des Landes als Verwaltungsangestellter. Die Haltungen gegenüber Kakungulu variieren in Uganda von „Held" bis zu „Kollaborateur" (vgl. Twaddle 1993). Weitere Informationen zu Ssemei Kakungulu bei Twaddle 1993.

Einhergehend mit der *indirect rule* praktizierte die Kolonialmacht eine „division of labour" (Okuku 2002: 12), der ein genaues ethnisches Profil zugrunde lag, nach dem „a soldier must be a northerner, a civil servant a southerner and a merchant an Asian" (Mamdani 1983: 10). Diese Stereotypisierung wirkte sich auf die ugandische Gesellschaft, die sprachliche Landschaft und die Infrastruktur Ugandas aus: „[...] in the 1920s there were 368 schools in Buganda, 44 in Western Province and Eastern Province and none at all in northern Uganda" (Okuku 2002: 13). Mit dieser politischen Machtausübung wurden gezielt ethnische Arbeiterklassen für das Kolonialsystem herangezogen. Es ist daher nicht verwunderlich, dass sich die sozialen und ethnischen Konfliktlinien vertieften und die interethnischen Beziehungen nachhaltig belastet wurden. Die Reduktion auf Positionen in der Armee und die damit einhergehende mangelhafte Bildungssituation und Entwicklung der Infrastruktur im Norden schufen – in mehrfacher Hinsicht – ein Ungleichgewicht unter der ugandischen Bevölkerung.

Das britische Kolonialregime hat in seiner knapp hundertjährigen Herrschaft bedeutenden Einfluss auf die Entwicklung Ugandas genommen. So trugen die Briten nicht nur zur ethnischen Zerklüftung des Staatsgebildes bei, sondern veränderten auch die Sprachenlandschaft, wie im Folgenden am Beispiel des Kiswahili, Luganda und Englisch aufgezeigt wird.

In den urbanen Zentren Ostafrikas etablierte sich in dieser Zeit Kiswahili als Kommunikationsmittel für Menschen unterschiedlicher ethnischer Herkunft. In Uganda betraf das lediglich die Stadt Jinja am Viktoriasee, die sich aufgrund ihrer wirtschaftlichen Bedeutung als Handelszentrum in Uganda etabliert hatte (vgl. Mazrui & Mazrui 1998: 3). Zudem lässt sich die Einführung von Kiswahili im militärischen Bereich zur Zeit des Zweiten Weltkriegs als pragmatische Entscheidung begreifen: Da die Armeen der britischen Kolonien, die *King's African Rifles*, an der Seite ihrer Besatzungsmacht kämpfen mussten, wurde Kiswahili als Verständigungsmittel zwischen den Soldaten unterschiedlicher Herkunft etabliert (vgl. ebd.: 4). Die Entscheidung fiel mangels Alternativen: Eine multilinguale Lösung schien weder praktikabel noch umsetzbar, Englisch war zum damaligen Zeitpunkt zu wenig verbreitet und nur einer kleinen Bildungselite zugänglich, was die Rekrutierung von weiteren Soldaten eingeschränkt hätte. Kiswahili war folglich die logische Konsequenz, die Truppen zu vereinen (vgl. ebd.: 46): „The role of that language at the time was to unify, mobilize and propagate war propaganda among the soldiers and other British colonial subjects in East Africa" (Mukuthuria 2006: 156). Die Position des Kiswahili in Uganda war sehr wechselhaft: Während es um die Jahrhundertwende auf dem Gebiet des heutigen Uganda als Handels- und Verkehrssprache genutzt wurde, musste es sich der Macht des Luganda beugen und spielte später keine bedeutende Rolle mehr in der ugandischen Gesellschaft. Auch die Sprachattitüden gegenüber Luganda wurden durch die Kolonialzeit beeinflusst: Die Unterordnung der eigenen Muttersprache unter das Luganda als Verwaltungssprache lässt sich als Erniedrigung anderer Ethnien verstehen und führte letztendlich zu einer Verschiebung des Feindbilds. Gerade nicht die Kolonialmacht, sondern Buganda wurden als Gegner angesehen (vgl. Okuku 2002: 12). Durch die indirekte Herrschaftsweise wurde in die ugandische Gesellschaftsstruktur eine weitere Hierarchieebene eingezogen: Trotz der Abneigung großer Teile der Bevölkerung konnte sich Luganda durch die Kolonialpolitik so weit im Land verbreiten, dass sie noch heute die meist gesprochene Sprache Ugandas ist (vgl. Lewis 2009).

Neben dieser Expansion von Luganda als Sprache des Volkes konnte sich unter der britischen Fremdherrschaft Englisch als Sprache der Elite etablieren: Diejenigen, die eine erfolgreiche Karriere innerhalb des kolonial verwalteten Uganda anstrebten, mussten zwangsläufig Englisch lernen, sodass sie als Sprache der Kolonialherren mit hohem Prestige besetzt und folglich als Sprache des Erfolgs verstanden wurde. Mit Luganda und Englisch wurden zwei Sprachen in Uganda implementiert, die die Machtstrukturen des Landes unterstützten und vor einem Umbruch schützten. Englisch als nicht indigene Sprache der Kolonialmacht sicherte den britischen Fremdherrschern einen exklusiven Status. Dadurch, dass nur einer sehr kleinen Bildungselite diese Sprache zugänglich war, konnte das Prestige hoch und der Anteil der Eliten gering gehalten werden.

Durch die Schaffung eines sprachlichen Klassensystems, in dem ethnische Gruppen und ihre Sprachen instrumentalisiert wurden, um bestimmten Zwecken zu dienen, brachen sich mit dem Erreichen der Unabhängigkeit ethnische Konflikte ihren Weg (vgl. Mutibwa 1992: 4ff.).

12.3 Die postkoloniale Phase
Die postkoloniale Phase in Uganda war geprägt von außerordentlicher Gewalt.

> „[...] Between 1964 and 1985, Ugandans were exposed to a level of violence that far exceeds that of any other people in eastern Africa. Well over one million Ugandans were killed in this period through violence that was invoked for political purposes" (Kasozi 1994: 3).

Während sich im Nachbarland Tansania aus dem Widerstand gegen die Kolonialregierung ein Gemeinschaftsgefühl entwickelte und Präsident Julius Nyerere den afrikanischen Sozialismus, *ujamaa*, als gesamttansanische Lösung einführte, standen in Uganda tribalistische Motive im Vordergrund. Okuku (2002: 7ff.) rekonstruiert Ethnizität in Uganda als ein Resultat kolonialer Herrschaftsstrukturen bzw. als eine Gegenreaktion auf den britischen Kolonialismus.

Im Unabhängigkeitsprozess stellte die Heterogenität der ugandischen Gesellschaft eine Herausforderung dar. Das Bestreben, unabhängig zu werden, ging vor allem von den Baganda aus, die ihre Vormachtstellung ausbauen und einen föderalen bzw. unabhängigen Status erreichen wollten. Die erste politische Partei des Landes, der 1952 in Buganda gegründete *Uganda National Congress*, strebte zwar eine „nationale" Lösung für Uganda an, scheiterte aber, da einerseits die dominante Position des *kabaka* überwiegend nur von bugandischer Seite anerkannt wurde und andererseits die Baganda um ihre Autonomie und ihren Einfluss in einem Staatsgebiet Uganda fürchteten und daher einen föderalen Status im unabhängigen Uganda forderten. Die politische Landschaft zerbrach in der Folge in drei politische Bewegungen: Der von Milton Obote gegründete *Uganda People's Congress* (UPC), der vor allem die protestantische Bevölkerung aus dem Norden ansprach, die *Democratic Party* (DP), die hauptsächlich katholische Werte und Interessen vertrat, sowie die vom bugandischen Königreich gegründete Partei, *Kabaka Yekka* (KY), „der König allein".

Nach den ersten Wahlen 1961 und der Proklamierung der Unabhängigkeit 1962 kam es zu einer Koalition von UPC und KY, in deren Regierungskabinett Milton Obote das Amt des Ministerpräsidenten und König Mutesa II das des Staatspräsidenten der Republik Uganda bekleideten (vgl. Hart 1978: 476). Die Koalition war aufgrund der unterschiedlichen Positionen, den modernistischen Ideen Obotes und der traditionalistischen Haltung König Mutesas, zum Scheitern verurteilt.

Nach diversen Konflikten verübte der aus dem Norden des Landes stammende Obote 1966 mithilfe des stellvertretenden Kommandeurs der ugandischen Streitkräfte, Idi Amin, einen Staatsstreich und erklärte sich selbst zum Staatspräsidenten. Die darauffolgende Militärherrschaft Obotes war geprägt von Gewalt und Korruption. Ziel Obotes war die Gründung eines starken Nationalstaats Uganda. Dazu hielt er es für notwendig, ethnische Identität dem nationalen Gedanken unterzuordnen, und schaffte alle Königreiche ab[84]. Seine Strategie umfasste eine exoglossische Nationalsprachenpolitik.

12.3.1 Exoglossische Sprachpolitik unter Milton Obote

Wie bereits aufgezeigt, wurde durch den Kontakt mit europäischen Reisenden und Händlern sowie dem englischen Imperialismus Englisch auf dem afrikanischen Kontinent verbreitet. Als Sprache der „imperialen Herrschaft" (Mazrui & Mazrui 1998: 135) und der Christianisierung wurde Englisch auch in Uganda verbreitet. Um Kommunikation zwischen Herrscher und Beherrschten herstellen zu können, wurde Englisch ferner als Unterrichtssprache eingeführt, was sich nachteilig auf die Sprachkompetenz in der Muttersprache auswirkte. Gleichzeitig bedeutete englische Sprachkompetenz soziale Aufstiegschancen für die ugandischen Bürger, da auf allen Ebenen des öffentlichen Lebens, der Verwaltung und in den Gerichten Englisch gesprochen wurde. In eigenem Interesse starteten bildungs- und religionspolitische Interessensgruppen eine groß angelegte Alphabetisierung in Englisch in ganz Uganda, die jedoch vor allem im urbanen Raum stattfand und rurale Gegenden benachteiligte.

Auch nach dem Erreichen der Unabhängigkeit 1962 wurde Englisch als Verkehrssprache Ugandas beibehalten. Damit wurde die Sprache der Kolonialmacht – wie in vielen anderen afrikanischen Staaten – die Sprache der „post-colonial governance" (Mazrui & Mazrui 1998: 135)[85].

In der auf den Bruch der Koalition 1966 folgenden Alleinherrschaft Obotes wurde versucht, Englisch als Sprache der allgemeinen Kommunikation zu etablieren. Sprache spielt in der Politik eine wichtige Rolle, wie auch Boussofara-Omar hervorhebt: „Politicians use language as the site at which they promote, protect and legitimit their power and voice of authority, and rationalize their visions of political order and their representation of social harmony" (Boussofara-Omar 2011: 73). Auf die machtpolitischen Strategien und Absichten Obotes wird daher in der Folge das Augenmerk gerichtet. Als zentral kann dafür Obotes programmatische Rede zu Sprache und Nationenbildung an der Makerere Universität in Kampala im Rahmen einer Konferenz (1967) verstanden werden[86]:

---

84 Insbesondere Buganda war besonders stark von dieser Politik betroffen, da Obote Buganda in mehrere Distrikte aufteilte, wodurch es zu gewaltsamen Auseinandersetzungen kam (vgl. Mutibwa 1992: 58ff.).

85 Mazrui und Mazrui unterteilen die Geschichte des Englischen in Ostafrika in vier Epochen: erstens, als „language of immigrant European traders", zweitens, als Sprache imperialer Herrschaft, drittens als „language of post-colonial governance" und schließlich viertens als potentielle „Eurafrican language" (1998: 135).

86 Alle folgenden Ausschnitte stammen – wenn nicht anders markiert – aus der Rede von Obote 1967.

„[...] I want to say briefly that Uganda finds difficulties in identifying her-
self, and that Uganda has a serious language problem. Our present policy
as a Government is to teach more and more English in schools. We are not
unmindful of disadvantages inherent in this policy. We know that English,
before Independence, was the language of the administrator. It was the
language of the people who were rulers and by which Uganda was ruled.
We know that many of our people learned English in order to serve in the
Administration, at least to serve our former masters. It would appear that
we are doing exactly the same; our policy to teach more English could in
the long run just develop more power in the hands of those who speak
English, and better economic status for those who know English. We say
this because we do not see any possibility of our being able to get English
known by half the population of Uganda within the next fifteen years.
English, therefore, remains the national language in Uganda when at the
same time it is a language that the minority of our people can use for political purposes to improve their own political positions. Some of our people
can use it in order to improve their economic status".

Obote diagnostiziert für Uganda nicht nur ein Identifikationsproblem,
sondern auch ein „ernsthaftes Sprachproblem". Aus der argumentativen
Verknüpfung wird deutlich, dass Obote einen engen Zusammenhang
von Sprache und Identität sieht (vgl. hierzu auch 4.2 Die Rolle der Sprache in der Identitätskonstruktion). Für das dargestellte Problem wird
umgehend eine Lösungsstrategie präsentiert. Englisch soll zur Sprache
aller werden. Den Kritikern einer exoglossischen Sprachpolitik zuvor-
kommend und damit das Konfliktpotential des Vorhabens entschärfend,
werden die Nachteile des Englischen benannt: Man wisse Bescheid, dass
es sich beim Englischen um die Sprache der ehemaligen Kolonialmacht
handele, über die in der Vergangenheit ein Machtverhältnis hergestellt
wurde. In der Vorwegnahme der Kritikpunkte geht Obote hiermit einen
Schritt auf mögliche Gegner zu und präsentiert die Thematik reflektiert
und transparent. Ein weiteres Problem, dass Englisch zudem die Sprache
der Privilegierten in Uganda war, benennt Obote ganz offen und führt
die Probleme auf, die sich aus solch einer Politik ergeben: Es bestehe die
Gefahr, dass sich eine Minderheit ihre politische Macht und ihren politischen Status über Englisch sichern könnte. Obotes rhetorische Strategie
beinhaltet, Englisch nicht ausschließlich positiv darzustellen, um nicht
die Gegner des Englischen gegen sich aufzubringen. Die Sprachattitüde
von Englisch polarisiert in der Anfangssequenz nicht. Obote nennt seine
Absichten, berücksichtigt aber auch die Gegenargumente und bindet sie
in seine Argumentationsstrategie mit ein. Er thematisiert ganz offen,
dass Englisch in Uganda ein Exklusionsmechanismus ist. Indem man
dennoch Englisch als Nationalsprache wählt, demonstriert er – trotz seiner Offenheit und Transparenz – seine Macht. Er scheint trotz der gegebenen Vorbehalte nicht gewillt zu sein, eine andere Lösung zu finden.

Darin bestehen auch in der Wissenschaft die Hauptkritikpunkte (vgl. 14.0 Die Perspektive der Wissenschaft). Exoglossische Sprachpolitiken werden häufig als Unterdrückungsstrategie seitens der Regierungen wahrgenommen: Sie, so die These, praktiziere gerade deshalb eine exoglossische Sprachpolitik, weil sie dadurch von nur wenigen Mitgliedern der Bevölkerung verstanden und ihr Herrschaftsanspruch daher nicht in Frage gestellt werden kann:

> „Afrikanische Führer trauen sich nicht, allzu ernsthaft Alphabetisierungsprogramme zu starten; denn eine Nation, die lesen kann, läuft Gefahr, daß sie über die nationalen Angelegenheiten auch nachdenkt. Lesen heißt, den Herrschenden, deren Alleinrecht auf Weisheit nicht in Frage gestellt werden darf, auf die Zehen zu treten" (Hove 1994: 81 f.).

Inwiefern in Uganda machtstrategische Motive hinter der Entscheidung für eine exoglossische Sprachpolitik gestanden haben, kann an dieser Stelle noch nicht beurteilt werden. Obote begründet seine Motivation, Englisch auch zur Nationalsprache zu machen, im weiteren Verlauf der Rede wie folgt:

> „In spite of this reasoning, we find no alternative to English in Uganda's present position. We have, therefore, adopted English as our national language – in fact it is the political language. No Member of Parliament, for instance, is unable to speak English and indeed it is a qualification for membership to Parliament. Those in the Seminar will understand the challenge facing us. The Uganda National Assembly should be a place where Uganda's problems are discussed by those best able to discuss them, and in our situation it would appear that those best able to discuss our problems are those who speak English. This is a reasoning which cannot be defended anywhere; there is no alternative at the present moment. We do also see that those amongst us in Uganda who speak English and have obtained important positions because of the power of the English language, are liable to be regarded by a section of our society as perpetrators of colonialism and imperialism; or at least as potential imperialists. This, fortunately, has not yet become a public issue in Uganda. Nevertheless there is a real possibility that as long as English is maintained as the official language, spoken by a minority, a charge against its use could be made on the ground that it is the language of the privileged group".

Die Einführung von Englisch wird vom Präsidenten als einzige Lösung – aus Mangel an Alternativen – dargestellt. Wieder nutzt Obote eine doppelte Strategie, um die heikle Lösung Englisch zu verteidigen. Indem er allein der Englisch sprechenden Elite die Fähigkeit zuspricht, die ugandischen Geschicke zu leiten, konstruiert er Englisch als Sprache der gebildeten Führungsschicht. Dabei räumt er aber sofort ein, dass dies ein Mangel sei, der nicht überall akzeptiert würde. Erneut nimmt er die Kritikpunkte vorweg und bindet sie in seine Argumentationsstrategie mit ein. Trotz des sehr exkludierenden Charakters von Englisch stellt er es als einzig mögliche Lösung für den damaligen Zeitpunkt dar. In seiner Rede setzt Obote Nationalsprache und politische Sprache gleich. Dabei ist die Nationalsprache genau genommen gerade nicht die Sprache der Politik, also der Regierung, sondern vielmehr die Sprache des Volkes zur Überwindung von sprachlichen und ethnischen Ungleichheiten bzw. das Vermittlungsmedium zwischen Regierung und Volk. Wie bereits in 11.0 Die Metaebene untersucht wurde, erfüllt Sprache im politischen Prozess immer auch eine Machtfunktion: Durch Obotes Taktik übernimmt Englisch die politische Aufgabe und sichert einer kleinen Elite die Macht. Rhetorisch überbrückt Obote diesen Graben damit, dass es – bis zum Zeitpunkt seiner Rede – noch keinen Widerstand gegen Englisch gegeben habe. Warum Obote eine indigene Sprache als Nationalsprache ablehnt, erläutert er im darauffolgenden Abschnitt seiner Rede:

> „But the Government and the people of Uganda do realise that there are certain advantages in our learning English. We could not, for instance, adopt Lugbara – one of our Northern languages as our national language. It is clear that the task of teaching Lugbara itself would be beyond our capacity and ability and since language has an economic power in that whoever in a country of this kind knows the official language is likely to get higher and higher in the Government service, the task of teaching Lugbara or adopting it could result in serious riots and instability".

Die Gemeinschaft von Regierung und Bevölkerung betonend, leitet Obote diesen Abschnitt ein, der die Vorteile von Englisch als Nationalsprache hervorheben soll. Die Einheit von Herrscher und Beherrschten verdeutlicht er sprachlich durch die *Agency* „we". In seiner ganzen Rede lässt er keine Zweifel aufkommen, dass er von einer Einheit bestehend aus Regierung und Volk spricht. Damit scheint seine Argumentation auch als eine pro-ugandische Sprachpolitik. Die Einführung einer lokalen Sprache – Obote macht dies anhand der zentralsudanischen Sprache Lugbara deutlich – würde zu Aufständen und Instabilität führen. Hierbei stellt er den Faktor der Ungleichbehandlung in den Vordergrund: Die Ernennung zur Nationalsprache sei gleichbedeutend mit einem Machtzuwachs der jeweiligen Sprachgemeinschaft. Alle Menschen müssten diese Sprache dann erlernen, und ihre Sprecher würden dadurch Machtpositionen in der Regierung einnehmen. Hier spricht Obote auf einmal von „official language", scheint also offensichtlich keine Unterscheidung zwischen offizieller Sprache und Nationalsprache zu machen. Er resümiert, dass die Einführung einer lokalen Sprache, wie Lugbara, zu Konflikten und „ernsthaften Aufständen" führen könnte. Die lokalen Sprachen werden von Obote mit einem niedrigen, weil konfliktträchtigen Sprachprestige versehen. Die Neutralität von Englisch wird an dieser Stelle als Gegenpol entworfen und erscheint damit als logische Konsequenz. Diese Strategie der Neutralität bzw. die Darstellungspraxis von Englisch als neutraler Sprache ist, wie Boussofara-Omar unter Berufung auf Bourdieu und weitere Sprachsoziologien konstatiert, jedoch immer auch ein Konstrukt:

> „It is strongly argued and widely acknowledged, within the framework of political economy of language [...] and in the literature on the interconnectedness of linguistic ideologies and institutions of power [...] that linguistic choices and discursive practices are never 'value-free' or neutral. They are always situated in histories, whether they are personal, local, or global. 'Even 'neutrality' is socially constructed', Spitulnik (1998: 164) deftly reminds us" (Boussofara-Omar 2011: 75f.).

Sprachpolitik, so kann man aus Obotes Ausführungen schließen, kann zu gewaltsamen Auseinandersetzungen und einer Beeinträchtigung der interethnischen Beziehungen führen, weil die Nationalsprache und ihre originäre Sprechergemeinschaft einen Prestigegewinn erfahren würden. Dies sei nicht allein das Problem von Lugbara, sondern betreffe jede lokale Sprache in Uganda:

> „I suggest that the same applies practically to every other language in Uganda. It is probably safe to say that Luganda and Lunyoro, are spoken by the greatest number of our people but immediately we adopt either of them as the official language for administrative purposes or legislation, some of us will have to go out of the Government. I, for instance, would not be able to speak in Parliament in Luganda, neither could I do so in Lunyoro, and I think more than half the present National Assembly members would have to quit. The areas we now represent would not like to have just any person who speaks Luganda to represent them. They would feel unrepresented. So, there again, we find no alternative to English".

Obote fährt fort zu erläutern, warum auch Luganda und Lunyoro nicht als Nationalsprache fungieren können: Würde Luganda oder Lunyoro Nationalsprache und damit politische Sprache, wie Obote zuvor bereits angesprochen hatte, so führe dies zu einer Umwälzung der ugandischen Regierung. Er selbst spreche keine der beiden Sprachen und könne damit nicht im Parlament agieren. Von seinem Beispiel auf die anderen Abgeordneten schließend, habe dies zur Folge, dass die Hälfte von ihnen die Nationalversammlung verlassen müsse. Er impliziert damit in seiner Rede, dass er die volle Unterstützung des Volkes in Uganda genießt. Eine andere Sprachpolitik wäre allein schon deshalb ausgeschlossen, weil sie ihn als Präsidenten unmöglich mache. In seiner Darstellungsart erscheint es, als entspreche dies nicht dem Wunsch des Volkes.

Obote stellt hier einen engen Zusammenhang zwischen Sprache und politischer Repräsentation her. Einerseits können die Menschen nicht adäquat arbeiten, weil sie die Sprache nicht sprechen, die prozentuale Angabe ihres Anteils an der Regierung jedoch lässt erkennen, dass sich die Zusammensetzung und politische Repräsentation auch in der sprachlichen Zugehörigkeit manifestiert. Dies wird durch die Aussage „The areas we now represent would not like to have just any person who speaks Luganda to represent them" zudem hervorgehoben. Hier bringt Obote ethnische Zugehörigkeit und Sprachverhalten erstmals zusammen und bewertet wiederum die Einführung einer lokalen (National)Sprache als potentiell konfliktträchtig für die interethnischen Beziehungen des Landes.

An dieser Stelle ist der Höhepunkt seiner Rede zu erkennen. Nach der Darstellung, warum sich keine indigene Sprache als Nationalsprache eigne, resümiert Obote, dass es daher keine Alternative zu Englisch gebe, positioniert sich als Reformer für ein vereintes Uganda und manifestiert gleichzeitig mit der politischen Entscheidung seine Macht.

Nach einem Exkurs zum individuellen Status der lokalen Sprachen für ihre jeweiligen Kulturen, befasst sich Obote mit den möglichen Auswirkungen seiner Nationalsprachenpolitik. Sie könne zur Folge haben, dass einige lokale Sprachen ihre Bedeutung verlieren, jedoch sei eine endoglossische Nationalsprachenpolitik aufgrund der tribalen Konflikte nicht umsetzbar. Kiswahili wird von ihm zwar als überregionale Sprache eingeführt, als Lösung für Uganda aber ausgeschlossen. Die Menschen in Uganda hätten keinen bzw. nur einen geringen Bezug, und ihre Sprachkompetenz sei nur schwach ausgeprägt. Daher tauge Kiswahili allenfalls, um sich in den Nachbarländern zu verständigen.

Im letzten Abschnitt seiner Rede geht Obote noch einmal auf Sprache und Nationenbildung in Uganda ein.

> „I do think also that Swahili has its own problems within the context of Uganda. It is possible that one can learn a language without taking the culture that that language expresses. But the real question as I see it here is: Why should Uganda learn Swahili? or Why should Kenya adopt Swahili as a national language, or for that matter, why has the Government of Tanzania announced the policy of the adoption of Swahili as a national language? I ask this question because I am not quite convinced that having adopted an African language as a national language, a tendency would not develop to discourage all other languages around the country. If that tendency developed and became the official policy, are we satisfied that my remarks regarding the inability of Luganda to express Dingidingi songs would be satisfied by Swahili? I am not satisfied, and here we are trying to think about a possible answer to the question of why we need an African language as a national language? Do we need it merely for political purposes, for addressing public meetings, for talking in Councils? Do we need it as the language of the workers, to enable them to talk and argue their terms with their employers? Do we need an African language for

intellectual purposes? Do we need such a language to cover every aspect of our lives intellectually, politically, economically?" (Obote 1967).

Erneut befasst er sich mit der Frage, warum nicht Kiswahili als Nationalsprache in Uganda eingeführt werden solle, ähnlich wie im Nachbarland Tansania. Ein Gegenargument zu Kiswahili, das Obote einführt, ist, dass man keine Sprache einführen könne, ohne auch deren Kultur zu übernehmen. Dies scheint er allerdings nicht auf Englisch zu übertragen und sieht dabei auch kein Problem der kulturellen Assimilation.

Sich von der bisherigen Gesprächsstrategie abwendend, gibt Obote hierauf keine Antwort, sondern formuliert rhetorische Fragen. In diesem Teil der Rede entsteht der Eindruck, dass Obote seine Zuhörerschaft dazu bringen will, selbst Englisch als die beste Lösung zu identifizieren. Indem Obote Kiswahili die Fähigkeit abspricht, ugandische Traditionen zu bewahren, legitimiert er weiterhin die Einführung des Englischen. Kiswahili sei zwar eine afrikanische Sprache, aber dies reiche nicht aus, kulturimmanente Aufgaben einer anderen kulturellen Gruppe bzw. Sprechergemeinschaft zu übernehmen. Allerdings scheint Englisch diese Aufgabe, aufgrund seiner Neutralität, erfüllen zu können. Dies bedarf offenbar keiner weiteren Explikation. Englisch wird „entdämonisiert" und sein Sprachprestige aufgewertet. Die Bereiche, die Obote mit seinen rhetorischen Fragen abdeckt, umfassen vor allem die berufliche Sphäre und den öffentlichen Rahmen. Unter Berücksichtigung seines vorangegangen Plädoyers für Englisch scheint der Zuhörer diese Fragen nur mit „nein" beantworten zu können.

Die Rede hat einen stark appellativen Charakter. Der erste Präsident Ugandas bedient sich sehr geschickt des Instruments der politischen Rede: Die Rede als institutionalisierter politischer Text (Reisigl 2011) sieht kein *turn-taking* (vgl. Sacks, Schegloff & Jefferson 1974) im klassischen Sinne, d.h. wie im Gespräch oder Dialog vor. Der Redner muss nicht um sein Rederecht fürchten, die *turn relevance places* werden von der Zuhörerschaft – in der Regel – nicht genutzt bzw. muss der Redner sie nicht berücksichtigen. Dessen bedient sich Obote und wägt zu jedem seiner Argumente pro und contra ab, bevor er seine Position deutlich macht. Hierzu benennt er zunächst immer die möglichen Kritikpunkte und löst diese durch seine Argumentation auf. Englisch wird hierbei nicht als „Wunschlösung", sondern als einzig realistische Option präsentiert. Es wird konstruiert als dominante aber neutrale Sprache. Indem er zu Beginn seiner Rede seine Position deutlich herausstellt und seine Präferenz und politischen Absichten zugunsten des Englischen offenbart, dient der Rest der Rede vor allem der Legitimation seines Vorhabens und der Überzeugung seiner Hörerschaft. Das Einbringen rhetorischer Fragen bindet die Zuhörer ein und vermittelt ihnen das Gefühl, sie in die politische Entscheidungsfindung integrieren zu wollen. Gleichzeitig erscheint Englisch als einzige Lösung für eine friedliche Zukunft in Uganda.

Obote hat 1967 Aspekte aufgegriffen, die noch heute von großer Bedeutung sind: Die Privilegierung einer Sprache trägt interethnisches Konfliktpotential in sich und kann die Nationenbildung nachhaltig beeinträchtigen. Obote legitimierte weitere politische Maßnahmen seiner Herrschaft als Strategien zur Minimierung der ethnischen Ungleichheiten in Uganda. So schuf er beispielweise alle Königreiche in Uganda ab, um ein ethnisches Gleichgewicht herzustellen. Jedoch wird diese Maßnahme von Historikern heute vor allem als Maßnahme gegen die Dominanz Bugandas gewertet (vgl. Mutibwa 1992: 58ff.). Tatsächlich verfolgte Obote selbst eine sehr tribalistische Politik: Dem Sturz des *kabaka* folgte in seiner Amtszeit eine Marginalisierung der bugandischen Bevölkerung. Insgesamt resultierte die erste Regierungsphase Obotes von 1966-1971 in einer Schwächung des Landes, und seine Politik hinterließ weitere Kerben in den interethnischen Beziehungen.

> „After the British withdrew from Uganda, the 'Nilotes' recruited into the army forces were all too conscious of their separateness from many of the Bantu communities in the country and were especially alienated from the Baganda" (Mazrui & Mazrui 1995: 5).

Berücksichtigt man dieses ethnographische Hintergrundwissen, kann man die Sprachpolitik des damaligen Präsidenten durchaus als Machterhaltungsstrategie werten. Die Macht wurde nur einer kleinen Gruppe zugänglich gemacht und durch die Wahl einer wenig verbreiteten Sprache gesichert. Damit wurde der Rest der Bevölkerung von der politischen Partizipation exkludiert.

Aus der heutigen Perspektive hatte die exoglossische Sprachpolitik Milton Obotes womöglich auch das Ziel, das Machtungleichgewicht beizubehalten und damit seinen Herrschaftsanspruch zu sichern.

Weiterhin hatte die (Sprach)Politik Obotes zur Folge, dass Englisch als offizielle Sprache Ugandas erhalten blieb. Die Nationalsprache hingegen wurde immer wieder diskutiert. Idi Amin etablierte Kiswahili als Nationalsprache, worauf im folgenden Kapitel näher eingegangen wird.

12.3.2 Politischer und sprachlicher Wandel unter Idi Amin

Die Herrschaft Obotes wurde 1971 durch einen Militärputsch beendet, woraufhin Obote in das benachbarte Tansania flüchtete. Der inzwischen zum Oberbefehlshaber der Streitkräfte aufgestiegene Idi Amin, der Obote noch beim Sturz des bugandischen Königs unterstützt hatte, wurde neuer Präsident Ugandas. Amin gehörte der Ethnie der Kakwa, einer kleinen nilotischen Gruppe Nordugandas, an. Auch unter Amin kam es zu einer Marginalisierung der Bantuvölker, insbesondere der Baganda. Zudem sorgte Amin für eine Segregation unter der nilotischen Bevölkerung: Innerhalb des Militärs wurden tausende Soldaten, die den Acholi und Langi angehörten, von Kakwa und ihren Allianzen getötet, um sich die Macht zu sichern. Deshalb muss man von einer ethnisch-übergreifenden Terrorherrschaft sprechen.

Während der Militärdiktatur Idi Amins von 1971-1979 wurde Kiswahili als Nationalsprache eingeführt. Zunächst stellte Amin in einem Referendum die Nationalsprache zur Wahl: Dabei votierten acht von elf Distrikten für Luganda als Nationalsprache. Da Amin – ähnlich wie Obote – keinen Machtzuwachs für Buganda ermöglichen wollte, rief er am 03. August 1973 – entgegen des Ergebnisses des Referendums – Kiswahili offiziell als Nationalsprache aus und gab dabei vor, nach dem Willlen des Volkes zu handeln (vgl. Kawoya 1985: 35).

> „[...] On advice of the entire people of Uganda, it has been decided that the national language shall be Kiswahili. As you all know, Kiswahili is the lingua franca of East and Central Africa, and it is a unifying factor on our quest for total unity in Africa" (Idi Amin, Voice of Uganda, October 1973, zitiert nach Mazrui & Mazrui 1995: 85).

Amin täuscht in seiner Rede das Volk, indem er vorgibt, dass die Entscheidung zugunsten des Kiswahili auf einem gesellschaftlichen Konsens beruhe. Amin nutzt seine Machtposition aus, handelt eigenmächtig und suggeriert doch Volksnähe. Seine Sprachpolitik ist Ausdruck einer Exklusionspolitik, die sich insbesondere auf die Baganda bezieht.

Gleichzeitig ist die Argumentation für Kiswahili eine in Ostafrika weit verbreitete Sprachpolitik. Auch in Kenia wurde in den sechziger Jahren Kiswahili als Instrument nationaler Einheit vorgeschlagen: „So there is no question about the importance of this language. It stands as a unifying force here in Kenya" (Republic of Kenya 1965, zitiert nach Onyango 2010: 315). Harnischfeger bezeichnet diese Politik als „massive staatssozialistische Eingriffe" (Harnischfeger 2003: 13), die gerade nicht darauf abzielten, den Bürgern mehr Partizipation zu ermöglichen, sondern um die eigene Herrschaft zu manifestieren. Harnischfeger sieht Parallelen in der Politik von Uganda, Somalia und Tansania (vgl. ebd.).

Die Bevölkerung adressierend, „as you all know", verweist Amin auf die Vorteile des Kiswahili und führt sein Argument als allgemeinen Konsens ein. Ebenso wie Milton Obote zugunsten des Englischen, hebt Idi Amin den Faktor der Einheit hervor. Allerdings steht bei ihm die „absolute Einheit in Afrika" im Vordergrund.

Obote und Amin verfolgten mit ihrer jeweiligen nationalen Sprachpolitik das Ziel der nationalen Einheit der ugandischen Bevölkerung. Allerdings wählten sie unterschiedliche Sprachen als Lösungsoption. Amins
Sprachpolitik wandte sich vom Englischen ab, jedoch nur zu einem gewissen Grad:

> „[…] It must be emphasized that English shall for the time being remain
> the official language until Kiswahili is developed to the degree that war-
> rants national usage. Other foreign languages shall continue to be deve-
> loped" (Idi Amin, Voice of Uganda, 10.10.1973, zitiert nach Mazrui & Maz-
> rui 1995: 86).

Amin greift damit die in Ostafrika verbreiteten positiven Argumente
für eine endoglossische Sprachpolitik auf. In seiner Darstellung soll Englisch nur zum Übergang dienen, bevor Kiswahili weit genug entwickelt
worden sei, um nationale Sprache des Landes zu werden. Offensichtlich
schien Amin auch die gänzliche Abschaffung des Englischen anzustre-
ben, da er Englisch in der Rolle der offiziellen Sprache auf den Zeitraum
begrenzte, bis Kiswahili den erforderlichen Grad der Verbreitung erreicht hätte. Seine Bemerkung, dass weitere Fremdsprachen entwickelt
werden sollten, bleibt an dieser Stelle unklar. Er scheint jedoch eine
große Abneigung gegenüber Englisch zu hegen, da Englisch offensichtlich keine dieser zu entwickelnden Fremdsprachen zu sein scheint.

Die Abwendung vom Englischen lässt unterschiedliche Schlüsse zu.
Häufig war und ist bei der Suche nach einer Nationalsprache in Afrika
ein Kriterium, dass die Sprache den „afrikanischen" Charakter des Landes widerspiegeln können muss. Diese Lesart würde auf eine Ethnifizierung des Nationalgedankens und auf die deutliche Abwendung von der
ehemaligen Kolonialmacht Großbritannien und deren Fremdherrschaft
verweisen. Diese „Afrikanisierung" war in vielen afrikanischen Staaten
ein Motiv für die Wahl indigener Sprachen. Südafrika machte aus diesem Grund nach der Apartheid neun lokale Sprachen neben den beiden
Sprachen Englisch und Afrikaans zu gleichberechtigten Nationalsprachen (vgl. Harnischfeger 2003: 14ff.).

Eine andere Lesart wird von den Autoren Mazrui und Mazrui eingeführt, die das Kiswahili als Sprache des „common man" beschreiben und
daraus Amins Präferenz herleiten:

> „Certainly the appeal to someone like Idi Amin, himself only semi-edu-
> cated and drawn from the womb of the countryside, was partially connec-
> ted with the proletarian associations of the status of Kiswahili in Uganda"
> (Mazrui & Mazrui 1995: 86).

Das Bild, das die Autoren damit von Kiswahili zeichnen, beschreibt Kiswahili als Sprache geringeren Prestiges. Amin habe sich aufgrund seines eigenen geringen Bildungsgrads für Kiswahili entschieden, da es mit seinem „proletarischen" Image eher zur Person Amins passte. In dieser Beschreibung wird deutlich, dass Sprecher ihre Sprachen auch danach wählen, ob sie zu ihnen passen. Ausschlaggebend scheinen hierfür die Sprachattitüden zu sein: Die eher „bürgerliche" Sprachattitüde des Kiswahili zur damaligen Zeit wird als angemessenes Kommunikationsmittel für Amin interpretiert. Daraus ließe sich ableiten, dass Obote sich gezielt für Englisch entschieden haben könnte, um seine Zugehörigkeit zur Elite des Landes deutlich zu machen.

Wie bereits ausgeführt, war Kiswahili zum Zeitpunkt der Ernennung zur Nationalsprache vor allem die Sprache des Militärs. Amins Bemühungen zur Umsetzung seiner Sprachpolitik waren jedoch eher gering. Es wurden lediglich einige Radiosendungen in Kiswahili ausgestrahlt, eine konsequente Umsetzung der Sprachpolitik fand nicht statt[87], sodass sich die Sprache nicht in der Gesellschaft verankern konnte (vgl. Kawoya 1985: 35).

Die Gewaltherrschaft Amins[88] führte zu einer weiteren Verschlechterung des Sprachprestiges von Kiswahili: Die Sprache des Militärs wurde zur allgemeinen Sprache der Gewalt – Sprachattitüden, die teilweise noch bis heute bestehen (vgl. Kapitel 13.2.2 Gewalt).

Trotz des Sturzes von Idi Amin durch tansanische Truppen[89] und der Widerstandsbewegung Obotes 1979 blieb Kiswahili als Sprache des Militärs in Uganda weiter bestehen. 1980 manipulierte Obote das Wahlergebnis und kehrte, nach einer politisch instabilen Zeit[90], an die Macht zurück.

Auch er rekrutierte – aufgrund seiner Herkunft – vor allem Soldaten nilotischer Sprechergemeinschaften und betonte erneut die Bedeutung von Englisch für die nationale Einheit des Landes (siehe auch 12.3.1 Exoglossische Sprachpolitik unter Milton Obote). Die zweite Amtszeit

---

87 Mazrui und Mazrui führen die mangelnde Umsetzung der Politik vor allem auf die Ausweisungspolitik der asiatischen Bevölkerung in Uganda zurück. Amin hatte in seiner Amtszeit alle asiatischen Bürger aus Uganda ausweisen lassen. Dadurch fehlte es an Lehrpersonal. Auch wirtschaftlich bedeutete diese Entwicklung einen großen Nachteil. Zudem waren die angespannten Beziehungen zu Tansania ein weiterer Grund für den akuten Fachkräftemangel im Bereich des Lehrpersonals (vgl. Mazrui & Mazrui 1995: 85).
88 In den acht Jahren seiner Militärherrschaft wurden schätzungsweise 300.000 bis 400.000 Menschen getötet (vgl. Decalo 1989).
89 Tansania hatte die Herrschaft Amins nie anerkannt und gewährte Obote nach seinem Sturz politisches Asyl. Wiederholt versuchte Amin durch Grenzkonflikte, Tansania zur Anerkennung seiner Herrschaft zu zwingen. Präsident Nyerere unterstützte Obote und den Aufbau einer Guerillabewegung und stellte ihm 1979 dann auch sein Militär zur Verfügung (vgl. Decalo 1989).
90 Nach dem Sturz Amins kam es zu drei Übergangsregierungen, deren Präsidenten Tito Okello, Yusuf Lule und Godfrey Binaisa waren. Da in dieser Zeit keine sprachpolitischen Entscheidungen getroffen wurden, werden diese Perioden hier nicht berücksichtigt.

Obotes dauerte lediglich fünf Jahre an, bevor er die Macht an den gegenwärtig immer noch amtierenden Präsidenten Yoweri Kaguta Museveni verlor (vgl. Mukuthuria 2006: 158)[91]. Der Kampf gegen dessen oppositionelle Guerillabewegung *National Resistance Army* (NRA), die hauptsächlich aus Mitgliedern der Bantugebiete bestand, hatte Symbolcharakter: Wieder einmal in der Geschichte Ugandas standen sich Sprecher nilotischer Sprachen und Sprecher von Bantusprachen feindlich gesonnen gegenüber. Beide Armeen verwandten jedoch Kiswahili als internes Kommunikationsmittel, und so blieb auch nach der Machtergreifung Musevenis 1986 Kiswahili offizielle Sprache des Militärs (Mazrui & Mazrui 1995: 6).

Die Ausführungen haben gezeigt, dass Sprachpolitik einen großen Einfluss auf Gesellschaftsstrukturen haben kann. Sie begünstigt Inklusion und Exklusion einzelner Sprachgemeinschaften am politischen und gesellschaftlichen Leben: In Uganda wurden so die interethnischen Beziehungen nachhaltig beeinflusst und beeinträchtigt. Zudem haben beide Herrschaftsperioden auch Einfluss auf die Sprachpolitik und die Sprachattitüden unterschiedlicher Sprachen genommen. Während Obote mit seiner Sprachpolitik eine Enttribalisierung der Gesellschaft anstrebte, versuchte Amin durch seine Politik das genaue Gegenteil, eine Afrikanisierung, durchzusetzen. Weder Obote (1962-1971, 1980-1985) noch Amin (1971-1979) gelang es in ihren Amtsperioden, durch die Wahl einer einheitlichen Sprache eine Homogenisierung des Volkes zu etablieren: Englisch blieb weiterhin Sprache der Eliten und der Macht, und auch Kiswahili wurde ferner nur als Sprache der Exekutive wahrgenommen.

Als solche entstand in Uganda eine eigene Variante des Kiswahili. Kawoya bezeichnet es als „Kiswahili cha Uganda" und beschreibt es als eine Mischvariante aus Kiswahili, Englisch und anderen Bantusprachen (vgl. Kawoya 1985: 36).

Im Folgenden wird nun auf die Sprachpolitik der gegenwärtigen Regierung eingegangen.

12.4 Die Regierung Museveni und das *National Resistance Movement*

Der gegenwärtige Präsident Ugandas, Yoweri Kaguta Museveni, übernahm 1986 durch eine Militäraktion die Macht und ist seit 1995 gewählter Präsident Ugandas.

---

91 Auch nach Obotes Sturz waren zwei Militärräte für ein halbes Jahr an der Spitze der Übergangsregierung: Bazilio Okello regierte lediglich zwei Tage, bevor sein Namensvetter Tito dieses Amt für ein halbes Jahr übernahm.

Da für die Bewertungen der Sprachattitüden die historischen Ereignisse dieser fast dreißigjährigen Herrschaft von Bedeutung sind, werden der politische Umbruch und die Spannungen mit Norduganda und der *Lord's Resistance Army* (LRA) im Folgenden kurz dargestellt.

12.4.1 Machtübernahme 1986

Museveni gehört der Ethnie der Hima an, seine Muttersprache ist Runyankole. Damit ist Museveni seit der Unabhängigkeit der erste bantusprechende Präsident des Landes. Während der Terrorherrschaft Amins lebte Museveni wie Obote im Exil in Tansania und unterstützte diesen beim Kampf gegen Amin. Die Manipulation der Wahlen von 1980, durch die Obote die Wiedergewinnung seiner Macht erreichte, veranlasste Museveni, erneut in den Untergrund zu gehen und eine Guerillabewegung, die *National Resistance Army* (NRA), zu gründen. Mit ihrer Hilfe stürzte Museveni zunächst Obote und schließlich auch Tito Okello und übernahm 1986 die Führung in Uganda. Der politische Arm der Guerillabewegung, das *National Resistance Movement* (NRM), ist bis heute die politische Machtbasis Musevenis (vgl. Mutibwa 1992). 1995 wurde die heute noch gültige Verfassung verabschiedet und Museveni zum offiziellen Präsidenten nach einer neunjährigen Übergangsphase ernannt. Museveni etablierte ein „Kein-Parteiensystem", das ihm – durch die Abschaffung der politisch organisierten Opposition – in den Folgejahren die Macht sicherte (vgl. Wiebe 1998)[92]. Unter Museveni konnte in den ersten Jahren eine deutliche Verbesserung und Stärkung der Infrastruktur und auch ein wirtschaftlicher Aufschwung des bis dahin sehr von Unruhen erschütterten Landes beobachtet werden. Mit der Zeit nahm die Kritik an Musevenis Führungsstil immer mehr zu, sodass es zu einer politischen Liberalisierung des Systems kam. 2000 wurde Uganda in eine Mehrparteiendemokratie umgewandelt. Auch in den Wahlen 2001, 2006 und 2011 konnte sich Museveni gegen seine Gegner durchsetzen und steht weiter an der Spitze des Landes.

Allerdings ereigneten sich auch unter der Regierungsführung Musevenis gewaltsame Auseinandersetzungen, die Ausdruck der Spannungen der interethnischen Beziehungen des Landes sind. Die für die Arbeit relevante Widerstandsbewegung *Lord's Resistance Army* wird daher nun kurz vorgestellt.

---

92 Das Konzept des Kein-Parteiensystems wurde zunächst sehr gelobt, entpuppte sich dann allerdings als eine Tarnung eines faktischen Einparteiensystems (vgl. Becker 2006).

12.4.2 Die *Lord's Resistance Army* – Widerstand aus dem Norden

Mit der Machtübernahme Musevenis entstand im Norden Ugandas eine Widerstandsbewegung gegen ihn und die NRA: Viele Acholi hatten an der Seite Milton Obotes gegen die NRA gekämpft. Zudem war der von Museveni gestürzte Präsident Tito Okello ebenfalls ein Acholi. Nach der Machtergreifung flüchteten viele Acholi aus der Hauptstadt zurück in den Norden, weil sie Repressalien und Gewalt fürchteten. Nachdem die NRA auch bis in die nördlichen Regionen vorgedrungen war, stiegen die Spannungen und die Unterdrückung, woraus ein großer Widerstand erwuchs: Alice Auma, Acholi und überzeugte Katholikin, gründete im Jahr 1986 die *Holy Spirit Mobile Forces* (HSMF), um der Gewalt der NRA ein Ende zu setzen. Sie behauptete von einem Geist[93] besessen zu sein, auf dessen Geheiß sie die Guerillabewegung ins Leben rief (vgl. Behrend 1998: 107f.). Sie rekrutierte für die HSMF ehemalige Soldaten, und nach den ersten kämpferischen Erfolgen gegen die NRA schlossen sich ihr andere Gesellschaftsgruppen an. Unter dem spirituellen Einfluss des Geistes Lakwenas stehend, versprach Auma ihren Anhängern Unverwundbarkeit. Mit ca. 10.000 Kämpfern marschierte sie auf die Hauptstadt Kampala, wurde aber kurz vor dem Erreichen des Ziels von Musevenis Truppen besiegt. Auma flüchtete nach Kenia, wo sie bis zu ihrem Tod 2007 lebte (vgl. ebd.: 107f.). Nach der Niederlage von Auma und ihren Truppen schlossen sich einige ihrer Kämpfer der von Joseph Kony gegründeten *Lord's Army* an, die später in *Lord's Resistance Army* umbenannt wurde. Auch Joseph Kony behauptete, von einem Geist besessen zu sein, und übernahm Aumas Initiationsriten und Rituale. Sein Ziel ist bis heute die Errichtung eines Gottesstaates, dessen gesetzliche Grundlage auf den Zehn Geboten beruht. Unter Kony wuchs die LRA über die Jahre zu einer der größten Guerillabewegungen Afrikas heran, die durch die zeitweise Unterstützung der sudanischen Regierung besonderen Einfluss und Macht gewann. Der seit zwei Jahrzehnten andauernde Bürgerkrieg der LRA zeichnet sich durch außerordentliche Gewalttätigkeit und Grausamkeit aus:

> „Human Rights Watch Untersuchungen zufolge hat die LRA weitverbreitete Menschenrechtsverbrechen an Zivilpersonen in Uganda begangen, darunter Kindesentführungen, Massenexekutionen, Folter, Vergewaltigungen und sexuelle Angriffe, Zwangsarbeit und Verstümmelungen. In der Zwischenzeit haben die Entführungen Rekordzahlen erreicht. Eine geschätzte Zahl von 10.000 Kindern wurde seit Mitte 2002 entführt und gezwungen, an Kampfhandlungen teilzunehmen, Zivilpersonen zu töten und andere Kinder zu entführen. Kinder, die einen Befehl verweigern,

---

93 Alica Auma behauptete, vom Geist eines italienischen Offiziers besessen zu sein, der sie und ihr Handeln lenke und durch sie spreche. Wegen seines Namens „Lakwena" wurde Alice Auma auch als Alice Lakwena bekannt.

werden getötet; des Öfteren von anderen Kindern, die wiederum dazu gezwungen werden" (Human Rights Watch 2004).

Die Ideologie der Bewegung ist diffus: Aus der ursprünglich gegen die Regierung gerichteten Gewalt ist eine flächendeckende Gewalteskalation geworden, die inzwischen bis in den Nordkongo und benachbarte Regionen reicht[94]. In der Hochzeit der Aktivitäten der LRA etablierte die ugandische Regierung sogenannte „protected camps", auch *Internally Displaced People* (IDP)-Camps genannt. Begründet als Schutzmaßnahme dienten diese Camps aber vor allem dazu, die Unterstützung der Bevölkerung für Joseph Kony zu unterbinden. Die Infrastruktur in den IDP-Camps war sehr schlecht, und viele Acholi empfanden diese Maßnahme als „Konzentrationslager" (Behrend 1998: 117), eingerichtet von der Regierung, um die Bevölkerung im Norden zu unterdrücken.

2008 unterzeichneten die Konfliktparteien einen Waffenstillstandsvertrag[95]. In den zwanzig Jahren des Bürgerkriegs haben die Aktivitäten der LRA verheerende Schäden, vor allem in der Gesellschaftsstruktur des Landes hinterlassen, da Norduganda lange als Krisengebiet galt und damit von jeglicher wirtschaftlicher und infrastruktureller Entwicklung ausgeschlossen war. Zudem hat die Ethnifizierung des Konflikts die interethnischen Beziehungen und auch die Sprachattitüden nachhaltig beeinflusst (vgl. hierzu 14.2.3 Schmerz und Scham).

12.5 Die ugandische Sprachpolitik vor der Verfassung von 1995

Anders als die Vorgängerregierungen etablierte die Regierung unter Museveni Sprachpolitik in ihrer ersten politischen Absichtserklärung, dem *Uganda Government White Paper* von 1992: „It is argued that the strengthening of Kiswahili as Uganda's main language will promote rapid and solid regional cooperation and lead the country to development and unity" (Mukuthuria 2006: 159). Die Regierung unter Museveni wandte sich damit wieder von den Sprachpolitik Obotes ab und plädierte auch für Kiswahili als hauptsächliches Kommunikationsmittel in Uganda und schrieb der Sprache großes Potential und Prestige zu. Dass eine Notwendigkeit zu Sprachpolitik in Uganda besteht, konstatierte auch Heusing:

---

94 Der Aktivitätsradius der *Lord's Resistance Army* ist sehr groß: Ihr werden Verbrechen in der Zentralafrikanischen Republik, im Süden des Sudan und im Nord- sowie Ostkongo zur Last gelegt (vgl. hierzu u.a. Engelhardt 2010, Johnson 2010). Weitere Informationen zu den Menschenrechtsverletzungen der LRA bei: Human Rights Watch (www.hrw.org), Dolan (2009), Elchstaedt (2009), Green (2008).
95 Der Vertrag sieht eine Amnestie für die Rebellen vor und unterbreitet ehemaligen Rebellen das Angebot, in die ugandische Armee eintreten zu können. Ein Friedensvertrag hingegen wurde von Kony nicht unterzeichnet, da er fürchtet, dass dann eine Vollstreckung des vom Internationalen Strafgerichtshof erlassenen Haftbefehls ergehen könnte. Seit dieser Waffenruhe hat die LRA ihre Aktivität in den Nordkongo verlagert und begeht dort massive Menschenrechtsverletzungen.

> „Als multilingualer Staat besteht für das Land aus wirtschaftlichen, politischen und kulturellen Gründen die inhärente Notwendigkeit, Sprachpolitik zu betreiben. Uganda muss sich mit der Wahl der Entwicklung seiner Sprachen in Erziehung und Kommunikation sowie mit ihrer Rolle bei der nationalen Integration und Entwicklung beschäftigen" (Heusing 2005: 14).

Die genannten Ziele, Kommunikation, Bildung und nationale Integration, lassen vermuten, dass Heusing auf eine nationale Sprachpolitik abstellt und nicht die offizielle Sprache des Landes in Frage stellen will, zumal Uganda mit der formalen Festschreibung des Englischen als offizieller Sprache bereits sprachpolitische Maßnahmen getroffen hat.

Sprachpolitik ist immer auch Bildungspolitik. Die Entscheidung zugunsten einer Amts- oder Nationalsprache hat Auswirkungen auf die Schulcurricula und das Bildungssystem. Deshalb werden im Folgenden auch bildungspolitische Maßnahmen vorgestellt, wenn sie einen Bezug zu Sprache (z.B. Unterrichtssprache/Unterrichtsfach) haben.

Bereits vor der 1995 verabschiedeten und bis heute gültigen Verfassung Ugandas existierten Papiere in Uganda, die sich mit dem Thema Sprachpolitik in Uganda auseinandersetzen. Hierzu gehörten beispielsweise die Empfehlungen der Kommission zur Überarbeitung der Bildungspolitik von 1989, die sich dem Thema der Primar- und Sekundarschulbildung widmete. Die Kommission sprach sich dafür aus, die Entwicklung und den Gebrauch „aller ugandischen Sprachen in der formellen und informellen Grundbildung" (Heusing 2005: 18) zu fördern. Die folgende Tabelle zeigt, wie dies im Einzelnen umgesetzt werden sollte:

Tabelle 2: „Die Verwendung von Sprachen in der Schulausbildung nach den Empfehlungen der ‚Kommission zur Überarbeitung der Bildungspolitik' (1989)". Aus: Heusing (2005: 18)

Sprache	Primarschule	Klasse 1-7	Sekundarschule	(Klasse 1-6)
	Unterrichtssprache	*Unterrichtsfach*	*Unterrichtssprache*	*Unterrichtsfach*
Muttersprache	Klasse 1-4			
Englisch	Klasse 5-7	Klasse 1-?	Klasse 1-6	Klasse 1-?
Arealsprache		Ja (k. weiteren Vorgaben)		
Andere Sprache (ugandisch/nicht-ugandisch)				Klasse 1-?
Swahili				Klasse 1-?

Der Tabelle ist zu entnehmen, dass in den ersten vier Primarschuljahren die Muttersprache als Unterrichtssprache verwendet werden sollte. Zudem sollte mit dem Beginn der Primarschulbildung Englisch als Unterrichtsfach gelehrt und ab der fünften Klasse auch als Unterrichtssprache verwendet werden. In der Sekundarstufe würde dann auch weiterhin Englisch als Unterrichtssprache fungieren. Ergänzend zu Englisch und der Arealsprache sollte in der Sekundarschule dann auch eine weitere ugandische oder nicht-ugandische Sprache Unterrichtsfach werden. Des Weiteren plante man, Kiswahili als Unterrichtsfach ab der Sekundarstufe zu lehren. Offensichtlich war jedoch nicht klar, bis zu welcher Unterrichtsstufe Kiswahili unterrichtet werden sollte (wie die Fragezeichen in der Tabelle visualisieren). Die Empfehlung der Kommission wurde in das Regierungsweißbuch der ugandischen Regierung 1992 aufgenommen:

„(j) National Language
The Commission recommended that Kiswahili should be considered for intensive teaching and popularising so that it can be the language for regional interaction. The Commission further recommended that French should be promoted as another language, which Ugandans can use internationally" (Republic of Uganda Government White Paper 1992: 22).

Die Empfehlung des *White Paper* lautet eindeutig, Kiswahili als Nationalsprache einzuführen und als Unterrichtssprache zu etablieren, um sie als „regionales" Kommunikationsmittel zu etablieren. Das Regierungsweißbuch diente als Grundlage und Orientierungshilfe für die ugandische Verfassung von 1995.

12.6 Die ugandische Sprachpolitik seit der Verfassung von 1995

In der ugandischen Verfassung werden an mehreren Stellen sprachpolitische Aussagen getroffen: Artikel XXIV, der nationale Zielsetzungen und Direktiven der Staatspolitik thematisiert, befasst sich in 3 von insgesamt 4 kulturellen Zielsetzungen mit dem Thema Sprache:
Artikel XXIV (b) besagt, dass der Staat die Entwicklung, die Bewahrung und den Ausbau aller ugandischen Sprachen fördern soll. Die Zielsetzung (c) fordert die Förderung der Entwicklung einer Gebärdensprache für Gehörlose, eine im Vergleich zu anderen Verfassungen revolutionäre und weitdenkende Verfassungsklausel. Und schließlich in Abschnitt (d), der den Staat dazu anhält, die Entwicklung einer oder mehrerer Nationalsprachen zu fördern. Die Verfassung nennt keine Direktiven oder Ansätze zur Umsetzung dieser Forderung (vgl. Heusing 2005: 16). Entgegen der Empfehlung des Regierungsweißbuchs, das die Implemen-

tierung von Kiswahili als National- bzw. Unterrichtssprache empfohlen hatte, bleibt die Verfassung in diesem Punkt vage. Die Absichtserklärungen in der ugandischen Verfassung wurden nur teilweise umgesetzt. Die Bewahrung und der Ausbau aller ugandischen Sprachen wurden von der Regierung in Angriff genommen. Hierzu wurden in der Vergangenheit bildungspolitische Maßnahmen angestoßen, lokale Sprachen in die Schulcurricula als Unterrichtssprachen aufzunehmen. Ziel der Regierung bei diesen Programmen ist, ein Minimum an Grundbildung zu vermitteln. Ergänzend bemüht sich die ugandische Regierung um den Erhalt der kulturellen Vielfalt:

> „Culture is the sum of the ways in which a society preserves, identifies, organises, sustains and expresses itself. Uganda is endowed with a rich and diverse cultural heritage, which includes sixty-five indigenous communities with unique characteristics" (Republic of Uganda 2006: 2).

Die *Uganda National Culture Policy*, die das *Ministry of Gender, Labour and Social Development* 2006 vorstellte, zielt darauf ab, die verschiedenen Ethnien Ugandas zu fördern, und bezieht sich dabei auch auf die Rolle der Sprache:

> „Language and literary arts serve as media for protection and promotion of culture. Consequently, interventions to address the promotion of linguistic arts as a means of developing the local languages shall be promoted. This shall contribute to the expressive, socialisation and educational needs of Uganda" (Republic of Uganda 2006: 19).

Hierzu soll die Verschriftlichung aller einheimischen Sprachen gefördert und zugleich die orale Tradition der Ethnien beibehalten werden, um so in zweifacher Weise Kultur zu erhalten. Ferner sollen diese Sprachen auf allen Bildungsstufen und in öffentlichen Räumen gesprochen, Wörterbücher erstellt und damit das Erlernen dieser Sprachen gefördert werden (vgl. Republic of Uganda 2006: 20). Damit wurde ein Wechsel der Sprachpolitik vollzogen: Im Vergleich zu den Vorgängerregierungen, die keine Absichten hegten, die lokalen Sprachen zu fördern, wurde dies unter der Herrschaft Musevenis in den Fokus gerückt. Die ugandische Regierung hat in der Vergangenheit sehr viele Maßnahmen angestoßen, um die kulturelle und sprachliche Vielfalt des Landes zu erhalten. Mit dem Pilotprogramm des *National Curriculum Development Center* (NCDC) wurde in fünf Pilotdistrikten begonnen, in der Muttersprache zu unterrichten. Hierzu wurden Unterrichtsmaterialien und Orthographien erstellt. Ein Mitarbeiter des *Ministry of Gender, Labour and Social Development* bekräftigte in einem persönlichen Gespräch mit JB am 11. Juli 2008, dass es die Absicht der Regierung sei, die Sprachen und ihre

Sprechergemeinschaften zu stärken. Die Muttersprache sei das wichtigste Element der Kultur. Verlöre ein Mensch seine Muttersprache, käme dies einer kulturellen Entfremdung gleich, da Werte und Traditionen häufig nur über die Muttersprache transportiert werden könnten (vgl. hierzu 4.2 Die Rolle der Sprache in der Identitätskonstruktion). Er betonte, dass das *Institute of Languages* der Makerere Universität in Kampala sich daher im Auftrag der Regierung bemühe, Orthographien und Unterrichtsmaterial in lokalen Sprachen zu erstellen[96]. Des Weiteren hat die NRM vielen Forderungen ethnischer Gruppen stattgegeben und kulturelle und ethnische Würdenträger reinstalliert und damit einen Beitrag zum Erhalt der vielen Ethnien und ihrer Kulturen geleistet[97].

Der sehr fortschrittliche Verfassungsartikel die Gebärdensprache betreffend, hat im Gegensatz dazu bisher keine Umsetzung erfahren, ebenso wenig wie der Abschnitt, der sich mit der Nationalsprache befasst. Weiter wird in der Verfassung unter Artikel 4 der ugandische Staat aufgefordert, „die Kenntnis der Öffentlichkeit hinsichtlich der Verfassung zu stärken, indem er die Verfassung in ugandische Sprachen übersetzen lässt" (Übersetzung Heusing 2005: 16). Erneut, ähnlich Punkt XXIV, wird hier sehr allgemein von „ugandischen Sprachen" gesprochen. Eine Definition, welche Sprachen die ugandische Regierung hierzu zählt, fehlt. Heusing beruft sich alternativ auf den Anhang der Verfassung, in dem das Verzeichnis der Volkszählung von 1921 aufgeführt wird. Dieses zählt 56 ethnische indigene Gruppen in Uganda. Heusing bemerkt hierzu:

> „Durch eine verfassungsrechtliche Hilfskonstruktion können wir auf diese Weise ‚ugandische Sprachen' als jene Sprachen definieren, die von Bevölkerungsgruppen gesprochen werden, welche im dritten Verzeichnis der Verfassung aufgelistet werden. Andere auch von mengenmäßig großen Einwanderungsgruppen gesprochene Sprachen wie Kinyarwanda und Hindi werden auf diese Weise ausgeschlossen" (2005: 16) [98].

Die ugandische Regierung hat die Übersetzung der Verfassung in sechs lokale Sprachen Ugandas veranlasst: Im März 1999 titelte die regierungstreue Tageszeitung New Vision: „Constitution Translated Into 6

---

96 Das Gespräch liegt nur in Notizenform vor, da der Mitarbeiter des Ministeriums darum bat, das Interview nicht aufzuzeichnen. Das Interview wurde in seinem Büro in Kampala im Ministerium durchgeführt.

97 Viele Kritiker des Museveni Regimes sehen diese Maßnahmen allerdings als politisches Kalkül an: Die weitere Heterogenisierung der Gesellschaft durch die Betonung der ethnischen und kulturellen Unterschiede verhindere ein Zusammenwachsen der Gesellschaft und würde gleichzeitig die Macht Musevenis stärken: Dieser werde aufgrund seiner Maßnahmen sehr geschätzt, weil er den Wünschen der vielen Gruppen nachkäme und damit auch ihre Zustimmung von ihnen in den kommenden Wahlkämpfen erhalte.

98 Es ist fraglich, ob die 1921 durchgeführte Volkszählung tatsächlich einen aktuellen Überblick über die *de facto* Situation in Uganda gibt.

Languages". Das *Ministry of Justice and Constitutional Affairs* hatte gemeinsam mit dem Entwicklungsprogramm der Vereinten Nationen (UNDP) das Projekt erfolgreich abgeschlossen, die ugandische Verfassung in die Sprachen „Luganda, Runyankole-Ruchiga, Runyoro-Rutooro, Acholi, Ateso and Lugbara" zu übersetzen (New Vision 10.03.1999)[99]. Allerdings reklamierte der UNHCR 2007, dass die übersetzten Verfassungen nicht publiziert worden seien. „A commissioner with the Uganda Human Rights Commission has asked the Justice, Law and Order Sector (JLOS) to explain their failure to publish translated versions of the Constitution" (vgl. New Vision 01.10.2007[100]). Jüngst ist dieses Thema sogar Gegenstand des Wahlkampfs der Präsidentschaftswahlen 2010 geworden. So warb der parteilose Präsidentschaftskandidat Samuel Lubega dafür, nach seiner Wahl zum Präsidenten die Verfassung in die indigenen Sprachen Ugandas übersetzen zu lassen (vgl. UGpulse 2011)[101]. Es ist davon auszugehen, dass in der Bevölkerung ein Bedarf besteht, die Verfassung in lokale Sprachen zu übersetzen, um die Gesetzestexte lesen und nachvollziehen zu können. 2011 wurde die Verfassung in Karamojong übersetzt, und in diesem Rahmen versicherte ein Mitglied der Regierung, dass weitere Übersetzungen für die Sprachen Luganda, Runyakitara, Ateso, Lunyoro und Lutoro 2012 abgeschlossen würden (vgl. Daily Monitor, 14.12.2011)[102].

Neben diesen Absichtserklärungen trifft die ugandische Regierung in ihrer Verfassung auch sprachpolitische Entscheidungen. In Artikel 6, Absatz 1 wird Englisch zur offiziellen Sprache des Landes erklärt. Absatz 2 regelt, inwieweit „jedwede andere Sprache" in den eigentlich für die offizielle Sprache vorgesehenen Kontexten verwendet werden darf: „any other language may be used as a medium of instruction in schools or other educational institutions or for legislative, administrative or judicial purposes as may be prescribed by law". Damit übernimmt die Regierung die exoglossische Sprachpolitik der Vorgängerregierungen. Allerdings trifft sie keine Entscheidung zugunsten einer Nationalsprache. Die relativ ungenaue Formulierung der Herausbildung einer „anderen Sprache", die zu Bildungsmaßnahmen sowie juristischen und administrativen Zwecken genutzt werden solle, wird nicht weiter expliziert. Die exoglossische Sprachpolitik erfährt hierdurch aber eine Aufweichung, da eine Nachregelung – und damit gegebenenfalls eine mögliche „Ugandisie-

---

99 http://allafrica.com/stories/199903100104.html, letzter Zugriff 27.12.2011, 18.10h.
100 http://www.afdevinfo.com/htmlreports/org/org_19853.html, letzter Zugriff, 27.12.2011, 18.15h.
101http://www.ugpulse.com/uganda-news/government/uganda-government-news-presidential-candidate-promises-to-translate-constitution-into-local-languages/17949.aspx, letzter Zugriff, 27.12.2011, 18.19h.
102 http://allafrica.com/stories/201112140304.html, letzter Zugriff, 27.12.2011, 18.35h.

rung" – getroffen werden kann. Da keine Absichten formuliert werden, bleibt die sprachpolitische Absicht unklar.

Überdies gibt es noch weitere Artikel in der ugandischen Verfassung, die sich mit dem Thema Sprache auseinandersetzen, jedoch keinen direkten sprachpolitischen Bezug haben, sondern vielmehr die Bürgerrechte eines jeden Menschen betreffen. So fordert Artikel 23 (3), dass ein verhafteter oder inhaftierter Ugander umgehend in einer ihm verständlichen Sprache auf die Gründe der Verhaftung und auf das Recht, einen rechtlichen Beistand zu konsultieren, hingewiesen werden muss. Artikel 28 (3) verfolgt diesen Gedanken weiter und fordert, dass jeder Mensch, der unter Anklage steht, das Recht hat, in einer ihm verständlichen Sprache über die Anklage informiert zu werden. Im Falle, dass der Angeklagte keine Kenntnis über die im Verfahren verwendete Sprache hat, ist ihm ein Übersetzer auf Staatskosten zur Seite zu stellen[103].

Die historische Perspektive hat gezeigt, dass Sprachpolitik in Uganda keinen stringenten Entwicklungsverlauf genommen hat. Da kein einheitliches Konzept verfolgt wurde, existiert bis heute – bis auf die offizielle Sprache Englisch, die tatsächlich im öffentlichen Leben Anwendung findet – keine nationale Sprache bzw. ein nationales Kommunikationsmittel, mit dem man sich landesweit – ungeachtet der verschiedenen Bildungsniveaus – verständigen kann.

Die de jure- und die de facto- Situation hinsichtlich der sprachpolitischen Maßnahmen weist – wie gezeigt wurde – eine Diskrepanz auf. Wenige Vorgaben wurden erfüllt, jedoch besteht die Absicht der Regierung, eine Nationalsprache einzuführen.

Die Regierung des Präsidenten Museveni präferiert eine Nationalsprachenpolitik zugunsten des Kiswahili. Im Folgenden werden die Motive und Sprachattitüden hierzu analysiert und die Handlungspotentiale für eine erfolgreiche Implementierung untersucht.

12.6.1 Präferierte Nationalsprache Kiswahili

Die ugandische Regierung unter Präsident Museveni hat ihre Absicht erklärt, Kiswahili als Nationalsprache einzuführen.

Kiswahili ist die am weitesten verbreitete Sprache in Ostafrika. Es gehört zu den Bantu-Sprachen [Niger-Kongo > Atlantic-Kongo > Volta-

---

103 Dieser Artikel spielt insbesondere im Hinblick auf den Konflikt in Norduganda eine entscheidende Rolle. Der deutsche Afrikanist Gerald Heusing ist, im Auftrag des Internationalen Strafgerichtshofs, beauftragt worden, eine Rechtsterminologie für das Acholi zu schaffen (vgl. Herbst & Heusing 2006: 20). Allerdings handelt es sich hierbei um einen von außen induzierten Prozess, der in umgekehrter Weise wirkt: Die Anklageschriften sind in Acholi aufgenommen worden und bedürfen nun, um internationale rechtliche Standards erfüllen zu können, eines standardisierten Vokabulars. Gleichzeitig ist so die Möglichkeit geschaffen worden, durch die Rechtsterminologie Prozesse auf Acholi abhalten zu können.

Kongo > Benue-Kongo > Bantoid > Süd-Bantoid > Bantu > G > Swahili], zählt nach Guthrie (1948) zu den Sprachen der Gruppe G.40 und wird von etwa 80 Millionen Sprechern weltweit gesprochen (vgl. Lewis 2009). Es ist auch eine der meist beschriebenen Sprachen Afrikas und verfügt über – für die afrikanischen Sprachen mit ihren oralen Traditionen eher ungewöhnliche – Sprachdokumente, die bis in das 18. Jahrhundert zurückreichen (vgl. Miehe 1995: 9). Wie bereits der Name „Kiswahili", etymologisch von dem arabischen Wort „sawahil" (Küsten) abgeleitet, andeutet, liegt der Ursprung dieser Sprache in der Küstenregion Ostafrikas.

Kiswahili wird als Nationalsprache in Kenia und Tansania gesprochen und findet im ganzen ostafrikanischen Raum Verwendung[104]. Die Standard-Varietät des Unguja-Kiswahili stammt von der tansanischen Insel Sansibar[105] und wurde 1933 durch das *Interterritorial Language Committee* (ITLC) zur Standardvarietät erhoben (vgl. Githiora 2008: 248). Während das Kiswahili in Tansania – bedingt durch die Implementierung als Nationalsprache unter Julius Nyerere nach Erreichen der Unabhängigkeit – geprägt ist von einem hohen Grad an Standardisierung, sind die Varietäten in Kenia vor allem gekennzeichnet durch dialektale Einflüsse und das Aufkommen der urbanen Varietät Sheng[106] (vgl. Githiora 2008: 248f.). Das Kiswahili des Kongo hingegen unterliegt vor allem Einflüssen der lokal verbreiteten Bantusprachen (wie beispielswiese Lingala oder Kikongo). In Uganda ist die Verbreitung des Kiswahili mit nur ca. 2.000 Erstsprachensprechern sehr gering (vgl. Lewis 2009).

In vielen Reden, Kommentaren und eigenen Publikationen hat der Präsident für seine Politik, Kiswahili einzuführen, geworben. In diesem Kapitel werden nun Ausschnitte aus diesen Dokumenten vorgestellt und diskursanalytisch untersucht.

In seiner Autobiographie „Sowing the Mustard Seed" aus dem Jahr 1997 beschreibt Präsident Museveni den Multilingualismus in Uganda als Problem und weist auf die Problematik zwischen Herrscher und Beherrschten hin:

> „The problem of communication is even more difficult in Uganda than in other African countries, partly because of the diversity of languages and partly because many Ugandans have not mastered well even their own

---

104 Das Kiswahili ist seit der Unabhängigkeit offizielle Sprache in Tansania und wird von 95% der Bevölkerung gesprochen. Und auch in Kenia wurde Kiswahili zur Nationalsprache gemacht, wenngleich es dort von nur etwa 60-70% gesprochen wird (vgl. Pawliková-Vilhanová 1996: 162).
105 Sansibar ist ein Inselarchipel, der sich aus mehreren Inseln zusammensetzt. Unguja ist die Hauptinsel, auf der auch die ehemalige Hauptstadt Sansibars (vor ihrem Zusammenschluss mit Tansania), Zanzibar Town, liegt.
106 Zum Sheng siehe u.a. Mazrui (1995), Githiora (2002). Zu urbanen Varietäten: Beck (2010), McLaughlin (2009).

mother tongues and will, therefore, certainly not be able to understand other sister dialects. When it comes to campaigning, it is a sad story. There are political agitators trying to get messages across to the peasantry, without succeeding, by mixing English with some of the local languages. The consequence has been complete lack of communication between the leaders and the led" (Museveni 1997: 206).

Museveni begründet die besondere Problemstellung in Uganda einerseits mit der Mehrsprachigkeit des Landes und andererseits damit, dass viele Ugander ihre Muttersprache(n) nicht gut genug beherrschten und deshalb auch die benachbarten Sprachen nicht verstünden. Er sieht einen kausalen Zusammenhang zwischen der mangelhaften Kommunikation in seinem Land und der schlechten Sprachkompetenz der Bürger. Es wird die These aufgestellt, dass Menschen, wenn sie ihre Muttersprache gut beherrschten, auch andere, benachbarte Dialekte gut verstünden. Wie viele Ugander beschreibt Museveni die Problematik als eine von Dialekten und scheint damit die Differenzen zwischen den Sprachen minimieren zu wollen. Im Anschluss jedoch, als er die politische Rede als weiteres Problem vorstellt, verwendet er statt Dialekt den Begriff „Sprache" und ist damit in seiner Aussage inkonsequent und undurchsichtig. Museveni beschreibt hier das Verhältnis zwischen Herrscher und Beherrschten als problematisch. Aufgrund der mangelnden Sprachkompetenz der Bürger sei eine erfolgreiche Verbreitung schwierig. Die Exklusion vom politischen Prozess wird konstruiert als ein von der Bevölkerung verursachtes Ungleichverhältnis. Der Präsident bedient sich einer Terminologie, die auf das Hierarchieverhältnis zwischen Bürger und Regierung verweist. Sein Machtanspruch und seine Überlegenheit werden durch diese rhetorische Wendung auch sprachlich manifestiert und hervorgehoben.

In vielen seiner folgenden Reden und Statements führt er Kiswahili als Lösung für die nationale Kommunikation an. Durch Kiswahili würde sich eine verbesserte Kommunikation zwischen Herrscher und Beherrschten einstellen. Bislang wurde es lediglich als zweite offizielle Sprache des Landes eingeführt:

> „3. Replacement of article 6 of the Constitution. For article 6 of the Constitution, there is substituted the following: 6. Official language. (1) The official language of Uganda is English. (2) Swahili shall be the second official language in Uganda to be used in such circumstances as Parliament may by law prescribe" (Republic of Uganda, Uganda Constitution (Amendment) Act 2005 (Act No. 11 of 2005)).

Laut dieses Verfassungszusatzes soll Kiswahili neben Englisch die Sprache sein, die das offizielle Leben regelt. Allerdings wird die Verwendung eingeschränkt, da Kiswahili nur in jenen Zusammenhängen verwendet werden soll, die vom Parlament vorgeschrieben werden. Hier scheint es ebenfalls eine Diskrepanz zwischen der *de jure-* und der *de facto*-Situation zu geben: Die Erfahrung im Feld in Uganda hat gezeigt, dass es keine solchen Kontexte gibt, die das Parlament vorgeschrieben hat. Außerdem wird weder in den Verwaltungseinrichtungen noch im Alltag in Uganda Kiswahili als Medium der Kommunikation verwendet.

Mit der formalen Einführung einer „zweiten" offiziellen Sprache ist es der NRM gelungen, Kiswahili in der Verfassung zu verankern. Das Konzept der zweiten offiziellen Sprache ist vor allem aus Kanada (Englisch/ Französisch) bekannt[107]. Nun stellt sich die Frage, welche Motive hinter den Plänen der ugandischen Regierung stehen, eine Sprache zu ihrer Nationalsprache zu machen, die von weniger als einem Prozent der Bevölkerung gesprochen wird und die keine indigene Sprache des Landes ist. Die Sprachattitüden und Ursachen werden im Weiteren ausführlich untersucht.

12.6.1.1 Außenpolitische Relevanz: Das Wirtschaftsbündnis EAC und die Sprachenfrage

Die Motivation zur Etablierung Kiswahilis als Nationalsprache Ugandas scheint mehrere Gründe zu haben, die man verschiedenen Regierungsdokumenten, diversen Äußerungen des Machthabers sowie Kommentaren in den Medien entnehmen kann: Ein wichtiger Faktor ist, dass Kiswahili als Sprache Ostafrikas immer einflussreicher wird und auch als Kommunikationsmittel in der *East African Community* (EAC) eine wichtige Rolle einnimmt. Die EAC ist als regionaler Wirtschaftsverbund, dessen Arbeitssprachen Englisch und Kiswahili sind, auch für das Mitgliedsland Uganda von ökonomischer Relevanz. Immer wieder weist der ugandische Präsident auf die Notwendigkeit hin, sich auch sprachlich der EAC anzunähern und damit auch Kiswahili in Uganda zu sprechen.

Da in vielen Mitgliedsstaaten der EAC Kiswahili gesetzlich in der Verfassung manifestiert wurde, stand die ugandische Regierung unter Zugzwang. Mit der Ernennung zur zweiten offiziellen Sprache kam die Regierung den Forderungen nach, das Zusammenwachsen der Region zu fördern, was das Nachbarland Tansania sehr begrüßte. Im ugandischen Alltag ist diese politische Entscheidung nicht zu bemerken. Die politische Diskussion wird weiterhin in Englisch geführt, und bei offiziellen Auftritten wird weiterhin Englisch als Kommunikationsmittel bzw. ein *Code-Switching* bzw. *Language-Mixing* aus Englisch und einer lokalen Sprache genutzt. In seiner Rede vom 06. Juli 2006 betonte Museve-

---

107 In Kanada besteht seit Jahrzehnten ein Ringen in der Sprachpolitik um die Positionen des Englischen und des Französischen (siehe hierzu u.a. Ricento & Burnaby 1998, Ricento 2002).

ni erneut die Wichtigkeit kultureller Homogenität und sprachlicher Kompatibilität in der *African Union* (AU) als auch in der EAC:

> „[...] However, success of political integration requires a certain degree of cultural homogeneity or, at least, compatibility, including linguistic simi- larities and, possibly, shared historical and institutional experiences" (Museveni 2006, in Sembuya 2009: 148).

Museveni verweist hier auf den Erfolg, den eine homogene Strategie auch für Uganda bedeuten könnte. Der Präsident hat 2006 wesentliche Argumente für die EAC vorweggenommen, die 2008 in einer zu diesem Zweck gegründeten Kommission (*East African Kiswahili Commission*) dis- kutiert wurden. Deren Ziel ist, die Sprache so zu fördern, dass sie als re- gionales Kommunikationsmittel eingesetzt werden kann:

> „The Mission of the East African Kiswahili Council is to ensure the deve- lopment of Kiswahili for regional and international interaction for politi- cal, economic, social, cultural, educational, scientific and technological de- velopment of East Africa" (East African Kiswahili Commission, Preamble)[108.]

Der Internetauftritt der *East African Kiswahili Commission* ist bezeich- nenderweise nur in englischer Sprache verfügbar. Im Hinblick auf die dort formulierten Forderungen erscheint diese Tatsache folgewidrig. Die Kommission hat zur Aufgabe, Kiswahili als nationales und internationa- les Interaktionsmittel zu entwickeln, um die Sprache in verschiedenen Bereichen Ostafrikas zu verwenden[109]. Dadurch wird der Eindruck ver- stärkt, dass die Verbreitung des Kiswahili sehr eingeschränkt ist[110]. Die Ziele der Kommission lauten folglich auch:

> „(a) Strengthen national, regional and international communication through the use of Kiswahili in East Africa and beyond;
> (b) Develop Kiswahili as a regional language expressing and conveying African values with respect to issues of gender equity, human rights and democracy; [...]" (East African Kiswahili Commission).

Die Kommission beabsichtigt, Kiswahili als Sprache der ostafrika- nischen Region zu etablieren und auszuweiten, um die Region sprach- lich zu homogenisieren und Entwicklung und Fortschritt voranzutrei- ben. Zudem soll Kiswahili als afrikanische Sprache auch afrikanische

---

108 http://www.eac.int/education/index.php?option=com_content&view=article&id=30&Itemid=10 9, letzter Zugriff 14.02.2012. 17.46h.
109 Der Verweis auf „internationale" Kommunikation tritt immer wieder auf, jedoch bleibt unklar, was genau damit gemeint ist. Da der Fokus der Arbeit auf Uganda liegt, kann an dieser Stelle dieser Frage nicht weiter nachgegangen werden.
110 Gleichzeitig ist die Hymne der EAC nur in Kiswahili verfügbar.

Werte vermitteln. Die Ziele werden in einem sehr appellativen Charakter formuliert und sind typisch für das Genre politischer Resolutionen und Absichtserklärungen. Die Punkte (c) bis (j) umfassen Aspekte der Bildung und stellen den Mitgliedsstaaten Hilfestellungen zur Umsetzung dieser Politik an die Seite. Diese umfassen Curricula-Reformen sowie Harmonisierungsbemühungen und Qualitätskontrollen für die Bildungseinrichtungen der Mitgliedsstaaten. Zudem sichert die Kommission Unterstützung bei der Lehrerausbildung zu. Des Weiteren versichert sie:

> „(k) Assist governments and other appropriate bodies and authorities with the development of strategies for adequate investment in the promotion of Kiswahili in East Africa and beyond;
> (l) Assist Partner States with special needs in Kiswahili to contribute in the development of Kiswahili in their countries;
> (m) Encourage the exchange of staff and students among Kiswahili institutions;
> (n) Promote through relevant activities in the Partner States the meaning and value of East African unity" (East African Kiswahili Commission).

Die Forderungen, Empfehlungen und Angebote der Kommission zur Förderung des Kiswahili in der EAC sowie der englische Internetauftritt machen deutlich, dass Kiswahili offensichtlich nicht derart in der Region verankert ist, wie es sich die Union vorstellt. Die Bestimmung zur zweiten offiziellen Sprache hat bis zum Zeitpunkt der Feldforschung keine Veränderung herbeigeführt. Die 2008 geforderten Maßnahmen der Kommission haben wenig Reaktion in Uganda gezeigt.

In einem Gespräch mit einem Mitarbeiter[111] des UMDF (*Uganda Media Development Foundation*) erklärte dieser, dass erstens in Uganda die Radiolandschaft stärker ausgeprägt sei als die Presselandschaft und zweitens nur wenig Interesse an politischen Magazinen mit regionalem und nationalem Fokus bestehe. Überwiegend strahlt die sehr ausgeprägte Radiolandschaft in Uganda ihre Sendungen in Englisch und lokalen Sprachen aus. Jedoch gibt es auch einige Programme auf Kiswahili[112]. Die Printmedien in Uganda haben laut Aussage des Mitarbeiters von UMDF nur geringe Auflagen. Die beiden größten Tageszeitungen, der regierungskritische *Daily Monitor* und die regierungskonforme *New Vision*, publizieren beide in Englisch. Darüber hinaus gibt es von diesen beiden Verlagen auch noch Regionalzeitungen, die in verschiedenen Landessprachen herausgegeben werden. Deren inhaltlicher Fokus betrifft ledig-

---

111 Das Gespräch fand am 24.06.2008 in Kampala, im Hauptgebäude des UMDF von 10.00-11.00 Uhr statt. Auf Wunsch des Mitarbeiters wurde das Gespräch protokolliert, aber nicht aufgezeichnet.
112 Genaue Zahlen lassen sich, aufgrund ständig wechselnder Stationen und der hohen Fluktuation von Sendern, nicht bestimmen.

lich die regionalen Angelegenheiten Ugandas[113]. Jedoch lassen sich an manchen Orten in der Hauptstadt auch Zeitungen aus den Nachbarländern Tansania und Kenia erwerben. Die Aussagen Habwes lassen sich allerdings nur bedingt durch die Feldforschungserfahrungen bestätigen:

> „Although no single Kiswahili newspaper is published in Uganda, Tanzanian newspapers like 'Nipashe, Mzalendo and others continue to swarm Ugandan and Kenyan streets. The papers carry political commentaries, economic reviews, stories, etc. Like other domains, this print media is instrumental in establishing a cord of strong bond amongst the East Africans" (Habwe 2009: 7).

In der Hauptstadt und in der Grenzregion in Ostuganda konnte beobachtet werden, dass man Printmedien in Kiswahili kaufen konnte. In den anderen Regionen, die als Untersuchungsorte dienten, stimmen die Beobachtungen nicht mit Habwe überein.

Die ugandische Regierung scheint im Jahr 2012 politische Maßnahmen anstoßen zu wollen:

> „Uganda will introduce Kiswahili as a compulsory subject in primary and secondary schools this year as a way of integrating fully with the other EAC partner states. Uganda joins Rwanda in the list of regional countries seeking to boost their language use as they seek opportunities in the integrated EAC where English and Swahili are the main languages of communication. [...] ‚This is the only way our country will benefit fully from the EAC integration because Kiswahili is the most popular language in the region especially for business and communication,' said Ms Kateba. She said that as the integration deepens with the inception of the Common Market Protocol, it will be important for Ugandans to speak Kiswahili to avoid lagging behind. Many schools in Uganda have avoided teaching Kiswahili as a compulsory subject due to limited materials in and teachers of Kiswahili. Kenya and Tanzania are the only EAC countries where Kiswahili is taught as a compulsory subject in both the primary and secondary schools and is used as one of their national languages. Burundi introduced compulsory Kiswahili as a subject from primary school level in 2007. Kenyan EAC Social Affairs Director Richard Sindiga said Kiswahili has a big chance of fast tracking the East African integration process if hiccups facing its use in the region are resolved once and for all. 'Kiswahili can serve as an important tool in forging the much awaited political federation in the region,' said Mr Sindiga" (The East African 22.01.2012[114)]).

In der überregionalen Tageszeitung *The East African* wird bekanntgegeben, dass ab dem Jahr 2012 in Ugandas Schulen Kiswahili als Unter-

---

113 Zu diesen Zeitungen gehören: *Bukedde* in Luganda (New Vision Group), *Etop* in Ateso (New Vision Group), *Rupin* in Lwo (New Vision Group), *Orumwi* in Runyakitara (New Vision Group) und *Entatse* in Runyakitara (unabhängige, private Zeitung im Westen Ugandas). Stand 2008.
114http://mobile.theeastafrican.co.ke/News/Uganda+to+teach+Swahili+in+schools+/-/433842/1311966/-/format/xhtml/-/7ocphqz/-/index.html , 10.02.2012, 17.46h.

richtsfach verpflichtend eingeführt werden solle. Damit kommt Uganda – sollte diese Implementierung tatsächlich durchgeführt werden – den Forderungen der EAC nach. In den Medien werden immer wieder die gleichen Motive für diese Sprachpolitik hervorgehoben. Der Prozess der politischen Umsetzung dauert nun bereits seit vielen Jahren an.

Die Regierung erweckt einen unentschlossenen Eindruck. Die Haltung, die sich daraus ablesen lässt, spiegelt die Verpflichtung wider, sich der *East African Community* anzuschließen, zeigt aber gleichzeitig das Zögern. Die Integration in den Wirtschaftsverband ist auch eine von außen induzierte Sprachpolitik. Um sich nicht selbst von der EAC zu exkludieren, muss Uganda Kiswahili fördern. Dazu verwendet die Regierung Argumente der EAC und übernimmt deren Sprachattitüden, die Kiswahili als Sprache regionaler Integration und wirtschaftlichen Fortschritts beschreiben, um bei der Bevölkerung für diesen Schritt zu werben.

Des Weiteren begründet die Regierung ihre sprachpolitischen Ziele auch mit innenpolitischen Aspekten, die nachfolgend vorgestellt werden.

12.6.1.2 Innenpolitische Relevanz: Kiswahili als Ausdruck tribaler Einheit

Ein weiterer Grund für die Etablierung von Kiswahili als Nationalsprache ist die Absicht, Uganda zu einer einheitlichen Nation zusammenzuführen, unter der die ethnischen Differenzen des Landes und die damit verbundenen Konfliktpotentiale vermindert werden können. Dies war auch der erklärte Wille der Präsidenten Obote und Amin (siehe die Kapitel 12.3.1 und 12.3.2). In keiner der beiden Regierungsperioden konnte dieses Ziel erreicht werden. Die historische Betrachtung zeigt, dass nationale Einheit nicht zwangsläufig mit derselben Sprache in Verbindung gebracht wird, da für dasselbe Ziel unterschiedliche Sprachoptionen diskutiert und implementiert wurden.

Museveni sieht, ebenso wie Idi Amin, in Kiswahili die Lösung zur Überwindung interethnischer Konflikte.

Dies wird auch von einigen wissenschaftlichen Positionen gestützt, die die Rolle des Kiswahili als interethnisches Kommunikationsmittel hervorheben (vgl. u.a. Kombo 1972):

> „The Swahili language has been considered unique among the African languages of the modern world for the dynamism of its development. Swahili, which was originally spoken only on the East African coast strip and was a mother tongue to only about a million Swahili people, had long ago acquired the status of an inter-ethnic means of communication facilitating intercourse between different ethnic units and nationalities" (Pawliková-Vilhanová 1996: 160).

Kiswahili wird von einigen Wissenschaftlern als diejenige afrikanische Sprache betrachtet, die zur Vereinigung der verschiedenen Ethnien beitragen kann, weil es als Sprache ohne ethnische Zugehörigkeit wahrgenommen wird. Dies lehnt an die Diskussion um eine panafrikanische Sprache aus den siebziger Jahren an, in denen die Implementierung eines afrikaweiten Kommunikationsmittels diskutiert wurde, um „cross-border political, economic, military and cultural cooperation" zu fördern (Adegbija 1994: 24). Bereits damals wurde Kiswahili als mögliche panafrikanische Sprache vorgeschlagen und mit einem positiven Prestige besetzt, wie Kombo beschreibt:

> „We have found that Swahili language is unique among the African languages of the modern world for the dynamism of its development. It is the only African language in the continent of Africa that owes no allegiance to any particular group of people among its speakers and, as such therefore, it appears to be the only African language, in my opinion, that can bring together the peoples of Africa to become a people of UNITED STATES OF AFRICA" (Kombo 1972: 39).

Die ursprüngliche Sprechergemeinschaft ist auch – wie Pawliková-Vilhanová (1996) beschreibt – mit nur ca. 1 Million Sprechern als „klein" einzustufen. Als *lingua franca* jedoch hat es sich sehr weit verbreitet und ist damit aber vor allem Zweit- oder Drittsprache. Kiswahili wird demnach nicht mit einer bestimmten ethnischen Gruppe assoziiert. Daraus resultiert ihre Eignung als Nationalsprache zur Überwindung der heterogenen Gesellschaftsstruktur.

Mit einer Nationalsprache soll nach Meinung des Präsidenten die Diversität der ugandischen Gesellschaft überbrückt werden:

> „All this is a consequence of the colonial policies, also supported by traditional chiefs of Uganda, discouraging the use of Swahili as a national language. If the people of Bunyoro – Banyoro or Bafuruki – were using Swahili, their differences would be submerged. It is the use of vernaculars that provokes, in part, these contradictions. I like the indigenous languages. In fact, I am about to complete a dictionary in Runyankore-Rukiga. However, I see these vernaculars not as an end in themselves. I see them as a source of enriching Swahili. That is why NRM promotes Swahili. We included it into the Constitution; we use it in the Army, etc." (Museveni 2009 In: Daily Monitor 4.8.2009).

Am Beispiel eines zu diesem Zeitpunkt aktuellen Konflikts im *Bunyoro District*, in dem es um die Landrechte zwischen den ansässigen Banyoro und den dort seit Jahren lebenden Nicht-Banyoro, den Fremden (*bafuruki*)[115], geht, erläutert Präsident Museveni das Potential von Kiswahili.

---

115 Abwertende Bezeichnung für „Immigrant" in Runyoro.

Er konstruiert Kiswahili als Sprache, die das Potential habe, interethnische Spannungen abzubauen. Mit dem politisch zu deutenden Hinweis „I like the indigenous languages" positioniert er sich als Präsident aller Ugander und betont, dass durch die lokalen Sprachen Kiswahili „bereichert" werden könne. Dies wird dadurch verstärkt, dass Museveni sich an dieser Stelle nicht zu einer der Gruppen positioniert. Allerdings greift er auch immer zur abfälligen Wortwahl *bafuruki* und manifestiert damit auch den Konflikt im alltäglichen Sprachgebrauch, da er ihn reproduziert.

Durch seine Darstellung schreibt Museveni Kiswahili die Fähigkeit zu, eine ugandische Identität hervorbringen zu können. Nach der Nennung einiger Pläne und bereits umgesetzter Maßnahmen, hebt er anschließend die Anwendungsbereiche hervor, in denen Kiswahili in Uganda bereits Verwendung finde. Der vor allem auf das Militär beschränkte Anwendungsbereich scheint, insbesondere im Hinblick auf die Signalwirkung für die Bevölkerung, eher kontraproduktiv zu sein, wie auch in den Haltungen der ugandischen Gesellschaft gezeigt werden kann (vgl. 13.2.2 Gewalt).

Die Regierung bemüht sich, ein positives Bild von Kiswahili zu vermitteln. Die Gesprächsstrategie ist von einer starken Indexikalität und Symbolik geprägt (vgl. hierzu Boussofara-Omar 2011: 74). Kiswahili wird als sprachpolitische Lösung dargestellt, die durch die Überwindung interethnischer Barrieren Inklusion fördert und Machtungleichgewichte abbaut.

Das bereits weiter oben erwähnte Problem zwischen Banyoro und den *Bafuruki* veranlasste den Präsidenten dazu, in einem weiteren Interview in einer ugandischen Zeitung auf das Potential des Kiswahili erneut hinzuweisen:

> „Horizontal rural migration by peasants after they have exhausted land in one area is not a progressive way of creating national integration. The more correct way is vertical migration, from the farm to the factory. That is why the factories should be de-tribalization centres through the use of Swahili on the work site" (Museveni 2009, Daily Monitor 4.8.2009).

Bezugnehmend auf die umstrittene Besiedlungspolitik in Banyoro versucht Museveni an dieser Stelle eine vertikale Migrationspolitik als erfolgversprechend für die Probleme Ugandas darzustellen. Statt einer Migration, die in einer Besetzung von Landflächen resultiert (und damit den Unmut der ursprünglichen Bewohner der Region auf sich zieht), fordert Museveni, dass diese nationale Integration durch eine Art des „Hocharbeitens", der „vertikalen Migration", von der Farm in die Fabrik erfolgen solle. In den Fabriken solle dann durch eine einheitliche Nationalsprache die Integration gefördert werden. Die Fabrik als Sammelstelle für Menschen unterschiedlicher ethnischer Herkunft fungiere dann als „de-tribalization centres" und trüge so zu einer verbesserten interethnischen Kommunikation bei. Museveni stellt in seiner Argumentation Sprache als zentralen Bestandteil nationaler Integration in den Vordergrund, da sie zur Enttribalisierung seines Landes beitragen. Er spielt hier wiederum auf das Herrscher-Beherrschten-Verhältnis an. Der Gedanke des barrierefreien Aufstiegs über gesellschaftliche Grenzen hinweg wird als Ideal stilisiert, das durch Kiswahili (sprachlich) realisiert werden soll. Harnischfeger (2003) zeichnet für diese vertikale Integrationspolitik, der Abwendung von der Elitesprache Englisch und der Hinwendung zur lokalen bzw. afrikanischen Sprache, ein negatives Bild: Am Beispiel Nigerias zeigt er auf, dass trotz der Einführung verschiedener lokaler *linguae francae* keine verbesserte Partizipation der Bevölkerung erzielt werden konnte:

> „Nur ist diese Form der vertikalen Integration (über Klassenschranken hinweg) nicht rechtlich-institutionell geregelt, sondern sie beruht mehr auf informellen, persönlichen Kontakten. Statt demokratischer Kontrolle breiten sich Klientelbeziehungen aus, die gerade im Medium indigener Sprachen und Dialekte gedeihen, weil sie darauf angelegt sind, Fremde auszuschließen und zu diskriminieren" (Harnischfeger 2003: 11).

Diese Erkenntnisse aus Nigeria verdeutlichen, dass eine Integrationspolitik über Sprache nur dann erfolgreich umgesetzt werden kann, wenn die politischen Machthaber wirklich bezwecken, die hierarchische Kluft zu überwinden und die Menschen an ihren politischen Entscheidungen teilhaben lassen wollen. Die stark hierarchisierte Darstellungspraxis Musevenis steht häufig im Kontrast zu seinen Forderungen: Er verlangt für die Bevölkerung eine interethnische Sprachpolitik, strebt aber weniger einen *bottom-up*, als eine horizontale Inklusion an. Das Verhältnis Herrscher zu Beherrschten soll erhalten bleiben.

In Uganda muss man sich die Frage stellen, welche Ziele die Regierung mit ihren Plänen verfolgt. Diese Frage wird erst in einigen Jahren, nach Umsetzung einer Sprachpolitik beantwortet werden können.

Der Wille Musevenis, Kiswahili einzuführen, ist ungebrochen und wird von ihm bei den unterschiedlichsten Gelegenheiten zur Sprache gebracht. So zum Beispiel auch in einer Rede, gehalten vor einem Corps von Diplomaten im Mai 2011, die eigentlich als Rede zur Lage der Nation angekündigt worden war:

> „I have invited you to talk, essentially, about some internal issues of Uganda. This is because some of you, especially the Western countries, are always interested in the internal affairs of African countries which, of

course, has got its problems. Therefore, we try to enlighten you as much as possible if it will help you. The politics of Uganda has been characterized by reactionary ideology (not progressive, not patriotic) before colonialism, during colonialism and after colonialism. Before colonialism, following the collapse of the Bachwezi Empire around 1500 AD, this area was being dominated by small kingdoms and chiefdoms: Bunyoro, Buganda, Ankole, Tooro, Rwanda, Burundi, Karagwe, the chiefdoms of Buhaya in Tanzania, Busoga, Lango, Alur, etc. This area is occupied by African people divided into four groups: the Bantus, the Nilotics (Luo), the Nilo-Hamitic and the Sudanic (Lugbara, Madi, etc). These are either similar people or they are people with linkages. The interlacustrine Bantus are people with, more or less, a common language; a language that is mutually intelligible, the different dialects notwithstanding. The Nilotics also speak, more or less, one language with different dialects. The Nilo- Hamitic (Iteso, Karimojong, etc.) speak the same language with different local dialects; so do the Sudanic. Nevertheless, these languages are also linked with either borrowed words or words that indicate a common origin in the distant past. Take the Lugbara word for syphilis – 'oya'. In Runyankore, syphilis is 'ebihooya'!! Take the Luo word 'wang-kac', meaning a gate. In the Kabaka's palace, you find one of the gates is called precisely that – wang-kac. The Iteso word 'aicha' which means being bright (day light coming). In Runyankore, the word kutsya means the time the morning mist clears. Bwankya, in Runyoro-Rutooro means tomorrow. The Luo word for daughter is nyara. In Runyankore kunyaara means both to urinate and to sperm. See the closeness of these words. In one of the Nubian words – mboro – means daughter. You know what mboro means in Bantu dialects of this area and also in Swahili. You can see the closeness of these words. Above all, we have Swahili, which is a Bantu dialect, developed at the East African Coast, whose advantage is that it belongs to no tribe" (Museveni 2011).

Der Präsident beginnt seine Rede, indem er ein Spannungsfeld zwischen den afrikanischen Staaten und den Ländern des Westens aufmacht: Durch die Wahl der *Agency* „we" und „you" schafft er eine Distanz zwischen sich und den Zuhörern und bedient sich damit einer Exklusionsstrategie. Seine Ausführungen würden den entwickelten Ländern des Westens einen Einblick in die Angelegenheiten Ugandas geben. Musevenis Argumentationsstrategie hat einen provozierenden Charakter und schafft ein Hierarchieverhältnis zugunsten des ugandischen Präsidenten. Die Diplomaten werden als unwissend und Außenstehende positioniert und von Museveni als Lernende behandelt. Das Einweisen in ugandische Verhältnisse und der provokante Redeeinstieg sind sehr wahrscheinlich der spezifischen Situation geschuldet, in der dieses Zusammentreffen stattgefunden hat. Im Rahmen einiger Proteste gegen steigende Lebensmittel- und Benzinpreise hatte die ugandische Regierung mit harten Maßnahmen gegen die Demonstranten reagiert und war damit auf das Unverständnis der westlichen Welt gestoßen[116]. Die hier zitierte Rede fand im Nachgang dieser Auseinandersetzungen im Kreise von in Uganda stationierten Diplomaten statt.

Nach einer kurzen historischen Einführung und der Erwähnung der verschiedenen „afrikanischen Gruppen", „the Bantus, the Nilotics (Luo), the Nilo-Hamitic and the Sudanic (Lugbara, Madi, etc)", greift er wieder einmal den Gedanken auf, es handele sich in Uganda nur um Dialekte. Er konstruiert den Bantusprachraum als geographische Einheit der Sprechergemeinschaft einer einzigen Sprache mit vielen dialektalen, aber untereinander verständlichen Ausprägungen. An dieser Stelle sagt Museveni nicht, auf welche gemeinsame Sprache er sich bezieht, bereitet schon hier – dies wird im weiteren Verlauf seiner Rede deutlich – die Eignung des Kiswahili als Nationalsprache vor.

Im Gegensatz zu seinen vorherigen Ausführungen beklagt Museveni hier nicht die mangelhafte Sprachkompetenz der Bevölkerung in ihren Muttersprachen, sondern geht auf die Übereinstimmungen und Ähnlichkeiten der Sprachen bzw. Dialekte ein. Zur Verdeutlichung seiner Argumentation vergleicht Museveni darauffolgend verschiedene Begriffe in nilotischen Sprachen und Bantusprachen, um die Verwandtschaft aufzuzeigen, bzw. die Problematik, die sich hieraus auch ergeben kann. Hierzu wählt er die Begriffe „Syphilis" und „Tor" bzw. „Ausgang". Die Erwähnung von Syphilis erscheint angesichts der Hörerschaft unpassend. Unter Umständen ist dies der konfrontativen Situation, die bereits erwähnt wurde, geschuldet. Statt einer Verteidigungshaltung nimmt Museveni eine Angriffshaltung ein und brüskiert an dieser Stelle mit der Wahl seiner Begriffe. Gegebenenfalls ist dies aber auch nur eines der wenigen Worte, deren Verwandtschaft er nennen kann. Mithilfe dieser Beispiele versucht Museveni einen Beleg dafür zu liefern, dass die Unterschiede zwischen den Sprachen und Dialekten nicht sehr groß sind. Zur Erklärung bedient er sich dabei keiner sprachwissenschaftlichen Phänomene, wie Sprachkontakt, sondern konstruiert diese sprachlichen Entlehnungen als Ausdruck der Interaktion zwischen den *tribes*.

Scheinbar ohne Übergang geht er dann auf die Probleme ein, die durch Sprache entstehen können. Am Beispiel des Wortes „nyara", das im Lwo „Tochter" und als Verb „kunyaara" im Runyankole mit gelängtem Vokal „urinieren" bedeutet, versucht Museveni eine Brisanz aufzu-

---

116 Die sogenannten „Walks to Work" fanden in Uganda im Frühjahr 2011 statt und zielten darauf ab, mit friedlichen Mitteln gegen die stetig steigenden Benzin- und Lebensmittelpreise aufmerksam zu machen. Die Demonstranten boykottierten öffentliche Verkehrsmittel und liefen täglich in großen Gruppen zur Arbeit, woraus der Titel „Walk to Work" abgeleitet wurde. Die Protestaktion wurde von der Opposition unterstützt. Das ugandische Militär ging gegen diese Demonstranten gewaltsam vor. (vgl. time world, 23.04.2011, http://www.time.com/time/world/article/0,8599,2067136,00.html, 13.12.2011, 15.18 h).

zeigen, wie Mehrsprachigkeit zu Konflikten bzw. Missverständnissen führen kann. Er verstärkt dies durch einen weiteren Vergleich zwischen dem „Nubischen" und Kiswahili. An dieser Stelle wird die Konstruiertheit seiner Rede deutlich: In Uganda gibt es laut Lewis (2009) keine nubischen Sprachen. Es kann nur vermutet werden, dass Museveni sich auf die sudanischen Sprachen bzw. die nilotischen Sprachen bezieht, die in Uganda gesprochen werden, da diese ebenfalls, wie die nubischen Sprachen, zur nilo-saharanischen Sprachfamilie gehören. Museveni offenbart an dieser Stelle sein Unwissen über die Herkunft der Sprachen und zieht augenscheinlich willkürlich Beispiele heran, die seine Argumentation untermauern. So erläutert er, dass das nubische Wort „mboro" „Tochter" bezeichnet, dies im Kiswahili aber mit „Penis" besetzt ist. Museveni setzt die Kenntnis des Wortes voraus bzw. macht durch die Andeutung und Nichterklärung deutlich, dass es sich um einen Begriff aus einem tabuisierten Bereich des allgemeinen Sprachgebrauchs handelt.

Die Beispiele Musevenis zielen darauf ab, den Zuhörern zu verdeutlichen, dass Mehrsprachigkeit und Heterogenität der Gesellschaft sowohl unproblematisch sein als auch zu Missverständnissen und Konflikten führen können. Die konstruierten Beispiele lassen Museveni erwartungsgemäß resümieren, dass Kiswahili als Nationalsprache diesen Problemen entgegenwirken könnte. Bezugnehmend auf seine vorherige Aussage argumentiert Museveni, dass Kiswahili geeignet sei, weil es ein Bantudialekt sei, der sich „regional", d.h. an der ostafrikanischen Küste entwickelt habe. Damit greift er das Motiv, die Sprachen seien untereinander leicht verstehbar, wieder auf und verwendet damit eine argumentative Klammer in seiner Rede. Des Weiteren „gehöre" Kiswahili keinem *tribe* in Uganda. Dieses Argument wird auch häufig von der Bevölkerung gebraucht (vgl. 13.2.1 Neutralität) und wurde auch bereits von Idi Amin als Argument angeführt.

Auffallend an der Rede Musevenis ist die Angriffsstrategie, die entgegen der allgemeinen Erwartung und den typischen Regeln der politischen Rede widersprechend, eine sehr brüskierende Ausdrucksweise enthält. Zudem wählt er ein Thema, das in keiner direkten Verbindung mit dem konkreten Geschehen der gewaltsamen Auseinandersetzungen steht. Es scheint, als nutze er diese Rede als Möglichkeit, auch auf internationalem Parkett die Notwendigkeit einer einheitlichen Nationalsprache zur Minimierung des ethnischen Konfliktpotentials zu betonen.

Die Sprachattitüde gegenüber Kiswahili erscheint in der Darstellung der Regierung als Konfliktlösungsmechanismus und wird dadurch sehr positiv dargestellt.

Die beiden Argumentationsstränge zu Kiswahili zeigen, dass die Regierung beeinflusst ist von äußeren und inneren Faktoren. Bevor aufgrund dieser Erkenntnisse ein Resümee über die Handlungspotentiale der ugandischen Regierung formuliert werden kann, muss auch die Rolle des Englischen unter der Regierung von Museveni beleuchtet werden.

12.7 Die Position der Regierung zur offiziellen Sprache Englisch

Englisch hat in der Geschichte Ugandas immer eine zentrale Rolle gespielt. Seit der Unabhängigkeit ist es offizielle Sprache des Landes und hat dadurch Verbreitung im Bildungs- und Mediensektor erfahren und ist für viele Ugander Zweit- oder Drittsprache.

Milton Obote wählte zur Umsetzung tribaler Einheit Englisch als Nationalsprache aus. Dabei schrieb er der ehemaligen Kolonialsprache nicht nur positive Eigenschaften zu, bewertete es aber insgesamt als einzig mögliche Lösung für Uganda. Gleichzeitig ermöglichte ihm diese Sprachpolitik eine Sicherung der Macht, da Englisch die Sprache einer kleinen Bildungselite blieb.

In diesem Kapitel werden nun die Sprachattitüden der NRM und ihres Präsidenten zu Englisch untersucht. Es stellt sich auch hier die Frage, warum sich die Präsidenten für das übereinstimmende Ziel von tribaler Einheit für unterschiedliche Sprachmodelle entschieden. Vorab kann festgestellt werden, dass bis dato keine der sprachpolitischen Maßnahmen und Absichtserklärungen in Uganda zu einer Überwindung des interethnischen Konfliktpotentials beigetragen haben.

Noch immer ist Englisch in Uganda Sprache der Bildung und der gesellschaftlichen Eliten: Um an einer der öffentlichen Hochschulen in Uganda studieren zu können, muss man Englischkenntnisse vorweisen, da die Studiengänge ausschließlich auf Englisch durchgeführt werden. Nur wenige afrikanische Sprachen sind weit genug entwickelt, um sie für den wissenschaftlichen Gebrauch nutzen zu können. Zudem ist Englisch in Uganda auch in der Arbeitswelt weit verbreitet. Dies wird noch durch die vielen Entwicklungsorganisationen, die im ganzen Land vertreten sind und deren Kommunikationsmittel auch Englisch ist, verstärkt. Auch sie bieten gutbezahlte Arbeitsplätze für ugandische Bürger an, jedoch gehört zu den Voraussetzungen immer die Kenntnis des Englischen.

Daher genießt Englisch in Uganda ein hohes Sprachprestige: Als Sprache der ehemaligen Kolonialherren zwar auch als Sprache der Macht und Herrscher konnotiert, bedeutet englische Sprachkompetenz jedoch zugleich die Überwindung gesellschaftlicher Barrieren und damit sozialen und wirtschaftlichen Aufstieg (vgl. 13.3.4 Englisch)

Die Alltagskommunikation in den untersuchten Regionen war unterschiedlich zu beobachten: Während in den Distrikten außerhalb vom Zentrum des Landes überwiegend die jeweils vorherrschende Lokalsprache gesprochen wurde, dominierte das Englische in der zwischenmenschlichen Kommunikation vor allem in der heterogenen Bevölkerungsstruktur Kampalas. Dort wurden in den meisten Restaurants, Cafés und auf der Straße vor allem Gespräche in Englisch beobachtet. Allerdings schien es auch hier eine sprachliche Hierarchie zu geben: So sprachen die Menschen mit den *conductors* der Kleinbusse, mit den *boda-boda*-Fahrern (Motorradtaxis) und auf dem Markt meist Luganda, und auch die Gesprächsausschnitte mit der Bevölkerung zeigen, dass die meisten Interviewten ihr Sprachverhalten an die Bedingungen und Lebensumstände anpassen (vgl. 13.2.9 Sprache der Hauptstadt).

Statusbedingt verwenden Menschen niedriger Gesellschaftsstufen lokale Sprachen, wohingegen in beruflichen höheren Qualifikationen und Berufsgruppen Englisch angewendet wird. Die Beobachtungen in Uganda haben gezeigt, dass das Sprachverhalten nach Bildung und Lokalität variiert und die Sprecher situationsangemessen kommunizieren.

Die Absicht der Regierung, Kiswahili als Sprache in Uganda zu stärken, scheint – nach den Eindrücken aus den Jahren 2008 und 2009 – nicht erfolgreich zu sein: Bis auf Immigranten aus Tansania und Kenia unterhielt sich niemand auf Kiswahili, und angesprochen in Kiswahili, wendeten sich die Menschen zumeist ab bzw. antworteten auf Englisch.

Wie bereits gezeigt wurde, ist auch die Medienlandschaft sehr stark vom Englischen geprägt. Die Regierung gibt öffentliche Stellungnahmen immer noch in Englisch ab. Lediglich werden regionalspezifisch einige Floskeln in der Lokalsprache eingestreut, um sich volksnah zu geben.

Da fast alle politischen Reden und Aussagen auf Englisch getroffen werden, scheint es unbewusst als Sprache der Politik und der Diplomatie wahrgenommen zu werden. Gleichzeitig trifft die Regierung keine Aussagen, die die Rolle des Englischen in Uganda bzw. sein Sprachprestige infrage stellen. Darin unterscheidet sich die ugandische Regierung von vielen anderen Regierungen in Afrika. In vielen afrikanischen Ländern ist eine Abwertung und Distanzierung gegenüber den ehemaligen Kolonialsprachen zu beobachten. Auch in Südafrika vertrat man die These, dass man sich von der ehemaligen Kolonialsprache Englisch (sowie der Sprache des Apartheidregimes, Afrikaans) lösen müsse, um eine eigene, afrikanische Identität entwickeln zu können. So konstatiert Webb, dass sich durch die Förderung indigener Sprachen Wissen und Macht „demokratisieren" ließen (Webb 1996: 175). Die Regierung unter Museveni stellt Englisch als offizielle Sprache in Uganda nicht zur Diskussion und benutzt es im allgemeinen Sprachgebrauch, obwohl sie sich seines Ausschlusscharakters bewusst ist. Selbst in seinen Reden die Nationalsprache betreffend, verwendet Museveni Englisch und verstößt damit immer wieder gegen das selbst gesetzte Ziel der allgemeinen Verständlichkeit. Solange Uganda jedoch keine Nationalsprache hat, scheint Englisch die Sprache der größten überregionalen Reichweite zu sein.

In Südafrika fürchteten Wissenschaftler, dass die Beibehaltung des Englischen auch eine weitere Unterwerfung unter die mit der Kolonialzeit und Apartheid verbundenen Wertevorstellungen und Konzepte bedeuten würde. Harnischfeger entkräftet dieses Argument, indem er konstatiert, dass sich „Schwarze in der Karibik wie in Afrika [...] das fremde Medium angeeignet" und es ihren Konzepten entsprechend angepasst hätten (Harnischfeger 2003: 7). Es ist sicherlich nachvollziehbar, dass das ugandische Englisch einen eigenen Charakter und sich der realen Lebenswelt Ugandas angepasst hat. Es ist nicht mehr länger die Sprache der Kolonialherren, sondern die Sprache einer gebildeten Schicht der Bevölkerung, die Zugang zu den besten Bildungseinrichtungen des Landes hat. Dadurch, dass Bildung nicht allen Menschen in Uganda zugänglich ist, bleibt Englisch die Sprache einer kleinen Elite des Landes. Englisch wird als „Arbeitssprache" bestimmter Bereiche verwendet und neutral von der Regierung bewertet. Gleichzeitig bleibt die Sprache ein Instrument der Regierung: Englisch sichert ihren Herrschaftsanspruch, denn die Regierung kann beeinflussen, welche Informationen welchen Bevölkerungsteilen zugänglich gemacht werden. Insofern bleibt Englisch in Uganda noch immer die Sprache der Macht bzw. der gesellschaftlichen Überlegenheit.

12.8 Sprachattitüden und Handlungspotentiale der ugandischen Regierung

Die historische Perspektive auf die Haltung der Regierung hat gezeigt, dass Sprachpolitik seit der Unabhängigkeit Ugandas immer wieder Gegenstand der politischen Auseinandersetzung war und ist. Wenngleich die drei berühmtesten Regierungsoberhäupter des Landes offiziell immer die gleichen Absichten mit ihrer Sprachpolitik verfolgten, präsentierten sie unterschiedliche Sprachoptionen als Lösungsstrategie. Bamgbose wertet diese unstete Politik als Strategie, um Legitimität der neuen gegenüber der Vorgängerregierung herzustellen. Er setzt den Regierungswechsel mit einer Wende in der Sprachpolitik gleich und nennt als Beispiele Burkina Faso und Ghana (Bamgbose 2000: 111f.).

Allerdings wurde in Uganda immer die nationale Einheit bzw. die Überwindung der interethnischen Konflikte als Anreiz zur Umsetzung einer Nationalsprachenpolitik betont. Zusammenfassend lässt sich eine konsensuale Haltung gegenüber der nationalen Sprachpolitik erkennen,

die sich durch alle Regierungsperioden zieht. Die Position der Nationalsprache kann nicht von einer indigenen Sprache erfüllt werden, da dadurch das interethnische Konfliktpotential erneut entfacht würde. Diese
Konfliktpotentiale beruhen auf gesellschaftlichen Ungleichverhältnissen
zwischen Nord- und Süduganda, die historischen Ursprungs sind, wie
beschrieben wurde. Die ethnische Situation ebenso wie die Konstellation
der indigenen Sprachen lassen den Schluss zu, dass die Wahl einer nicht-
indigenen Sprache zur Nationalsprache ein wichtiger Schritt zur Überwindung ethnischer Segregation ist.

Die Entscheidung der Regierung Musevenis zugunsten des Kiswahili
knüpft an die Politik Amins an und zielt auf eine Ethnifizierung bzw. Afrikanisierung der Nation ab. Zudem ist die Regierung durch den äußeren Druck der EAC gezwungen, sprachpolitisch zu handeln. Die Entscheidung zugunsten des Kiswahili ist – zumindest bei Museveni – auch
von außen induziert. Uganda braucht den Anschluss an den Regionalverbund und muss sich dadurch auch sprachlich anpassen.

Es hat sich gezeigt, dass zwischen den politischen Absichten und der
realen Situation in Uganda Diskrepanzen bestehen. Es stellt sich die
Frage, warum eine Regierung, wie die unter dem langjährigen Präsidenten Museveni, bisher keine Implementierung ihrer sprachpolitischen Pläne erreicht hat. Die Erhebung des Kiswahili zur *second official language*
muss vielmehr als Kompromiss bzw. Scheitern der Nationalsprachenpolitik gewertet werden. Bisher hat sich dadurch die Sprachenlandschaft
des Landes nicht verändert.

Die durch die Analyse der Regierungsperspektive gewonnenen Erkenntnisse haben gezeigt, dass der Aspekt der tribalen Neutralität besondere Bedeutung in der Nationalsprachendiskussion einnimmt. Dies
ist auf die unaufhörlichen ethnischen Spannungen in Uganda zurückzuführen, die historisch gewachsen sind und immer wieder politisch instrumentalisiert und am Leben gehalten wurden. Die Neutralität einer
Nationalsprache soll diese Spannungen abbauen. Indem alle Menschen
eine Zweitsprache verwenden, treten die ethnischen Differenzen in den
Hintergrund. Auf diese Weise können Menschen einander unvoreinge-
nommen gegenübertreten, weil sie sich nicht über ihre Sprache „outen"
müssen, die potentiell auch Stereotype heraufbeschwören kann. Auf diese Weise soll Konfliktpotential abgebaut und die nationale Einheit gefördert werden. Da Sprache als Identitätsmarker konstruiert und wahrgenommen wird, bedeutet die Nutzung einer anderen, neutralen Sprache,
den ersten Schritt zur Konstruktion einer positiven nationalen Identität.
Die aktuelle Regierung sieht diese Ziele durch Kiswahili verwirklicht.
Gleichzeitig betreibt sie, um die kulturelle und sprachliche Vielfalt des

Landes beizubehalten, eine Förderungspolitik der einzelnen Sprachen und Kulturen. Dennoch scheint es – vor allem im Hinblick auf das Konzept der multiplen Identitäten – möglich zu sein, ethnische Diversität und nationale Homogenität zu fördern. Dies liegt vor allem in der Verwendung angemessener Maßnahmen seitens der Politik. Zudem genießt Englisch in Uganda weiterhin ein hohes Prestige bzw. ist Medium der Kommunikation in den Reden und Publikationen des Präsidenten. Durch das Nichtvorhandensein einer Nationalsprache ist Englisch derzeit noch die Sprache, die ein Politiker in Uganda wählen muss, um maximale Verbreitung seiner Botschaft zu erzielen. Mit einem solchen Verhalten jedoch ergibt sich ein Teufelskreis: Indem Museveni (und andere Politiker) ausschließlich Englisch sprechen und dies höchstens mit einer lokalen Sprache mischen, kann sich Kiswahili in der Öffentlichkeit nicht etablieren. Dadurch erfährt die Nationalsprachendiskussion um Kiswahili eine Schwächung: Wenn führende Politiker sich für eine Nationalsprache Kiswahili aussprechen, selbst aber eine andere Sprache in ihrem täglichen Sprachgebrauch verwenden, signalisiert dies der Bevölkerung, dass sie selbst nicht hinter ihren Zielen stehen oder selbst keine Sprachkompetenz in Kiswahili besitzen. Dies schwächt nicht nur die Position des Kiswahili, sondern auch dessen Prestige in den Augen der Bevölkerung: Wenn die Regierung es nicht spricht, scheint es auch keine gute, der Aufgabe gewachsene Sprache zu sein (siehe hierzu auch im Folgenden 13.0 Die Perspektive der Bevölkerung).

Nicht zuletzt bedeutete die Einführung des Kiswahili einen hohen Kostenfaktor, da Unterrichtsmaterialien erstellt bzw. gekauft und Lehrpersonal in der Standardvariante geschult werden müsste.

> „In addition, there was the issue of resources required to make a transition from English to Kiswahili. It would involve mass teaching of Kiswahili in all schools and adult literacy campaigns, printing of books and so on. There was no willing donor to fund the project of this magnitude. Besides Kiswahili could not be used in international fora let alone in the teaching of science and technology" (Mpuga 2003: 7).

Die erfolgreiche Umsetzung einer Nationalsprachenpolitik ist derzeit nicht abzusehen. Auch hat die Vergangenheit gezeigt, dass bisher keine stringente Politik verfolgt, bzw. in keiner der betrachteten Regierungsphasen das Ziel der Schaffung einer nationalen Identität erreicht wurde. In der Vergangenheit wurden immer wieder bestimmte ethnische Gruppen von der politischen Partizipation durch die Sprachpolitik ausgeschlossen. Bamgbose beschreibt dies als einen Fehler der Politik und nicht als einen Fehler der ausgewählten Sprachen: „Languages do not exclude; it is people who do" (Bamgbose 2000: 16).

Die geäußerten Absichten der Präsidenten zu ihrer Sprachpolitik und Förderung der nationalen Einheit wurden durch ihre politischen Maßnahmen nicht bestätigt. Die ethnischen Gräben haben sich in der Geschichte Ugandas immer wieder aufgrund der Klientelpolitik und des Nepotismus ihrer Herrscher weiter vertieft.

Die Sprachpolitik diente den Machthabern vor allem dazu, ein politisches Statement abzugeben: Während Obote sich durch die Wahl des Englischen als Nationalsprache eindeutig als Mitglied der Elite positionierte, zeigten Amin und Museveni sich mit ihrer Afrikanisierungspolitik eher volksnah. Dies ist insofern wichtig, als die Wahl der Sprache immer auch Symbolcharakter für das Volk hat. Gleichzeitig ist das Ausbleiben politischer Maßnahmen ein negatives Signal für die Bevölkerung und schafft damit eine ablehnende Haltung gegenüber der Sprachpolitik insgesamt. Es besteht das Risiko, dass die Menschen die Sprachpolitik als einen Mechanismus betrachten, der den Herrschern die Macht sichert (vgl. ebd.).

Das Handlungspotential der Regierung liegt darin, die positiven Attitüden nicht nur zu verbreiten, sondern durch angemessene Maßnahmen und die eigene Verwendung auch zu manifestieren. Nur so kann der Bevölkerung vermittelt werden, dass erstens die Sprachpolitik ernst gemeint und zweitens die Sprachwahl zum Wohle des Volkes ist.

Dass die Sprachattitüden der Bevölkerung auch durch das Handeln der Regierung beeinflusst sind, wird im folgenden Kapitel gezeigt.

13.0 Die Perspektive der Bevölkerung: Sprachattitüden zur Nationalsprachenfrage in Uganda

Nach der Betrachtung der Regierungsperspektive richtet sich der Fokus nun auf die emische Perspektive. Die Erfahrung im Feld hat gezeigt, dass die ugandische Bevölkerung die Sprachen in ihrem Umfeld nicht wertneutral gegenübersteht. Häufig prägen Stereotype und Vorurteile gegenüber einem bestimmten *tribe* oder einer bestimmten Ethnie auch die Haltung gegenüber einer Sprache. Die enge Verknüpfung von Ethnie bzw. der Sprechergemeinschaft erweckt in den Gesprächen mitunter den Eindruck, als würden Sprache und Ethnie synonym verwendet. Zudem konstituiert Sprache Identität, ist alltägliches Mittel der Kommunikation, kann instrumentalisiert werden und ist folglich auch häufig Gegenstand von Konflikten.

Für alle zwischenmenschlichen Beziehungen gilt, dass sie geprägt sind von Zuweisungen, Interpretationen und Bewertungen. Sprachattitüden spielen hierbei eine wichtige Rolle, wenn es zwischen zwei oder mehreren Menschen zu einer Interaktion bzw. Gesprächssituation kommt. Das stetige Aufeinandertreffen von Fremden in Alltagssituationen unterliegt einer Routine, die selten bewusst wahrgenommen wird, aber dennoch maßgeblich über das Verhältnis von Menschen entscheidet. Diese intuitiven Bewertungen und Charakterisierungen konstituieren das Bild des Gegenübers und tragen so zur eigenen Positionierung bei. Sprachattitüden fokussieren <u>nicht</u> visuelle Eindrücke (äußerliche Merkmale wie Haut- oder Haarfarbe, Größe, Statur oder andere körperliche Besonderheiten), sondern verknüpfen Sprachen mit Bildern, Symboliken und Zuschreibungen. Daher werden Sprachattitüden erst im Verlaufe eines Gesprächs entwickelt und sind somit als eine besondere Form von Stereotypen und Vorurteilen zu verstehen[117].

Für die vorliegende Arbeit werden an dieser Stelle nun die Haltungen der Bevölkerung gegenüber einer potentiellen Nationalsprache analysiert. In Uganda steht die Frage nach einer oder mehreren Nationalsprachen immer wieder im Zentrum der politischen Diskussion. In den Interviews und Gruppendiskussionen wurde ebenfalls deutlich, dass sich die Menschen in Uganda mit der Frage nach der Nationalsprache auseinandergesetzt haben und viele die Notwendigkeit einer solchen Sprache für die ugandische Gesellschaft sehen. Im Gegensatz zur Regierung lässt sich bei den befragten Menschen in Uganda keine eindeutige oder gar einheitliche Haltung gegenüber den jeweiligen Sprachen identifizieren, wie im Folgenden gezeigt werden wird.

---

117 Generell ist nicht auszuschließen, dass auch visuelle Eindrücke Einfluss auf Sprachattitüden nehmen können. Dies wäre ein interessantes Untersuchungsfeld für weitere empirische Arbeiten.

Die Diskussion um Sprache hat eine Vielzahl von Antworten in den Gesprächen generiert, die die Bedeutung von Sprache im Alltag der Menschen in Uganda beschreibt. Es wird erneut explizit darauf hingewiesen, dass sich die Ergebnisse dieser Arbeit nur auf das Fallbeispiel Uganda beziehen. Allerdings lassen sich aufgrund der Ähnlichkeiten zu anderen politischen und gesellschaftlichen Settings in Afrika Vergleiche und Verallgemeinerungen konstatieren, wie an entsprechenden Stellen kenntlich gemacht werden wird. Die Ergebnisse sind als Ausschnitt aus der realen Wirklichkeit Ugandas zu sehen, als „Schnappschüsse" und somit nicht als zu quantifizierende Ergebnisse, die auf die gesamte ugandische Bevölkerung übertragbar sind. Vielmehr geht es darum aufzuzeigen, in welcher Weise Sprachen Menschen und Menschen Sprachen prägen. Es wird zu zeigen sein, dass es keine einheitliche Meinung über eine Sprache gibt, aber dass sich Muster erkennen lassen, die sich auf ethnische Zugehörigkeit oder gängige Vorurteile zurückführen lassen.

13.1 Nationalsprache in Uganda – Positionen der Bevölkerung

Der Begriff der Nationalsprache wurde bereits in 4.3 Sprache und Identität im Nationenbildungsprozess ausführlich diskutiert. Die Ergebnisse der Feldforschung in Uganda haben gezeigt, dass sich eine Vielzahl ugandischer Bürger mit der Problematik der Nationalsprache auseinandergesetzt hat, das Thema auch in den lokalen Medien behandelt, von der Regierung propagiert und damit als Gegenstand der Lebenswirklichkeit Ugandas bewertet wird. Auch zeigen andere Studien, dass nationale Identität und Sprache eng miteinander verknüpft sind, und offenbaren, dass es eine Relevanz dieses Themas in der afrikanischen Alltagswelt gibt[118]. Die Omnipräsenz von Sprachattitüden prägt auch die Nationalsprachenfrage in Uganda: Die Notwendigkeit für eine Nationalsprache wird von den Menschen unterschiedlich eingeschätzt und bewertet, wie im Folgenden anhand einiger Gesprächsausschnitte gezeigt werden soll.

13.1.1 Die Notwendigkeit einer Nationalsprache

Beispiel 16: GD Mba2009fm (2964-2968, 3578-3593)

```
01   M1:  let's agree on one thing=let's agree on one thing
02        that Uganda needs a national language
03   F2:  Which has failed
```

---

118 Zu diesen Arbeiten zählt u.a. die Studie von Newell (2009) zur Identitätskonstitution der Ivorer durch die Verbreitung des urbanen Lektes Nouchi. Die Sprache dient der symbolischen Abgrenzung von der frankophonen Elite des Landes und der Schaffung einer ivorischen Identität.

und weiter

```
04   F2:  I'm telling you that's the truth
05   JB:  @I think there is no way that I can solve this
06        conflict today@ ((alle lachen))
07   M1:  but I think is for sure whether we like it or we
08        don't like it (.) Uganda will always need a national
09        language
10   JB:  will?
11   M1:  will! We really need a national language
12   F1:  dramatically the tribals in ((...))
13   M1:  because what what is really
14   F1:  one is wars you see the next close event ((...)) Do
15        you know what cause divorce in family Do you know
16        why? because YOU want your child to take off your
17        name and I want the child to take mine my name so
18        that happens at the end of the day I think you want
19        the child named after your tribe you know this cause
20        divorce (.) so that is al- also tribe on the other
21        hand also language that cause ((...)) because of
22        language but I think LANGUAGE has more of it comes
23        to the whole nation it is more disadvantageous
24        disadvantageous
25   JB:  I see
```

In diesen beiden Ausschnitten einer Gruppendiskussion in Ostuganda zeigt sich, dass die Sprecherin F1 und der Sprecher M1 die Notwendigkeit einer Einführung einer Nationalsprache sehen. Die Reduplikation zum Auftakt des Redebeitrags lässt vermuten, dass M1 seine Aussage „that Uganda needs a national language" in den Gesprächsfokus rücken und in besonderer Weise betonen möchte. Während M1 es als unausweichliche Konsequenz darstellt (07-08), stellt F1 tribalistische Gründe in den Vordergrund und expliziert dies an einem Beispiel: In ethnisch heterogenen Ehen komme es zu Konflikten um die Namensgebung für die gemeinsamen Kinder. Beide Partner wollen die Namen ihres jeweiligen *tribes* an die Kinder weitergeben. Da es in diesen Fällen häufig Konflikte gebe, seien Scheidungen oft die Folge. Neben diesem Beispiel aus der persönlichen, familiären Sphäre führt F1 andere Gründe auf, die sie nutzt, um für eine vereinende Nationalsprache zu votieren. Auffällig ist hierbei die Einleitung ihres Gesprächsbeitrags (14). Welche Kriege sie meint, wird nicht deutlich, da sie nach diesem Satz umgehend auf das Familienbeispiel zu sprechen kommt. Die Gründe für den Themenwechsel an dieser Stelle sind nicht nachvollziehbar. Obwohl ihre erste Assoziation offensichtlich mit „Kriegen" zusammenhängt, führt sie den Gedanken nicht weiter aus, sondern leitet direkt auf das Familienbeispiel über.

Am Ende ihres Beitrags versucht sie auf die ugandische Nation zurück-
zukommen, wobei auch hier der Zusammenhang unklar bleibt. Es
scheint, als versuche sie auf die Vielzahl der Sprachen Ugandas zu verweisen, da sie von den Problemen der *tribes* auf Sprache kommt. Diese
Lesart legt nahe, dass sie die vielen Sprachen, korrelierend zu den verschiedenen *tribes* des Landes, als negativ für die Nation Ugandas erachtet. Davon unabhängig entspricht dieser Gesprächsausschnitt vielen
Aussagen der Gesprächspartner, die die Notwendigkeit einer Nationalsprache für Uganda betonen.

13.1.2 Nationalsprache als Faktor gesellschaftlicher Einigkeit
Einige Gesprächspartner hoben den Faktor der gesellschaftlichen Einigkeit des Landes als wichtiges und erstrebenswertes Ziel hervor.

<u>Beispiel 17</u>: Gul2009-52m (Acholi) (479-489)

```
01   JB: What do you think [mh] does Uganda need a national
02       language at all? Is there a need [ah mh] for a
03       unifying language? #00:44:16-2#
04   M1: Language? In what sense because I would have wished
05       to see if you are saying one you already have
06       English why do you a need national language? I
07       already said English is not unifying because ah from
08       a colonial discourse it's still seen as perpetrating
09       colonialism SO to brea- that out there is there for
10       need to bring on board a national language that
11       unifies ((hörbares Schnauben)) NOW national language
12       is not necessarily to be a local language
```

Auf die Frage der Interviewerin, ob der Sprecher glaube, dass Uganda
eine Nationalsprache, eine vereinende Sprache brauche, reagiert der
Sprecher mit einem Tadel, obwohl er zunächst durch die Hörersignale in
Zeile 01 und 02 Verstehen signalisiert. Er hinterfragt die Absicht der
Sprecherin durch die Verwendung einer Frage (04) und bringt anhand
seiner Intonation sein Unverständnis zum Ausdruck. Viel lieber wäre
ihm gewesen, so sein Einwand, die Interviewerin hätte gefragt, wozu
Uganda noch eine Nationalsprache brauche, wo sie doch Englisch hätten. Die Formulierung des Sprechers veranschaulicht, dass er sich eine
andere Frage bzw. eine andere Richtung der Frage gewünscht hätte (04-
05). Als älterer und beruflich erfolgreicher Mann positioniert er sich hier
der Sprecherin gegenüber als überlegen. Er führt sodann seinen *turn* so
fort, als sei die Frage der Interviewerin entsprechend seinen Vorstellungen gestellt worden, und manipuliert damit den Gesprächsverlauf.

Gleichwohl geht er auf die Frage nach der Nationalsprache ein und konstatiert, dass Englisch die Funktion der Nationalsprache nicht erfüllen könne, da es aufgrund seines kolonialen Bezugs nicht als „unifying" verstanden werde. Er bringt die Diskussion damit auf die Metaebene, die Funktionsebene von Sprache, und konstatiert, dass die Nationalsprache die Aufgabe habe, das Volk zu vereinen. In der Schlusssequenz erläutert er, dass nicht unbedingt eine lokale Sprache zur Nationalsprache gemacht werden müsse, um diese Einheit zu erzielen, und verweist damit auf den symbolischen Charakter, den Sprache im Identitäts- und Nationenbildungsprozess einnimmt. Er folgert, dass Uganda eine Nationalsprache brauche. Welche Sprache diese Funktion erfüllen könne, lässt der Befragte an dieser Stelle offen. Auch im folgenden Beispiel wird der vereinende Charakter hervorgehoben, allerdings mit einem anderen Fokus.

Beispiel 18: GD Gul2009fm (1475-1487)

```
01   F4:  ja I think we need a national language if we are to
02        unite
03   F1:  But we have a national language English
04   F4:  English is is is ok it's a national language but
05        it's
06   M2:  it's official
07   F4:  it's official it's not a national language and it's
08        like a foreign language it's not like an African
09        kind of language I think if we are to try and to
10        combat this cultural distinct and all this
11        differences [F1: mh] we didn't a national language
12        where we can identify as Ugandans and speak one
13        language
```

Im Gegensatz zu Beispiel 17 positionieren sich die Diskussionsteilnehmer dieser Gruppendiskussion eindeutig gegen Englisch als Nationalsprache. Auch hier wird die Notwendigkeit einer Nationalsprache – vor allem aus Gründen der Einheit – betont, jedoch scheint in der Interpretation dieser Gesprächsteilnehmer nur eine afrikanische Sprache in der Lage zu sein, Uganda zu vereinen (12). F4 hebt damit hervor, dass die bisherige und gegenwärtige Identifikation tribal und nicht national verlaufe. Eine Nationalsprache wird auch hier als Symbol für Vereinigung und Einigkeit dargestellt.

13.1.3 Nationalsprache als Sprache allgemeiner Verständigung

Der Sprecher M2 aus der geschlechtlich und ethnisch heterogenen Gruppendiskussion in Kampala beschreibt sehr ausführlich die Vorteile einer Nationalsprache für die ugandische Gesellschaft:

Beispiel 19: GD Kla2009fm (1177-1195, M2)

```
01  [...] SECONDLY the purpose of a language is to enable
02  people understand (.) understand whatever information
03  that is here towards their benefit for example if it is
04  a policy a governmental policy it is going to help a
05  national language is going to help politically, socially
06  and economically there is not way you are going to bring
07  economic program that you need people to benefit from
08  them and they don't understand the language in which the
09  programs are formulated in for example if you want to
10  make the locals understand what is taking place around
11  maybe what is taking place in the parliament and you
12  write the piece in English and you want the listed voter
13  the so called peasants down there, the ordinary people
14  to understand the message then again you have to((...))
15  with translating the message from ENGLISH to their
16  languages then again somebody must be there again to
17  read it those words for them I told you save a lot quite
18  much more better if somebody knew a language (.) they go
19  straight and communicate with them in the language they
20  understand and I think Kiswahili can do much better than
21  (.) ECONOMICALLY it will help people understand the
22  message in a economical way politically it will also be
23  easy and socially it will bring the people together
```

Diesem Abschnitt geht eine längere Sequenz über die Eignung des Kiswahili als Nationalsprache voran, bevor der Sprecher mit der Betonung auf „secondly" (01) die Argumentation auf die Bedeutung und Relevanz der Nationalsprache lenkt. Er unterscheidet drei relevante Ebenen, auf denen die Einführung einer Nationalsprache für Uganda von Vorteil seien: Ökonomisch ermögliche eine Nationalsprache, den Menschen die nationalen Wirtschaftsprogramme näher zu bringen, damit sie auch von diesen profitieren könnten (06f.). Auf welche Programme der Mann dabei genau verweist, ist unklar. Ähnlich argumentiert er für die politische Ebene: Eine gemeinsame Nationalsprache könne die politische Agenda des Landes allen Bürgern zugänglich machen. Damit die Menschen in den ländlichen Regionen Ugandas auch verstehen, was sich im Parlament abspiele, müssen die Dokumente immer vom Englischen in eine lokale Sprache übersetzt werden (14-16). Einfacher sei es daher, diese Dokumente in einer allgemein verständlichen Sprache zu publizieren, und führt hierbei wieder Kiswahili als diejenige Sprache an, die dies leisten könne (20). Zum Ende der Sequenz wiederholt er alle drei Punkte, wobei der wirtschaftliche Aspekt durch die Betonung hervorgehoben wird und offensichtlich von besonderer Bedeutung für ihn ist. Das Kernargument des Sprechers ist, dass durch eine einheitliche, allgemein verständliche Nationalsprache verschiedene Bereiche des wirtschaftlichen, sozialen und gesellschaftlichen Lebens profitieren würden. Das „Verstehen" steht als zentrale Kategorie im Fokus und deutet darauf hin, dass der Sprecher eine hohe Notwendigkeit der Einführung einer Nationalsprache in Uganda sieht. Auch die Beobachtungen in Uganda belegen, dass es in verschiedenen Gegenden für regional und ethnisch fremde Menschen schwierig ist, Kontakte zu knüpfen und in einen kommunikativen Austausch zu kommen, da es kein nationales Kommunikationsmittel gibt.

In einem Abschlusssatz geht er auf die soziale Ebene ein, auf der die Nationalsprache die Leute vereinen könnte. Auch in der Formulierung des Sprechers übernimmt Sprache im sozialen Kontext *Agency* und wird als handelnder Akteur dargestellt. Sprache erfüllt auf der sozialen Ebene die Rolle eines „Vermittlers".

Einheit – als angestrebtes Ziel für Uganda – wird im Folgenden als Grad der Entwicklung eines Landes konstruiert:

Beispiel 20: GD Mba2009fm (2569-2592)

```
01   M1:  I will explain something here [F2: mhm] the reason
02        why many countries in Europe are VERY developed is
03        because they have ONE language which cuts through
04        (.) here's an example of Spain, it's completely
05        Spanish and everyone speaks Spanish
06   F2:  Those are developed countries
07   M1:  next example of German everybody in German speaks
08        DEUTSCH and Deutsch and
09   F2:  anything
10   M1:  the French speak French and that is it so you
11        realize with that one language cutting through
12        communication is very easy ((M4 und F2 reden leise
13        parallel aber unverständlich) I mean I don't have to
14        come and break my head find you to speak Lugizu
15        because he is an Mugizu and I'm an Iteso so I can't
16        I can't interrelate with her
17   JB:  I see
18   M1:  so we need one national language which is going to
19        be able to facilitate easily communication between
20        us simple as that
21   M4:  That is a problem in Uganda
```

M1 sieht einen Zusammenhang zwischen dem Grad der Entwicklung eines Landes und der Anzahl der dort gesprochenen Sprachen. Die „sehr" entwickelten Länder seien jene, die nur eine Sprache haben, und führt als Beispiele die europäischen Länder Spanien, Deutschland und Frankreich auf. Durch die Betonung von „sehr" hebt der Sprecher hervor, dass er unterschiedliche Grade von Entwicklung definiert und dass die genannte Länder diesen höchsten Status erreicht hätten. Anhand dieser Länderbeispiele zeigt M1 auf, dass Kommunikation sehr einfach sei (12). M1 schlägt schließlich eine Brücke zur Situation in Ostuganda und beschreibt, dass er sich seinen „Kopf nicht zerbrechen" müsse, wenn die ugandische Situation ähnlich der europäischen wäre. Er ergänzt, dass er beispielsweise als Iteso Schwierigkeiten habe, mit Lugizusprechern in Kontakt zu treten (16). M1 bezieht sich in seiner deiktischen Wendung „her" auf eine andere Teilnehmerin der Gruppendiskussion, deren Muttersprache Lugizu ist. In der Darstellung von M1 scheint den beiden eine gemeinsame Kommunikationsbasis zu fehlen. Da beide jedoch fließend Englisch sprechen, ist die Stelle so zu interpretieren, dass sich M1 eine andere nationale Sprache als Englisch für Uganda wünscht, da Englisch nicht als Lösung angesehen und daher nicht angesprochen wird. In der Betonung, dass es wirklich „eine" nationale Sprache brauche, wird deutlich, dass er diesbezüglich Handlungsbedarf sieht. Die Problematisierung in Zeile 21 allerdings zeigt auf, dass dieser zwar offensichtlich zustimmt, aber wenig Erfolgsaussichten sieht und das Thema in Uganda offensichtlich problematisch ist.

13.1.4 Nationalsprache als Konfliktgegenstand
Die Haltungen gegenüber einer möglichen Nationalsprache werden bisweilen sehr kontrovers diskutiert.

<u>Beispiel 21</u>: GD Mba2009fm (2068-2113)

```
01   F2: actually it [is hard] to get a national language
02   M4:            [it's hard]
03   F1: Luganda, Luganda and Kiswahili (.) those two
04   M2: point of discussion here
05   F1: but the rest eh mh I don't think it is necessary
06   JB: don't
07   M2: that point is still being debated
08   JB: I know
09   F2: In Uganda it has failed ((lacht))
10   JB: <so but> when you about your [opinion        ]
11   M1:                             [Uganda needs a]
12       national language
```

```
13   F2:  national language
14   JB:  ok, she says no
15                 ((alle lachen))
16   F1:  I said, I said [JB: sorry?] as long as it is not
17        [Luganda]
18   F2:  [Luganda]
19   F1:  this national language must be strictly Kiswahili
20        and English besides [M1: and] or maybe French
21   F2:  and English can't be
22   F1:  because it's a totally different language but
23        strictly a language used within Uganda itself
24   F2:  oh oh why do you are up to French when you can
25        [even reach your own]
26   M4:  [and you can adopt Kiswahili]
27   F2:                          LUGANDA even if for all
28        Ugandans your own brother
```

In dieser hitzig geführten Debatte einer geschlechtlich wie ethnisch heterogenen Gruppendiskussion in Mbale wird sowohl die Frage, ob Uganda eine Nationalsprache brauche, als auch die Frage, welche Sprache diese Aufgabe erfüllen könne, diskutiert. Nach der Eröffnung der Textsequenz, dass es schwierig sei, eine nationale Sprache zu finden (01), greift F1 in die Diskussion ein und stellt für sich fest, dass Uganda nicht notwendigerweise eine Nationalsprache brauche (05). Ihr hingegen widersprechen F2 und M1, die sich für die Einführung einer Nationalsprache aussprechen. Die Wiederholung von „national language" durch F2 in Zeile 13 ist als *double accord*, im Sinne einer Verstärkung des Arguments von M1 zu lesen (vgl. Beispiele 6 & 10). Die Frage, welche Sprache als Nationalsprache etabliert werden könne, löst eine sehr engagierte Diskussion aller Interaktanten aus, was an der überlappenden Sprechweise sichtbar wird.

Die Gesprächsteilnehmer diskutieren unterschiedliche Sprachmodelle, und der Verlauf der Gesprächsführung zeigt, dass es keine konsensuale Haltung zu dieser Frage gibt. Während F1 gegen die Ein führung von Luganda ist, vertritt F2 eine pro-Luganda Haltung (24-27), die sie durch die These stützt, dass eine ugandische Sprache Nationalsprache werden müsse, und plädiert für das „eigene Luganda" (25, 27), wobei Luganda durch die Betonung besonders hervorgehoben wird. F1 hingegen favorisiert Kiswahili, Englisch oder Französisch und vertritt damit eine oppositionelle Position. Bereits in dieser Runde von Menschen, die einander freundschaftlich verbunden, aber unterschiedlicher ethnischer Herkunft sind, ist erkennbar, dass die Frage der Nationalsprache Konfliktcharakter birgt und nur eine geringe Kompromissbereitschaft erkennen lässt.

Während in der Gruppendiskussion in Mbale die Debatte unter den Teilnehmern bereits das Konfliktpotential des Themas andeutet, hebt F1 in der Gruppendiskussion in Gulu diese in ihrem Redebeitrag explizit und ausdrücklich hervor.

Beispiel 22: GD Gul2009fm (1714-1727)

```
01   Yes because if I look at Uganda really and then we are
02   to choose one language you know (.) everyone in Uganda
03   wants to be notified you know? I want to be noticed by
04   someone the other one wants to be noticed you we've all
05   abused ourselves we all know our weaknesses and our
06   strong points you know SO and and the main issues is
07   that we've really not fight ourselves through our
08   languages that's why you see some of the Acholis
09   wouldn't wish to identify themselves in as Acholi
10   speakers (.) why because ahm of the stereotype just
11   like I was also saying of the Basogas you know but then
12   back home they're so proud of it and then again when
13   they are with their peers they wouldn't wish to to be
14   heard speaking the other language so it's really going
15   to create conflict of which language actually to choose
16   you know?
```

Sprecherin F1 beschreibt das Szenario, was passiere, müsse man eine Nationalsprache in Uganda wählen. Die Verwendung der *Agency* „we" (01), einem inklusiv zu deutenden „wir", erweckt den Eindruck, als handele es sich dabei um eine Entscheidung, die von der Bevölkerung getroffen werde. Unter Umständen referiert sie hierbei bereits auf die Nation und sieht sich als Teil von ihr. Unabhängig von der verwendeten *Agency* verdeutlicht sie, dass alle ugandischen Ethnien „berücksichtigt" werden wollen (03-04). Alle Ethnien hätten ihre starken und schwachen Seiten. Allerdings, und hier erfährt ihre Argumentation eine interessante Wendung, würden nicht alle für ihre Sprachen kämpfen wollen. Am Beispiel der Acholi, zu denen sie selbst zählt, führt sie aus, dass Stereotype, die mit den Acholi verbunden werden (siehe hierzu 13.2.3 Schmerz und Scham), viele Acholi davor abschrecke, als solche identifiziert werden zu wollen. In ihrer Argumentation verläuft diese Identifikation über Sprache (08-09). Die Sprecherin referiert an dieser Stelle unterbewusst auf die Sprachattitüden. Sie führt noch ein Beispiel über die Basoga an, die als „stolz" bezeichnet würden und die keine andere Sprache als ihre eigene würden sprechen wollen (12). F1 schließt ihren Gesprächsbeitrag mit

„it's really going to create conflict of which language actually to choose" (15f.). Mit der Wendung „really" betont sie die Relevanz und leitet damit die Gewichtigkeit ihrer Aussage ein. Die Wahl einer Nationalsprache könne zu Konflikten führen und sei daher eine schwierige Entscheidung.

Die hier aufgeführten Beispiele haben verdeutlicht, dass die Frage der Nationalsprache im Bewusstsein der ugandischen Bevölkerung verankert ist. Wenngleich die Frage häufig von der Interviewerin eingeführt wurde, zeigen die Reaktionen in den Befragungen und die lebhaften Auseinandersetzungen in den Gruppendiskussionen, dass es sich bei der Nationalsprache um ein gesellschaftlich präsentes und relevantes Thema handelt. Ferner hat die Empirie gezeigt, dass sich die Mehrzahl der Befragten *für* eine Nationalsprache ausgesprochen hat. Gleichzeitig konnte in den hier zitierten Ausschnitten gezeigt werden, dass die Frage, welche Sprache die Rolle der Nationalsprache einnehmen kann, schwierig und konfliktreich zu sein scheint, was auch folgender Beitrag einer Teilnehmerin der Gruppendiskussion in Gulu bestätigt:

Beispiel 23: GD Gul2009fm (1633-1644, F1)

```
01   and you'll find having a national language will really
02   be a very difficult thing in Uganda. YES it's good
03   because it unites it it if you want me to fingerpoint at
04   me you you are an Acholi you you are a Muteso you you
05   are a what because we shall all understand each other
06   you know rather than me coming to speak to you in a
07   language you don't understand. You may not even know
08   English as well so our communication is really difficult
09   SO a unified language would be good but then just like
10   my colleagues raised it "which one?" [JB: ja] given
11   the fact that we really have that multiple languages
12   being spoken in Uganda so it's still a questionmark (.)
13   Now our MPs try to debate about it and they have still
14   left it hanging there ((lacht))
```

Die Sprecherin betont, dass die Einführung einer Nationalsprache gut sei, aber dass es sich dennoch um eine „schwierige Sache" handele (02). Mit der Betonung von „YES, it's good" drückt sie ihre affirmative Einstellung zu einer Nationalsprache aus und führt weiter aus, warum sie eine Nationalsprache befürworte: Mit der Metapher des „Fingerzeigs" (03), die, in abfälliger Weise auf jemanden zeigen, im Sinne einer exkludierenden Handlung, vor allem negativ konnotiert ist, führt sie das Problem der konfliktreichen interethnischen Beziehungen in Uganda an. Implizit scheint sie hier auf die unterschiedlichen Sprachen der Ethnien zu verweisen, die einen Menschen als zugehörig zu einer bestimmten Gruppe „markieren". Durch eine gemeinsame Sprache könnten diese Unterschiede überwunden werden (05-10). Das Englische scheint sie nicht überbrücken zu können, weshalb die Befragte die Kommunikation in Uganda als kompliziert beschreibt (08). Eine gemeinsame Sprache, so schlussfolgert sie, sei daher von Vorteil, allerdings stelle sich hierbei die Frage, welche Sprache diese Funktion erfüllen könne. Sie bietet hierfür keine Lösung an, verweist lediglich auf die Vielzahl der ugandischen Sprachen und bemerkt am Ende ihres Redebeitrags, dass die Parlamentsabgeordneten („MPs") bisher auch keine Lösung gefunden hätten.

Im Folgenden werden die verschiedenen Sprachattitüden analysiert und schließlich ein Resümee zu den einzelnen Sprachen und ihren Sprachideologien gezogen.

13.2 Sprachattitüden der ugandischen Bevölkerung

Die Betrachtung der Regierungsperspektive hat gezeigt, dass die ugandische Regierung Kiswahili als Nationalsprache präferiert. Die Sprachattitüden der Regierung zu Kiswahili umfassen die Bilder von wirtschaftlichem Fortschritt, ostafrikanischer Einheit und anti-tribalistischer Kraft. Allerdings bezieht die Regierung keine eindeutige Haltung zu Kiswahili (vgl. Kapitel 12), bzw. vermischen sich in der Regierungsposition politische Absichten mit alten Stereotypen, die Kiswahili als negativ beschreiben, sodass die Sprachattitüde der Regierung keine klaren Konturen annimmt. Die Ergebnisse des vorangehenden Kapitels belegen, dass die Bevölkerung in Uganda auch eine Notwendigkeit zur Etablierung einer Nationalsprache sieht. Jedoch sind nicht nur die Sprachoptionen, die die Befragten einführen, sondern auch die Haltungen, die sie gegenüber diesen Sprachen haben, deutlich vielschichtiger und sehr kontrovers, wie im weiteren Verlauf des Kapitels gezeigt werden wird. Bei der Analyse der Sprachattitüden konnten mithilfe der Methode der qualitativen Inhaltsanalyse (nach Mayring) verschiedene Kategorien herausgearbeitet werden, von denen in den folgenden Kapiteln die prägnantesten und am häufigsten genannten Sprachattitüden dargestellt werden.

In den Gesprächen hat sich offenbart, dass nicht alle 43 Sprachen des Landes als Option für die Nationalsprache betrachtet werden. Vielmehr haben sich vier Sprachen herauskristallisiert, die von den Gesprächsteilnehmerinnen und -nehmern kontrovers als Nationalsprache diskutiert wurden. Diese Sprachen sind Englisch, Kiswahili, Acholi und Luganda. Im Anschluss an die Betrachtung der einzelnen Sprachattitüden werden daraus Profile dieser vier Sprachen erstellt und in Bezug zur Nationalsprachenpolitik gesetzt.

Swahili oder auch Kiswahili ist die am weitesten verbreitete und eine der am besten beschriebenen Sprachen Afrikas und wurde bereits ausführlich in 12.6.1 Präferierte Nationalsprache Kiswahili vorgestellt. Luganda ist nach der offiziellen Sprache Englisch die am weitesten verbreitete Sprache des Landes (vgl. 9.2.1 *Kampala District*). Acholi, eine nilotische Sprache wird vor allem im Norden Ugandas gesprochen und hat ca. 1,2 Millionen Sprecher (vgl. Lewis 2009, vgl. auch 9.2.5 Der Norden: *Gulu District*).

Die Analyse hat ergeben, dass die ugandische Bevölkerung sehr facettenreiche Sprachattitüden zu den einzelnen Sprachen konstruiert. Im Folgenden werden die besonders markanten und wiederholt vorkommenden vorgestellt und die Assoziationen, Stereotype und Symboliken, die hinter den Sprachattitüden stehen, analysiert.

13.2.1 Neutralität

Einige Gesprächspartnerinnen und -partner sehen in der Neutralität einer Sprache eine wichtige Eigenschaft für eine Nationalsprache. Worin sich diese „Neutralität" begründet, weshalb sich daraus eine Eignung als Nationalsprache ableitet und welche Sprachen als „neutral" konnotiert werden, wird anhand der folgenden Beispiele illustriert.

<u>Beispiel 24</u>: Kla2008-35f (Luganda) (505-517)

```
01   F1:  but if it's not if you pick out five
02   JB:  ja?
03   F1:  it's like we are splitting the country. This other
04        people who are not among the five will complain and
05        ask why and be part of that. Uganda, there's so many
06        languages you can't pick out of them to be national
07        language. So I think the neutral one would [be  ]
08   JB:                                             [the ]
09        best choice?
10   F1:               would be Kiswahili
```

Auf die diesem Abschnitt vorausgehende Frage der Interviewerin, was passiere, wenn man fünf Sprachen als Nationalsprachen etabliere, betont die Frau, dass man am besten eine neutrale Sprache als National-sprache in Uganda wählen möge (07). Sie führt dies anhand eines Bei-spiels aus, indem sie demonstriert, was zu erwarten sei, wenn man be-sagte fünf ugandische Sprachen zu Nationalsprachen machte. Die ande-ren Volksgruppen von Uganda, so die Sprecherin, würden beanstanden, dass nicht ihre Sprache unter den ausgewählten Sprachen sei. Ugandas Sprachenvielfalt verhindere, *eine* Sprache auszuwählen und diese zur Nationalsprache zu machen (06-07). Daher schlägt sie eine „neutrale" Al-ternative vor. Ungeachtet der Unterbrechung durch die Interviewerin fährt die Interviewte fort, dass diese neutrale Sprache Kiswahili sei. Die Assoziation der Neutralität von Kiswahili scheint daher zu rühren, dass Kiswahili keine indigene Sprache ist und von nur ca. 2.000 Erstsprachen-sprechern in Uganda gesprochen wird (vgl. Lewis 2009). Neutralität ist ein wiederkehrendes Motiv und eine sehr häufig erwähnte Sprachattitü-de des Kiswahili, wie auch folgendes Beispiel belegt:

<u>Beispiel 25</u>: Kla2008-35f (Luganda) (366-374)

```
01   I would say people thought that we really needed a
02   national language but ah since Uganda is made up of many
03   many cultures, many many languages people will speak
04   many languages is not like maybe Rwanda, it's not like
05   (.) Kenya where they speak like Kiswahili. Uganda has
```

```
06   many languages and cultures so if you choose Luganda
07   someone from the North will complain that why Luganda
08   why not (.) so if you choose Kiswahili most people feel
09   Kiswahili is violent but the best one could be Kiswahili
10   cause it's neutral
```

Diese Sprecherin leitet ihren Redebeitrag damit ein, dass es einige Menschen in Uganda gebe, die die Notwendigkeit sehen, eine Nationalsprache in Uganda einzuführen (01-02). Die Angabe „people" wird hierbei nicht genauer definiert oder beziffert. Sie scheint sich aber von diesen Menschen distanzieren zu wollen und berichtet aus der Position der Beobachterin. Sie verweist im Folgenden darauf, dass Uganda – im Vergleich zu den ostafrikanischen Nachbarstaaten – ein multilingualer Sonderfall sei. Obwohl auch die Nachbarstaaten, die sie benennt, Kenia und Ruanda, multilinguale Staaten sind, empfindet sie die Situation in Uganda offensichtlich als besonders und sieht einen Unterschied zu den genannten Staaten (04-06). Das Nachbarland Kenia, darauf scheint die Sprecherin verweisen zu wollen, verfüge – im Gegensatz zu Uganda – mit Kiswahili über eine Nationalsprache. Für Uganda wirft sie das Problem auf, dass die Wahl einer indigenen Sprache wie Luganda Konfliktpotential bergen könne, da sich die Sprecherinnen und Sprecher einer anderen Sprache benachteiligt fühlen und sich „beschweren" würden (07-08). Sprachlich verstärkt sie hier ihre Aussage durch die Verwendung einer Pause statt der erwarteten Erwähnung der Sprache. Die Nennung der Sprache scheint für ihre Argumentation unwichtig zu sein: Sie wählt eine Generalisierungsstrategie, indem sie die Antwort durch eine Pause ersetzt, und betont so ihr Fazit, das für alle Sprachen Ugandas Gültigkeit besitze: Die Erhebung einer Sprache in den Status einer offiziellen Sprache oder Nationalsprache sei für ihre Sprechergemeinschaft mit einem Macht- und Prestigegewinn verbunden. Eine Sprachwahl zugunsten einer ugandischen Sprache wird hier als Ungleichbehandlung empfunden und daher als mögliche Option ausgeschlossen.

Resümierend führt die junge Frau Kiswahili als Nationalsprache ein und stimmt hierin mit der Position der Regierung überein. Obwohl als „beste Lösung" vorgestellt, führt sie Kiswahili zu Beginn ihres Arguments sehr negativ ein und entwirft es als „gewaltsame Sprache" (09) und greift damit auf eine sehr dominante Sprachattitüde von Kiswahili zurück (siehe folgendes Kapitel).

Gleichwohl schließt die Sprecherin ihren Redebeitrag mit dem Urteil, dass Kiswahili die „beste" Lösung für eine Nationalsprache sei, weil es das Kriterium der Neutralität erfülle und so Konflikten zwischen den ethnischen Gruppen Ugandas vorgebeugt werden könne. Die Gleichberechtigung der verschiedenen Sprachen Ugandas wiegt dabei schwerer als die Haltung, dass Kiswahili mit Gewalt gleichzusetzen sei. Neutralität wird hier also konstruiert als eine nicht indigene Sprache. Dies ist ein ebenfalls häufig auftretendes Motiv: Eine Nationalsprache muss neutral sein, um die Gesellschaft eines Staates zu einer Nation vereinen zu können. Dies wird auch in anderen Studien als Argumentationsmuster herangezogen, wenn es darum geht, keine Ethnie durch die Wahl ihrer Sprache zu bevorteilen. Ndhlovu (2009) präsentiert in seinem Material zu Nationalsprachen und Sprachpolitik in Simbabwe ähnliche Argumentationsmuster in Bezug auf Englisch (vgl. Ndhlovu 2009: 109). In Uganda wird Englisch diese Sprachattitüde nicht zugeordnet. Vielmehr wird Englisch als Sprache der Macht rekonstruiert und daher die Eignung als Nationalsprache abgesprochen, obwohl es, ebenso wie das Kiswahili, keine ugandische Sprache ist und ein hohes Prestige genießt. Der Sprecher aus Gulu unterscheidet in diesem Transkriptausschnitt zwischen den Eigenschaften „accomodative" und „unifying".

Beispiel 26: Gul2009-52m (Acholi) (434-436, 466-489)

```
01   Yes yes ahm well so far we use English it's been not
02   unifying but accommodative this are two different terms.
03   English is not a unifying language it's an
04   accommodative language
```
und weiter:
```
05   I already said English is not unifying because ah from a
06   colonial discourse it's still seen as perpetrating
07   colonialism SO to break that out there is there for need
08   to bring on board a national language that unifies
09   (Schnauben) NOW national language is not necessarily to
10   be a local language (.)
```

M1 bezieht sich hier auf die Frage der Interviewerin, ob Uganda eine Nationalsprache brauche. Im Verlauf seiner Antwort kommt er zur Unterscheidung der beiden Termini und macht damit klar, dass Englisch trotz einiger hier nicht genannter Eigenschaften nicht als Nationalsprache tauge, weil es keinen vereinenden Charakter habe (03/05). Dies führt der Mann auf die koloniale Vergangenheit zurück. In seiner Antwort bereitet er dann seine – im weiteren Gesprächsverlauf ausführlich erklärte – Präferenz des Kiswahili als Nationalsprache vor, indem er feststellt, dass eine Nationalsprache keineswegs eine lokale Sprache sein müsse (10). Der Sprecher distanziert sich damit eindeutig von Englisch als Nationalsprache.

Neutralität scheint insofern von Bedeutung zu sein, als die Ernennung einer Sprache zur Nationalsprache Gleichberechtigungsansprüche der Gesellschaft verletzen könnte. Der folgende Sprecher aus dem *Naka-*

songola District weist gerade auf diese Problematik hin und hebt damit den Stellenwert und das Potential von Kiswahili als neutraler Sprache hervor:

Beispiel 27: Nak2008-15m (Ruruuli) (507-531)

```
01  M1: ok, they want to introduce one language, one
02      national language, and that is the Swahili, they
03      wanted the Swahili to be a national language
04  JB: ok, what do you think about, do you think it's
05      important to have a national language or not?
06  M1: No, it is important
07  JB: Why?
08  M1: You see, its importance is (.) people do not despise
09      others [JB: mh] eh they need one as a group. Stay
10      together, there is no segregation [JB: ok] eh.
11      Because if you, if a Muganda talks in that same
12      language with the Munyoro, there won't be
13      segregation. By the moment when someone speaks
14      Ruruuli and the other one speaks Luganda then the
15      Muganda will despite the Muruuli
```

Wenn Menschen unterschiedlicher Herkunft dieselbe Sprache sprechen, so der Sprecher, der hier als Beispiel einen Muganda und einen Munyoro benennt, gebe es keine Segregation (10). Dies lässt den Umkehrschluss zu, dass unterschiedliche Sprachen eine trennende Wirkung haben können und dass es zum gegenwärtigen Zeitpunkt in Uganda keine nationale Einheit gebe. Zudem scheint es, als könne das Prestige von Sprachen die Beziehung zwischen Menschen beeinflussen. Die Sprecher der prestigereicheren Sprache stehen somit hierarchisch über den Sprechern einer prestigeärmeren Sprache. An dieser Stelle vermischt sich Gegenstandsebene mit Metaebene: In Kapitel 11.3 wurde die Machtfunktion von Sprache analysiert und konstatiert, dass über Sprache Macht ausgeübt werden kann. Ähnlich wie in der Argumentation der Sprecherin des Beispiels 25, spielt Macht auch hier eine zentrale Rolle: Indem steigendes Sprachprestige sich auf eine Sprechergemeinschaft und ihre Positionierung in der Gesellschaft auswirkt, wird Sprache zu einem Machtfaktor in interethnischen Beziehungen. Als Sprecher des Ruruuli, einer unterdrückten Minderheitensprache Zentralugandas, ist der Interviewte hiervon besonders betroffen: Seiner Aussage zufolge werde durch die Verwendung des Luganda in einem Gespräch zwischen einem Muganda und einem Muruuli Letzterer durch die Sprachwahl beleidigt (15). Der Muganda spiele demnach seine Macht aus.

Auf sprachlicher Ebene lassen sich Machtkämpfe und Ungleichheiten manifestieren. Häufig sind sie Ausdruck des bestehenden Konfliktpotentials zwischen Menschen, Gruppen oder Ethnien[119]. Dieses Argument wird von den Gesprächspartnerinnen und -partnern häufig aufgegriffen: Es scheint Konsens zu bestehen, dass die Wahl einer indigenen Sprache zu Problemen führen könne, da sich Teile der Bevölkerung missachtet und benachteiligt fühlen. Kiswahili erscheint in diesem Zusammenhang als die einzige Möglichkeit einer Nationalsprache, bei der sich niemand ausgeschlossen fühlen muss. Die Sprecherin aus Beispiel 24 beendet ihre Sequenz wie folgt:

Beispiel 28: Kla2008-35f (Luganda) (495-501)

```
01   F1: at least for Kiswahili would (.) it's a neutral
02   JB: ok it's about neutrality
03   F1: ja, you know it becom- you know if it's neutral we
04       are safer ((lacht))
```

Der Abschlusssatz der Sprecherin, dass eine neutrale Sprache für die Menschen Sicherheit bedeute („we are safer"), impliziert, dass es sich bei dem Thema der Nationalsprache um ein konfliktreiches Thema zu handeln scheint. Die Nationalsprache hat offensichtlich einen Einfluss auf die interethnischen Beziehungen des Landes und kann für Unruhe sorgen. Hierbei scheint die Sprecherin vor allem darauf hinzuweisen, dass es gefährlich werde, etabliere man keine neutrale Sprache. Die paralinguistische Äußerung des Lachens am Ende ihres Gesprächsbeitrags scheint die Sprecherin als Abschwächungsstrategie zu nutzen, um die Formulierung „we are safer" zu entschärfen.

Im europäischen Kontext wurde bereits auf das Konfliktpotential von Sprachen und Sprachpolitik hingewiesen:

„Die regionalen Konflikte im Europa des 20. Jahrhunderts haben fast ausnahmslos ihre sprachliche und sprachenpolitische Komponente: Vom katalonischen und vom baskischen Konflikt sowie vom wallonisch-flämischen war andeutungsweise schon die Rede. [...]. Die Landschaft Kosovo, die Sezession der Slowakei, [...] und schließlich die vielen neuen Konfliktherde längs der christlich-muselmanischen Kulturgrenze im Süden der GUS sind weitere Beispiele für regionale Auseinandersetzungen, bei denen die Sprachenfrage eine wichtige oder gar die ausschlaggebende Rolle spielt. Auch der Nordirland-Konflikt hat seine sprachliche Seite: die Identifikation der katholischen Partei mit keltischer Kultur und mit (süd-) irischem Gälisch" (Schröder 1995: 59f.).

---

119 So kann man dieses Beispiel der Baruuli auch als einen auf die Sprache verlegten Konflikt beschreiben: Die Konflikte zwischen Baruuli und Baganda sind manifester Natur, und die offizielle Diskussion um Sprache bzw. die Förderung des Ruruuli sind Ausdruck dieses Konflikts, der sich auf alle Facetten des Lebens, so auch auf die Sprache auswirkt.

Nach der Definition von Neutralität im Sinne der lateinischen Herkunft *ne uter* (keiner von beiden) ist eine neutrale Sprache eine Sprache, die frei ist von kritischen Assoziationen, wobei dies bei lebenden Sprachen natürlich perspektivisch unterschiedlich wahrgenommen wird. Die Sprache, die für die Menschen einer Sprechergemeinschaft als neutral wahrgenommen wird, wird von einer anderen als negativ und somit konfliktreich empfunden. Eine objektive bzw. absolute Neutralität ist womöglich nur der Kunstsprache „Esperanto"[120] attestierbar (vgl. hierzu auch Sikosek 2006).

In Uganda wird das Motiv der Neutralität sehr häufig verwendet und mit Kiswahili in Verbindung gebracht. Dies ist vergleichbar mit der sprachpolitischen Situation Kenias, in der auch Kiswahili als Nationalsprache aufgrund seiner Neutralität fungiert:

> „[Ki-]Swahili is favoured as the best unifier for the nation because it is an African language that is easily accepted by Kenyans of all ethnic and regional backgrounds as the national language, and for communication among Kenyans of all regional and social backgrounds who regard it a ,neutral' language devoid of connotations of power, or political or economic domination" (Githiora 2008: 250f.; Hervorhebung im Original).

Ein wesentliches Ziel einer Nationalsprache ist die Integration und nicht Segregation einer Gesellschaft. Sprachliche Neutralität erscheint in diesem Zusammenhang als Ausdruck von Gleichberechtigung der verschiedenen Sprachgemeinschaften eines Landes. Eine Nationalsprache muss neutral sein, um die Gesellschaft eines Staates zu einer Nation zu vereinen. Sowohl Bevölkerung als auch die Regierung konnotieren und idealisieren Kiswahili als neutrale Sprache. Englisch wird – obwohl es auch keine indigene ugandische Sprache ist – aufgrund seines kolonialen Bezugs nicht als neutral empfunden. Dies ist in Simbabwe, das ebenfalls von den Briten kolonialisiert wurde, anders: Dort scheint die Fremdherrschaft keinen negativen Einfluss auf die Sprachattitüde gehabt zu haben, da Ndhlovu Englisch als neutrale Sprache beschreibt (vgl. Ndhlovu 2009). In Uganda wurde Englisch von keinem Gesprächspartner als neutrale Sprachoption genannt. Eine generalisierende Aussage über das Prestige der Kolonialsprache kann offensichtlich nicht gemacht werden.

Die anti-tribale Position der Regierung spiegelt sich in der Argumentation der Bevölkerung wider. Inwieweit die Haltung der Bürger durch die politischen Reden der Regierung beeinflusst ist, kann an dieser Stelle

---

120 Esperanto wurde von der Weltgemeinschaft der Vereinten Nationen 1954 offiziell als Sprache anerkannt.

nicht gesagt werden, da sich kein Gesprächspartner auf die Regierungsposition bezieht.
Es bleibt festzuhalten, dass die Sprachattitüde der Neutralität ausschließlich Kiswahili zugeschrieben wird.

13.2.2 Gewalt

Kiswahili und Acholi werden in Uganda mit Gewalt assoziert und
von vielen Gesprächspartnerinnen und -partnern als gewaltsame Sprachen konstruiert, was sich auf unterschiedliche (historische) Ereignisse
zurückführen lässt.

Beispiel 29: Kla2008-35f (Lugand) (236-239)

```
01   Kiswahili was ah there is a way Ugandans don't really
02   like Kiswahili cause of the past. During the war you
03   know the soldiers used to use Kiswahili for violence so
04   they refer Kiswahili to violence
```

Die Sprecherin konstatiert, dass Kiswahili von der ugandischen Bevölkerung nicht sehr geschätzt werde. Die Ugander würden Kiswahili
„wegen der Vergangenheit" nicht mögen, wobei Vergangenheit im Anschluss mit „during the war" expliziert wird, ohne dass dabei das
Kriegsereignis genauer definiert wird (02). In der ugandischen Geschichte lassen sich verschiedene Geschehnisse identifizieren, auf die die Bezeichnung „Krieg" zutreffen könnte: Einerseits könnte die Sprecherin
auf die Gewaltherrschaft Idi Amins (1971-1979) verweisen, der, ebenso
wie sein Militär, Kiswahili sprach. Andererseits könnte sie auf die
Kampfhandlungen der Guerillabewegung NRA (vgl. Kapitel 12.4.1
Machtübernahme 1986) des amtierenden Präsidenten Museveni referie-
ren, die ebenfalls Kiswahili zur Kommunikation untereinander nutzte.
Unter Berücksichtigung des Alters der Frau ist es ebenfalls möglich, die
Aussage auf den rezenteren Zeitraum und damit den Konflikt zwischen
der Regierung und der Rebellenbewegung Lord's Resistance Army
(LRA)[121] zurückzuführen. Alle genannten, bewaffneten Gruppen sprechen Kiswahili.
Unabhängig davon, auf welches Ereignis sie sich bezieht, macht ihre
Aussage deutlich, dass Kiswahili offensichtlich mit Gewalt, sprachlich
ausgedrückt durch „war" und „soldiers", assoziiert wird und damit eine
negative Konnotation erfährt. Dies spezifiziert sie und konstatiert, dass
die Soldaten Kiswahili nutzten, um Gewalt auszuüben (03). Dies erweckt
den Eindruck, als hätten die Soldaten bereits durch den Gebrauch der

---

121 Einige Mitglieder der LRA sprechen Kiswahili, weil sie dem Militär entstammen.

Sprache Gewalt ausgeübt: Gewaltausübung und sprachliches Handeln scheinen hier sehr eng miteinander verknüpft zu sein und schaffen eine negative Sprachhaltung, die Kiswahili als Gewaltakteur konstruiert, wie auch folgendes Beispiel zeigt:

<u>Beispiel 30:</u> Kla2008-37f (Lugizu) (896-899)

```
01   People think rebels, military, people who also do
02   negative things (.) I think people who do negative
03   things they will use Swahili and which is true. Even
04   thieves when they come in to break at night they use
05   Swahili
```

Auch diese Uganderin führt den Aspekt der Gewalttätigkeit wieder auf, allerdings rahmt sie ihn anders. Rebellen und Militär sowie „people who also do negative things" (03) sprechen laut der jungen Frau Kiswa – hili. Sie geht damit über die schon bekannte Zuschreibung für Militär und Rebellen hinaus und bindet in ihre Argumentationsstrategie auch Diebe und Einbrecher ein. Sie beschreibt Kiswahili also als Sprache von Menschen, die entgegen ihren moralisch-ethischen Maßstäben handeln. Die Verwendung des Begriffs „also" (03) scheint sich auf Rebellen und Militär zu beziehen und schreibt ihnen damit zu, dass sie diese auch mit „negativen Sachen" (02f.) assoziiert. Die argumentative Verknüpfung des Militärs, einer staatlichen Exekutivgewalt, mit den Rebellen lässt vermuten, dass das Vertrauen der Sprecherin in die Armee des Landes nicht sehr groß ist. Mit der Generalisierung spricht sie allen drei Gruppen ausschließlich negative Konnotationen zu. Die Sprecherin geht sogar noch weiter und benennt „Diebe", die, wenn sie nachts einbrächen, als Kommunikationsmittel Kiswahili nutzten, und präzisiert damit, dass Kiswahili ausschließlich von Menschen mit niederen Beweggründen verwendet würde. Zur Stärkung ihrer Argumentation leitet sie ihren Gesprächsbeitrag mit einer Verallgemeinerung ein: „people think". Mit dieser und der Formulierung „which is true" (03) verleiht sie der Aussage Nachdruck und stellt ihre Sprachattitüde als Allgemeingut dar. Diese sprachliche Argumentationsstrategie untermauert das Gesagte mit einer besonderen Stärke und Schärfe.

Es wäre interessant zu untersuchen, ob die von der Frau angesprochenen Diebe tatsächlich Kiswahilisprecher sind, sie diese Metapher ihrerseits einfach instrumentalisiert, oder ob Diebe sich tatsächlich gezielt dieser Sprache aufgrund ihrer negativen Sprachattitüden bedienen, um so Angst zu verbreiten. Dies ware dann ein Beispiel für die gezielte Nutzung einer Sprachattitüde, um eine bestimmte Reaktion oder Haltung bei Dritten zu erzeugen.

Die negative Sprachattitüde lässt sich ebenfalls auf die gewaltsame Vergangenheit Ugandas zurückführen (vgl. 12.3.2 Politischer und sprachlicher Wandel unter Idi Amin). Das folgende Beispiel bezieht sich explizit auf die gewaltsame Vergangenheit des Landes unter Idi Amin:

<u>Beispiel 31</u>: Gul2009-52m (Acholi) (494-512)

```
01   [...] now Kiswahili at a certain point and time in the
02   history of Uganda was predominantly used by the military
03    personnel and the peak of it all was the time of Amin
04   (.) ahm the military would use Kiswahili to brutalize
05   "wewe nataka ninji (.) simama simama" bubumm somebody
06   fires at you he uses Kiswahili and the tone is so rough
07   and SO aggressive ahm Kiswahili began to be strongly
08   associated with the army, strongly associated with
09   brutality so that if you speak Kiswahili in Uganda you
10   must be a soldier and you must be up for something [...]
11   you can see the typical scenario here in language
12   Kiswahili is used by the army it is aggressive and SO we
13   now see Kiswahili is aggressive Kiswahili is ah banditry
14   (0.9) anything negative is associated with Kiswahili
15   (1.2) NOW can we begin to look at a LANGuage as ah I
16   mean language in that sense that a language can be bad,
17   a language can be killing a language you know [...]
```

Der Sprecher führt die Verbindung von Kiswahili und dem Militär als eine historische Entwicklung ein, an deren „Spitze" die Idi Amin-Herrschaft gestanden habe. In seiner Darstellungsweise scheint es, als sei Kiswahili instrumentalisiert worden, um Gewalt auszuüben (04). Mit der Verwendung einer Passage in Kiswahili in Zeile 5 und der darauffolgenden lautlichen Imitation eines Gewehrschusses („bubumm") konstruiert er ein Bild von Aggressivität und Gewalt. Es führt dies weiter aus und betont, dass Kiswahili einen „rauen" und „aggressiven" Klang habe (06-07). Seither, so seine kausale Folgerung, werde Kiswahili in Uganda mit Gewalt assoziiert. Spreche man Kiswahili, werde man für einen Soldaten gehalten, bzw. führe man etwas im Schilde (10). Der Sprecher resümiert, dass Sprache „schlecht" sein kann, und sogar „töten" könne (16-17). Die Wendung „be killing" verdeutlicht auch hier das Handlungspotential einer Sprache bzw. die Macht, die Menschen ihr zuschreiben.

Auch das folgende Beispiel 32 greift das negative Image von Kiswahili auf, steht allerdings in einem gewissen Kontrast zu den vorherigen Textbeispielen:

Beispiel 32: Kla2008-35f (Luganda) (426-433)

```
01  […] most of the people, not most of the people I don't
02  know about them (.) but at least the people I talked to
03  like my friends [ja] everyone was like Kiswahili is
04  violent Kiswahili is rough because of the past [ja] but
05  if people if they introduce Kiswahili in schools like
06  English maybe people get a better picture maybe
07  generation X would accept Kiswahili but (.) there is a
08  certain generation which is really interested in
09  Kiswahili.
```

Diese Frau distanziert sich von der allgemeinen, negativen Haltung und berichtet neutral von ihren Erfahrungen. Zunächst beginnt sie ihren Redebeitrag allerdings mit einer Generalisierung (01), die sie dann jedoch revidiert und sich explizit auf ihren Freundeskreis bezieht (03). Sie erläutert, dass auch ihre Freunde Kiswahili als „gewalttätig" und „grob" (04) empfänden und beschreibt die Sprache Kiswahili als Träger von negativen Eigenschaften.

Im Gegensatz zu Beispiel 30, in dem die Sprecherin versuchte, durch eine Verallgemeinerung ihre Argumentation zu stärken, nutzt diese Sprecherin eine Abschwächungsstrategie: Das Argument, Kiswahili sei eine gewalttätige Sprache, wird entkräftet, da es nur auf einen bestimmten, vermeintlich kleinen (Freundes)Kreis zutrifft. Die Sprecherin macht ferner Vorschläge, das Image der Sprache zu verbessern, indem man sie in der Schule einführe. Sie impliziert damit, dass sich das Bild einer Sprache, beispielsweise durch eine Schulreform, ändern und in diesem Fall verbessern lasse. Mit ihrem Verweis auf eine „Generation X" deutet sie einerseits an, dass diese Veränderung eine Generation andauern könnte, eine positive Haltung gegenüber Kiswahili – durch die Wahl geeigneter Maßnahmen – aber in Zukunft möglich sei.

Doch nicht nur Kiswahili wird mit dem Bild von Gewalt verknüpft. Auch das Acholi hat eine starke Gewalt-Konnotation, die sich vor allem auf den Bürgerkrieg in Norduganda zwischen der Regierung und der LRA bezieht.

Beispiel 33: GD Gul2009fm (1018-1028, M1)

```
01  Just like NOW if you think Mao gives an example: One day
02  I mean he was the (1.1) ahm the district chairman of
03  Gulu say went to Kampala near Parliament House and
04  parked his official car and when he came out he found a
05  written "Kony" you see the written "Kony" on the vehicle
06  so THAT way there is some kind of association very close
07  association to the people which supersedes the language
```

Der Sprecher M1 schildert in seinem Redebeitrag, wie der damalige *District Chairman* Norbert Mao[122] in der Hauptstadt Kampala sein Dienstfahrzeug mit der Aufschrift „Kony" vorgefunden habe. „Kony" ist der Nachname des Anführers der LRA (siehe hierzu auch 12.4.2 *Die Lord's Resistance Army* – Widerstand aus dem Norden) Joseph Kony, der seit mehr als zwanzig Jahren die religiös motivierte, gegen die Regierung gerichtete Guerillakampftruppe anführt und von den Vereinten Nationen wegen Verbrechen gegen die Menschlichkeit mit Haftbefehl gesucht wird. Der Sprecher macht hinter der ersten Nennung des Namens „Kony" keine Pause und deutet damit an, dass er davon ausgeht, dass alle Anwesenden wissen, um wen es sich handelt. Der Sprecher referiert hier auf einen geteilten Sinnhorizont bzw. ein gemeinsames Kontextwissen zwischen den Sprechern, das keiner Erklärung bedarf. Offensichtlich schließt er die Diskussionsleiterin in diese Gruppe mit ein. „Kony" sei die erste Assoziation, die Menschen in Zusammenhang mit Acholi hätten. Sie würden in erster Linie mit dem Gewaltakteur in Verbindung gebracht, und die Sprache spiele hier eine untergeordnete Rolle (06-07). M1 stellt diese Situation anhand eines politischen Repräsentanten aus Gulu dar und verdeutlicht damit die Brisanz: Selbst ein Politiker aus Gulu, der sich von der LRA öffentlich distanziert, wird von seinen Mitmenschen aufgrund seiner Herkunft mit Gewalt assoziiert und stigmatisiert.

Für einen Acholi bedeutet das, dass er aufgrund seiner Herkunft und seiner Sprache von vielen Menschen mit Joseph Kony in Verbindung gebracht wird, eine Verbindung, ähnlich der häufigen Assoziation der Deutschen mit dem Dritten Reich und der Person Adolf Hitlers.

Auch im weiteren Verlauf dieser Gruppendiskussion wird das Thema der LRA von den Diskutanden thematisiert und weiter expliziert:

Beispiel 34: GD Gul2009fm (1061-1111)

```
01   F3:  [...] before the way back then we
02        didn't really have a a stereotypical you know
03        connotation given to us that was before 1986 really
04        because THEN we didn't have this wars going on in
05        Acholi or something and well I think before that
06        nobody really bothered about the Acholis so much
07        not that they didn't bother but it was no cause to
08        bother. so we all came to light when in 1986 when
09        war broke out and unfortunately it was started by an
10        Acholi woman (1.9) you know she started it against
11        reigning government and when she kind of like was
12        defeated another one took over so from 1986 we been
```

---

122 Norbert Mao ist Acholi und Vorsitzender der Democratic Party (DP).

```
13        THERE WAR aggression, ok? Aggression and everything
14        else so now that was a time when the media was
15        actually coming in we're having TVs now the first
16        pictures that that Ugandans saw on TV or something
17        Acholis war, ok?
18   M2:  Acholis fighting
19   F3:  Acholis fighting
20   M2:  Acholis in the bush
21   F3:  Acholis in the bush all those things the gunshots
22        the were going on were from the >Acholi people< so
23        people grew up in that era of media ahm when media
24        came up that those were the things that were brought
25        out now kids grew up knowing that the Acholis are
26        very scandalous people the:y're very aggressive
27        people and there is something about them that is
28        just doesn't work and from that time on no one
29        looked back about the Acholis and up to now Kony and
30        everything else is now international news about what
31        is happening in northern region so we are down
32        there, simply because of what we actually did (2.1)
33        the war
34   JB:  But not all of you
35   F3:  not all of us but now we are ALL in there
36   F2:  Collective guilt
37   M1:  Collective guilt
38   F3:  @the collective guilt@
39   F2:  The guilt is
40   M1:  [you call that guilt by association]
41   F3:  [you know one frog actually] you see so that is why
42        we are there and now unfortunately the war also
43        impacted on us we didn't go to school we didn't do
44        this and that so we're practically regarded as very
45        local people who only know how to fight we don't
46        know anything else
47   M2:  local meaning backward
48   F3:  yes ((F1 und M2 lachen)) very backward
```

Die Diskussionsteilnehmerin berichtet in ihrem Redebeitrag davon, wie das Acholi und seine Sprechergemeinschaft zu ihrer negativen Bewertung gekommen sind und macht eine deutliche Trennung zwischen der Zeit vor und nach 1986 (03-10). Sie beschreibt in Zeile 10, wie Alice Auma (vgl. 12.4.2 *Die Lord's Resistance Army* – Widerstand aus dem Norden) eine Widerstandsbewegung gründete und mit dieser gegen die Regierung in den Kampf zog. Die Sprecherin nennt Auma nicht beim Namen und scheint auch hier auf geteiltes Wissen in der Gruppe zurückzugreifen. Durch die lange Pause in Zeile 10 scheint sie der Diskussionsleiterin die Möglicheit geben zu wollen, einzuhaken. Diese nutzt den *turn relevance place* nicht und die Sprecherin fährt sodann mit ihrer Geschichte fort. Sie nutzt den Diskursmarker „you know", um das vor der langen Pause Gesagte zu markieren und um deutlich zu machen, dass sie nun davon ausgehe, dass es sich um ein von der Gruppe bekanntes Wissen handele, dessen Implikationen und Auswirkungen allen bekannt sind. Dies wird erneut in Zeile 12 deutlich, in der sie Joseph Kony, den Nachfolger von Alice Auma, nicht mit Namen benennt, sondern mit „another one" umschreibt und sich damit auf das gemeinsame Kontextwissen bezieht.

Diese beiden Personen macht sie ursächlich für die Konflikte und Auseinandersetzungen in Norduganda verantwortlich. Durch die Medien habe sich die Haltung gegenüber den Acholi verbreiten können und so das Bild von Gewalt und Aggression geprägt. Auffällig an dem Gesprächsbeitrag von F3 ist, dass die anderen Diskutanden sich immer wieder in das Gespräch einbringen und die Argumentation stützen. F3 hebt diese Schlüsselstellen durch die wiederholende Sprechweise besonders hervor. Dadurch wird die kollektive Haltung der Gruppe betont (18-19 / 20-21). Auch in Zeile 36-37 nutzt die Gruppe diese Strategie, um die „kollektive Schuld" der Acholi zu markieren und zu unterstreichen. Anders als beim *double accord* sprechen die Gesprächspartnerinnen und -partner nicht gleichzeitig, sondern wiederholen die letzten Worte des vorangehenden *turns*. Dies scheint auch eine Strategie zu sein, die Kernaussagen besonders hervorzuheben. Die Diskutanden identifizieren sich eindeutig als Acholi, was F3 durch die Wahl des inklusiven „we" in Zeile 32 markiert. Im letzten Abschnitt ihres Redebeitrags stellt F3 die Konsequenzen dar, die der Krieg in Norduganda für die Acholi hatte: Man würde sie als „local people" betrachten, da sie aufgrund der Umstände nur bedingt Zugang zu Schulen und Bildung gehabt hätten. Dies wird von M2 mit „backward" genauer definiert. Dass sie sich als Acholi von der Stereotypisierung abwenden, wird durch ihr Lachen in Zeile 48 markiert: Die Diskutanden wiederholen ein ihnen häufig entgegengebrachtes Vorurteil, widersprechen ihm aber nicht. Sie nutzen vielmehr das Lachen, um den Vorwurf zu entkräften. Dies geschieht womöglich auch, weil die Diskussionsleiterin die hohe Qualifikation der Teilnehmer kennt und eine Klarstellung im Sinne einer Gegendarstellung überflüssig erscheint. Die von Kotthoff beschriebene „provokante Schilderung", die durch ein Lachen entschärft wird, ist Teil der sogenannten „Gruppenkultur" (Kotthoff 1998: 236ff.). Durch das Lachen wird das Gesagte „spaßig gerahmt" und damit von den Diskutanden entschärft (ebd.: 265).

In der Gruppendiskussion in Gulu wurde sehr deutlich, wie die Sprechergemeinschaft der Acholi unter der Stigmatisierung durch die Bevölkerung leidet. Die Ethnie als auch ihre Sprache werden negativ konnotiert und mit Gewalt und Krieg in Verbindung gebracht. Hierin ergeben sich Parallelen zum Kiswahili. Beide Sprachen werden mit zwei Gewaltakteuren, Idi Amin und Joseph Kony, in Verbindung gebracht und dadurch als Sprachen der Gewalt konstruiert und wahrgenommen.

In den aufgeführten Beispielen wird die negative Haltung der ugandischen Menschen gegenüber Kiswahili einerseits konstruiert als Sprache der Diebe und Rebellen, die außerhalb der bestehenden Rechtsordnung stehen und für Gesetzesverstöße und maßlose Gewaltanwendung verantwortlich sind. Das Militär andererseits, als Akteur des Staates, trägt auch zur negativen Konstruktion der Sprachattitüde bei. Hier werden Machtaspekte deutlich, die in Kapitel 11.3 bereits dargestellt wurden. Sprache kann als Machtinstrument missbraucht werden. In diesem Fall wird mithilfe von Sprache Angst erzeugt und so eine Distanz zwischen den verschiedenen Gruppen hergestellt und gesichert. Ebendies gilt auch für das Acholi, das meist assoziiert wird mit den Handlungen der LRA in Norduganda und dadurch furchteinflößend wirkt.

Beide Sprachattitüden sind offensichtlich auf historische Ereignisse des Landes zurückführen und durch sie beeinflusst: Beginnend mit der britischen Kolonialmacht wurden bestimmte Ethnien für das Militär rekrutiert (überwiegend Menschen aus dem Norden) und Kiswahili als interethnisches Kommunikationsmittel eingeführt und bis heute beibehalten. Viele Diktatoren, die, wie Idi Amin, selbst aus dem Militär stammten, bedienten sich ihrer Exekutivgewalt zum Erhalt ihrer Macht. Hier entstanden die negativen Assoziationen mit der Sprache: „[...] the brutality of the occupational forces was devastating to the image of Kiswahili. It was associated with dictatorship, abuse of human rights, thieves and looters" (Mukuthuria 2006: 158). Noch heute ist Kiswahili „language of command" (Mazrui & Mazrui 1998: 131) und die Sprachattitüde Teil der realen Lebenswelt. Dies kann mitunter auch an der Herrschaftspraxis des gegenwärtigen Präsidenten Museveni liegen, dessen Aussagen nach der Wahl 2011, er werde das Militär und die Polizei gegen Aufständische einsetzen, seine Gewaltbereitschaft und die seiner Exekutivkräfte demonstrieren (vgl. Schlindwein 2011). Die Assoziation mit Gewalt und Aggressivität ist eine sehr dominante Sprachattitüde und belegt Kiswahili mit einem sehr negativen Prestige.

Während Kiswahili als die Sprache des Militärs als Sprache einer staatlichen aber offensichtlich nicht vertrauenerweckenden Institution benannt wird, ist Acholi die Sprache der Guerilla. Die Gewalt scheint bei der Konnotation wohl im Vordergrund zu stehen, denn es wird bei den

Sprechern keine Unterscheidung gemacht, *wer* der Gewaltakteur ist, sondern lediglich, dass er Gewalt ausübt, und durch die von ihm verwendete Sprache wird das Sprachprestige herabgestuft und mit einer negativen Attitüde versehen.

Aufgrund dieser Sprachattitüde konstatiert ein Teil der Befragten, dass weder Kiswahili noch Acholi als Nationalsprache(n) für Uganda geeignet sei(en).

13.2.3 Schmerz und Scham

Eine mit vorangehender Sprachattitüde einhergehende Sprachattitüde ist die des Schmerzes. Auch hier werden der Bürgerkrieg und die LRA thematisiert, allerdings fokussiert diese Sprecherin eher auf den damit verbundenen inhärenten Schmerz der Bevölkerung.

<u>Beispiel 35</u>: Kla2008-36f (Lugbara) (529-549)

```
01   F1: You asked me about Acholi
02   JB: ja
03   F1: the Acholi is (.) the Acholi what I attach to Acholi
04       is it's pain.
05   JB: It's pain? Why?
06   F1: ja, because of the region, the region they come from
07       so you find an Acholi speaking. Sometimes they have
08       (.) it's not the language but still it's the people
09       it's attached to the people. They have this pain in
10       them you find them either reserved or ok the ones
11       from border from Acholi Rwanda. Like where they come
12       they say they have this thing of being reserved to
13       themselves. But I attach that to the to recent the
14       LR- the war that what? ((...))
15   JB: ok
16   F1: The LRA war so you find them a bit reserved you find
17       them reserved to themselves. That won't come to to
18       other languages you find them attaching it
19   JB: ok
20   F1: So, I attach it most time to pain and ((geht unter
21       im Lärm von einer schlagenden Tür))
```

Diese junge Frau konnotiert das Acholi und seine Sprecher ebenfalls mit der LRA, zieht hieraus aber einen anderen Schluss. Sie verbinde Acholi mit „Schmerz" (04), den sie kausal mit der regionalen Herkunft verbindet. Im nächsten Satz betont sie allerdings, dass es sich nicht um die Sprache handele, sondern um die Menschen, die sie damit assoziiere. In Zeilen 08 und 09 bezieht die Sprecherin eindeutig Stellung zu den

Menschen und nicht zur Sprache. Hieraus wird deutlich, dass Sprachattitüde und Stereotyp eng miteinander verbunden sind und Sprache und Sprechergruppe häufig synonym verwendet werden. Neben der Konnotation zu Schmerz führt die Befragte auch noch den Aspekt der Scham bzw. Reserviertheit an (10). Sie schränkt ihre Bewertung auf die an der Grenze zu Rwanda lebenden Acholi ein (11) und charakterisiert diese Menschen als „reserviert" sich selbst gegenüber und führt das auf die gewaltsame Verbindung zur LRA und den damit verbundendenen Krieg (14) zurück. In Zeilen 16 bis 18 unterstreicht sie, dass Acholi die einzige Sprache sei, die mit Reserviertheit und Schmerz verbunden werde.

Betrachtet man jedoch den Gesprächsbeitrag von M1 in der Gruppendiskussion in Gulu, wiederholen sich gewisse Argumente, die bereits in dem Interview mit der Befragten F1 auftauchten: M1 beschreibt, dass die Acholi ihre Sprache mit Scham in Verbindung bringen und daher versuchten, ihre Herkunft zu leugnen. Die von F1 thematisierte Reserviertheit tritt hierbei auch zutage:

Beispiel 36: GD Gul2009fm (928-937)

```
01   M1: Acholis are that you are that kind of belonging that
02   sense of belonging to THAT tribe you know? the reason I
03   say this a lot of people are shy away they are shy away
04   from saying they are Acholis BECAUSE they think they be
05   a shame to the people and the people in this sense there
06   is a perception that the Acholis are Kony you know
07   Acholis are mean [F3: the rare voice] Acholis are this
08   kind of thing those this kind of stereotypical ah belief
09   make someone to dishonour Acholi you know dishonour the
10   language you know dishonouring the people [M2: yeah]
```

M1 problematisiert die Zugehörigkeit zum *tribe* der Acholi. Die Art und das Gefühl der Zugehörigkeit zu diesem bestimmten *tribe* wird besonders hervorgehoben (01-02). Die Betonung des Pronomens „THAT" (02) hebt die Zugehörigkeit zur Ethnie der Acholi in besonderer Weise hervor. Durch den Diskursmarker „you know", der in der Literatur vor allem als „interpersonal, other-oriented marker" (House 2010: 376) bezeichnet wird, dient insbesondere bei „Nicht-Muttersprachen-Sprechern" als Mechanismus zur Hervorhebung und Fokusmarkierung (vgl. ebd.). Der Sprecher macht sich diesen Diskursmarker zunutze, um seine These hervorzuheben und das Augenmerk auf seine weiteren Ausführungen zu richten, die seine Kernaussage enthalten: Viele Acholi würden davor zurückschrecken, ihre Herkunft zu offenbaren, weil sie sich für sie schämten. Er kommt an dieser Stelle noch einmal auf den Bezug zu Joseph Kony zu sprechen (siehe auch Beispiel 33) und konstatiert, dass viele Acholi sich für ihre Herkunft schämen, weil man sie für böse halte

(07). F3 unterstreicht an dieser Stelle das Argument von M1 mit einer ironischen Bemerkung, dass es sich dabei um die Haltung weniger handele. So verdeutlicht sie, dass sie als Acholi tatsächlich unter dieser Stereotypisierung litten. Der Sprecher M1 fährt fort und erklärt, dass diese Zuschreibung die Ursache für die Entehrung der Acholi, die Entehrung der Sprache und der Menschen sei (09-10). Durch die wiederholte Verwendung des Diskursmarkers „you know" setzt der Sprecher einen eindeutigen Fokus in seiner Argumentation und wird von M2 durch das Hörersignal in Zeile 10 bekräftigt.

Diese Sprachattitüde der Scham und des Schmerzes, die ausschließlich mit Acholi in Verbindung gebracht wird, ist in erster Linie geprägt durch die starke Stereotypsierung der Menschen: Sie genießen in Uganda wegen der Aktivitäten der LRA nur ein geringes Prestige, sodass sich viele sogar schämen, ihre Herkunft preiszugeben. Während die Sprecherin F1 als Außenstehende daher die Acholi vor allem mit Schmerz assoziiert, also die Außenwahrnehmung darstellt, beschreiben die Sprecher des Acholi aus der Gruppendiskussion in Gulu die Innenansicht und verdeutlichen vor allem die Scham, der sie ausgesetzt sind. Die Assoziation mit den Menschen ist so stark, dass die Sprache dadurch auch negativ konnotiert wird, ist sie doch ein Merkmal der Identität und offenbart ihre ethnische Zugehörigkeit.

Dass Sprache und Sprachattitüde häufig mit dem Selbstbild einer Sprechergemeinschaft in Einklang steht, wird auch im folgenden Kapitel dargestellt.

13.2.4 Stolz

Eine Sprache kann nicht nur beschämen, sie kann auch stolz machen. Dies kann auch durch von außen induzierte Aktionen herbeigeführt werden. Die Etablierung einer Sprache als Nationalsprache hat Auswirkungen auf das Selbstverständnis ihrer Sprechergemeinschaft. In den Gesprächen wurde jedoch das Argument des Stolzes ausschließlich mit den Baganda in Verbindung gebracht.

Beispiel 37: Kla2008-36f (Lugbara) (462-488)

```
01   JB:  ok and what do you attach to Luganda.
02   F1:  To Luganda, mh (lacht) Luganda I attach pride they I
03        I believe they are so proud
04   JB:  And what do you think about Luganda then?
05   F1:  Luganda, Luganda, it's so Luganda it's so I don't
06        think it has anything to do with the language itself
07        is no problem but the people
```

```
08  JB: The people, I mean, it's more about the people the
09      question-
10  F1:          it's more about the people who speak than
11      the language itself,
12  JB: ja so, what do you think about the Baganda, they are
13      so proud, or
14  F1: yeah nay when you find someone if someone comes to
15      Arua and they speak Luganda, they have the sense of
16      showing off we ah ja, we're from WHAT? (.) ja, they
17      they have a supremacy attitude in themselves [...]
```

Die Frau, die in Kampala lebt, aber keine Muganda ist, erwidert auf die Frage, was sie mit Luganda verbinde, dass sie Luganda mit „Stolz" assoziere (01). Sie steigert ihre Aussage noch, indem sie wiederholt, dass sie die Baganda als „so stolz" empfinde (03). Auch hier vermischen sich Sprachattitüde und Stereotyp gegenüber einer bestimmten ethnischen Gruppe: Auf die Nachfrage der Interviewerin, was sie denn mit der Sprache verbinde, expliziert die junge Frau sogleich, dass es nicht unbedingt mit der Sprache zu tun hätte, sondern mit den Menschen (06-07). In der Abschlusssequenz vermischen sich Sprachattitüde und Stereotyp wieder, denn die Sprecherin expliziert an einem Beispiel, was passiere, wenn man in Arua in Norduganda, woher sie selbst auch stammt, Luganda spreche. Sie scheint zunächst auf Baganda verweisen zu wollen, da sie im Anschlusssatz vermerkt, dass „sie" die Tendenz hätten, „anzugeben" (16). Die Sprecherin verwendet in Zeile 16 eine in Uganda verbreitete Gesprächsroutine, die sie mit „the WHAT?" einleitet. Diese Gesprächsstrategie geht auf eine gängige Lehrpraxis in Ugandas Schulen zurück, in denen Lehrer häufig ihre Frage mit „this is the WHAT?", dem sogenannten „teacher-check" (Abd-Kadir & Hardman 2007), beenden und die Schülerinnen und Schüler im Chor die richtige Antwort geben. Diese routinisierte Gesprächspraxis ist gekennzeichnet durch ein hochtoniges Intonationsmuster, das am Phrasenende nicht abfällt. Beck beschreibt diese Intonationsstruktur als ein generelles Instrument der Redekunst, das mit „dem Wecken von Aufmerksamkeit und Expressivität verbunden" ist (Beck 2009b: 308). Abd-Kadir und Hardman beschreiben diese didaktische Geprächsroutine auch für Kenia und Nigeria und erläutern das Intonationsmuster wie folgt: „[...] and pupils often know from the intonation if the first move of an exchange whether it requires an individual answer or a choral response" (2007: 7). Beide Interpretationen verweisen darauf, dass es sich um eine zwischen Sprecher und Rezipienten routinisierte Gesprächsstruktur handelt, in der allen Beteiligten die Rollenverteilung klar ist. Für die ugandische Situation, bei der es sich nicht um eine Lehrsituation handelte, wird diese Gesprächsroutine als

Fokusmarker interpretiert, um die Zuhörerschaft auf die zu gebende Antwort hinzuweisen. In den Gruppendiskussionen diente die Projektion der Antwort zur Herstellung des *Common Sense*: „Diese Routine zielt darauf ab, auf didaktisierende Art und Weise das in einer Gruppe geteilte Wissen abzurufen und als allgemeingültiges Wissen darzustellen, abzusichern und damit zu reproduzieren" (Beck 2009b: 296). Diese Strategie wurde in den Gesprächen und Gruppendiskussionen häufig angewendet, worauf im weiteren Verlauf der Arbeit verwiesen wird. In diesem Beispiel wird die Reparatur nicht korrekt vollzogen, die Sprecherin führt nach der Minimalpause am Ende der Frageintonation überraschenderweise nicht aus, woher „sie" kommen, und überlässt die Interpretation der Interviewerin. Wie in weiteren Beispielen zu zeigen sein wird, gibt der Sprecher normalerweise die Antwort, da auf ihr der Fokus liegt. An dieser Stelle scheint die Sprecherin darauf zu verzichten. Dies liegt möglicherweise daran, dass sie die Antwort als vergemeinschafteten Konsens erachtet, der keiner weiteren Explikation bedarf. Statt dessen fährt sie ohne Unterbrechung in ihrer Argumentation fort, dass die Baganda eine „Überlegenheitshaltung" an den Tag legten (17). Das Argument der Überlegenheit wird im weiteren Verlauf dieser Arbeit noch vorgestellt (vgl. 13.2.5 Überlegenheit und Dominanz). Es wird deutlich, dass die Sprecherin eine große Ablehnung gegenüber den Baganda verspürt. Interessanterweise wird Stolz in diesem Abschnitt nicht positiv konnotiert, sondern vielmehr als etwas Negatives dargestellt. Ihre abwertende Sprachattitüde ist Ausdruck ihrer Abneigung und ihrer Vorurteile. Sie macht deutlich, dass die Baganda stolz seien und dies mit ihrer Geschichte und Herkunft legitimieren. Ihre Sprache wird dadurch auch als stolz wahrgenommen.

Der Sprecher des folgenden Transkripts konstruiert hingegen Luganda als stolze Sprache:

<u>Beispiel 38</u>: Nak2008-15m (Ruruuli) (623-634)

```
01   JB: Ahm, and do you think, if LUGANDA was made national
02       language, do you think that would cause any
03       consequences or problems?
04   M1: Yes, it would cause consequences.
05   JB: Why?
06   M1: As I told you, this people would think they would be
07       proud, mh, and even take themselves to be the leader
08       and the like (.)
09   JB: mhm
```

Wenngleich der Fragestil der Interviewerin als sehr suggestiv zu werten ist (01-03), ist die Betonung des Stolzes eine Reaktion auf die neutrale

Nachfrage des „warum" (05) und kann als solche verwertet werden. Der Sprecher distanziert sich von den Baganda, indem er die neutrale Formulierung „this people" (06) benutzt. Trotz der Verwendung des nahweisenden Demonstrativpronomens „this" wird durch die Entpersonalisierung eine Distanz zwischen dem Sprecher und der Gruppe der Baganda geschaffen, der wie ein Fingerzeig wirkt. Durch diese Diskursstrategie grenzt sich der Mann ab, und es wird deutlich, dass er sich von den Baganda distanzieren und abgrenzen möchte. Die Einführung des Luganda würde die Baganda stolz machen (07). Dies impliziert, dass die Funktion einer Sprache Auswirkungen auf das Selbstverständnis und das gesellschaftliche Prestige ihrer Sprecher haben kann. Die Metapher des „Anführers" (08) zeigt, dass der Sprecher mit der Nationalsprache einen Herrschaftsanspruch bzw. eine Überlegenheit verbindet. Das Bild der Überlegenheit und des Stolzes, das mit einer Nationalsprache verbunden wird, tritt in dieser negativen Konnotation fast ausschließlich mit dem Luganda und seiner Sprechergemeinschaft auf. Die Baganda scheinen von den meisten anderen Sprechergemeinschaften ohnehin schon als überlegen wahrgenommen zu werden, sodass die Einführung des Luganda als Nationalsprache einen weiteren Prestigegewinn bedeuten würde. Es scheint Konsens unter den Interviewten, deren Muttersprache nicht Luganda ist, zu bestehen, dass die Baganda sich den anderen Ethnien des Landes überlegen fühlen würden, etablierte man ihre Sprache als Nationalsprache. Dies wird auch aus der folgenden Sprachattitüde deutlich.

13.2.5 Überlegenheit und Dominanz

Anknüpfend an die Argumentation der Sprachattitüde Stolz entwickeln viele Gesprächspartnerinnen und -partner eine weitere Haltung gegenüber einer möglichen Nationalsprache: Der Zugewinn an Prestige für die Sprache als Nationalsprache bedeute eine sprachliche Überlegenheit und ethnische Dominanz. Wenngleich viele Befragte diese Sprachattitüde hypothetisch erläutern, bezieht sich die Mehrzahl auf Luganda. Die Teilnehmerinnen und Teilnehmer der geschlechtlich und sprachlich heterogenen Gruppendiskussion in Mbale sind in der Frage, welche Sprache als Nationalsprache in Uganda eingeführt werden solle, nicht einig. Während M4 und F2 als Bantusprachensprecher sich eher für Luganda als Nationalsprache aussprechen, sind die anderen Teilnehmer als Sprecher nilotischer Sprachen dagegen. Sprecherin F2 führt zu Beginn des folgenden Transkripts jedoch die Probleme, die mit der Einführung des Luganda verbunden sind, direkt ein:

Beispiel 39: GD Mba2009fm (2754-2756, 2876-3521)

```
01  F2:  <I know> the disadvantage of Luganda people assume
02       that the Baganda if they made Luganda national
03       language the Baganda will be assumed to be MORE
04       superior than other tribe
```
und weiter:
```
05  F2:  THEN We do Luganda
06  M2:  They will teach their language in other places they
07       will never cause anything
08  F1:  yeah that's it we should vo- Lugizu will be ok but
09       not Luganda quite not definitely not Luganda but I
10       understand
11  M2:  No it's not giving the North
12  F1:  so this would be ok for me but not
13  F2:  @but not the Luganda@
14  M1:  this all (.) one thing there is only one thing
15       Ugandans are the way they are because of their past
16       (.) PAST conflicts (.) because of their past
17       interests whatever happened in the past have made
18       Ugandans what they are today (.) let me ((...)) that
19       we that the Baganda were more organized than (1.1)
20       other tribes in Uganda has made them dominant has
21       made them more (.) accessible to a lot of ((...))
22       within and outside the gov- the country so that
23       alone has been an as even an upper hand in deciding
24       what they want=for example there is already ah the
25       the Baganda are designing a a Luganda version of a
26       of the of a ((...)) ah how do you call designing a
27       website in Luganda? which basically a
28  F2:  to be whatever in Luganda
29  M1:  it's only in Luganda is website interpreting in
30       Luganda=because you see there are very many
31       languages that comes in the internet so
32  M4:  The BAGANDA are so: with their language
33  M1:  only only only language in Uganda that has gone to
34       the extent
35  M4:  because I think they gone firsti
36  F2:  the language
37  M4:  the bible in Uganda Luganda first before after
38       English
39  F1:  every ((...))
40  F2:  that's Luganda (1.2) Baganda are beyond
```

F2 beginnt mit einem sehr lauten Einstieg ihren *turn* und versucht so,
die inzwischen sehr erhitzte Stimmung in der Gruppe zu übertönen. Die

Diskutanden haben bereits in der vorangehenden Sequenz sehr kontrovers über die Einführung des Luganda als Nationalsprache diskutiert. Der Redebeitrag von F2 (01-04) ist an dieser Stelle als objektive Bewertung und Versuch zu interpretieren, die Spannung aus der Diskussion zu nehmen. Der hier ausgelassene Transkriptausschnitt behandelt auch die Frage nach der Nationalsprache. Die Diskutanden geraten in Streit und diskutieren die Auswirkungen, die eintreten würden, wählte man Luganda als Nationalsprache: Hierbei steht auch schon die Dominanz des bugandischen Königreichs im Vordergrund, die sie historisch ableiten, was sie u.a. auch an der Namensgebung des Landes Uganda veranschaulichen. F2 setzt dann in Zeile 05 wieder ein und vertritt an dieser Stelle ihre persönliche Meinung gegenüber der Nationalsprache. Ab Zeile 06 melden sich die Gegner des Luganda zu Wort und führen Argumente auf, warum Luganda keinesfalls Nationalsprache werden solle. Während M2 fordert, dass auch der Norden in der Wahl einer Nationalsprache (11) Berücksichtigung finden muss, positioniert F1 sich nicht gegen eine Bantusprache im Allgemeinen, sondern nur gegen das Luganda (12), was von F2 lachend kommentiert wird (13). M1 versucht anschließend zu erklären, warum seiner Meinung nach eine Ablehnung gegenüber Luganda besteht: Durch Hinzuziehung historischer Fakten konstruiert M1 eine Überlegenheit der Baganda. Dieser Vorteil drücke sich zum einen darin aus, dass eine Website in Luganda erstellt werden solle. Ab Zeile 28 diskutieren sie die dominante Rolle des Luganda: M1 hebt hervor, dass die Baganda die einzige Sprechergemeinschaft in Uganda sind, die eine Website in ihrer Muttersprache erstellt haben und M4 bestätigt dies, in dem er das als typisches Verhalten der Baganda gegenüber ihrer Muttersprache klassifiziert (32). In Zeilen 33-39 heben die Gesprächspartner hervor, dass Luganda von allen Sprachen in Uganda einen sehr entwickelten Grad erlangt habe und ergänzen sich dabei in ihren Aussagen. So stellt M4 fest, dass es – bevor eine englische Bibelübersetzung in Uganda erschien – zuerst eine Luganda Bibel gegeben habe. Der Sprecher scheint offensichtlich betonen zu wollen, dass die Missionare keine englische Bibel in Uganda einführten, sondern eine Übersetzung für das Luganda erstellten. Tatsächlich wurde die Bibel in Uganda zuerst auf Luganda übersetzt, bevor sie in andere Sprachen übersetzt wurde. Dies liegt vor allem an der sehr affirmativen Haltung der Baganda beim Eintreffen der Missionare (vgl. 12.2 Die koloniale Phase). F2 unterstützt die Aussage von M4 und bestätigt zum Ende dieser Sequenz in Zeile 40, dass das Luganda und die Baganda „schon weiter" seien und stellt damit die Sprache und ihre Sprecher als überlegen dar.

Auch der Befragte aus Gulu bestätigt, dass Luganda sehr weit verbreitet sei, konstatiert aber gleichzeitig, dass die Ernennung zur Nationalsprache „Dominanz" (05) erzeuge:

Beispiel 40: Gul2009-52m (Acholi) (443-451)

```
01  DK: [...] NOW in Uganda we are grabbling
02       with the problem as I mentioned yesterday of
03       creating a unifying language a national language (.)
04       and the significance of a language is that it
05       creates some dominance it creates some mh you know
06       celebrated level and ahm Buganda seems to be
07       understanding that much more than any other tribe so
08       it's PUSHing a little more about its language be
09       taken and obviously the advantage would be (.) it
10       would sort of give it a certain celebrated state
11       we- without denying that is the most understood
12       local language (1.2)
```

Im Gegensatz zu den anderen Gesprächspartnerinnen und -partnern hebt dieser Sprecher die aktive Rolle der Baganda in der Nationalsprachenpolitik hervor: Die Baganda hätten begriffen, dass der Sprechergemeinschaft, deren Sprache zur Nationalsprache erhoben werde, Dominanz und Anerkennung zuteil werde (05-06). Daher würden sie diese Entwicklung versuchen zu forcieren (08). Gleichzeitig räumt der Sprecher aber ein, dass das Luganda die am weitesten verbreitete lokale Sprache in Uganda sei (11-12). Durch die Verwendung der dritten Person Singular und der Bezeichnung für das Königreich distanziert sich der Sprecher auch sprachlich von der Ethnie.

Im folgenden Beispiel wird die Einführung einer lokalen Nationalsprache problematisiert. Die Diskussionsleiterin führt die Sequenz ein mit der Frage: „Do you think there would be conflict in Uganda if a Ugandan language let's say Luganda or the Acholi was made national language? What would you say?"

Beispiel 41: GD Kla2009fm (1307-1311)

```
01  M2: SO whereas other tribes have lost everything they
02       had in one way whether the leadership or whatever
03       but they still have their culture and their
04       traditions so there is that kind of superiority
05       [JB: ja I see] complex that may develop around the
06       Baganda and the other people begin to look at
07       themselves as inferiors
```

In untersuchter Gruppendiskussion in Kampala thematisieren die Teilnehmer verschiedene Aspekte, die Überlegenheit und Dominanz betreffen. M2 erläutert in dieser Sequenz, dass nicht nur die Baganda sich den anderen Ethnien gegenüber überlegen fühlen, sondern auch, dass diese sich selbst als minderwertig und untergeordnet betrachten würden (07). Dies scheint er u. a. auch damit zu begründen, dass die überlegene Sprechergemeinschaft, die Baganda, durch die Nationalsprache auch ihre Tradition und Kultur beibehalten könnten, was er für die anderen ethnischen Gruppen unter diesen Bedingungen auszuschließen scheint (02-04). Er beschreibt dies als „Art der Überlegenheit" (04) und verdeutlicht, dass es bei der sprachpolitischen Entscheidung um die Nationalsprache um mehr als rein sprachliche Aspekte geht. Der Sprecher hebt damit als einer der Wenigen hervor, dass die Überlegenheit für die anderen Ethnien eine Unterordnung und Unterlegenheit bedeute. Die Aufwertung einer Sprache, die mit ihrer Ernennung zur Nationalsprache einhergeht, führt – laut vieler Gesprächspartner – zu interethnischen Spannungen.

Durch die Nationalsprache kann aber nicht nur das Prestige einer Sprache beeinflusst werden, sondern es kann auch dazu führen, dass hinter der Sprachpolitik eine Exklusionsstrategie steckt, wie im folgenden Abschnitt beschrieben werden wird.

13.2.6 Eliten und Macht

Sprachen können ein Schlüssel sein, um in bestimmte Positionen und Bereiche einer Gesellschaft aufzusteigen. Immer wieder wird in der ugandischen Gesellschaft die Bedeutung des Englischen hervorgehoben. Englisch verkörpert Wohlstand und gesellschaftlichen Aufstieg und wird häufig mit einer Sprachattitüde von „Eliten" in Verbindung gebracht. Diese wurde bereits von Milton Obote in seiner Rede 1967 hervorgehoben (vgl. 12.3.1 Exoglossische Sprachpolitik unter Milton Obote).

Der Befragte aus folgendem Transkriptauszug setzt sich im Bildungswesen mit der Erwachsenenbildung auseinander. In diesem Abschnitt diskutieren die Interviewerin und er eine Bildungsoffensive der Regierung, die die Muttersprache als Unterrichtssprache in den ersten Jahren der Grundschulbildung etablieren möchte. Der Befragte geht in folgendem Abschnitt auf die Herausforderungen ein und thematisiert die damit verbundenen Probleme.

Beispiel 42: Kla2008-42m (Luganda) (421-433)

```
01   Because one of the biggest challenges is again parents
02   as you are asking also asking those very questions. For
03   you you speak English [ja] it's the language of power
```

```
04   [ja] it's the language of opportunity. You want our
05   children to start in these languages and ((...)))
06   children ((...))) and you try make sure that our
07   children remain backward that sort of thinking [...]
```

Der Gesprächspartner macht deutlich, dass die größte Hürde bei der Einführung der Muttersprache als Unterrichtssprache die Eltern seien (01). Diese fürchteten, dass ihre Kinder benachteiligt würden, führte man die lokalen Sprachen als Unterrichtssprachen ein (05-07). Dies begründet er mit der Sprachattitüde gegenüber Englisch: Die Sprache der ehemaligen Kolonialmacht England sei die Sprache der Macht und der Möglichkeiten (03-04). Die Sprachattitüden der lokalen Sprachen werden mit der Sprachattitüde des Englischen kontrastiert. Dadurch, dass die lokalen Sprachen als „rückständig" empfunden würden, stehen sie dem Englisch mit seinem hohen Prestige diametral entgegen. Das Englische inkludiert eine Elite und erschafft für sie Möglichkeiten, von denen die Mehrzahl der Bevölkerungen ausgeschlossen ist.

In dieser Sprachattitüde vermischt sich Gegenstandsebene mit Metaebene: In Kapitel 11.3 Macht wurde der Faktor Macht ausführlich untersucht. Es wurde festgestellt, dass Sprache als Instrument in Machtverhältnissen wahrgenommen wird. Auch hier wird Englisch als die Sprache einer Elite konstruiert, die durch ihren exklusiven Status Macht erfährt und gleichzeitig sichert, was Myers-Scotton auch unter dem Begriff des „elite-closure" (vgl. Myers-Scotton 2006: 134) zusammengefasst hat (vgl. hierzu auch 11.3.1 Öffentliche Sphäre: Politik).

13.2.7 Bildungsniveau

Um die nationale Kommunikation zu maximieren, sprechen sich die Menschen in Uganda für eine Nationalsprache aus, die für alle Bürger – unabhängig ihres Bildungsgrads – (leicht) erlernbar ist. Eine Sprache wie das Englische wird daher meist ausgeschlossen, da viele Ugander Englisch – wie im vorangehenden Abschnitt dargestellt – als die Sprache einer kleinen Elite konstruieren. Eine Sprache, die nur einer kleinen Gruppe als Kommunikationsmittel dient, erfüllt nicht den inklusiven Charakter, den eine Nationalsprache haben soll oder muss.

Im folgenden werden die Sprachen vorgestellt, die von den Befragten in diesem Zusammenhang genannt wurden. Es ist auffällig, dass die betreffenden Sprachen dabei als „leichte" Sprachen bzw. Sprachen für Ungebildete konstruiert werden.

Im ersten Beispiel zu dieser Sprachattitüde wird Luganda als einfach zu erlernende Sprache konstruiert.

Beispiel 43: GD Kla2009fm (1262-1275, M2)

```
01  Contrary to ALL all they have contributed (.) to my own
02  understanding I think if we could make one language like
03  Luganda to be a national language just besides other
04  languages other languages indigenous languages it was
05  going to be ok because if you see if you go to North (.)
06  there they have what? they only speak in villages they
07  only speak their own languages other many of them they
08  don't speak English NOW if you bring somebody from there
09  if you bring him here and for him to start to (.) excuse
10  me for him he to start to what? to know English first of
11  all has to go to school has to undergo many stages (.)
12  that is the problem I have seen with English to be the
13  WHAT? the common language the what? the national
14  language just within Uganda so if you just bring a kid
15  from Arua to Kampala here before that kid knows how to
16  how to speak in What? in English (.) the first thing the
17  first language he can just adopt or else get used to
18  within here is Luganda because my first time of
```

Der Sprecher M2 der heterogenen Gruppendiskussion in der Hauptstadt Kampala plädiert zu Beginn seines *turns* für eine multilinguale Nationalsprachenpolitik, indem er sich für Luganda neben anderen indigenen Sprachen ausspricht (02-04). In seiner Begründung hierfür, die in Zeile 05 beginnt, erklärt er, warum er dies unterstützen würde. In Norduganda lebten Menschen, die in ihren Dörfern ihre Muttersprachen sprechen, aber einige von ihnen würden kein Englisch sprechen. Mit der verallgemeinernden Aussage über die Menschen in Norduganda positioniert sich der Sprecher indirekt zu ihnen und wertet sie ab. Bringe man also einen Norugander nach Kampala, führt der Sprecher an einem Beispiel aus, müsse er Englisch lernen. In seiner Gesprächsstrategie entfaltet der Sprecher sein Argument zunächst so, als sei dies eine allgemeine Bedingung, um sich in der Hauptstadt etablieren zu können (vgl. 13.2.9 Sprache der Hauptstadt). Diesen Lernprozess beschreibt er als langwierig und problematisch (11). Daraus resultiert seine Argumentation, dass Englisch als nationale bzw. allgemeine Sprache nicht geeignet sei. Der Mann wendet in Zeile 13 und 16 die in Beispiel 37 bereits ausführlich erläuterte Gesprächsstrategie an: Der Diskursmarker „The WHAT?" lenkt die Aufmerksamkeit der Gesprächspartner auf seine Antwort. In diesem Beispiel wird die routinisierte Gesprächspraxis regelkonform angewendet, da der Sprecher die Antwort selbst gibt. Der Sprecher wendet die Strategie in direkter Aufeinanderfolge an und zeigt damit auch, dass es sich um eine sehr beliebte Art der Gesprächsgestaltung handelt.

Der Sprecher fährt fort zu erläutern, dass Englisch sich nicht als Nationalsprache eigne. Bevor ein Kind aus Arua (Norduganda), das nach Kampala komme, Englisch lerne, würde es eher Luganda lernen. Der Sprecher konstruiert Luganda als Kontrast zu Englisch und markiert durch die Darstellungsweise, dass Luganda leichter als Englisch zu erlernen sei und betont zudem, dass dazu keine (langwierige) Schulausbildung vonnöten sei. Luganda wird damit als einfach zu erlernende Sprache konnotiert, die von jedermann gesprochen werden könne, und wird dadurch in ihrem Prestige abgesenkt.

Auch in folgendem Beispiel wird das Argument des „Leicht-Erlernens" mit mangelnder Bildung und „einfachen Leuten" in Verbindung gebracht. Der ausführliche Textausschnitt aus einem 2008 in Nakasongola geführten Interview mit einem Lehrer bezieht sich allerdings auf Kiswahili.

Beispiel 44: Nak2008-09m (Ruruuli) (380-413, 446-470)

```
01   JB:  Swahili? [mh] so that's what the government
02        proposes. Why do YOU favor Swahili
03   M1:  Swahili? [mh] because in facti I don't know. if it
04        is pilot (.) because even if someone is not learned,
05        you can get him speaking WHAT? Kiswahili [mh] THEN
06        ENglish needs only learned people [mhm] whereby as
07        by now once you have not going to school you will
08        never get English at all but with Kiswahili you can
09        get
10   JB:  Why can you get Kiswahili without going to school?
11   M1:  In facti you see (..) ENglish, ehm isi mostly
12        learned from specifically places like in schools
13        ((...)) with the Swahili. Therefore you go to the
14        market [Ah ok] and and with US here in Uganda if you
15        found in pl- in such places like market areas, and
16        start communicating in ENglish mh? you will not
17        associate with ((...)) but what in Swahili you you
18        will not be so different FROM? the people and eh you
19        see even you are ((...)) in case you and you come
20        and you go to an area where you don't the language
21        they use (.) you mostly turn to Swahili that's when
22        you repeat it and even learn
23   JB:  ok so ahm you mean in the East African region or
24        everywhere?
25   M1:  in in East Africa [in East Africa] Swahili [mh]
26        Swahili is known everywhere [ok] because it is taken
27        from Tanzania [yeah] then it came up to Uganda and
28        so on, it's known everywhere.
```

```
29  JB:  Good. So does that mean also that you speak Swahili
30       a little bit? You know Swahili?
31  M1:  Swahili [yeah] I know [yeah] and I did learn it from
32       school [ah you learn-] best from my colleagues (.)
```
und weiter:
```
33  M1:  You see, now when you go to places like up in the
34       country [mh] you will need teaching them first [mhm]
35       yeah teach them first how to read, how to write then
36       they will. But with the Swahili Swahili is just
37       incidental
38  JB:  Just what? Excuse me.
39  M1:  Incidental
40  JB:  Incidental bu[t    ]
41  M1:              [even] when you are taught you can
42       easily pick
43  JB:  Ok but don't you think that you should need
44       education to read and write Swahili?
45  M1:  Maybe writing
46  JB:  ok
47  M1:  but with speaking [mh] you don't require any teacher
48  JB:  ah ok
49  M1:  mh
```

Auf die Frage, warum M1 Kiswahili als Nationalsprache favorisiere, reagiert er zunächst intuitiv mit „in facti I don't know" (01). Der Sprecher kann seine Beweggründe erst im Verlauf des Gesprächsbeitrags entfalten. Mit dem Einwand, „if it is pilot" (04), scheint er auf das vom *National Curriculum Development Center* (NCDC) eingeführte Pilotbildungsprogramm zu verweisen, das sich neben der Etablierung der Muttersprache in der Grundschulbildung auch mit der Einführung des Kiswahili in den Schulen befasst[123]. Erst nach einer Minimalpause geht der Interviewpartner auf die Frage ein, warum er Kiswahili für geeignet halte. M1 argumentiert, dass man keine Schulbildung genossen haben müsse, um Kiswahili zu verstehen und sprechen zu können. Allerdings räumt er – zu einem späteren Zeitpunkt – ein, dass man unter Umständen zur Schule gegangen sein müsse, um Kiswahili schreiben zu können. Dies kontrastiert er mit Englisch, das man nur lernen könne, wenn man zur Schule ginge (04-05).

---

123 Das Programm des NCDC, eine Einrichtung des *Ministry of Education and Sports*, strebt an, lokal stark verbreitete, indigene Sprachen in der Grundschulbildung (P1-P3) zu etablieren, um so die Lerneffizienz bei Kindern zu steigern. Das zum Zeitpunkt der ersten Feldforschungsphase im Anlauf befindliche Pilotprogramm wurde in fünf Distrikten des Landes initiiert, darunter auch im *Nakasongola District*, der Gegenstand der wissenschaftlichen Untersuchung der Autorin war (vgl. hierzu auch 14.3.2 Die Muttersprache als Unterrichtssprache in der Primarbildung).

Auf die Rückfrage der Interviewerin, warum man Kiswahili außerhalb der Schule erlernen könne (10), benennt M1 Lokalitäten des Spracherwerbs: Die Schule sei dabei der Ort, an dem man Englisch lerne. Kiswahili lerne und brauche man auf dem Markt (14). Der Sprecher formuliert dies als Folge („therefore"), und dies scheint ihm als logische Erklärung auszureichen. Befragter und Interviewerin teilen hier offensichtlich nicht den gleichen Sinnhorizont bzw. kulturellen Kontext. Der Sprecher erklärt in den Zeilen 14-22, wie dieser Lernprozess auf dem Markt verlaufe: Spreche man Englisch, erläutert M1, könne man sich nicht den Menschen dort anschließen bzw. annähern (17). Sprachen sind also auch lokal und situationsspezifisch verbreitet und decken somit unterschiedliche Sphären des Lebens ab. Benutze man hingegen Kiswahili, unterscheide man sich nicht so sehr von den Menschen dort. Kiswahili wird als „Menschen-nahe-Sprache" beschrieben, die angewendet werde, wenn man die jeweilige lokale Sprache nicht spreche. Durch diese kontextbezogene Anwendungspraxis würde man es erlernen. Diese Sphären oder Register korrelieren mit der hierarchischen Stellung innerhalb der Gesellschaft der jeweiligen Bezugsgruppe. Der Gesprächspartner scheint sich selbst eher in einer gesellschaftlich höheren Position zu verorten. Dies wird insbesondere deutlich, als er die Marktsituation schildert und die Verwendung des Kiswahili als Assimilationspraxis schildert: „you will not be so different FROM? the people". Hier wird auf zwei unterschiedlichen Ebenen die Dominanz von M1 deutlich: Auf einer inhaltlichen Ebene positioniert er sich durch die Wahl des Kiswahili als ein Mann, der mehrere Sprachen beherrscht und in der Lage ist, diese kontextuell angemessen anzuwenden. Damit nähert er sich den vermeintlich weniger gebildeten Marktleuten an. Auf einer diskursiven Ebene verdeutlicht er seine Überlegenheit durch die von Lehrern und Studenten häufig angewandte Gesprächsstrategie des *teacher-checks* (vgl. Abd-Kadir & Hardman 2007). Die unvollständige Syntax „you will not be so different FROM?" (18) und das Ansteigen der Intonation zum Phrasenende zielt darauf ab, das geteilte Wissen offen zu legen (vgl. Beck 2009b: 296). Da es sich um eine in Uganda häufig verwendete Gesprächsstrategie handelt, die zu diesem Zeitpunkt auch der Interviewerin bekannt war, wird ihm das Rederecht nicht streitig gemacht und er kann mit der Beantwortung der Frage fortfahren.

M1 erklärt, dass Kiswahili eine Sprache sei, die vor allem in Kontaktsituationen, wie auf dem Markt, erlernbar sei. Die Nachfrage der Interviewerin, ob sich die Aussage auf Ostafrika beziehe, bejaht M1 und erläutert, dass Kiswahili in ganz Ostafrika verbreitet sei und nun auch Uganda erreiche. Die Interviewerin hakt erneut nach und fragt, ob auch M1 Kiswahili spreche, was dieser erneut bejaht und erklärt, er habe es

„am besten" von seinen Kollegen gelernt. Im Gegensatz zu Englisch, das unterrichtet werden müsse, erfolge das Erlernen von Kiswahili demnach „zufällig" (37) und sei insofern auch für einfache und ungebildete Menschen eine lösbare Aufgabe. Die Einleitung dieses Argumentationsstrangs „when you go to places like up in the country" (33) enthält bereits eine Wertung, wen er als „not learned" empfindet, und greift damit auf ein häufig auftauchendes Argumentationsmuster in Uganda zurück. In der ugandischen Alltagssprache sprechen Menschen häufig davon, sie gingen „upcountry", und umschreiben damit, dass sie aufs Land bzw. zu ihrer Familie fahren. Aus einer geographischen Perspektive ist „up in the country" in nördlicher Himmelsrichtung zu verstehen und verweist auf den Norden des Landes. Beide Lesarten verweisen auf bestimmte Ethnien oder Gruppen, denen in Uganda häufig ein mangelndes Bildungsniveau nachgesagt wird. Erstere bezeichnet vor allem Menschen, die auf dem Land leben und sich primär der Subsistenzwirtschaft widmen. In der Tat ist der Anteil des Analphabetentums in den ruralen Gegenden Ugandas deutlich höher als in der Stadt. Die zweite Lesart bezöge sich auf ein seit der Kolonialzeit bestehendes Klischee, dass die Menschen in Norduganda, und damit die überwiegend nilotische Bevölkerung, die nördlich des Weißen Nils lebt, weniger gebildet sei, als die Menschen in Süduganda (vgl. 12.2 Die koloniale Phase)[124].

M1 scheint auf eine dieser beiden Lesarten verweisen zu wollen. In jedem Fall wird deutlich, dass er sich selbst – wahrscheinlich auch aufgrund seiner Position als Lehrer – von diesen ungebildeten Menschen abgrenzen möchte. Kiswahili wird von ihm als Sprache entworfen, die für Menschen jedweden Bildungsgrads erlernbar sei und daraus ihre Eignung als Nationalsprache legitimiere. In seiner Darstellungsweise positioniert der Interviewte sich als überlegen und entwirft damit eine Sprachattitüde von Kiswahili, die vor allem mit bildungsschwachen und gesellschaftlich niedrig angesiedelten Gruppen assoziiert wird.

Eine ähnliche Interpretation und Sprachattitüde, die sich aber mehr auf Kiswahili als Sprache der „Analphabeten" fokussiert, ist die eines Mannes aus Gulu:

Beispiel 45: Gul2009-52m (Acholi) (527-539)

```
01  [...] so Kiswahili at that time was not illiteracy it was
02  for the common person mh and it kept on at that when
```

---

124 Dieses Vorurteil führte zur Annahme, dass diese Menschen eher für den militärischen Dienst geeignet seien als für den Einsatz in der Verwaltung, weshalb in Norduganda zur Kolonialzeit deutlich weniger Schulen gebaut wurden als im Rest des Landes (vgl. Okuku 2002: 13), was zu einem Ungleichgewicht im Bildungsniveau führte. Die mit dem von der LRA geführten Bürgerkrieg in Norduganda einhergehende gewaltsame Rekrutierung von Kindersoldaten störte die Infrastruktur des Nordens nachhaltig und hatte damit auch Auswirkungen auf den Schulalltag in der Region.

```
03   English came the British came with their language as
04   part of colonization, part of transforming was to use
05   English so those HOW do you teach English? in the school
06   (.) those who didn't go to school continue with their
07   Kiswahili so generally Kiswahili turned out to be a
08   language of the illiterates (1.6) NOW when you speak
09   Kiswahili a:H you are sort of creating an identity as
10   well about yourself you are creating a label about
11   yourself the label is you are illiterate (2.8) ah being
12   illiterate is not necessarily positive and as a result
13   many people wish to abandon it altogether. it is not a
14   good ideal SO that's how Kiswahili becomes a problem
15   that specifically in Uganda.
```

Der Mann, der selbst über ein hohes Bildungsniveau verfügt und im wissenschaftlichen Bereich arbeitet, führt sein Beispiel zu Kiswahili als Sprache des „Analphabetismus" (01) ein und begründet dies historisch. Vor der Fremdherrschaft war Kiswahili die Sprache der nomalen Leute (02). Die Einführung des Englischen im Rahmen der Kolonialisierung sei eine „transformation" gewesen (04). Diese Begriffe, die beide einen sehr starken Eingriff in die ugandische Lebenswelt suggerieren, verbindet der Sprecher unter anderem mit dem Erlernen der Sprache. Die rhetorische Frage „HOW do you teach English" mit der expliziten Betonung des Interrogativpronomens „HOW" und der umgehend erfolgenden Antwort (05) deutet an, dass der Sprecher hierauf ein besonderes Augenmerk legt: Und tatsächlich wird im weiteren Verlauf seines Redebeitrags deutlich, dass er offensichtlich auf den Bildungsaspekt verweisen möchte. Seine aus der rhetorischen Frage hergeleitete Annahme, dass diejenigen, die während der Kolonialzeit Englisch lernten, eine Schulbildung genossen hätten, führt ihn zur Schlussfolgerung, dass diejenigen, die nicht zur Schule gegangen wären, weiterhin Kiswahili gesprochen hätten. Mit seinen Ausführungen in Zeilen 07-09 tradiert er das Bild von Kiswahili als Sprache der Analphabeten und stellt sie als deren „Erkennungszeichen" dar.

Interessant an dem Beitrag ist vor allem die anschließende, recht lange Pause von 1.6 Sekunden (08) und die nächste Pause von 2.8 Sekunden (11), die auf die erneute Aussage, dass Kiswahili als Sprache der Analphabeten wahrgenommen würde, folgt. Insgesamt fällt auf, dass der Sprecher im Interview an wichtigen Stellen längere Pausen einstreut. In vorliegendem Beispiel ließe sich die Pausenstruktur entweder so deuten, dass er der Interviewerin die Gelegenheit bieten möchte, an dieser Stelle einzuhaken, um diese relativ extreme Aussage zu kommentieren bzw. in eine Diskussion einzutreten. Aus Sicht der Diskursanalyse bietet der

Sprecher der Interviewerin ein *turn-relevance place* (TRP) an, der aber von der Interviewerin nicht genutzt wird (vgl. Sacks, Schegloff & Jefferson 1974). Das kurze Aufeinanderfolgen der beiden Pausen ließe sich insofern als Wunsch des Interviewten deuten, eine Reaktion auf seine Aussage zu erzielen. Eine andere Lesart wäre, dass der Sprecher aus stilistischen Gründen lange Pausen nach seiner Aussage, Kiswahili würde als die Sprache von Analphabeten wahrgenommen, einstreute, um dem von ihm entwickelten Bild ein stärkeres Gewicht zu verleihen[125]. Im weiteren Verlauf erläutert er, offensichtlich direkt adressiert an die Interviewerin, dass Analphabetismus nicht zwangsläufig positiv konnotiert werde. Aus diesem Grunde sei es schwer, Kiswahili als Ideal zu konstruieren. Die Sprache Kiswahili „bekäme ein Problem", so der Sprecher, womit auch er die Sprache als eigenständigen Akteur beschreibt (14).

Ähnlich wie der Mann aus Beispiel 44 konstruiert der Sprecher hier Kiswahili als leicht erlernbare Sprache und positioniert sich selbst als dieser von ihm dargestellten Sprechergruppe überlegen. Diese Sprachattitüde zeigt, dass Menschen Sprachen unterschiedliche Qualitäten beimessen: Der Sprecher M1 schreibt dem Englischen ein deutlich höheres Prestige zu als dem Kiswahili. Dadurch, dass man Englisch in der Schule lernen müsse, dafür also ein gewisser Grad an Bildung Voraussetzung sei, konstruiert der Mann Englisch als Sprache, die einer bestimmten Gruppe, einer gebildeten Elite, vorbehalten sei. Kiswahili hingegen wird als eine Sprache wahrgenommen, die im „Vorübergehen", durch Hören und Nachahmen von jedermann erlernbar sei, was diese Sprache weniger exklusiv macht und wodurch ihr ein deutlich niedrigeres Prestige zugeschrieben wird. Beide Gesprächspartner sehen Kiswahili aufgrund seiner inklusiven Eigenschaft, da es Menschen jedweden Bildungsgrads zum Erlernen offen stehe, als geeignete Lösung für die Nationalsprachenfrage in Uganda. Ihre Darstellungsweise jedoch verleiht dem Kiswahili nur ein geringes gesellschaftliches Prestige.

13.2.8 Verbreitung

Wie bereits erwähnt wurde, ist Luganda mit 17% die am weitesten verbreitete Sprache des Landes. Eine Vielzahl von Gesprächspartnerinnen und -partnern leitet aus dieser weiten Verbreitung eine Eignung als Nationalsprache ab.

---

125 Denkbar wäre auch, dass der Sprecher hier seine Gedanken ordnet und den nächsten Gesprächsbeitrag vorformuliert. Betrachtet man aber den bisherigen Verlauf des Gesprächs, erscheinen die beiden anderen Lesarten wahrscheinlicher.

Beispiel 46: Kla2008-35f (Luganda) (319-342)

```
01  F1:  […] it doesn't specify that maybe West maybe North
02       maybe East, no. So, maybe at the Headquarters here
03       we have so many languages but the most language that
04       we normally use is English and Luganda.
05  JB:  Ok, so also the people who are not Bagandans do well
06       have knowledge of Luganda
07  F1:  yes
08  JB:  to communicate with all of you [yes] in Luganda
09  F1:  yes, it's easier
10  JB:  Ok, ja
11  F1:  But maybe those who ah coming from the same district
12       or use the same language they can use their
13       language (.) but the most language used is Luganda
```

Die Interviewte stammt aus Kampala und spricht Luganda als Muttersprache. In diesem Textfragment beantwortet sie die Frage, welche Sprache in ihrem Arbeitsumfeld gesprochen werde, mit Luganda (02-04). Ihr Arbeitgeber ist eine britische Wohltätigkeitsorganisation, deren Unternehmenssprache weltweit Englisch ist. Als Kommunikationsmittel in einem englischsprachigen Land scheint dies unproblematisch zu sein. Die Nennung einer indigenen Sprache, Luganda, in diesem internationalen Kontext hingegen ist auffällig. Dies kann unter Umständen auch darauf zurückgeführt werden, dass das Büro der Organisation in Kampala, dem Kerngebiet des Luganda, angesiedelt ist.

Durch die relativ ungeschickte Zwischenfrage der Interviewerin (08) wird die Sprecherin gelenkt und zu einer Aussage veranlasst, von der nicht klar ist, ob sie tatsächlich genau das zu sagen beabsichtigte. Sie ergänzt im darauffolgenden Satz, dass diejenigen Mitarbeiter gleicher ethnischer Herkunft in ihrer Muttersprache miteinander kommunizierten. Die Nachfrage, ob tatsächlich alle Personen, auch die, die nicht Luganda Muttersprachensprecher sind, Luganda sprechen, bejaht die Interviewte und begründet dies damit, dass es „leichter" sei. Diese Formulierung kann auf zwei Dinge verweisen: erstens, dass Luganda aufgrund seiner Verbreitung – auch innerhalb der Organisation – als „natürliches" Kommunikationsmittel empfunden wird. Zweitens, könnte es sich – anknüpfend an die entsprechende Diskussion zu Kiswahili (Kapitel 13.2.7 Bildungsniveau) – um eine weit verbreitete These handeln, dass lokale Sprachen leichter zu erlernen seien und die Kommunikation in Luganda daher „einfacher" sei als in Englisch. Die zweite Lesart wäre, dass die Sprecherin die Sprachen unterschiedlich bewertet: Einerseits scheint auch sie Englisch als die prestigereichste Sprache zu betrachten, der auch Luganda untergeordnet ist. Die Erwähnung von Luganda als Kommunikationsmittel in einem britischen Unternehmen andererseits erweckt den Eindruck, als handele es sich bei Luganda um eine Sprache mit besonderem Stellenwert in Uganda. In der Darstellung kann der Eindruck entstehen, dass es sich bei Luganda um eine Art *lingua franca* Ugandas handele, die aufgrund ihrer weiten Verbreitung und gesellschaftlichen Bedeutung Einfluss auf die Unternehmenskommunikation einer europäischen Organisation genommen habe. Dies wird durch die Aussage in Zeile 13 gestützt, indem sie die Bedeutung und Verbreitung Lugandas erneut hervorhebt. Sie schränkt damit ihre vorhergehende Aussage, dass die Mitarbeiterinnen und Mitarbeiter in ihren lokalen Sprachen kommunizierten, ein und konstatiert, dass Luganda innerhalb der Organisation am stärksten genutzt werde.

Unter Berücksichtigung ethnographischer Informationen, wie der bugandischen Herkunft der Sprecherin, lässt sich auch der Schluss ziehen, dass sie diese Verbreitung des Luganda aus einer Art Lokalstolz idealisiert.

Auch die folgende Sprecherin macht deutlich, dass Luganda eine sehr starke Verbreitung hat und bezeichnet sie daher als „ultimative" Sprache.

Beispiel 47: Kla2008-38f (Lugizu) (705-723)

```
01   JB: So why do you think some people prefer to speak
02       Luganda in Mbale if if it's not their mother tongue
03       if I
04   Fl: I'm still trying to figure that out really. I'm
05       still but I have a feeling it might have to do also
06       in some weird sense with ah moving a step higher
07       [ok] you know like maybe that's the str- the the the
08       ladder [ja] English is the ultimate Luganda is the
09       second ultimate and then you have the local
10       language. That's the kind of feeling I have. It's
11       not confirmed I haven't done research on it or
12       anything but that's what I that's kind of what I
13       feel. [mh] because some of the people I'll tell them
14       ah what I came from Kampala where I spoke Luganda
15       why is it when I come here you guys want me to speak
16       Luganda again it's not like you guys in Kampala
17       speak our language so why aren't you proud of it
18       let's speak it
```

Auf die Frage, warum die Menschen in Mbale es vorzögen, Luganda zu sprechen, stellt die Sprecherin fest, dass sie das ebenfalls versuche herauszufinden, und stellt die Vermutung an, dass die Sprachwahl mit einem gesellschaftlichen Aufstieg verbunden sei. Mithilfe der metaphorischen Darstellung der „Leiter" (08) führt die Sprecherin eine Hierarchie unter Sprachen ein: Englisch sei die „ultimative", Luganda die „zweitultimative" Sprache und dann folgten die lokalen Sprachen, wobei sie dort keinen Unterschied in den Wertigkeiten der Sprache zu machen scheint (08-10). Analog zur Leitermetapher wären „ultimate" und „second ultimate" als oberste und zweitoberste Sprosse der Leiter zu interpretieren. Neben der hierarchischen Darstellung ist ferner interessant, dass die Sprecherin Luganda hier eine besondere Rolle einräumt. Luganda scheint für sie in Uganda eine besondere Funktion zu erfüllen und nimmt daher einen höheren Status, eine höhere Stufe auf der Leiter ein als die anderen Sprachen. Offensichtlich reichen die anderen lokalen Sprachen an diese Position nicht heran. Diese Hierarchie beschreibt sie als ein „Gefühl" (10), das sie habe und das keinesfalls wissenschaftlich verifizierbar sei. Die Betonung, dass es sich um keine wissenschaftlich erhobene Kategorisierung handele, wirkt in diesem Zusammenhang, als müsse sie ihren Eindruck relativieren bzw. erläutern, und kann als Reaktion auf die Forschungsabsicht der Interviewerin gesehen werden. Gegebenenfalls möchte sie keine Fehlinformationen weitergeben und betont daher, dass es sich um eine persönliche Einschätzung, ein „Gefühl", handele.

Ihren persönlichen Eindruck begründet die Frau im weiteren Verlauf mit der großen Verbreitung des Luganda in ganz Uganda und berichtet davon, dass in ihrer Heimatstadt Mbale die überwiegende Mehrheit Luganda spreche. In der Rekonstruktion eines Gesprächs fragt sie diese Menschen, warum sie, die in Kampala schon Luganda sprechen müsse, damit nun auch in ihrer Heimat konfrontiert werde. In der geschilderten Situation argumentiert sie, dass die Bewohner Kampalas keineswegs ihre Sprache sprächen (17). Mit dem Wechsel der *Agency* zu einem Possessivpronomen der dritten Person Plural, „our", markiert die Sprecherin an dieser Stelle anhand sprachlicher Merkmale ethnische Grenzen, die Inklusion und Exklusion konstituieren. Der Faktor Sprache wird hierbei wieder genutzt, um Inklusion und Kohärenz der eigenen Gruppe herzustellen. Sie fährt in ihrer Argumentation fort, dass man auf seine Muttersprache stolz sein müsse – ebenso wie die Baganda in ihrer Heimatregion auch nur Luganda sprechen und sie deshalb auch ihre Muttersprache in ihrer Heimat sprechen wolle (17-18). Der kausale Zusammenhang zwischen Stolz und Sprache ist bemerkenswert, insbesondere im Hinblick auf ihr Eingangsstatement, in welchem sie Luganda als „ultimative" Sprache konstruiert. Der hierarchisch hohe Status der Sprache, den sie aufgrund der Verbreitung ableitet, scheint in keiner Relation zum Prestige dieser Sprache zu stehen. Sie entwirft hier eine Konkurrenzsitua tion zwischen dem weitverbreiteten Luganda und ihrer eigenen Muttersprache. Die Haltung gegenüber Luganda ist daher als nicht sehr positiv zu bewerten. Die große Verbreitung des Luganda scheint die Sprecherin anzuerkennen, zeigt sich darüber allerdings nicht sehr glücklich.

Die Sprecherin des Beispiels 46 geht im weiteren Gesprächsverlauf noch einmal auf Luganda als Nationalsprache ein und offenbart ihre ambivalente Einstellung, die sie dieser Thematik gegenüber empfindet. Nach einer kurzen Reflektion über Kiswahili als überregionaler Sprache und ihrer Eignung als Nationalsprache fokussiert die Sprecherin Luganda:

Beispiel 48: Kla2008-35f (Luganda) (390-398)

```
01  [...] I but if we are talking about would peo- what
02  language would bring out a communication for people to
03  understand [yeah] then it will be Luganda. Because if
04  you realize most people think that that Baganda are
05  crooked people, Baganda not straight (.) because
06  everyone in Uganda speaks Luganda. So you can't know who
07  is a Muganda and who is not a Muganda. Once the person
08  speaks [ok] so you think he is a Muganda but it's
09  because the language is easy to learn and it's what
10  people use
```

Mit einer rhetorischen Fragekonstruktion folgert die Sprecherin, dass Luganda die Kommunikation und das Verstehen der Menschen untereinander ermöglichen könnte. Gleichzeitig greift sie die Vorurteile gegenüber ihrer ethnischen Gruppe auf: Es bestehe das Vorurteil, dass Baganda „unehrlich" bzw. „betrügerisch" seien und sich nicht „aufrecht" verhielten (05). Dies sieht sie allerdings als Folge der Tatsache, dass Luganda so weit verbreitet sei und man daher keine eindeutige Zuordnung vornehmen könne. Die Tatsache, dass alle in Uganda Luganda sprächen (06), relativiert diese vorher genannten Stereotype. Die Sprache sei zudem leicht zu erlernen (ein Motiv, das bereits bei Kiswahili auftrat, vgl. 13.2.7 Bildungsniveau) und des Weiteren die Sprache des alltäglichen Gebrauchs. Mit der Verwendung des allgemeinen Präsens suggeriert die Sprecherin ein routiniertes Sprachverhalten zugunsten des Luganda (10). Im Sinne von Elias' „sozialem Habitus" (1976), der Gewohnheitshandeln von (sozialen) Gruppen umfasst, beschreibt die Sprecherin hier eine gängige Praxis des Sprachgebrauchs und lässt den Eindruck entstehen, dass Luganda überall in Uganda gesprochen und verstanden werde. Insofern könne man nicht so leicht einen Menschen als Muganda identifizieren. Die Interviewte gibt hier ein sehr negatives Bild des Luganda wider. In der Reproduktion der Stereotypen und der anschließende Hinweis darauf, dass Luganda sehr weit verbreitet sei, scheint die Sprecherin zu versuchen, das negative Image der Menschen und ihrer Sprache abzumildern. Wenn nicht nur Baganda Luganda sprechen, sondern auch Menschen anderer ethnischer Herkunft, so scheint die Schlussfolgerung zu sein, würde sich das negative Bild relativieren.

Die Interaktanten nehmen überwiegend die Dominanz des Luganda wahr, und häufig ist eine Bereitschaft zu erkennen, Luganda als Nationalsprache zu etablieren. Allerdings handelt es sich bei den nicht-bagandischen Interviewten nicht um eine affirmative Darstellung im Sinne einer mit positiven Eigenschaften besetzten Sprache, sondern eher um eine rationale und wirtschaftlich sinnvolle sprachpolitische Entscheidung. Die bagandischen Gesprächspartner hingegen argumentieren aus einer persönlichen Involviertheit für ihre Muttersprache, wie auch der folgende Interviewte aus Kampala:

Beispiel 49: Kla2008-33m (Luganda) (696-699, 821-829)

```
01  IN: I would love to make Luganda one of the national
02  languages because it's a widespoken language amongst the
03  languages we have in Uganda.
04  [...]
05  Because now English it has its effects I'm getting it,
06  but ahm if it's difficult to you it's not my problem
07  that's what we are supposed to be using so, we can say
08  that's your carelessness ahm it's your carelessness in
09  getting to learn English just look at that person and go
10  away but where we ah have positive consequences as if
11  Luganda is made national language which is easiest and
12  it is going to at least join all of us and unite and the
13  end of it all we achieve the common goal
```

Er würde es „lieben", Luganda als eine Nationalsprache zu etablieren, zumal es eine weit verbreitete Sprache sei (01-02). Es ist auffällig, dass der Sprecher Luganda als „eine" Nationalsprache unter mehreren sieht. Offensichtlich plädiert er für eine multilinguale Strategie, unter der auch Luganda Berücksichtigung finden solle. Im Verlauf des weiteren Gesprächs wird schließlich aber deutlich, dass er sich offenbar auf Englisch bezieht und keine weiteren lokalen Sprachen als Nationalsprache als weitere Optionen sieht (05). Er argumentiert weiterhin, warum Luganda und nicht Englisch als Nationalsprache geeignet sei, und stellt dies diskursiv durch ein fiktives Gespräch dar: Er adressiert eine Person, die offensichtlich kein Englisch sprechen kann (06-10). Sie wird vom Sprecher kritisiert, kein Englisch sprechen zu können und auch ihre „Nachlässigkeit", kein Englisch zu erlernen. Im Eingang der Sequenz („this is not my problem", 06) stellt der Sprecher sich über die fiktive Person und kreiert damit ein Machtgefälle: Er selbst spricht Englisch und kritisiert sein fiktives Gegenüber, dies nicht zu können und dieses Unvermögen nicht auszugleichen. In der Darstellung des Interviewten wird dadurch einmal mehr das hohe Prestige des Englischen deutlich: Englisch muss erlernt werden und wird nicht von allen Bürgern des Landes gesprochen. Es scheint einer kleiner Elite vorbehalten zu sein, zu der sich der Student und Radiomoderator selbst zu zählen scheint. Durch die Darstellungspraxis lässt er die Interviewerin an dem Problem teilhaben und vermittelt ihr damit indirekt das Problem. Resümierend wendet er sich wieder ihr zu und konstatiert, dass Luganda aufgrund seiner Verbreitung daher die einfachste Lösung sei, an der alle „teilhaben" (12) können, wodurch „am Ende das gemeinsame Ziel erreicht werden" könne (13). Das gemeinsame Ziel scheint hier die Etablierung einer vereinenden Nationalsprache zu sein.

Englisch wird jedoch auch als geeignet empfunden, weil es durch seinen Status als offizielle Sprache – zumindest im Bildungssystem – eine weite Verbreitung erfahren hat. Die Befürworter des Englischen führen zudem an, dass Englisch – anders als Kiswahili – tatsächlich in Uganda gesprochen werde und die Sprachkompetenz des Englischen dort, im Gegensatz zu den Nachbarländern Tansania und Kenia, sehr hoch sei.

Beispiel 50: Gul2009-52m (Acholi) (604-609)
```
01   you know of the strongly Kiswahili speaking country is
02   coming to Uganda to learn more English suggest to
03   Ugandans that they are quite superior in terms of
04   language. and THAT phenomenon also makes them a little
05   less apt for Kiswahili (1) you are running back to us
06   telling us our English is better and there we are.
```

Der Sprecher thematisiert an dieser Stelle eine in Uganda sehr verbreitete Haltung: Uganda zeichne sich durch eine besondere Englischkompetenz aus, sodass die kiswahilisprechenden Nachbarn nach Uganda kämen, um dort Englisch zu lernen (01-02). Implizit spricht er hier auch die weite Verbreitung des Englischen an, indem er die Präferenz der Ugander betont, Englisch zu sprechen (03-06). Daraus leitete der Sprecher eine Überlegenheit der ugandischen Bevölkerung gegenüber seinen Nachbarn ab. Die Wahl einer anderen Sprache als Nationalsprache wird in dieser Darstellungsweise als Abstufung empfunden (05-06), die er durch die nachgeahmte Rede darstellt.

Auch M1 der Gruppendiskussion in Mbale unterstreicht die hohe englische Sprachkompetenz in Uganda.

Beispiel 51: GD Mba2009fm (1617-1622)

```
01  M1:  well Ugandans you can classify them by the way they
02       speak their English most of them they are English
03       when you listen like the way you pronounce it (.) a
04       Kenyan speaks more or wanted to speak Kiswahili in
05       East Africa Ugandans are the only ones who don't
06       speak and talk Kiswahili (.) so whenever you get a
07       Ugandan you'll get him directly speaking English
08       [F2: mh]
```

Er erklärt damit, warum die ugandische Bevölkerung als einzige in Ostafrika kein Kiswahili sprechen könne (04-06). Die mangelnde Kompetenz in Kiswahili wird als Konsequenz des „guten" Englisch dargestellt. Der Sprecher sieht also keine Notwendigkeit, Kiswahili zu lernen. Auch er kontrastiert die hohe Sprachkompetenz im Englischen mit dem Nachbarland Kenia (04). Zudem würden Ugander in jeder Kommunikation zuerst Englisch sprechen (06-08). Dies deutet auf eine hohe Verbreitung des Englischen hin und ist tatsächlich aufgrund der curricularen Einbindung auch nachvollziehbar. Allerdings ist es – wie bereits in Kapitel 13.2.7 beschrieben wurde – eine Sprache, die einer Bildungselite vorbehalten ist.

Betrachtet man das empirische Datenkorpus, ist zu konstatieren, dass es einen Konsens in der Bevölkerung zu geben scheint, dass die Mehrzahl der Menschen in Uganda ein sehr gutes Englisch spreche. Die Befragten grenzen sich damit meist von den Nachbarländern Tansania und Kenia ab. Unter Berücksichtigung der sehr positiven Sprachattitüden von Englisch erscheint dies als eine Strategie, die Überlegenheit der Ugander hervorzuheben.

13.2.9 Sprache der Hauptstadt

In vielen Interviews und Gruppendiskussionen wird Luganda als *lingua franca* der Hauptstadt Kampala konstruiert. Die Sprecherin aus folgendem Beispiel bezeichnet Luganda in diesem Zusammenhang auch als „communication language".

Beispiel 52: Kla2008-38f (Lugizu) (412-439)

```
01  We have one large tribe really and because the
02  tribe happens to be centred around the capital city,
03  it's the language that just has been picked up and
04  spread out. It's it's almost without question the fact
05  that you need to learn Luganda here if you want to do
06  things here it's inevitable you just, even I didn't
07  necessarily learn it at school because at school you
```

```
08   learn book stuff [ja ((lacht))] the way I communicate
09   with my boda-boda men or buy things or walk around town
10   to shop is a whole different angle and that what you
11   learn and that one you learn just by living here. you
12   know, you have to otherwise people have issues sometimes
13   with you if you speak to them in English then you acting
14   all pompous and educated [ok] you know, so it is good to
15   know the language because it this makes life easier for
16   sure, you know cause there is there I have had that so
17   many times with people that have told me oh what you
18   know ((lacht)) you being all snobbish because you went
19   to school we don't speak English why do you act like why
20   you speaking to us in English? People react that way
21   negatively, ja [ok] toward you sometimes especially as I
22   said on that micro type level [yeah] It seems like a
23   superiority thing so yeah Luganda just I don't know it's
24   (.) I think in terms of that's why I don't think it
25   needs to be a national thing you know because you will
26   still learn it one way or another. If you need to work
27   if you need to do business if you need to live socially
28   here you'll learn it you know Luganda will just be
29   learnt not necessarily Swahili.
```

Luganda wird als die Sprache einer großen Ethnie beschrieben, womit die Sprecherin die Baganda beschreibt, die rund um Kampala angesiedelt sind. Ihre Formulierung „happens to be" (02) erweckt den Eindruck, dass es sich hier um eine Koinzidenz handele. Tatsächlich ist die von der britischen Kolonialmacht getroffene Wahl der Hauptstadt bewusst auf die im Zentrum des bugandischen Königreiches liegende Stadt Kampala gefallen. Aufgrund der Kooperation des Königreichs mit der europäischen Kolonialmacht bauten die Briten Buganda und damit Kampala als Zentrum des Protektorats aus (vgl. 12.2 Die koloniale Phase). Die Sprecherin konstruiert die Wahl der Hauptstadt jedoch zufällig und kommentiert damit auch die Verbreitung des Luganda als logische, aber zufällige Konsequenz. Die Rolle der Kolonialmacht lässt die Sprecherin hier aber außer Acht. Aus dieser Verbreitung folgert sie, dass, wenn man in Kampala lebe oder arbeite, zwangsläufig Luganda lernen müsse. Ihre Wendung „it's inevitable" (04) drückt unmissverständlich die Notwendigkeit aus, diese Sprache zu lernen. Dies müsse nicht zwangsläufig in der Schule erfolgen. Hiermit greift sie auf ein häufig auftauchendes Argument zurück, dass man Sprachen nicht zwangsläufig in der Schule lernen müsse (siehe hierzu 13.2.7 Bildungsniveau). Das in der Schule erworbene Wissen steht offensichtlich im Kontrast zu den praktischen Dingen, die man im Leben braucht. Dies expliziert sie sogleich und beschreibt, dass sie Luganda habe lernen müssen, um mit den Boda-boda-Fahrern[126] kommunizieren zu können und um in der Stadt Einkäufe erledigen zu können. Dieses Wissen könne man nicht erlernen, sondern werde durch die persönliche Erfahrung und die urbane Sozialisation in Kampala erworben (09ff).

Wenn man in Kampala Englisch spräche, so die Erfahrung der Frau, würde man leicht als „aufgeblasen" oder „gebildet" angesehen werden (13-14). Sprachverhalten scheint also eine situative Angemessenheit zu haben (auch hier tritt wieder die Sprachattitüde auf, die Englisch als Sprache der Bildung konnotiert). Von daher ist die Kenntnis des Luganda für sie – die hauptsächlich Englisch spricht – eine Strategie, ihr soziales Leben „leichter" zu gestalten (15).

Sie schildert ihre Erfahrungen mit der Verwendung des Englischen in der Alltagskommunikation als negativ, man würde sie als „snobbish" (18) bezeichnen, weil sie zur Schule gegangen sei und die anderen kein Englisch sprächen. Hier wird einmal mehr Sprache als Exklusionsfaktor konstruiert, um *in-group* und *out-group* zu markieren. Interessanterweise wird bei der Sprecherin nicht deutlich, in welches Verhältnis sie die beiden Gruppen in diesem Beispiel zueinander setzt und wen sie als *in-group* definiert. Sie macht lediglich einen Kontrast auf zwischen ungebildeten Baganda, die kein Englisch sprechen und ihr selbst, die aus Ostuganda stammt und aus beruflichen Gründen nach Kampala migriert ist. Ihre Verwendung des Luganda ist als Inklusionsstrategie zu werten, da sie der Sprecherin ermöglicht, einerseits die alltäglichen Geschäfte zu erledigen und andererseits aufgrund ihrer Sprachstrategie ihren vergleichsweise sehr hohen Bildungsstandard zu verdecken und somit nicht mit Ablehnung und Kritik konfrontiert zu werden.

Kommunikation in Kampala funktioniere über Luganda, so die Sprecherin, allerdings beschreibt sie vor allem Alltagskommunikation und entwirft Luganda als Sprache der urbanen Kommunikation. Sie beschreibt das Geschehen auf einem „Mikrolevel", und bricht damit die Sprachensituation Ugandas auf die persönliche (Alltags-)Ebene herunter. Sie resümiert, dass es sich dabei um eine Sache der Überlegenheit handele und legt damit ihre Sprachattitüden unbewusst offen: Englisch wird in Abgrenzung zu Luganda als eindeutig prestigereichere Sprache dargestellt, da Luganda vor allem als Sprache und Kommunikationsmittel der Stadt Kampala genutzt werde.

Die Sprecherin wendet sich daraufhin im nächsten Satz davon ab, dass Luganda zur Nationalsprache erhoben werden solle, da man Luganda ohnehin lernen müsse, wenn man „Geschäfte machen" (27) oder

---

126 Motorradtaxis werden in Uganda „boda-boda" genannt.

ein soziales Leben in der Hauptstadt führen wolle. Darin ist einerseits die Implikation enthalten, dass das Geschäftszentrum von der Sprecherin eindeutig in Kampala verortet wird und als soziales Interaktionsinstrument in der Hauptstadt fungiert. Dennoch trennt die Sprecherin zwischen Stadt- und Nationalsprache und macht deutlich, dass sie es trotz der Dominanz der Baganda in Kampala ablehne, Luganda zur Nationalsprache zu machen (24-25).

Die Darstellung des Luganda als urbane Sprache bildet einen Kontrast zu vielen Stadtsprachen, wie sie aus Afrika bekannt sind. Diese sind überwiegend sogenannte „hybride Sprachen" (Kube-Barth 2009: 103), d.h. Sprachen, die aus der urbanen Kontaktsituation vieler verschiedener Sprachen entstanden sind (vgl. hierzu u.a. den Sammelband von McLaughlin 2009), wie beispielsweise das Sheng in Nairobi (Bosire 2006, Githiora 2002) oder das Nouchi in den Städten der Elfenbeinküste (Kube-Barth 2009).

Der Befragte M2 aus der Gruppendiskussion in Kampala beschreibt die Sprachsituation in der Hauptstadt Kampala als hybrid und definiert sie als eine Art *Code-Switching* zwischen Englisch, Kiswahili und Luganda.

Beispiel 53: GD Kampala 2009fm (968-984)

```
01   [...] so if they come to a business area like here in
02   Kampala they use a mixture of language the whole
03   instances securing a customer or letting a customer
04   understand what you want to do or what the transaction
05   is all about so you may see somebody using Kiswahili a
06   bit a word in Kiswahili in English, Luganda so that at
07   the end of the day a transaction is there
```

Durch das *Code-Switching* (06) seien ökonomische Transaktionen in der Hauptstadt möglich. Der Befragte beschreibt dies als eine Besonderheit der Hauptstadt Kampala und resümiert, dass dort jeder Mensch Handel betreiben könne (07).

Das Luganda ist keine hybride Stadtsprache, wie sie Kube-Barth (2009) beschreibt, wird aber dennoch von einigen Sprechern als eine urbane Sprache dargestellt, weil nur über sie die Kommunikation in Kampala möglich sei. Auch die Beobachtungen der Verfasserin belegen diese Darstellungen. Die Konnotation bzw. die Sprachattitüde ist hierbei jedoch sehr häufig negativ. Drucken Sheng und Nouchi urbane Zugehörigkeit aus und werden daher gezielt eingesetzt, um Identität zu markieren, ist Luganda eher eine Konsequenz, die sich aus der Migration in die Stadt ergibt. Die Dominanz der Baganda in Kampala, das gleichzeitig auch Hauptsitz des bugandischen Königreichs ist, scheint unüberwindbar und sich auf die Urbanität Kampalas auszuwirken. Anders als bei den Diskursen der Stadtsprachen, in denen sich die Menschen freiwillig dieser Sprache(n) bedienen, um in das urbane Setting inkludiert zu werden und sich eine städtische und weltoffene Identität anzueignen, kehrt das Luganda in Kampala das Konzept um: Luganda dominiert die Stadt und unterwirft die Menschen und zwingt ihnen ein bestimmtes Sprachverhalten auf, um in der Metropole des Landes bestehen zu können. Folglich ist die Sprachattitüde des „urbanen Luganda" eher negativ, da es sich um keinen freiwilligen Akt der Identifikation handelt: Ausschlaggebend könnte hierbei sein, dass Luganda keine hybride Sprache ist, son–dern die Sprache der größten, historisch dominierenden Ethnie, und dadurch das Motiv der Unterordnung überwiegt. Dies wird auch aus dem folgenden Transkriptausschnitt aus der Gruppendiskussion in Kampala deutlich.

<u>Beispiel 54</u>: GD Kla2008f (1254-1260, F2)

```
01   for me I think there it would be VERY hard for
02   people to take it because first of all there is
03   this issue of making Kampala the city Baganda
04   Baganda's place eh? the getting eh giving the
05   ownership of the city itself to Baganda but it has
06   caused chaos
```

Auf die Frage, ob Luganda Nationalsprache werden könne, regiert die Sprecherin F2 mit Ablehnung (01-02). Indem sie das Adverb „sehr" betont, unterstützt sie ihre Aussage. In den Zeilen 01-06 erläutert sie ihre Gründe: Die Entscheidung der Kolonialmacht, Kampala zur Hauptstadt zu machen, habe den Baganda einen Besitzanspruch (05) verliehen. Die Folge sei Chaos gewesen[127]. Die Verwendung des Begriffs „ownership" drückt die Überlegenheit der Ethnie aus. Luganda ist qua politischer Entscheidung zur Sprache Kampalas geworden und unterscheidet sich in der Struktur, der Sprachattitüde und dem Sprachprestige von den hybriden, überwiegend positiv konnotierten Stadtsprachen Afrikas.

13.2.10 Regionalität

Auch in der folgenden Haltung finden sich Argumentationsstrategien der Regierung Ugandas wieder (vgl. Kapitel 12). Viele Interviewte betrachten sich auch als Bürger der *East African Community* (EAC) bzw. er-

---

127 Im weiteren Verlauf gibt sie an, dass dies sogar zu Tötungen geführt habe. Aus Gründen der thematischen Schwerpunktsetzung kann an dieser Stelle hierauf nicht weiter eingegangen werden.

achten die regionale und wirtschaftliche Union als notwendig und sinnvoll.

Der folgende Auszug aus einer Gruppendiskussion in Mbale macht
deutlich, dass die starke Verbreitung von Kiswahili in den Nachbarländern in der Argumentation der Befragten auftaucht und eine sprachliche
Homogenisierung in der Region angestrebt wird.

Beispiel 55: GD Mba2009fm (2611-2617)

```
01   JB:  what about Kiswahili?
02   M4:  THAT is
03   F1:  Kiswahili because Kiswahili is an East African
04        language the Tanzanian speak it the Kenyan speak it
05        [M4: NAME F1] so of course I will opt for Kiswahili
```

Die Sprecherin F1 übernimmt das Rederecht und antwortet auf die
Frage der Interviewerin, die unterschiedliche Sprachoptionen als Nationalsprache abgefragt hat und nun auf Kiswahili verweist, dass sie für Kiswahili stimmen würde, weil man in den Nachbarländern Tansania und
Kenia auch Kiswahili spreche. Hier scheint weniger der Gedanke der
Nation im Vordergrund zu stehen, als vielmehr die Anbindung an die
Region und den Wirtschaftsraum. In diesem Fall könnte dies möglicherweise auch durch die geographische Nähe Mbales zu Kenia beeinflusst
sein.

Auch in der folgenden Gruppendiskussion in der Hauptstadt Kampala, die nicht direkt an der Grenze zu den kiswahilisprechenden Nachbarländern liegt, wird Kiswahili mit Regionalität assoziiert.

Beispiel 56: GD Kla2008f (871-882)

```
01   JB:  Ok (.) and do you think then Swahili as we talked
02        about yesterday ahm, you said Swahili was a good
03        choice as national language--
04   F1:  jajajaja. I think it's it's it's a good choice it's
05        very many ((...)) as I speak in Eastern and Central
06        Africa at least. I go to Congo and try Swahili and
07        someone will understand me. In East Africa Rwanda,
08        Kenya, where, everywhere Burundi, Tanzania they will
09        pick what I am saying. So maybe that can also be a
10        unification factor for Africans
```

Die Textsequenz wird hier mit einer Frage der Interviewerin eingeführt, die auf den vorangegangenen Tag Bezug nimmt, an dem bereits
eine Unterhaltung zwischen ihr und F1 stattgefunden hat, die allerdings
nicht aufgezeichnet wurde (01-03). Die Interviewerin greift hier also len-

kend in den Diskussionsverlauf ein und versucht, an das Gespräch vom Vortag anzuknüpfen, und wiederholt eine Aussage der Sprecherin F1 (02-03). Diese geht darauf sofort ein, übernimmt den *turn* und erklärt, dass das große Verbreitungsgebiet von Kiswahili eine Kenntnis dieser Sprache notwendig mache, insbesondere, wenn man die Nachbarländer bereisen wolle (06). Die Sprecherin macht deutlich, dass, spräche sie Kiswahili, sie in einer Vielzahl von Ländern in Ost- und Zentralafrika verstanden würde. Darüber hinaus sieht sie die Möglichkeit zur Vereinigung aller Afrikaner. Mit der Verallgemeinerung „for Africans" (10) erweckt sie den Eindruck, Kiswahili habe das Potential, ganz Afrika und seine Bewohner zu vereinen. Sie greift damit das Motiv der panafrikanischen Sprachdiskussion der siebziger Jahre[128] auf und entscheidet sich zugunsten des Kiswahili (07-10).

Auch in folgendem Gespräch mit einem Mann aus Nakasongola wird die regionale Homogenität als Vorteil hervorgehoben.

Beispiel 57: Nak2008-15m (Ruruuli) (591-598)

```
01   JB:  And you think that's good or bad to have Swahili
02        national language. A language which is not an
03        indigenous language of Uganda.
04   M1:  I don't that it is bad. It is not bad. Because
05        already it is used in Kenya and Tanzania and we are
06        three countries in East Africa. So, if we have one
07        language in East Africa I think it will be better.
```

Dieser Sprecher bezieht sich ebenfalls auf die Nachbarländer Kenia und Tansania und entwirft den Regionalbund „Ostafrika" als Dreierbund – und bezieht sich hierbei auf die Gründerstaaten der EAC, Uganda, Tansania und Kenia (05-06). In dieser Argumentation scheint es logisch und notwendig zu sein, Kiswahili als Nationalsprache in Uganda zu etablieren, da in den Nachbarstaaten Kiswahili bereits Nationalsprache ist. Der Sprecher leitet aus dem Wirtschaftsbund auch eine regionale Verbundenheit ab, die sprachlich durch die Einführung des Kiswahili markiert werden würde. M1 schließt seinen Redebeitrag mit „it will be better" (07). Welche Verbesserung durch die Einführung des Kiswahili eintreten werde, wird an dieser Stelle nicht deutlich. Es ließe sich vermuten, dass er sich – als Konsequenz seiner vorangehenden Aussage – hier sowohl auf die Kohärenz des Bundes Ostafrika bezieht als auch auf dessen erleichterte interne Kommunikation. M1 sieht Kiswahili als notwendige Folge und scheint daher eine neutrale Haltung gegenüber Kiswahili einzunehmen.

---

128 Siehe hierzu auch Adegbija (1994: 24).

Die Sprecherin aus dem folgenden Transkriptauszug sieht auch einen Vorteil darin, eine regional verbreitete Sprache zur Nationalsprache zu erheben, und plädiert ebenfalls für Kiswahili.

Beispiel 58: Kla2008-38f (Lugizu) (439-446)

```
01   you know and yet Swahili would is to- look at how many
02   Kenyans live in Uganda now, Tanzanians, Congolese.
03   Already on that microlevel Swahili is becoming the
04   language they speak and interact in anyway. It's only us
05   we're not necessarily at that level who don't you know,
06   and and and yet Swahili is just bordering in us further
07   out [ah so] you know, so we can be patriotic under
08   Swahili for sure
```

Die Frau beschreibt eine Migrationsbewegung von Menschen aus den kiswahilisprechenden Nachbarländern nach Uganda (02), sodass sich laut ihrer Aussage bereits auf einem „Mikrolevel" (03) Kiswahili als Kommunikationsmittel etabliert habe. Die Ugander hingegen seien die einzigen, die Kiswahili auf diesem Level noch nicht nutzten. Dabei, so die Sprecherin, umschließe Kiswahili Uganda (06-07), wodurch sie den Eindruck erweckt, dass Uganda von Kiswahilisprechern umgeben sei und somit eine Inselrolle einnehme. Aufgrund dieses Drucks von außen bzw. dieser Entwicklung scheint die Sprecherin keinen Grund zu sehen, Kiswahili nicht als Nationalsprache einzuführen, zumal sie die Möglichkeit sieht, dass man auch „unter Kiswahili patriotisch sein" könne (07-08). „Unter" einer Sprache patriotisch zu sein, impliziert einerseits, dass Sprache ein dominantes und dominierendes System sei, dem man sich zu unterwerfen habe. Andererseits scheint sie die Wahl einer nicht-indigenen Sprache als Nationalsprache als unproblematisch für das Zusammenwachsen einer Nation zu erachten. Sie löst sich damit von der Annahme, dass eine lokale Sprache konstitutiv für die Nationenbildung sei und dass auch Kiswahili ein „patriotisches" Nationalgefühl hervorbringen könne. Aufgrund der sprachlichen Homogenisierungsentwikklung in der Region Ostafrika plädiert sie für Kiswahili als Nationalsprache und sieht darin keine Beeinträchtigung der nationalen Entwicklung Ugandas.

Auch die Diskutanden aus Mbarara sehen aufgrund der regionalen Verbreitung Kiswahili als geeignet an. Zuvor hatten sie jedoch Englisch als mögliche Lösung eingeführt, weil sie der Interviewerin offenbar eine Sprache „anbieten" wollten, die auch in Deutschland zu verstehen ist (01-04).

Beispiel 59: GD Mra2009fm (18:35-3)[129]

```
01  M1:  because of economics (.) Swahili is not ((...))
02       enough. Because you also know English and you are
03       from German
04  JB:  but I am not a Ugandan citizen I mean so, it's an
05       international language but it is not a local Ugandan
06       language (.) don't you think Uganda needs as a
07       NATION needs a national language which originates
08       from your country?
09  F3:  now, when we talk of our national language (.) then
10       we can try that to take Kiswahili
11  JB:  Kiswahili?
12  F3:  ja
13  JB:  Why?
14  F3:  cause Kiswahili can be used everywhere you go but
15       cannot that we are going to consider Runyakole OR
16       LuGANDA because when you go to German (.) there are
17       very many people who don't know Luganda or
18       Runyankole and it would take time for those people
19       to understand it
20  JB:  What would be an appropriate national language for
21       Uganda?
22  ALLE: KIswahili
23  M3:  Because you cannot say Runyankole (.) when you bring
24       Runyankole the Baganda will say we want Luganda so
25       (.) KIswhaili for mine it is spoken all over East
26       Africa
```

Die Diskutanden lenken nach der Nachfrage von JB (04-08) ein und schlagen Kiswahili als Nationalsprache vor. Als Muttersprachensprecher des Runyankole erläutern sie, warum ihre Sprache nicht geeignet sei und Kiswahili überall benutzt werden könne (14). In Zeile 22 beantworten die Diskutanden die Nachfrage der Interviewerin, welches eine angemessene Nationalsprache sei, mit Kiswahili. Durch chorusähnliche Antwort wird der Konsens der Gruppe hervorgehoben. Diese rhetorische Strategie könnte auch auf die Lehr- und Lernpraxis in den Schulen Ugandas zurückgeführt werden, in denen solche Antwortstrategien allgegenwärtig sind (vgl. Abd-Kadir & Hardman 2007). M3 resümiert dann noch einmal für die Gruppe, dass Kiswahili geeignet sei, weil es in ganz Ostafrika gesprochen werde (23-26).

---

129 Die Gruppendiskussion in Mbarara ist nur in Teilen transkribiert worden. Daher werden bei ihr Zeitangaben statt Zeilenangaben aus dem Originaltranskript angegeben.

Wenngleich Kiswahili überwiegend als die Sprache Ostafrikas bezeichnet wird, ist seine Verbreitung in Uganda mit 2.000 Erstsprachensprechern tatsächlich als gering einzuschätzen. Die Beobachtungen im Feld haben gezeigt, dass es auch nur eine sehr geringe Anzahl Ugander gibt, die diese Sprache als Zweitsprache spricht. In dem folgendem Auszug einer Gruppendiskussion in Mbale beschreibt ein Mann genau diese Situation:

Beispiel 60: GD Mba2009fm (1619-1622)

```
01   M1:  (.) a Kenyan speaks more or wanted to speak
02        Kiswahili in East Africa Ugandans are the only ones
03        who don't speak and talk Kiswahili (.) so whenever
04        you get a Ugandan you'll get him directly speaking
05        English
06   F2:  mhm
```

Der Mann bestätigt zwar, dass Kiswahili in der Tat die Verkehrssprache Ostafrikas sei, betont allerdings auch, dass die Ugander die einzigen in diesem Gebiet seien, die kein Kiswahili sprechen würden (02-03). Zudem liegt in der Aussage von M4 eine inhärente Abgrenzung von den anderen Ländern der Region: Die Kenianer „wollten" Kiswahili sprechen (01), in Uganda ziehe man Englisch vor (04-05). Im Hinblick auf die Identifikation sieht der Sprecher bezüglich des Kiswahili offenbar ein Problem: Das Prestige des Englischen wird hier deutlich höher angesiedelt als das des Kiswahili.

Auffällig in diesem Redebeitrag ist die Unterscheidung zwischen „speak" und „talk". Ebenso wie die linguistische Anthropologie unterscheidet der Sprecher hier einerseits zwischen der Fähigkeit, Kiswahili sprechen zu können („speak"), d.h. grammatikalisch richtige Sätze zu bilden, und andererseits dem kommunikativen Talent bzw. der Performanz, sich in Kiswahili unterhalten zu können („talk"). Wie in 4.1 Sprachbegriff bereits ausführlich beschrieben, gehört zur Kommunikationsfähigkeit in einer Sprache immer auch das Verstehen und das Wissen um kulturelle und sprachliche Besonderheiten einer Sprache und Sprechergemeinschaft.

Abschließend ist zu konstatieren, dass Kiswahili von vielen Ugandern als geeignete Nationalsprache betrachtet wird, weil sie die dominante Verkehrssprache im ostafrikanischen Raum und im Regionalverbund der EAC ist. Die Sprachattitüde gegenüber Kiswahili ist in dieser Weise positiv bzw. neutral, weil die Menschen die Notwendigkeit betonen, und hierbei persönliche Assoziationen in den Hintergrund treten, und wirtschaftliche Aspekte und der Anschluss an die regionale Entwicklung im Vordergrund stehen. Darin bestätigen sie die Sprachattitüden der ugandischen Regierung, die die Einbindung in den Regionalverbund vor allem aus wirtschaftlichen Aspekten präferieren und eine sprachliche Homogenisierung mit Kiswahili anstreben.

13.2.11 Schmelztiegel der Sprachen

Ähnlich dem Konzept der hybriden (Stadt-)Sprachen konstruieren einige Sprecher eine Mischsprache als das Ideal einer Nationalsprache. Dieses Ideal sehen sie in Kiswahili verwirklicht, denn es wird von vielen Sprecherinnen und Sprechern als Mischsprache dargestellt. Bei der gezielten Abfrage von Haltungen gegenüber bestimmten Sprachen offenbarte die folgende Sprecherin ähnliche Assoziationen mit Kiswahili und beschrieb sie als „melting pot of languages":

Beispiel 61: Kla2008-38f (Lugizu) (788-795)

```
01   JB: Swahili
02   F1: Beautiful ahm Swahili is like melting pot of
03       languages for me cause that's what it is it is a
04       combination of so many beauti- languages and for me
05       that's the beauty of it cause it is Arabic, Bantu,
06       whatever mixed up and they created a new language.
07       So Swahili interesting ((beide lachen))
```

Sie charakterisiert Kiswahili als interessante und schöne Sprache (02/07) und bewegt sich damit auf einer kognitiven Bewusstseinsebene. Kiswahili sei eine Mischung aus „so vielen schönen Sprachen", respektive Bantusprachen, Arabisch und einer undefinierten Zahl unbekannter Sprachen (05-06). Mit der Feststellung „that's what it is" (03) untermauert sie ihre Aussage und argumentiert, dass Kiswahili daraus seine Schönheit beziehe (05). Durch den Schmelztiegelcharakter scheint die Sprache als Nationalsprache geeignet zu sein.

Auch in folgender Sequenz aus einer sprachlich und geschlechtlich heterogenen Gruppendiskussion in Kampala wird Kiswahili als sogenannte „Mischsprache" dargestellt:

Beispiel 62: GD Kla2009fm (1148-1177)

```
01   M2: For me I will choose Kiswahili for Uganda for a
02       reason  (1.8) ONE it's going to unify Uganda given
03       the ((...)) cultures and ethnic groups in Uganda
04       (1.2) there will be no ownership of the language
05   F2: ja
06   M2: because Kiswahili is a Bantu it's coming from
07       various
08   F2: it's a mixed language
```

```
09  M2:  languages of the Bantu and other people and the
10       Arabs so for example mutu it's a person a Muganda
11       says Muntu, a Musoga says Muntu eh pick somebody
12       from Western says Muntu, Eastern says Muntu so in
13       Kiswahili it's mutu you see like he was saying maji
14       amazi, amiji,
15  F1:  amaizi
16  F2:  so you find that people will pick up so quickly
17  JB:  ja, it's close
18  M2:  ja it's close when you say kuja eh
19  F2:  come
20  M2:  it is come jangu isha -ja, -ja -ja it's that is that
21       whatever it's consists all of that (.) SO Kiswahili I
22       believe it will bind the people […]
```

M2 führt Kiswahili als seine Präferenz für eine Nationalsprache in Uganda ein, da Kiswahili das Potential habe, die ugandische Bevölkerung zu vereinen, da es kein „ownership" an der Sprache in Uganda gebe (01-04). Ebenso wie in Beispiel 54 wird hier das Argument des Besitzes eingeführt. Sprache wird als Eigentum einer Sprechergemeinschaft dargestellt. Kiswahili steht in der Argumentation des Sprechers M2 offensichtlich in einem Kontrast hierzu, was er – nachdem F2 seinen Ausführungen in Zeile 05 beipflichtet – damit erklärt, dass Kiswahili eine Bantusprache sei, die von verschiedenen Sprachen abstamme. M2 wird in seiner Ausführung von F2 unterbrochen, die einfügt, Kiswahili sei eine „mixed language" (08). M2 fährt allerdings ungestört fort und definiert Kiswahili als Mischsprache aus Bantuelementen und dem Arabischen. Seine Definition „and other people" (09) bleibt in diesem Kontext unklar. Womöglich möchte der Sprecher den Mischgrad besonders hervorheben und erweitert daher – ähnlich der Sprecherin aus vorangehendem Beispiel – die Einflüsse um diese unbekannte Komponente. M2 verdeutlicht seine Aussagen, indem er am Beispiel von „Mensch", „Wasser" und „kommen" (09-20) die Verwandtschaft der Sprachen herleitet. Dies scheint für ihn Indiz für die Eignung des Kiswahili zu sein. Die Beispiele für die Sprachverwandtschaft deuten an, dass Kiswahili aus allen diesen Sprachen bestünde und als solche die Menschen „verbinden" (22) könne. Durch diese Vermischung verschiedener Sprachen leitet der Sprecher M2 ab, dass keine Sprechergemeinschaft Besitzansprüche anmelden könne, und greift damit indirekt auch auf die Sprachattitüde der Neutralität zurück, die bereits in Kapitel 13.2.1 vorgestellt wurde.

Auch die Sprecherinnen und Sprecher der folgenden Gruppendiskussion aus Gulu betrachten Kiswahili als geeignete und tolerierbare Nationalsprache, da sie Wörter aus Sprachen verschiedener *tribes* in sich vereine:

Beispiel 63: GD Gul2009fm (1580-1594)

```
01   M2:  [...] I think we could ah we could tolerate Kiswahili
02   F2:  Kiswahili
03   M2:  because it'a an African language it's many spoken
04        within East Africa it's ahm
05   F2:  and it grows
06   M2:  and it grows
07   F2:  now it has the Luganda words ja
08   M2:  ja it has words from all the different tribes almost
```

Hier wird das integrative Element einer solchen „Mischsprache" deutlich: Kiswahili sei für die Teilnehmer der Gruppendiskussion in Gulu als Acholi-Sprecher tolerierbar (01), da es eine weitverbreitete „afrikanische" Sprache sei (03-04). Sie inkludiere Worte aus „fast allen" (08) Sprachen der verschiedenen *tribes* aus Ostafrika. Der Sprecherwechsel wird an dieser Stelle optimal realisiert. Es gibt keine Überlappung und die Diskutanden ergänzen ihre *turns* zu einer kollektiven Gesamtaussage. Der *double accord* (05/06) von F2 und M2 drückt Verstärkung aus und markiert die kollektive Übereinstimmung in diesem Punkt. Die Sprecher weisen hier darauf hin, dass Kiswahili sich weiter und weiter verbreite und betonen damit auch seine Regionalität (vgl. hierzu auch 13.2.10 Regionalität).

Die Annahme, dass es sich bei Kiswahili um eine Mischsprache handele, ist auch in der Literatur belegt. Miehe beschreibt diesen verbreiteten Irrglauben, wie folgt:

> „Seit den ersten Nachrichten über das Swahili hält sich bis in die neuere Zeit, vereinzelt zwar, aber umso hartnäckiger die Auffassung, das Swahili sei eine Mischsprache, obgleich bereits 1845 die beiden deutschen Sprachwissenschaftler von Ewald und von der Gabelentz (auf der Grundlage der Mitteilungen durch den Missionar Krapf) den Bantu-Charakter des Swahili klar erkannt hatten" (Miehe 1995: 16).

Die häufige Erwähnung, dass es sich bei Kiswahili um eine „mixed-language" handele, führt Topan auf die große Anzahl arabischer Lehnwörter zurück (Topan 2008: 253). Githiora sieht den Ursprung darin, dass Kiswahili Lehnwörter aus dem „Hindi, Persischen, Portugiesischen und Englischen" (Githiora 2008: 248, Übersetzung J.B.) beinhaltet. Diese hohe Inkorporation von Entlehnungen scheint auch in Uganda die Annahme zu verbreiten, dass es sich bei Kiswahili um eine „mixed-language" handelt.

Trotz des faktischen Irrglaubens sehen eine Vielzahl der Gesprächspartnerinnen und -partner Kiswahili als geeignete Nationalsprache aufgrund ihres heterogenen Einflusses.
Der Gedanke, eine Sprache zu wählen, die ein Schmelztiegel verschiedener Sprachen ist, erscheint im Hinblick auf einen multiethnischen und
multilingualen Staat als logische und interethnisch sensible Lösung.

13.2.12 Sprache der Zukunft
Ein weiteres Argument für die Einführung von Kiswahili ist, dass sie
die Sprache einer neuen, jungen Generation sein und damit Nationalsprache für die ugandische Nation werden könne.

<u>Beispiel 64</u>: Kla2008-35f (Luganda) (429-433)

```
01  [...] but if people if they introduce Kiswahili in schools
02  like English maybe people get a better picture maybe
03  generation X would accept Kiswahili but (.) there is a
04  certain generation which is really interested in
05  Kiswahili.
```

Eine junge, unbelastete Generation sei möglicherweise in der Lage,
die alten Haltungen abzustreifen und Kiswahili als Nationalsprache zu
akzeptieren, argumentiert die Interviewte. Durch die Integration des Kiswahili in die Schulcurricula (01) könne dies realisiert werden. Die selbst
noch junge Gesprächspartnerin (20-30 Jahre) scheint sich selbst nicht zu
dieser Gruppe zu zählen und eröffnet damit einen großen Zeithorizont,
in dem eine solche Implementierung vorangetrieben werden könne. Sie
bezeichnet diese Gruppe als „Generation X" (03), der sie ein großes Interesse an Kiswahili zuschreibt (04-05), was sie jedoch nicht erklärt oder
begründet.
Die folgende Sprecherin macht ebenfalls deutlich, dass sie zwar nicht
bereit sei, Kiswahili zu lernen, sieht aber für die nachkommende Generation, definiert als „our kids" (02), eine Chance und einen Vorteil in der
Etablierung von Kiswahili als Nationalsprache:

<u>Beispiel 65</u>: Kla2008-38f (Lugizu) (290-295)

```
01  [...] I don't see myself learning Swahili just because
02  it's the national language but maybe our kids I think it
03  would be good for them to learn it because it does cover
04  a huge regional area and the more we interact the less
05  Luganda become you know on different levels I think it
06  would be, ja
```

Wenngleich sie sich selbst nicht Kiswahili lernen sehe, so stellt sie fest, dass Kiswahili in einer zukünftigen Generation als Nationalsprache etabliert werden könne, und begründet die Eignung auch aufgrund der regionalen Verbreitung (01-04) (vgl. 13.2.10 Regionalität). Wichtig ist für sie anscheinend, dass Luganda nicht Nationalsprache werde. Sie verwendet hierzu den Diskursmarker „you know" (05) und verweist damit auf ein vergemeinschaftetes Wissen zwischen ihr und der Interviewerin (vgl. House 2010). Bereits in einem früheren Textausschnitt (vgl. Beispiel 1) beklagte die Interviewpartnerin die starke Verbreitung Lugandas. Darauf verweist sie nun, sodass keine weitere Explikation zwischen den beiden Frauen notwendig ist. So ist die pro-Haltung für Kiswahili möglicherweise auch Ausdruck einer Ablehnung des Luganda (vgl. 13.2.13).

Der folgende Textausschnitt aus einer Gruppendiskussion in Gulu zeigt in komplexer Weise die Probleme Ugandas mit Kiswahili auf, macht aber gleichzeitig deutlich, dass Kiswahili nur Zeit benötige, um als Nationalsprache anerkannt zu werden:

<u>Beispiel 66</u>: GD Gul2009fm (1737-1767)

```
01   F1:   No Kiswahili in Uganda can do but then still we need
02         to we people need to be educated ah it's just a
03         language it's not meant for soldiers only [mh] the
04         problem with Uganda is that it's more of MILITARY
05         you know once they hear you speaking Kiswahili ever
06         you have grown up in the barracks or you're a child
07         of a soldier ((alle lachen))
08   M2:   and also and also and also the soldiers that
09         wouldn't be a problem but
10   F1:   or a wife of a soldier and soldiers in Uganda are so
11         rough
12   M2:   higher
13   F1:   so people wouldn't WISH to associate with that
14   M2:   Exactly it wouldn't have been the problem when it
15         was spoken by the soldiers the only problem is that
16         the soldiers are they have a bad record [F1: yes in
17         Uganda] ja that's the problem
18   F3:   But I think we should be given time [M2: ja] really
19         like you said we should be given time to accept
20         Kiswahili because there's definitely going not going
21         to be there's going to be CONFLICT to accept one
22         language=have I told you before Uganda here we're
23         all about superiority [mh] if you took Luganda to be
24         the Ugandan language we're going to say so YOU think
25         these guys are superior and the Baganda will be like
26         [we told you guys]
27   F1:              [we told] you see
```

Die geschlechtsheterogene Gruppe aus Norduganda rekapituliert in diesem Auszug die bereits bekannte, negative Sprachattitüde, die Kiswahili mit Gewalt gleichsetzt (03). F1 führt das Thema jedoch so ein, dass sie deutlich macht, dass diese Sprachattitüde durch Bildung zu relativieren wäre (02). F1 und M2 ergänzen sich in ihrer Erläuterung, dass Kiswahili assoziiert wird mit Soldaten und denjenigen, die auf irgendeine Wiese in Verbindung mit ihnen stehen (06-13). Die Reputation des Militärs – und damit des Kiswahili – sei schlecht, sodass sich niemand mit ihm einlassen und niemand dessen Sprache sprechen möchte. Auf einer diskursiven Ebene wird die enge Verbundenheit und die gemeinsam vertretene Position der Diskutanden dadurch deutlich, dass der Sprecherwechsel in idealer Weise realisiert wird und die Redebeiträge sich kollektiv zum Argumentationsziel ergänzen. F3 greift schließlich in die Diskussion ein und führt an, dass man Kiswahili „Zeit geben" müsse (18/19). Sprache wird hier als Akteur dargestellt, der Zeit brauche, sich zu rehabilitieren. Ähnlich den beiden vorausgehenden Beispielen wird hier ein zeitlicher Aspekt eingeführt: Durch Bildungsmaßnahmen, die F1 einführt, könne das Ansehen von Kiswahili verbessert werden. Die Menschen benötigen Zeit, so F3, um Kiswahili als Nationalsprache „akzeptieren" zu können. Dies sei umso wichtiger, als es bei der Wahl einer Nationalsprache ohnehin zu Konflikten kommen würde. Der Begriff des Konflikts wird von F3 durch Betonung besonders hervorgehoben und verweist auf die Brisanz des Themas. Am Beispiel des Luganda veranschaulicht sie, was passierte, machte man eine indigene Sprache zur Nationalsprache (23): Sie erinnert an das bereits in Kapitel 13.2.5 vorgestellte Motiv der Überlegenheit und schließt sich und ihre Ethnie mit der Wahl der ersten Person Plural ebenfalls in diesen Konflikt zwischen den multiethnischen Gruppen Ugandas um die Vormachtstellung im Land ein. Würde Luganda als Nationalsprache eingeführt, würden die Baganda sich den anderen ethnischen Gruppen überlegen fühlen. Mit der Interjektion „we told you", die überlappt mit der wortgleichen Interjektion von F1 (26/27), deutet die Sprecherin an, dass sich die Baganda ohnehin als dominante Ethnie fühlten, weshalb eine solche Entscheidung als Bestätigung ihrerseits empfunden würde.

Alle hier aufgeführten Beispiele zeigen das prospektive Potential von Kiswahili als Nationalsprache. Der Faktor der Zeit spielt hier eine wesentliche Rolle und macht deutlich, dass Assoziationen von Sprachen wandelbar zu sein scheinen. Darin sehen die Gesprächspartnerinnen und -partner eine Chance für die Etablierung des Kiswahili, von dessen Eignung sie generell überzeugt zu sein scheinen.

13.2.13 Ablehnung

Eine sehr starke Sprachattitüde wird mit Luganda verbunden: Viele der Befragten, deren Muttersprache nicht Luganda ist, gaben an, Luganda zu hassen, und konnotieren die Sprache mit Ablehnung. Die Ablehnung gipfelt häufig in dem von Milton Obote geäußerten Sprichwort „the only good Muganda is a dead one", auf das sich viele Gruppendiskussionen beziehen, wie beispielsweise die folgende aus Mbale.

Beispiel 67: GD Mba-2009fm (2150-2168)

```
01   F2:  it is hard to bring in another tribe
02        [since the colonial time the BAGANDA        ]
03   M2:  [have you seen? but came back in the North] man has a
04        hatred for a Muganda
05   JB:  why?
06   F1:  what a Ba[((...))                           ]
07   M2:            [<so if you speak Luganda>] and hear him you
08        might receive a ((...))
09   F1:  Because they're sentizised the ONLY good Muganda
10   F2:  is a dead one
11   F1:  is dead one ((F2 lacht))
```

Auffällig im Vergleich zu den meisten Transkriptausschnitten ist an dieser Stelle, dass es sich hier um sehr viele Überlappungen und parallel gesprochene Aussagen handelt. Dies ist ein Hinweis auf den engagierten Gesprächsverlauf.

Die Teilnehmer diskutieren, welche Sprache als Nationalsprache geeignet sein könnte, und kommen auf Luganda zu sprechen. F2 und M2 sprechen parallel (02/03), M2 kann sich jedoch durchsetzen und beschreibt, dass die Menschen in Norduganda Hass für einen Muganda empfänden (04). Die Nachfrage von JB, warum dies so sei, versucht zunächst F1 zu beantworten, wird dann aber von M2 unterbrochen, der sich mit erhöhter Lautstärke durchsetzen kann und fortfährt, dass einem, wenn man Luganda spreche, etwas entgegengebracht werde. Der genaue Wortlaut ist hier leider unverständlich, es ist aber davon auszugehen, dass er auf eine negative Reaktion abzielt, da die Sprecherin F1 einen kausalen Zusammenhang herstellt und sagt, dass die Menschen im Norden sensibilisiert seien (09). Diese „Sensibilisierung" führt sie auf das Sprichwort Obotes zurück, der sagte, dass der einzig gute Muganda ein toter Muganda sei (09-11). Die Sprecherin bezieht sich hier auf die Aussage eines nordugandischen Präsidenten und demonstriert damit auch ethnische Loyalität: Der Präsident habe sie, die Menschen in Norduganda, auf die negativen Eigenschaften der Baganda hingewiesen. Durch die Wiedergabe wird der Eindruck einer nordugandischen Allianz gegenüber den Baganda erweckt (vgl. 12.3.1 Exoglossische Sprachpolitik unter Milton Obote). F1 beginnt nur mit dem ersten Teil des Sprichworts, und überlässt F2 die Vervollständigung. Dadurch wird das geteilte Kontextwissen explizit gemacht und hervorgehoben. In Zeile 11 markiert F1 dann durch den *double accord* Fokus und den Abschluss der Sequenz. Die Grausamkeit des Zitats wird durch das Lachen der beiden Frauen relativiert (11).

Die Ablehnung, die den Baganda entgegengebracht wird, tritt in vielen Gesprächen auf. In der Gruppendiskussion in Mbale fahren die Diskutanden fort, Luganda zu diskutieren. In dem nun vorgestellten Textausschnitt werden die Allianzen der einzelnen Sprecher deutlich: M4 plädiert für eine Nationalsprache Luganda und wird von F2 unterstützt. Die anderen Gesprächsteilnehmer kritisieren ihn und machen ihre Ablehnung deutlich.

Beispiel 68: GD Mba2009fm (2637-2670)

```
01   M4:  that is why you are bringing in Luganda than English
02   M2:  wait wait wait wait wait why are you standing so
03        much on [Luganda]
04   F1:          [Luganda]?
05   M2:  that you know Luganda is
06   F2:  He's a UGANDAN
07   M2:  wait wait
08   M4:  this is
09   M2:  WAIT let me ask you my question
10   M4:  I'm Ugandan
11   M2:  Let me ask you my question: You love Ugandans all?
12   M4:  Yes
13   M2:  even and many ((...)) of Uganda
14   M4:  <YES> there are I'M telling you
15   M2:  The different tribes others hate here Luganda
16   F2:  <Why would you hate here Luganda or Kumam>
17   M4:  -but the majority the majority of Ugandans all
18   M2:  no
```

In den Zeilen 02 und 03 fragen M2 und F1, warum der Sprecher M4 so auf Luganda bestehe, was F2 in Zeile 06 mit der Tatsache begründet, dass M4 ein Ugander sei. M4 bestätigt dies in Zeile 10. Die Identifikation mit der Nationalität ist an dieser Stelle sehr auffällig, schließlich sind alle Diskussionsteilnehmer Ugander. In 11.1.1 Die räumliche Konstruktion von Identität In Uganda wurde auf die eher niedrige Identifikation mit der Nation hingewiesen: Hier jedoch wird die Identifikation als „Ugander" hervorgehoben, um Luganda als Nationalsprache zu etablieren. Der

Zusammenhang, den die Sprecherin F2 versucht herzustellen, könnte als etymologische Interpretation der ugandischen Identität gelesen werden. Diese leitet sich, wie bereits beschrieben, tatsächlich von Buganda ab. Folgte man dieser Lesart, würde die Sprecherin F2 eine Verbindung zwischen dem Namen des Landes, der Sprache und der nationalen Identität herleiten. Eine andere Lesart wäre, dass die Sprecherin auf die gemeinsame nationale Identität verweist und damit versucht, die interethnischen Spannungen abzumildern. Der Verweis auf die ugandische Identität von M4 wäre in diesem Falle der Versuch, in der ethnisch heterogenen Gruppe auf einen gemeinsamen Nenner zu verweisen und die Präferenz von M4 für Luganda als Nationalsprache zu legitimieren.

Auf keine der beiden Lesarten gehen die anderen Diskutanden ein. Die Frage von M2 in Zeile 11, ob M4 alle Ugander liebe, die M4 in Zeile 12 bejaht, geht zwar auf die Argumentationslinie seines Gesprächspartners ein, zieht hieraus jedoch ein anderes Fazit: Die anderen *tribes* würden Luganda hassen (15). Der Sprecher entwirft hier ein heterogenes Gesellschaftsbild und vertritt die These, dass eine Vielzahl der *tribes* in Uganda die Baganda hassten und daher eine Nationalsprache Luganda nicht akzeptieren würden. Sprachattitüde und Stereotyp sind hier sehr eng miteinander verknüpft und offenbaren, dass Luganda von vielen Menschen nicht als Nationalsprache akzeptiert würde.

Die Ablehnung gegenüber Luganda und seiner Sprechergemeinschaft rührt häufig auch von einer Art Sozialneid her. Die Diskutanden der Gruppendiskussion in Mbale erläutern, warum die Baganda „gehasst" (04) würden:

Beispiel 69: GD Mba2009fm (2701-2715)

```
01  M2:  bring a Munyankole here, be a Munyankole here he
02       will tell you never not a Muganda at least near me
03       NOT a Muganda because HE KNOWS he's biased
04  F2:  What makes people hate Baganda? Because they have
05       proved to BE? (.) superior
06  M4:  higher
07  F2:  higher and they are you know of they brought a
08       Muganda and pick here and brought a another tribe
09       put here the Muganda will exploit all the resources
10       which here and leave this one still wondering what
11       to do with the resources that's the problem they
12       think faster in their way to do? (.) develop
13       themselves
```

Der Sprecher M2 eröffnet die Gesprächssequenz, indem er erklärt, dass ein Munyankole keinen Muganda akzeptieren würde, weil dieser parteiisch sei. F2, die für Luganda als Nationalsprache plädiert, führt die ablehnende Haltung auf die Überlegenheit der Baganda zurück. Diese Dominanz wird in Fokusstellung gerückt durch die Wahl der Diskursstrategie verbunden mit Frageintonation. In Zeilen 7-13 erläutert sie die Überlegenheit der Baganda und sieht darin die Ursache für die Ablehnung.

Häufig wird die Ablehnung auch historisch begründet und auf die Kollaboration der Baganda mit der britischen Kolonialmacht zurückgeführt:

Beispiel 70: GD Kla2008f (143-165)

```
01   F2:  ((sehr erregt)) << AH AH WE were colonized >> the
02        whole East it was the Baganda who assisted the
03        colonialists (.) they were the administrators, they
04        were THE ((...)) they were the (.)it is not that
05        they were the Busoga chiefs.
06   JB:  Just a question. So in Jinja your mother tongue is
07        not Luganda but but Lusoga.
08   F3:  Lusoga
09   F2:  Lusoga. But because we had the colonialist a
10        administrators as Baganda. So somehow they brought
11        in more of their subjects to come and work in the
12        area so somehow they
13   JB:  so all of you have been colonized by the Baganda.
14   F2:  The Baganda assisted the colonists to
15   F3:  and thereby intermarrying intermarriages took place
16        and the language spread on
17   F1:  >>spread on<<
```

Als das Gespräch in der gender-homogenen Gruppendiskussion auf die Fremdherrschaft der Briten kommt, greift F2 sehr erregt in das Gespräch ein und berichtet, dass ganz Ostuganda kolonialisiert wurde und dass die Baganda die Kolonialmacht unterstützt hätten. Die aufgeregte Sprechweise von F2 fällt insbesondere zum Auftakt ihres Gesprächsbeitrags auf, in dem sie zunächst mit sehr lauter Stimme und um Worte ringend den Einstieg formuliert (01-05). Offensichtlich handelt es sich hierbei um ein Thema, das die Frau in irgendeiner Weise emotional berührt, was sich an ihrer Sprechweise ablesen lässt und durch ihren Redebeitrag verstärkt wird. Die Baganda seien die Verwalter gewesen und nicht etwa die *Chiefs* der Basoga[130]. Die vielen Reparaturen der Sprecherin, sowie die nicht funktionsfähige Wendung mit der Frageintonation „THE?"

---

130 Die Basoga sind eine weitere Gruppe von Bantusprachensprechern, spielen für den weiteren Verlauf der Arbeit aber keine Rolle.

drücken des Weiteren ihre Erregung aus. Die Interviewerin hakt an dieser Stelle nach, stellt die rhetorische Frage, welche Sprache in Jinja, dem Heimatdistrikt der Sprecherin gesprochen werde und beantwortet die Frage selbst mit Lusoga, was F3 durch die Wiederholung bestätigt. F2 scheint sich darauffolgend wieder gefasst zu haben und illustriert die Funktionsweise der indirekten Herrschaftsweise. Dadurch hätten die Baganda mehr Einflusspotentiale entwickeln können. Hier wird die Sprecherin von der Interviewerin JB unterbrochen, die erneut nachhakt und versucht, auch die anderen Frauen wieder in das Gespräch zu integrieren. Dies gelingt nur bedingt, die Frauen unterbrechen sich gegenseitig, wobei sich F3 durchsetzen kann und die weitere Verbreitung des Luganda, die der ursprüngliche Auslöser dieses Gesprächsabschnitts war, mit den vielen „intermarriages" begründet, wozu ihr F1 mit leiser Stimme – durch die Wiederholung der letzten Sequenz – zustimmt. Aufgrund ihrer Rolle als Verwalter im Kolonialregime breiteten sich die Baganda im ganzen Land aus und nahmen damit offensichtlich nicht nur einen großen Einfluss auf die Sprachstruktur des Landes, sondern auch auf die ethnischen Konstellationen.

Durch die Kooperation mit dem Kolonialreich werden die Baganda noch heute angegriffen und kritisiert. Dies prägt auch die Sprachattitüde des Luganda, die mit sehr vielen negativen Eigenschaften besetzt ist.

Im Folgenden werden nun die Sprachattitüden nach Sprachen gebündelt und Profile erstellt, die hinsichtlich der Frage nach einer geeigneten Nationalsprache bewertet werden.

13.3 Zwischenfazit

Die Betrachtung der emischen Perspektive hat gezeigt, dass die Sprachattitüden der ugandischen Bevölkerung nicht unbedingt wissenschaftliche Erwartungen und Hypothesen erfüllen und Aufschluss darüber geben können, warum manche sprachpolitischen Entscheidungen generell wenig erfolgreich sind. Die stereotypen Verknüpfungen haben vielseitige Facetten offenbart und demonstrieren, dass Menschen Sprachen nicht neutral bewerten und ihnen damit unterschiedliche Status zuschreiben. Sprachattitüden sind dabei ein Ausdruck der Identifikation und des persönlichen Bezugs zu einer Sprache. Wie bereits in 11.1.1 Die räumliche Konstruktion von Identität in Uganda gezeigt wurde, ist der Identifikationsprozess des Einzelnen in Uganda sehr stark mit der eigenen Muttersprache bzw. der Sprache der eigenen Sprechergemeinschaft verknüpft. Jedoch werden auch die anderen Sprachen in ihrem Umfeld bewertet und kategorisiert. Dies ist auf die Mehrsprachigkeit der Befragten zurückzuführen:

Beispiel 71: GD Mra2009fm (15:21-2, F3).

```
01   These days, no (.) you grow up knowing very many
02   languages (.) you FIND there a Munyankole but you know
03   Luganda (.) know English (3.1) yo can live and speak
04   Acholi, yeah [JB: mhm] so you find if I can move from
05   here to Kampala (.) o::H if I go to to Baganda=I'll
06   speak Luganda cause I know Luganda (.) ALL you find that
07   your father was a Munyankole and your mother NOW is a
08   Muganda so you find you speak Runyankole   sometimes
09   some time you can speak Luganda (.) ja (0.7) it can be
10   very easy to communicate (.) with someone OR if it is
11   VERY hard then you have gone to school, know a little
12   bit of English you can talk to someone and (.) she
13   really understands you
```

Im Folgenden werden die Sprachattitüden zu den jeweiligen Sprachen zusammengefasst und so Profile der Sprachen Kiswahili, Luganda, Acholi und Englisch erstellt. Da das Erkenntnisinteresse der Arbeit vor allem auf die Frage der Nationalsprache fokussiert ist, werden diese Sprachattitüden hinsichtlich ihrer Bedeutung für die Einführung einer Nationalsprache diskutiert.

13.3.1 Kiswahili

Es konnte gezeigt werden, dass vielfältige Sprachattitüden mit Kiswahili verknüpft sind. Kiswahili wird als Sprache dargestellt, die integrative und inklusive Eigenschaften hat, aber gleichzeitig auch als Sprache, die mit Gewalt assoziiert wird und Angst verbreitet. Dabei überwiegen die positiven Attitüden die negativen.

Zu den negativen Konnotationen zählt, dass Kiswahili als Sprache einer niedrigen Bildungsschicht wahrgenommen wird, da man ihr nachsagt, dass sie leicht zu erlernen sei. Auch wenn dieses Argument immer im Zusammenhang mit der Eignung als Nationalsprache aufgeführt wurde, schafft diese Attitüde kein rein positives Bild von Kiswahili. Gewalt und begrenzte Bildung verleihen eine Sprachattitüde, die die Qualifikation Kiswahilis als Nationalsprache in Frage stellt.

Es ist festzuhalten, dass die Gegenstandsebene stark beeinflusst ist von der Metaebene und der Funktionalität von Sprache. Macht, Inklusion und Exklusion drücken sich in vielen Sprachattitüden aus. Die exklusive Funktion von Kiswahili wurde durch die Verbindung zu Gewalt dargestellt. Kiswahili wird in Zusammenhang gebracht mit Gewaltakten und Gewaltakteuren. Militär, Rebellen und Kriminelle werden als Sprecher des Kiswahili angeführt und prägen damit die negative Sprachattitüde. Man stellt fest, dass sich die negative Haltung auch in der Darstellungsform von den positiven Haltungen unterscheidet: Die positiven Sprachattitüden sind geprägt von Analytik und Rationalität. Die negative Konnotation hingegen ist von einer emotionalen Komponente geprägt und dadurch in ihrer Ablehnung viel stärker und vehementer: Die Gesprächspartnerinnen und -partner verbinden Kiswahili aufgrund der historischen Ereignisse mit Gewalt, Härte und defizitären Moralvorstellungen. Aus ihrer Sicht ist eine Implementierung von Kiswahili als Nationalsprache undenkbar. Auffällig ist hierbei jedoch, dass diese Sprachattitüde häufig von Baganda vertreten wurde. Bereits zum Zeitpunkt der Machtübernahme durch Idi Amin 1971 waren die Baganda die größten Gegner der Einführung des Kiswahili als Nationalsprache, da sie ihre eigene Sprache, Luganda, als Nationalsprache präferierten. Unter der Militärdiktatur Amins waren die Baganda zudem häufig Opfer der Gewalteskalation, der *kabaka* und seine Familie mussten sogar die Flucht ins Exil antreten (vgl. 12.3.2 Politischer und sprachlicher Wandel unter Idi Amin). Die negativen Konnotationen lassen sich also auf zweierlei Weise interpretieren: Einerseits hegen die Baganda eine starke Abneigung gegenüber Kiswahili, da sie in der Vergangenheit tatsächlich Opfer der Übergriffe des Amin'schen Militärs waren. Anderseits könnte diese Abneigung auch auf den Wunsch zurückzuführen sein, ihre eigene Sprache als Nationalsprache zu etablieren. In dieser Lesart wäre die Gewaltanalogie als Legitimationsstrategie bzw. die Beibehaltung der negativen Sprachattitüde über die Zeit als Instrumentalisierung zu interpretieren: Die Verbindung mit Gewalt lässt Kiswahili als nicht geeignet für die Rolle der Nationalsprache erscheinen. Diese Vermutung bzw. These, dass vor allem die Baganda das negative Prestige des Kiswahili schürten und am Leben erhielten, wird auch von einigen Befragten thematisiert:

Beispiel 72: GD Gul2009fm (1784-1795, F4)

```
01   Ja, ahm the problem with Kiswahili is as been mentioned
02   like with the Bagandas. They are the ones who don't like
03   Kiswahili and for THEM they feel like they are a
04   dominant tribe in the country, ja? They feel like in the
05   past the youth they had this mentality that Buganda
06   kingdom rules all the other kingdoms that sourround
07   Buganda so they had an issue with that Kiswahili they
08   we're the ones who said it was more of military it was
09   more of the language of the coast and people used to to
10   they are thinking most of the people used to come from
11   the coast were women who were prostitutes like used to
12   come to Uganda ahm for for sex and stuff like that so it
13   will soon be a conflict especially the Baganda wouldn't
14   accept
```

F4 legt in ihrem Redebeitrag dar, dass die Baganda an der Sprachattitüde festhielten, weil sie sich nicht dem Kiswahili unterordnen wollten (02ff.). In ihrer Beschreibung erscheint es, als ob die Baganda fürchteten, dass sie ihren Herrschaftsanspruch, von dem sie offenbar ausgehen, verlören, wenn Kiswahili Nationalsprache würde. Die Sprecherin resümiert, dass die Baganda deshalb das Bild Kiswahilis als Sprache des Militärs, der Gewalt und der Prostitution (08ff.) aufrecht erhielten, um keinen Machtverlust befürchten zu müssen.

Allerdings ergänzt im Anschluss an ihren Redebeitrag eine andere Diskutandin, dass auch die Menschen in Norduganda häufig eine negative Assoziation von Kiswahili hätten, da es noch heute die Sprache des Militärs und der LRA ist.

Wenngleich es sicher auch in anderen Regionen Menschen gibt, die Kiswahili negativ konnotieren und mit Gewalt in Verbindung bringen, sehen viele in der ablehnenden Haltung der Baganda eine Strategie, um ihre eigene Sprache als Alternative zu präsentieren:

Beispiel 73: GD Mra2009fm (23:35-2, F2)

```
01   Some of the times you find the Baganda want their
02   language to be most spoken (.) so (.) they favour
03   their own
```

Hier werden die auf einer Metaebene diskutierten Kernfunktionen von Sprache deutlich: die Etablierung einer Nationalsprache wird gleichgesetzt mit Machtzuwachs der Sprechergemeinschaft. Das bedeutet, dass die Baganda sich gezielt dieser Sprachattitüden bedienen, um das negative Bild des Kiswahili weiter aufrecht zu erhalten und damit ihrer eigenen Sprache eine bessere Position für die Rolle der Nationalsprache einzuräumen. Dies wäre dann eine gezielte Aneignung einer Sprachattitüde und würde die Annahme über die hohe Funktionalität von Sprache und deren bewusste Anwendung deutlich untermauern.

Die Mehrzahl der Sprachattitüden zu Kiswahili war allerdings äußerst positiv. Der inklusive Anspruch einer Nationalsprache, einen Staat zu einer Nation zu vereinen, kann nicht mit jeder Sprache realisiert werden: Einige Sprecher schreiben Kiswahili diese Fähigkeit zu, weil die Sprache als „neutral" wahrgenommen wird bzw. „leicht zu erlernen" sei. Zudem sind die regionale Verbreitung in Ostafrika, Aspekte der wirtschaftlichen Union und der „Schmelztiegel"-charakter aufgeführt worden.

In den Gesprächsausschnitten der Diskussion um eine Nationalsprachenpolitik wurde häufig der Aspekt der Neutralität aufgegriffen, der vor allem mit Kiswahili verknüpft wird. Einigkeit, so die überwiegende

Meinung der Fürsprecher, kann nur dann hergestellt werden, wenn keine ethnische Gruppe durch die Wahl und Ermächtigung ihrer Sprache über die anderen ethnischen Gemeinschaften erhoben wird. Denn die Aufwertung einer Sprache in ihrem Status, d.h. zum Beispiel die Implementierung einer lokalen Sprache als Nationalsprache, wertet das Prestige der Sprache auf und die Sprechergemeinschaft gewinnt ebenfalls an Macht (vgl. hierzu u.a. Philips 2004: 487). Da Kiswahili keine ugandische, aber dennoch eine afrikanische Sprache ist, wird sie von den Interaktanten als geeignet dargestellt, die Funktion der Nationalsprache zu übernehmen. Ferner scheint die Integration in den regionalen Wirtschaftsverbund der *East African Community* von Bedeutung zu sein. Während die Bevölkerung überwiegend das Argument der erleichterten Verständigung mit den Nachbarstaaten hervorhebt, steht die wirtschaftliche Integration für die Regierung sicherlich im Vordergrund. In diesen Punkten stimmen Regierung und Bevölkerung überein. Des Weiteren ist das leichte Erlernen einer Sprache offensichtlich ein Kriterium für ihre Eignung als Nationalsprache. Hier steht in gewisser Weise auch der Faktor der Gleichberechtigung im Vordergrund: Eine Sprache, die der ganzen Nation als Kommunikationsmittel dienen soll, muss – vor dem Hintergrund der bestehenden Alphabetisierungsrate in Uganda[131] – für alle Menschen gleichermaßen erlernbar sein. Dies bedeutet, dass auch diejenigen Menschen in Uganda, die keine Schulbildung genießen (können), in der Lage sein müssen, diese Sprache zu erlernen. Laut Aussage einiger Gesprächspartnerinnen und -partner wäre dies mit Kiswahili möglich. In diesen Fällen drückt die Sprachattitüde einen Gerechtigkeitsanspruch aus: Um einen Staat sprachlich zu homogenisieren, muss eine Sprache gewählt werden, die jedem Menschen zugänglich und leicht erlernbar ist.

Zudem sind Regionalität, Ökonomie und politische Umsetzbarkeit die zentralen Argumente, die für das Kiswahili sprechen. Der wirtschaftliche Aspekt des Kiswahili betrifft einerseits die Anbindung an einen Wirtschaftsbund und den damit verbundenen Glauben an einen wirtschaftlichen Fortschritt des Landes. Andererseits stehen bei Gründen der Wirtschaftlichkeit auch die bereits bestehenden Lehrmaterialien in Kiswahili im Fokus. Im Falle einer Umsetzung müssten diese nicht erstellt werden. Die politische Umsetzbarkeit beträfe die Bereitschaft der Regierung, Kiswahili zu etablieren und alle damit verbundenen politischen Schritte in die Wege zu leiten (Änderung der Curricula, Schulmaterialien stellen, Regierungsdokumente übersetzen lassen, etc.).

---

131 Alphabetisierung in Uganda liegt laut UNICEF bei etwa 80% (vgl. UNICEF 2008).

Wesentlich bei Kiswahili ist auch die Machtfunktion: Durch die Neutralität des Kiswahili könnte interethnischen Machtkämpfen vorgebeugt werden. Zudem hat das Bild des Schmelztiegels, das im Rahmen der Diskussion von Kiswahili als Mischsprache auftauchte, auf einer abstrakten Ebene konkretisiert, welche Erwartungen mit einer Nationalsprache verbunden sind: Die Nation Uganda, als Schmelztiegel der vielen Ethnien, verlangt eine Sprache, die ebendiesen Charakter hat. Die Eignung der Sprache wird aus ihrer eigenen Konstruktion heraus abgeleitet.

Zusammenfassend ist festzustellen, dass die Sprachattitüden die These zulassen, dass Kiswahili als Nationalsprache in Uganda erfolgreich umgesetzt werden könnte. Zwar ist die Sprachattitüde der Gewalt eine sehr gravierende und für die sprachpolitische Entscheidung als sehr wichtig zu beachtende Verbindung, die vermeintliche Instrumentalisierung könnte jedoch durch gezielte Programme der Regierung ausgeräumt werden.

Dies wäre insofern von Vorteil, als die positiven Sprachattitüden ein Bild von Kiswahili zeichnen, das viele Eigenschaften einer Nationalsprache in sich birgt. Die Untersuchung hat zudem ergeben, dass Sprache nicht nur bei der Herstellung von Machtkonstellationen relevant ist, sondern selbst Macht ausüben kann. Neutralität erscheint in dieser Hinsicht von großer Bedeutung zu sein, wie auch der Vergleich mit den anderen Sprachen zeigen wird.

13.3.2 Luganda

Die wissenschaftliche Auseinandersetzung mit Uganda – im Vorfeld der Feldforschung – hat ergeben, dass Luganda die am weitesten verbreitete Sprache ist und die Baganda die größte und einflussreichste Ethnie des Landes sind. Wenngleich sich aus diesen Konstellationen, insbesondere unter Berücksichtigung der besonderen Rolle, die die Baganda in der Geschichte Ugandas gespielt haben, bereits Zweifel aufkamen, dass Luganda eine geeignete Nationalsprache sein könnte, so waren die fast ausschließlich negativen Sprachattitüden eine Überraschung. Abgesehen von den Baganda selbst, die natürlich ihre Sprache als Nationalsprache präferieren würden, lehnten alle Befragten anderer Sprechergemeinschaften dies vehement ab. Selbst viele Baganda befürchteten, dass, würde man ihre Sprache zur Nationalsprache erheben, dies zu gesellschaftlichen Konflikten führen könnte.

Beispiel 74: Kla2008-42m (Luganda) (693-743)

```
01  JB: so, let me ask you a question. If there was a
02      referendum [mh] on the question of national language
03      [mh] just imagine. ah you could vote in favour of
04      any language. In favour of which language would you
05      vote for national language, if it was possible, just
06      imagine
07  M1: ((lacht)) That's a difficult question
08  JB: Ja, I know
09  M1: Because I belong to one of the dominant languages
10  JB: Ok, which one?
11  M1: Luganda
12  JB: Ok, you're a Muganda
13  M1: Yes
14  JB: So, you vote in favour of Luganda?
15  M1: Exactly!
16  JB: ok
17  M1: Because, moving throughout most of parts of this
18      country. You find that there various user especially
19      in towns of Uganda, using Luganda. The issue is
20      politics.
21  JB: Yeah, but do you think there would be some conflicts
22      about making Luganda offi- ah national language
23  M1: Big conflicts
24  JB: Big, ja really?
25  M1: Big conflicts, big conflict ((beide lachen)) there's
26      a been a historical sort of tension between Uganda
27      and Buganda.
28  JB: Yeah
29  M1: That history I think you have heard
30  JB: yes of course, about the colonial impact, and making
31      Buganda, mh a bit privileged let's say
32  M1: jaha, that's the word.
33  JB: ja
```

Der Sprecher M1 positioniert sich eindeutig zu seiner Muttersprache, gibt aber auf die Nachfrage, ob so eine Entscheidung konfliktträchtig sein könnte, zu, dass es tatsächlich zu „großen" Konflikten kommen könnte (23-27).

Die anderen Sprechergemeinschaften gehen in ihren Argumenten gegen Luganda auch meist auf das gesellschaftliche Ungleichgewicht ein, das auch von der Interviewerin in obigem Textausschnitt als „privilegiert" beschrieben wird (31). So kommt es auch, dass fast alle Assoziationen mit Luganda, wie Stolz, Überlegenheit, Verbreitungsgrad und Ablehnung immer auch historisch durch die Sonderrolle in der Kolonialzeit erklärt werden.

Sehr deutlich treten an dieser Stelle die Kernfunktionen von Sprache in den Vordergrund (vgl. 11.0 Die Metaebene: Die Kernfunktionen von Sprache): Für die meisten Befragten wird vor allem der Machtzuwachs, der durch den Status der Nationalsprache erreicht werde, als kritisch bewertet. Luganda wird ohnedies schon als Sprache der Privilegierten und des Stolzes beschrieben: Die Sprachattitüden sind im Vergleich zu denen zu Kiswahili viel stärker von den Stereotypen gegenüber der Sprechergemeinschaft geprägt und demonstrieren die gespannten ethnischen Beziehungen in Uganda. Während sich bei der Mehrzahl der vorgestellten Sprachattitüden keine eindeutige ethnische Haltung für oder gegen eine Sprache erkennen ließ (eine Ausnahme ist möglicherweise die Assoziation von Gewalt mit Kiswahili geprägt durch die Baganda), scheint es doch eine ethnische Allianz gegen die Baganda zu geben: Dieser Trend war über die Regionen hinweg festzustellen[132].

Rationale Argumente, die aus wissenschaftlicher und auch ökonomischer Sicht für das Luganda als Nationalsprache sprechen, wie der hohe Verbreitungsgrad und dass Luganda die Sprache der Hauptstadt ist, werden von den Gesprächspartnerinnen und -partnern nicht als Vorteile berücksichtigt. Das Argument, dass man Luganda nicht als Nationalsprache etablieren müsse, da man es ohnehin erlerne, wenn man nach Kampala ziehe bzw. sich dort aufhalte, erscheint aus sprachpolitischer Sicht zunächst nicht nachvollziehbar. Luganda ist eine sehr verbreitete Sprache, und in vielen Regionen ist sie, aufgrund der Kolonialpolitik bis heute weit verbreitet. Zudem trägt die Tendenz zur Migration in urbane Gebiete und damit in das Sprachgebiet des Luganda, dazu bei, es als geeignet für eine nationale Sprache erscheinen zu lassen. An dieser Stelle wird einmal mehr die Notwendigkeit der Betrachtung der Sprachattitüden deutlich: Viele der hier aufgeführten Aspekte sprechen für seine Einführung. Die Menschen jedoch konnotieren diese Sprache sehr negativ und grenzen sich von ihr ab. Es gibt keine andere Sprache in dem empirischen Material, die vergleichsweise negativ dargstellt und bis auf eine kleine Gruppe von Muttersprachensprechern als mögliche Lösung präsentiert wird. Vielmehr herrscht große Einigkeit, dass die Bestimmung des Luganda zur Nationalsprache große Konflikte nach sich zöge. Die interethnischen Beziehungen, dies wird am Beispiel des Luganda besonders deutlich, sind sehr angespannt. Die Wahl einer „falschen" Sprache

---

132 Eine Ausnahme stellen die Bagizu im Osten des Landes dar, die sich sehr loyal gegenüber den Baganda verhalten, wie man auch in der heterogenen Gruppendiskussion in Mbale immer wieder erkennen konnte.

könnte zum Ausbruch neuerlicher Gewalt in dem ostafrikanischen Land führen.

Es ist festzustellen, dass (wissenschaftliche) Objektivität und individuelle Sprachattitüden nicht immer übereinstimmen müssen. Gerade im Hinblick auf das Luganda lohnt die Berücksichtigung der Sprachattitüden, geben sie zudem auch Aufschluss über die interethnischen Spannungen in einer Region oder einem Land. Eine Entscheidung zugunsten des Luganda kann aus mehreren Gründen ausgeschlossen werden. Aus Sicht der Autorin ist ein wesentlicher Grund die negative Haltung gegenüber der Sprache seitens der Mehrheit der Bevölkerung. Eine politische Implementierung fände sicherlich auf der individuellen Ebene des einzelnen Sprechers kaum Umsetzung. Ein weiterer Grund, so eine These dieser Arbeit, die in der intensiven Auseinandersetzung mit Uganda aufgestellt wurde, ist, dass auch die Regierung eine weitere Stärkung der Baganda fürchtet. Immer wieder kommt es zwischen dem Königreich und der ugandischen Regierung zu Konflikten und Wettstreiten um die Macht. Die Regierung, seit 26 Jahren an der Macht, wird angeführt von einem Munyankole, und auch viele Minister stammen aus dem Westen des Landes und stehen in einem stetigen Konflikt mit dem Königreich. Gleichzeitig ist die Regierung aufgrund der Größe und Macht von Buganda abhängig. Insofern erscheint die Etablierung des Luganda als Nationalsprache als wenig realistisch, da ihre Macht dadurch noch verstärkt würde. Auch hier wird die Funktionalität von Sprache in den Vordergrund gerückt, und es zeigt sich, dass Macht in sprachpolitischen Prozessen berücksichtigt werden muss.

Neutralität, die ein starkes Argument für das Kiswahili war, kann Luganda nicht attestiert werden. Allerdings muss eingeräumt werden, dass dies für alle indigenen Sprachen des Landes gilt. In dieser Hinsicht muss aus sprachpolitischer Sicht und im Hinblick auf die Ideologie des Nationenkonzepts hinterfragt werden, wie „national" ein Land sein kann, in dem keine lokale Sprache als Nationalsprache eingeführt werden kann.

13.3.3 Acholi

Das Sprachgebiet des Acholi beschränkt sich – im Gegensatz zum bereits vorgestellten Luganda – fast ausschließlich auf das originäre Verbreitungsgebiet im Norden des Landes mit Ausnahme in der Hauptstadt Kampala, in der fast alle Sprachen zu finden sind. Die Eignung des Acholi als Nationalsprache wurde daher auch im Vorfeld der Untersuchung als sehr gering eingeschätzt. Die Untersuchung hat dies bestätigt, umso mehr, als das Acholi tatsächlich fast nur negativ besetzt ist. Es wird vor allem mit zwei Sprachattitüden in dieser Arbeit in Verbindung gebracht: Gewalt und Scham. Erstere ist dabei vor allem die Außenan-

sicht, die Fremdzuschreibung, wohingegen Schmerz und Scham Eigen-
zuschreibungen der Sprechergemeinschaft selbst sind.

Die Acholi beschreiben sich in ihren Gesprächsbeiträgen zwar auch
immer selbstbewusst als Acholi und sind stolz auf ihre Traditionen und
ihre Kultur, allerdings stehen sie aufgrund der historischen Ereignisse
um die *Lord's Resistance Army* vor allem im negativen Fokus und werden
stigmatisiert. Dies wirkt sich auf die Sprachattitüden zu Acholi aus.
Sprache erfüllt auch hier eine exklusive bzw. inklusive Funktion: In der
Fremdbeschreibung wird das Acholi funktional als die Sprache der
Guerillabewegung dargestellt und mit Gewalt assoziiert: Die Sprache ist
das Identifikationsmerkmal, an dem man die Acholi erkennen und von
den anderen Gruppen in Norduganda unterscheiden kann. Die Acholi
nehmen, aufgrund der ethnischen Herkunft Joseph Konys, eine besonders negative Rolle in der Wahrnehmung der Menschen aus den anderen Regionen ein. Die Fremdzuschreibung ist also durch die rezenten
historischen Ereignisse beeinflusst. Ähnlich wie bei Luganda vermischen
sich sehr deutlich Stereotype mit dem Bild der Sprache. Es ist aber auch
festzustellen, dass die Sprecher Sprache in diesen Kontexten immer als
eine Art „Aushängeschild" bzw. Erkennungszeichen konstruieren, da sie
sie sehr eng mit Identität verknüpfen und Menschen über die Sprache
identifiziert werden können.

Auf diesen Identifikationsprozess beziehen sich insbesondere die
Sprachattitüden der Eigenbeschreibung: Die Acholi schämen sich für
ihre Sprache, aufgrund der negativen Assoziationen der Fremdbeschreibung, und ziehen es häufig vor, nicht als Acholi erkannt zu werden. Wie
die Transkriptauszüge in Kapitel 13.2.3 Schmerz und Scham gezeigt haben, ist die Zugehörigkeit zum *tribe* der Acholi sehr häufig mit Missachtung und öffentlicher Stigmatisierung verbunden. Aufgrund dieser negativen Fremdeinschätzung schreibt die Sprachgemeinschaft ihrer Sprache selbst auch nur ein geringes Prestige zu, da sie die Stigmatisierung
fürchtet und ihr entgehen will. Sie plädieren daher erst gar nicht für ihre
Muttersprache als Nationalsprache, sondern nehmen in den interethnischen Beziehungen und bei sprachpolitischen Entscheidungen eine
distanzierte Haltung zu Acholi ein.

Im Vergleich zu den Gewaltassoziationen von Kiswahili, die sich auf
unterschiedliche Aspekte beziehen (ugandisches Militär, Idi Amin), wird
das Acholi von allen Ugandern gleichermaßen mit der LRA, Joseph
Kony und seiner Vorgängerin Alica Auma in Verbindung gebracht. Da
die Aktionen der LRA in Uganda noch nicht so weit zurück liegen und
sie noch immer sehr aktiv in der Region ist, was medial sehr stark verbreitet wird, ist davon auszugehen, dass sich die Sprachattitüde zu
Acholi in der nahen Zukunft nicht von dieser Assoziation lösen wird.

Aus Sicht der Sprachattitüden erscheint Acholi als Nationalsprache und der damit verbundenen Aufgabe der Vereinigung der verschiedenen Ethnien Ugandas als ungeeignet.

13.3.4 Englisch

Englisch als Sprache der ehemaligen Kolonialmacht fungiert in Uganda bereits als offizielle Sprache. Diese findet vor allem Verwendung in der Administration, der Politik und der Wirtschaft. Sie ist vor allem die Sprache der Herrschaftselite und wird auch von den Befragten in dieser Art konstruiert. Allerdings offenbaren die Sprachattitüden einen Blick auf Englisch, der im Vorfeld der Untersuchung so nicht erwartet worden war. Als Sprache der ehemaligen Kolonialmacht wurde angenommen, dass Englisch eine große Ablehnung entgegengebracht würde. Umso mehr, als sich wissenschaftliche Diskurse sehr häufig mit der negativen Rolle des globalisierten Englisch und der Oktroyierung der Kolonialsprachen in Afrika auseinandersetzen und diese kritisieren (siehe hierzu auch das Kapitel 14).

Tatsächlich wird Englisch in Uganda auch als Sprache der Macht und des Bildungsbürgertums dargestellt. Dennoch erachten fast alle Befragten das Erlernen des Englischen als notwendig, um beruflichen und gesellschaftlichen Aufstieg erreichen zu können. Wenngleich diese Sprachattitüden ein Machtungleichgewicht ausdrücken und Zeugnis der gesellschaftlichen Hierarchien sind, so fällt dennoch auf, dass die Haltungen durchaus nicht nur negativ zu bewerten sind bzw. im Vergleich zu den negativen Charakterisierungen für Luganda und Acholi viel neutraler und positiver zu lesen sind. In den Sprachattitüden bilden sich zwar gesellschaftliche Ungleichverhältnisse ab, deren Ursache wird jedoch nicht auf die Sprache zurückgeführt. Vielmehr gilt das Englische als der Schlüssel zum Erreichen von Qualifikation und Aufstieg[133]. Die Menschen formulieren ein Bestreben, Englisch zu lernen. Vor dem Hintergrund dieses ethnographischen Wissens und der Berücksichtigung der affirmativen Lernhaltung wird deutlich, dass die Sprachattitüden für Englisch (Macht, Elite und Bildungsniveau) als positiv interpretiert werden müssen. Die Menschen streben eine Perfektion in Englisch an und wollen damit ihrem Ziel, in die Gruppe der Elite aufzusteigen, näher-

---

133 Inwieweit die Kenntnis von Englisch tatsächlich wirtschaftlichen und gesellschaftlichen Aufschwung begünstigt, kann an dieser Stelle nicht beurteilt werden. Hierzu müssten weitere Studien und Untersuchungen im Bildungssektor vorgenommen werden. Es ist davon auszugehen, dass Englisch als Sprache der Hochschulbildung in Uganda sicher für eine universitäre Ausbildung von Nöten ist. Inwieweit die Berufschancen durch Englischkenntnisse steigen, kann aufgrund des empirischen Materials nicht erschöpfend beurteilt werden.

kommen. Es ist daher nicht verwunderlich, dass einige Gesprächspartnerinnen und -partner für Englisch als Nationalsprache plädieren.
Ein wesentliches Argument, das gegen die Einführung des Englischen
als Nationalsprache – neben seiner Funktion als offizieller Sprache –
spricht, ist, dass Englisch keine ugandische und überhaupt keine afrikanische Sprache ist. Dies wird auch von verschiedenen Seiten als Gegenargument angeführt:

> „The issue of a national language should be revisited by Parliament. [...]
> The central purpose of this debate is to discover and fulfil an African or
> Ugandan identity. That is why we find it disappointing that in the 21st
> century someone can suggest that English or Swahili should be our
> national languages." (Semuwemba 2009: In: The New Vision 15.07.2010).

In diesem Zeitungsartikel wird genau auf das Problem hingewiesen,
dass mit Englisch (aber auch mit Kiswahili) keine ugandische Nationalidentität geschaffen werden kann. Der Verfasser des Textes beurteilt eine
solche politische Entscheidung als „enttäuschend" und emotionalisiert
den Diskurs.

Jedoch auch die Diskutanden der Gruppendiskussion in Gulu stellen
fest, dass Englisch nicht geeignet sei, Nationalsprache zu werden:

<u>Beispiel 75:</u> GD Gulu2009fm (1477-1485)

```
01   F1:  But we have a national language English
02   F4:  English is is is ok it's a national language but
03        it's
04   M2:  it's official
05   F4:  it's official it's not a national language and it's
06        like a foreign language it's not like an African
07        kind of language
```

Es wird in dieser Darstellung zudem deutlich, dass die Befragten
durchaus die Relevanz und die Bedeutung der unterschiedlichen Funktionen von Nationalsprache und offizieller Sprache wahrnehmen. Die
Nationalsprache soll für einige tatsächlich einen stärkeren Bezug zu ihrer
„afrikanischen" Identität herstellen. Im Vordergrund steht dabei häufig
der „afrikanische" Bezug und weniger der „ugandische", woraus man
erneut eine weniger starke Affinität mit der Nation ableiten könnte (vgl.
11.1.1.3 Nation).

Bei der Nationalsprache scheint es folglich um eine „Ethnifizierung"
des Nationengedankens zu gehen, über den eine Identifikation mit dem
Heimatland hergestellt werden soll.

Die Betrachtung der Sprachattitüden in Uganda schließt Englisch
prinzipiell nicht als Nationalsprache aus. Insbesondere im Vergleich zu

Luganda und Acholi wird das Englische deutlich positiver konnotiert. Zudem hat es als offizielle Sprache bereits – bei der Mehrheit der alphabetisierten Bevölkerung – einen hohen Verbreitungsgrad erzielt. In Uganda wird Englisch – anders als in Simbabwe – jedoch nicht als „neutrale" Sprache beschrieben. In Simbabwe ist dies ein Argument für Englisch (vgl. Ndhlovu 2009). Allerdings widersprechen die fehlende „ugandische" oder „afrikanische" Identität bzw. die Herkunft der Sprache den Idealen einer Nationalsprache.

Die Analyse der Sprachattitüden der Bevölkerung hat gezeigt, dass sie einen wichtigen Stellenwert in sprachpolitischen Entscheidungen einnehmen sollten: Sprachattitüden sind zu verstehen als gesellschaftliches Statement, prägen Bilder und Stereotypen und sind damit relevant für Sprachpolitik. Die Haltungen der Bevölkerung können Indiz dafür sein, wie sich eine Gesellschaft national identifizieren möchte. Die Berücksichtigung von Sprachattitüden in der Sprachpolitik kann eine erfolgreiche nationale Identifikation bedeuten.

Betrachtet man die unterschiedlichen Regionen, so lassen sich bis auf die Forschungsregion *Gulu District* keine eindeutigen Präferenzen für eine Nationalsprache erkennen. Dort sprachen sich fast alle Gesprächspartnerinnen und -partner für Kiswahili aus. Dieser Vorzug lässt sich vor allem aus der vehementen Ablehnung des Luganda interpretieren. Die anderen Forschungsgebiete hatten keine vergleichbare eindeutige Neigung für eine Sprache.

Zudem ist erstaunlich, dass nur sehr wenige Befragte für die eigene Muttersprache als Nationalsprache plädierten. Zwar deuteten viele Lugandasprecher an, dass sie ihre Muttersprache gerne als Nationalsprache implementiert sähen, votierten aber zugleich für eine neutrale und konfliktsensible Lösung. Die Untersuchung der Sprachattitüden zeigt hierin sehr deutlich, dass sich die Menschen durchaus einiger Sprachattitüden und Konnotationen bewusst sind. Sie argumentieren auf der Grundlage dieses „Wissens" und belegen damit die Bedeutung von Sprachattitüden, insbesondere für interethnische Beziehungen.

Sprachattitüden sind beeinflussbar und können sich über einen bestimmten Zeitraum wandeln. Das Nouchi in der Elfenbeinküste hat eine solche Wandlung vollzogen: Ursprünglich als Sprache von Kriminellen wahrgenommen und konnotiert, hat sich das Nouchi inzwischen als Sprache der ivorischen, urbanen Identität etabliert. Seine Entstehungsgeschichte, als eine aus dem Volk entstandene Sprache einer kollektiven, nationalen ivorischen Identität, hatte Einfluss auf die heute überwiegend positiven Sprachattitüden von Urbanität und Modernität (vgl. Newell 2009). Das bedeutet, dass gegenwärtig negativ konnotierte Sprachen in

Uganda durchaus das Potential erlangen können, Nationalsprache zu werden, wenn durch Impulse von außen oder Modernitätsphänomene von innen ihr Sprachprestige zum Positiven verändert werden kann. Der dynamische Charakter von Sprachattitüden hat aber auch zur Folge, dass das Prestige einer Nationalsprache, wenn sie denn implementiert wurde, sich durchaus wandeln kann und damit eine nachhaltige Sprachpolitik zugrunde gelegt werden muss. Es muss dafür gesorgt werden, dass durch den Regierungsstil das Bild der Sprache keinen Schaden nimmt.

Die Implementierung einer Nationalsprache in Uganda ist zum Zeitpunkt der Erstellung der Studie nicht abzusehen. Eine Berücksichtigung der Sprachattitüden könnte jedoch dazu beitragen, eine Nationalsprachenlösung zu finden, die auch im Interesse der Bervölkerung ist und von ihr auch akzeptiert würde.

Vor einem endgültigen Resümee zu Sprachattitüden und Sprachpolitik wird die Perspektive der Wissenschaft untersucht und mit dem bisher analysierten Material in Relation gesetzt.

14.0 Die Perspektive der Wissenschaft: Wissenschaftliche Positionen zu Sprache und Recht

Die Betrachtung der emischen Perspektiven von Regierung und Bevölkerung hat die Relevanz von Sprachattitüden bereits hervorgehoben. Die Perspektive der Wissenschaft geht der Frage nach, welche Sprachattitüden dem Wissenschaftsdiskurs zugrunde liegen und welche Sprachattitüden ihn prägen. Es wird davon ausgegangen, dass auch die Wissenschaft keine wertfreie Haltung gegenüber Sprachen einnimmt. Auch ihr liegen Stereotype, Vorannahmen und Bewertungen zugrunde, die sich auf den gesamten Diskurs und die Wissenschaftsdisziplin auswirken[134]. Es wird die These aufgestellt, dass diese Sprachattitüden Einfluss auf die wissenschaftliche Debatte nehmen und sie prägen und dass der Wissenschaftsdiskurs selbst Auswirkungen auf sprachpolitische Überlegungen und Entscheidungen, wie sprach- und bildungspolitische Programme, nehmen kann. Viele Regierungen orientieren sich an wissenschaftlichen Hypothesen und Empfehlungen, um ihre Politik zu gestalten. Auf diese Weise hat Wissenschaft Einfluss und muss also in einer multiperspektivischen Betrachtung von Sprachpolitik und interethnischen Beziehungen ebenfalls Berücksichtigung finden.

Sprachpolitik verfolgt die Vereinfachung und Homogenisierung der nationalen Kommunikation und ist ein staatlich institutionalisiertes Instrument. Politische Entscheidungen im Bereich der Sprachpolitik bedeuten immer einen Eingriff in die Sprachenlandschaft eines Staates. Dadurch werden das Verhältnis der Sprachen untereinander und ihre Hierarchie zueinander verändert (siehe u.a. 13.2.5 Überlegenheit und Dominanz).

Ein wissenschaftlicher Ansatz, der diese Herausbildung sprachlicher Ungleichheit als Folge von Sprachpolitik kritisiert, sind die Sprachenrechte. Sie fordern eine gleichberechtigte Behandlung aller Sprachen und Sprachgemeinschaften in einem Staat und kritisieren die Dominanz sogenannter „globaler" Sprachen, wie Englisch. Die Forderungen nach rechtlichen Normen haben zur Folge, dass der Wissenschaftsdiskurs von Sprachenrechten sich an Staaten und Regierungen richtet, die Sprachpolitik gestalten und umsetzen.

Da vorliegende Arbeit gerade diese politischen Gestaltungsprozesse im Bereich der Sprachpolitik thematisiert, erscheint eine Auseinandersetzung mit dem Sprachenrechtsdiskurs sinnvoll, um die bereits eingenommenen Perspektiven zu ergänzen. Die Betrachtung des Sprachenrechtsdiskurses, der dieses Ungleichgewicht auflösen will, ist daher eine Ergänzung zu den beiden Perspektiven von Regierung und Bevölkerung.

---

134 Dies gilt ebenso für die vorliegende Arbeit, die sich keineswegs hieraus ausschließen möchte.

14.1 Sprachenrechte in der Analyse – eine diskursanalytische Betrachtung

Gegenstand der Untersuchung sind die *Linguistic Human Rights* von Skutnabb-Kangas und Phillipson (2003, 1995, 1989), Phillipson & Skutnabb-Kangas (2012, 1995), Skutnabb-Kangas, Phillipson und Rannut (1995), Skutnabb-Kangas, Kontra und Phillipson (2006), Skutnabb-Kangas (2009, 2000a, 2000b), Phillipson (2009, 2000) Das *Linguistic Human Rights* Konzept wird in dieser Arbeit exemplarisch für Sprachenrechte als Datengrundlage herangezogen und dient als empirisches Material[135]. Die Entscheidung für die Auswahl dieser Texte liegt darin begründet, dass die *Linguistic Human Rights* konkrete Forderungen zur Umsetzung von Sprachenrechten stellen und überdies zu den Vorreitern auf dem Gebiet der Sprachwissenschaft zählen. Die Analyse der wissenschaftlichen Perspektive wird durch weitere Ansätze zu Sprachenrechten und das empirische Material ergänzt oder kontrastiert.

Zur Analyse der Wissenschaftsperspektive und ihrer Sprachattitüden wird das Datenkorpus mithilfe der Kritischen Diskursanalyse bearbeitet. Die Kritische Diskursanalyse untersucht Machtgefüge, die sprachlich hergestellt werden (vgl. hierzu auch Kapitel 7.2.2 Die Kritische Diskursanalyse). In dieser Arbeit fokussiert sich die Analyse auf die möglicherweise inhärenten Stereotypen und Sprachattitüden, die Kommunikationsabsicht der wissenschaftlichen Texte und wie in der wissenschaftlichen Debatte (kollektive) Stereotypen (sprachlich) hergestellt werden. Dazu sind folgende Fragen erkenntnisleitend: Welche Haltungen produziert der wissenschaftliche Diskurs und wie entstehen sie? Wie konnotiert der Wissenschaftsdiskurs einzelne Sprachen oder Sprachtypen? Von welchen Begriffen und Bezeichnungen ist die Diskussion geprägt? Welche Sprachattitüden werden durch die Darstellung offenbart? Wie wird das Machtgefüge zwischen den Sprachen dargestellt und in welcher Relation steht dies zu dem Erkenntnisinteresse und den Ergebnissen in Uganda?

Auch bei Sprachenrechten spielt sprachliche Funktionalität eine große Rolle. Wie bereits in Kapitel 11.0 Die Metaebene: Die Kernfunktionen von Sprache analysiert wurde, sind in Uganda vor allem drei Funktionen als zentral herausgearbeitet worden: Macht, Zugehörigkeit und Identität. Diese sind auch primäre Kategorien in Menschenrechts- und Minderhei-

---

135 Diese Textelemente werden dann als Datenmaterial und „Empirie" behandelt und mit den Methoden der qualitativen Sozialforschung bearbeitet. Die Legitimität dieser Herangehensweise, wissenschaftliche Texte als Grundlage diskursanalytischer Untersuchungen heranzuziehen, wurde vielfach diskutiert. In dieser Arbeit wird dieses Material im Sinne von Keller (2007: 82, Hervorhebung im Original) definiert: „Für die Diskursanalyse kommen verschiedene Datenformate in Betracht. Unterschieden werden können textförmige Daten (Bücher, Gesetzestexte, Anweisungen, Zeitungsartikel, Interview- und Diskussionsprotokolle) [...]".

tendiskursen. Anlehnend an die Erkenntnisse und zur besseren Vergleichbarkeit werden diese Kategorien als Leitkategorien verwendet.

Ziel der Analyse ist, die zentralen Ansätze der Sprachenrechte vor einem empirischen Hintergrund zu betrachten, um ihren universalen Anspruch zu hinterfragen. Dabei geht es darum, das Konzept der Sprachenrechte und seiner sprachwissenschaftlichen Mission, das Sprachensterben zu verhindern, mithilfe einer empirischen Reflektion weniger angreifbar zu machen und Impulse aus der Empirie zu nutzen, um sich vom eurozentristischen Diskurs zu lösen und für die Bedürfnisse der Betroffenen zu öffnen. Blommaert (2005) kritisiert gerade diese fehlende ethnographische Fundierung der *Linguistic Human Rights*. Dieses Kapitel soll dazu einen Beitrag leisten und – im Stil eines *bottom-up*-Ansatzes – bedarfsorientierte Empfehlungen erarbeiten, die einem Sprachenrechtskonzept zugrunde gelegt werden könnten. Blommaert formuliert die Ziele einer ethnographischen Betrachtung wie folgt: „[...] and that this might lead to better, more precise and more empirically sustainable outcomes" (Blommaert 2005: 398). Neben der Verwendung neuen empirischen Materials ist die Gliederung der Arbeit so ausgelegt, dass die Ergebnisse der vorherigen analytischen Kapitel hier als Grundlage dienen. Aus diesem Grund werden häufig Vergleiche mit bereits erstellten Analysen und Ergebnissen gezogen, auf die an entsprechender Stelle verwiesen wird.

14.2 Sprachenrechte und *Linguistic Human Rights* – ein Überblick

Die bisherige Untersuchung hat gezeigt, dass weder Individuen noch Kollektive Sprachen neutral gegenüberstehen. Vielmehr positionieren sie sich zu ihnen, verknüpfen sie mit Stereotypen und Bildern und erstellen so eine Hierarchie von Sprachen. Genau dieses daraus resultierende Ungleichgewicht kritisieren die *Linguistic Human Rights*: Sie fordern, dass Mehrsprachigkeit in einem Land gefördert und sprachliche Ungleichverhältnisse und Marginalisierung von Minderheitensprachen aufgehoben werden sollen. Mit ihren Forderungen beziehen sich die Sprachenrechte damit vor allem auf die staatliche, kollektive Ebene und deren Verantwortung im Bereich der Sprachpolitik (vgl. u.a. Simpson 2008). Sie artikulieren die Gleichheit aller Sprachen und fordern einen rechtlichen Rahmen, um ihre Forderungen gesetzlich zu manifestieren und für alle Staaten verbindlich zu etablieren.

Sprachenrechte befassen sich mit Diskursen um Minderheiten. Insofern sind Sprachenrechte eine multidisziplinäre Verschmelzung sprach-, rechts- und politikwissenschaftlicher Theorien, die sich in einem Spannungsfeld von Staaten, Rechtsnormen und sprachlichen Minderheiten bewegen. Sprachenrechte werden in der Wissenschaft folglich auch von

unterschiedlichen Disziplinen bearbeitet (vgl. Arzoz 2007: 31). Die wenig
einheitliche Terminologie (Sprachenrechte, *linguistic rights*, *language
rights* und *Linguistic Human Rights*) rührt von den unterschiedlichen
Richtungen und Erkenntnisinteressen her: *Linguistic rights* und *language
rights* unterscheiden sich in erster Linie in ihrer wissenschaftlichen Herkunft: *linguistic rights* ist das Arbeitsfeld der Sprachwissenschaft, während sich die Politik- und Rechtswissenschaften durch die Bezeichnung
language rights von der rein linguistischen Betrachtung abgrenzen
möchten (vgl. Bratt Paulston 1997: 75). Die Autoren der *Linguistic Human
Rights* grenzen ihr Konzept von den allgemeinen Sprachenrechten ab:
„Language rights" beschreiben sie als Rechte, die sich auf einen bestimmten Bereich fokussieren (*„in a company, a university, an international
organization"*). *„Linguistic Human Rights"* hingegen seien *„universal
rights"* (Phillipson & Skutnabb-Kangas 2012: 31). In vorliegender Arbeit
werden Sprachenrechte als Konzept zur Wahrung von Minderheitensprachen aufgefasst, worunter auch die *Linguistic Human Rights* subsumiert werden. In der Analyse werden überwiegend die *Linguistic Human
Rights* bearbeitet. In den Fällen, in denen andere Konzepte Gegenstand
der Analyse sind, wird darauf an entsprechender Stelle verwiesen.

Einen politikwissenschaftlichen Beitrag zu Sprachenrechten leisten
zum Beispiel Kymlicka und Patten, die die Auswirkungen sprachlicher
Ungleichbehandlung auf interethnische Konfliktkonstellationen untersuchen und hervorheben. Ähnlich wie die Sprachwissenschaft beschreiben
sie den Verlust einer Muttersprache als Verlust individueller und/oder
kollektiver Identität, woraus auch sie die Notwendigkeit eines Sprachenrechtsansatzes ableiten. Ihr Fokus liegt dabei aber vor allem auf dem
Konfliktpotential, das sich hieraus ergeben kann (vgl. Kymlicka & Patten
2003: 7).

Alle Konzepte zu Sprachenrechten setzen auf staatlicher Ebene an, da
nur durch den Staat verbindliche Rechtsnomen geschaffen, durchgesetzt
und überwacht werden können. Sprachpolitik wird als integraler Bestandteil bzw. als staatliche Verpflichtung in einer multilingualen und
multiethnischen Gesellschaft betrachtet (vgl. Bratt Paulston 1997: 75).

Die *Linguistic Human Rights* der Autoren Skutnabb-Kangas und
Phillipson liegen in dieser Arbeit als empirisches Datenmaterial zugrunde. Die Linguisten Tove Skutnabb-Kangas und Robert Phillipson gehören zu den Pionieren in der Sprachwissenschaft, die sich mit der Verknüpfung von Sprache und Recht auseinandergesetzt haben. In ihrem
Sprachenrechtskonzept postulieren sie, dass alle Sprachen von gleichem
Wert sind und deshalb entsprechend behandelt werden sollen: „On linguistic grounds all languages could have the same rights, the same
possibility of being accepted and respected, of being learned fully and

used in all situations by their speakers" (Skutnabb-Kangas & Phillipson 1989: 3).

Aufbauend auf linguistischen Grundsätzen formulieren die Autoren ein Gleichheitspostulat für alle Sprachen. Ihre Wahl des Konjunktivs („could") ist ein Hinweis darauf, dass sie dies in der Realität nicht vorfinden. Sie gehen von einem Ungleichgewicht aus, das den Sprachen der Welt zugrunde liegt (siehe hierzu 14.5 Macht).

Die *Linguistic Human Rights* haben zum Ziel, durch gesetzliche Rahmenbedingungen das Gleichheitspostulat global umzusetzen. Die Ziele, die damit verfolgt werden, sind erstens das Aussterben von Sprachen zu verhindern und zweitens der Schutz von Minoritätssprachen[136] und ihren Sprachgemeinschaften, um deren individuelle und kollektive Identität zu schützen. Drittens beabsichtigen die Autoren die Hegemonie von dominanten Sprachen aufzuheben.

Skutnabb-Kangas und Phillipson konstatieren, dass Sprecher dominanter oder prestigereicher Sprachen normalerweise linguistische Rechte genießen, im Gegensatz zu Sprechern von Minoritätssprachen: „It is only a hundred of the world's 6-7,000 languages that have any kind of official status, and it is only speakers of official languages who enjoy all linguistic human rights" (Skutnabb-Kangas & Phillipson 1989: 2). Die sogenannten „dominanten" Sprachen werden also als „offizielle Sprachen" definiert. Diese sind aufgrund ihrer Funktion allgegenwärtig, haben einen hohen Status und sind als Sprachen des öffentlichen und politischen Lebens verbreitet. Um die Gleichbehandlung von Sprachen und das Recht eines jeden Sprechers, sich in seiner Muttersprache ohne Angst vor Konsequenzen oder Repressalien verständigen zu können, zu erreichen, fordern die Autoren einen verbindlichen Gesetzesrahmen (vgl. ebd.: 3ff.). Dabei orientieren sich die *Linguistic Human Rights* an internationalen Verträgen, Deklarationen und Konventionen des Menschenrechtsdiskurses, wie der *Allgemeinen Erklärung der Menschenrechte* der Verein-

---

136 Die Definition von Minderheit der Linguistic Human Rights lehnt an ein soziologisches Minderheitenverständnis an: Dies bezieht sich immer auf das Verhältnis zur herrschenden Gruppe. Die Minoritäten werden also nicht nur in (ausschließlich) numerischer Hinsicht definiert. Häufig sind Sprecher von Minoritätssprachen aber auch numerisch unterlegen. Skutnabb-Kangas und Phillipson unterscheiden drei Arten von Minderheiten für ihr Konzept: Erstens, „powerless minorities", zu denen alle Sprachgemeinschaften gehören, die in ihrem Land nicht zur numerischen Mehrheit zählen (z.B. Frankophone in Kanada, Basken in Spanien, etc.). Zweitens, „powerless majorities". Diese sind numerisch in einem Land stark vertreten, werden aber von einer ethnischen oder linguistischen Minderheit regiert. Drittens sind die „power minorities" die Sprachgemeinschaften von Minderheitensprachen, die – obwohl sie numerisch unterlegen sind – die Macht in einem Staat besitzen (vgl. die weiße Elite in Südafrika) (vgl. Skutnabb-Kangas & Phillipson 1989: 4f). In ihrer Publikation von 2012 ergänzen sie die Definition von „Minderheit" und beziehen damit auch Immigranten und Flüchtlinge in ihre Definition mit ein (vgl. Phillipson & Skutnabb-Kangas 2012: 30). Sie reagieren damit auf die Kritik von Blommaert (2001, 2005) und Makoni (2012).

ten Nationen (1948)[137]. Darin unterscheiden sich die *Linguistic Human Rights* von den anderen Sprachenrechtsansätzen. Sie fordern eine politische Umsetzung und lehnen sich daher an multilaterale Organisationen und Gesetzesvorgaben an. Zudem sehen sie dort einen Missstand: In den bisher erschienenen internationalen Konventionen und Publikationen zum Minoritätsschutz wird das Recht auf Sprache selten als eigenes Phänomen betrachtet, sondern häufig in einer Aufzählung verschiedener Faktoren der Identität genannt (vgl. Hilpold 2007: 186). Sprache wird mit Faktoren wie Religion, Geschichte, gemeinsame Herkunft und territoriale Bindung gleichgesetzt und als eine identitätsbildende Kategorie[138] unter vielen betrachtet (vgl. Safran 2005: 1, vgl. 4.2 Die Rolle der Sprache in der Identitätskonstruktion). Die Autoren stellen aber die Notwendigkeit sprachspezifischer Programme in den Vordergrund und versuchen diese Lücke, die aus ihrer Sicht besteht, mit den *Linguistic Human Rights* zu überbrücken, indem sie Anregung für Staaten sein sollen, Sprachenrechte zu berücksichtigen (vgl. Phillipson, Rannut & Skutnabb-Kangas 1995: 1)[139].

Eine verbindliche Rechtsgrundlage zur Wahrung von Minderheiten- und Sprachenrechten hätte positive Veränderungen in mehreren Bereichen zur Folge. Die Autoren Skutnabb-Kangas, Rannut und Phillipson untergliedern die Einflusssphäre in individuelle und kollektive Ebene:

> „Observing LHRs implies at an *individual* level that everyone can identify positively with their mother tongue, and have that identification respected by others, irrespective of whether their mother tongue is a minority language or a majority language. It means the right to learn the mother tongue, including at least basic education through the medium of the mother tongue, and the right to use it in many of the (official) contexts exemplified below. It means the right to learn at least one of the official languages in one's country of residence. It should therefore be normal that teachers are bilingual. Restrictions on these rights may be considered an infringement of fundamental LHRs" (Phillipson, Rannut & Skutnabb-Kangas 1995: 2, Hervorhebung im Original).

Die Individualebene ist definiert als der Bereich, in dem sich jeder Mensch positiv mit seiner Muttersprache identifizieren kann und diese Identifikation von anderen respektiert wird, unabhängig davon, ob die

---

137 Es sei hier kurz darauf verwiesen, dass Deklarationen keinen rechtsverbindlichen, sondern lediglich einen empfehlenden Charakter haben. Konventionen hingegen sind nach ihrer Verabschiedung rechtlich zwingend.
138 Aus politikwissenschaftlicher Sicht spielt Sprache eine untergeordnete Rolle in der Identifikation. Vertreter dieser konstruktivistischen Haltung sind u.a. Hobsbawn (2005), Gurr (2000).
139 Tatsächlich findet man bei diversen Einrichtungen der Vereinten Nationen auch Deklarationen und Konventionen, die sich mit Sprachenrechten auseinandersetzen. Sie sind allerdings wenig differenziert und ergiebig, wodurch es zu keiner ernsthaften Implementierung oder Anerkennung kommt (vgl. Arzoz 2007: 2).

Muttersprache eine Minderheitensprache oder die Sprache einer ethnischen Mehrheit ist. In der Umsetzung bedeutet das, dass jeder Mensch das Recht haben muss, seine Muttersprache zu erlernen und sie öffentlich ohne Furcht vor Repressalien verwenden zu können. Es beinhaltet ferner das Recht eines jeden Bürgers, wenigstens eine der offiziellen Sprachen eines Landes zu erlernen und damit die Pflicht für den Staat, ihm dies zu ermöglichen (vgl. ebd.). Auf die Rolle der Muttersprache wird im Folgenden ausführlich eingegangen (vgl. 14.3.1 Die Bedeutung der Muttersprache in Uganda). Diese Unterscheidung ähnelt der von Kloss (1977), der „tolerance-oriented rights" und „promotion-oriented rights" unterscheidet. Die „tolerance-ortiented rights" fokussieren die Individualebene und beschreiben das Sprachenrechtsverhältnis des Bürgers gegenüber dem Staat. Nach Kloss muss es jedem Menschen möglich sein, in seinem privaten, beruflichen und alltäglichen Umfeld die Wahl seiner Sprache frei bestimmen zu können. Die „promotionoriented rights" verpflichten die Bürger dazu, eine oder mehrere (gesetzlich definierte) Sprachen in öffentlichen Einrichtungen zu verwenden (vgl. Kloss 1977: 259ff.). Die mit den „promotion-oriented rights" vergleichbaren Kollektivrechte der *Linguistic Human Rights* fokussieren vor allem die Wahrung von Minderheitenrechten.

> „Observing LHRs implies at a *collective* level the right of minority groups to exist [...]. It implies the right to enjoy and develop their language and the right for minorities to establish and maintain schools and other training and educational institutions, with control of curricula and teaching in their own languages. It also involves guarantees of representation in the political affairs of the state, and the granting of autonomy to administer matters internal to the groups, and social affairs, with the financial means, through taxation or grants, to fulfil these functions [...]. Restrictions on these rights may also be considered an infringement of fundamental LHRs" (Phillipson, Rannut & Skutnabb-Kangas 1995: 2, Hervorhebung im Original).

Mitglieder einer ethnischen Minderheit einer Gesellschaft sollen das Recht haben, ihre Sprache zu sprechen, sowie Institutionen zur Pflege dieser Sprache aufzubauen (mit entsprechenden Curricula und geschultem Lehrpersonal). Während Kloss diese Rechte eher als Imperativ gegenüber dem Bürger formuliert, ist die Definition von Skutnabb-Kangas und Phillipson imperativisch gegenüber dem Staat zum Schutz der Minderheitenrechte zu verstehen. Die Rolle des Staates wird bei Skutnabb-Kangas und Phillipson in den Vordergrund gestellt und ihm eine zentrale Funktion im Minderheitenschutz übertragen. Auch die *Linguistic Human Rights* geben die Verantwortung an den Bürger weiter, die offizielle Sprache zu lernen. Hauptakteur bleibt in ihrem Ansatz jedoch der Staat.

> „There can be no beneficiary of a right unless there is a duty-holder. [...]. It is the state which has the duty to create conditions in which individuals can enjoy their rights and to ensure/guarantee their enjoyment. Legislation is normative in the sense that its task is to promote the development of communities and individuals, resolve conflicts and protect interests, including human rights.
>
> But it is not only the state that has duties. Many paragraphs of language rights or minority rights include formulations stating that these 'should not be to the detriment of the official languages and the need to learn them' (this example is from the Preamble of the European Charter for Regional and Minority Languages). If, for instance, citizenship presupposes fulfilment of certain official language knowledge requirements, it is the duty of a citizen to know the official language (to some extent). The state then must make arrangements for this to be possible (which requires the allocation of resources to teacher training, curriculum development, etc), and its citizens are assumed to be willing to profit from such an arrangement, i.e. they have duties once the state shows evidence of performing *its* duties.
>
> If the citizen in a multilingual state (i.e. virtually all states, including those that make up the European Community) is accorded a right to learn three or more languages, she or he may also have a duty to learn them [...].
>
> One of the weaknesses of most covenants is that the nature of the duties that the rights presuppose is left unclear, as well as the specific obligations of the duty-holder. These obligations must be clarified by litigation" (Phillipson, Rannut & Skutnabb-Kangas 1995: 14f., Hervorhebung im Original).

Die Autoren gehen von einem *top-down* Staatsverständnis aus, in dem der Staat den normativen Rahmen vorgibt, innerhalb dessen die Menschen alle *Linguistic Human Rights* genießen. Allerdings bemerken die Autoren hier – ähnlich wie Kloss – dass die Menschen, wenn ihnen der Rahmen zum Lernen verschiedener Sprachen gegeben wird, sie diesen auch nutzen müssen. Dadurch steht auch der mündige Bürger in der Pflicht. Wie die Autoren bereits selbst bemerken, sind Rechte und Pflichten nicht immer eindeutig geklärt.

Wenngleich die Autoren der *Linguistic Human Rights* auch eine Eigenverantwortung bei den Bürgern eines Staates sehen, so ist es doch der Staat, der über die Wahrung oder Missachtung der Sprachenrechte entscheidet. Die mangelnde Umsetzung der Forderungen bzw. eine nicht ausreichende Bereitstellung von Mitteln wird daher als Rechtsverstoß gegen die *Linguistic Human Rights* verstanden. Der Staat ist damit für die

Herstellung sprachlicher Gerechtigkeit, *„linguistic justice"* (ebd.: 1), verantwortlich und steht somit in der Pflicht[140].

Ursachen für die Ungleichbehandlung von Sprachen sehen die Autoren in verschiedenen Annahmen, die sie als *„Mythen"* bezeichnen (vgl. ebd.: 4). Dazu gehört erstens die Annahme, dass Monolingualismus wirtschaftlichen Fortschritt bedeute, und zweitens, dass Mehrsprachigkeit den Nationalstaat gefährde. Beide Mythen werden von den Autoren widerlegt. Erstere Annahme, dass sich zwischen der Anzahl der Sprachen, die in einem Land gesprochen werden, und dem Wohlstand dieses Staates ein Zusammenhang herstellen lasse, widerlegen die Autoren durch Zuhilfenahme der wissenschaftlichen Erkenntnisse von Fishman, der eine entsprechende Studie zu 120 Staaten veröffentlicht hat (vgl. ebd.). Zweitens ist das Herdersche Postulat „one nation – one language" vielfach widerlegt bzw. kritisiert worden (siehe hierzu auch 4.3 Sprache und Identität im Nationenbildungsprozess). Die Autoren Phillipson, Rannut und Skutnabb-Kangas beziehen sich zwar nicht auf die betreffenden Kritiker, sondern argumentieren aus ihrem Verständnis von Mehrsprachigkeit heraus. Beide Mythen werden von ihnen umgekehrt und für Monolingualismus angewendet: „[...] monolingualism in a multilingual state is uneconomical and violates LHRs" (Phillipson, Rannut & Skutnabb-Kanags 1995: 4). Die Umkehrung ist eine Strategie, um die „Mythen" *ad absurdum* zu führen. Wie die folgende Analyse zeigen wird, ist es aber gerade die Absolutheit der Forderungen und Formulierungen, die die *Linguistic Human Rights* angreifbar machen. Sie erheben einen universalgültigen Anspruch und verurteilen jede Art monolingualer Sprachpolitiken und -strategien in multilingualen Staaten.

Der Wissenschaftsdiskurs hat sich vornehmlich mit sprachenrechtlichen Fragen in Europa und Nordamerika auseinandergesetzt, jedoch existieren auch einige Untersuchungen zu Sprachenrechten in Afrika, wie zum Beispiel zu Kenia (Kembo & Ogechi 2009, Musau 2003, Ogechi 2003) und Tansania (Blommaert 2005). Ferner gibt es einige Publikationen, die sich mit Afrika als Kontinent befassen. Betrachtet man die vielen vom Sprachtod bedrohten Sprachen Afrikas, erscheint ein Blick auf den afrikanischen Kontext notwendig. Ein Sprachenrechtskonzept könnte helfen, dem Sprachensterben durch institutionalisierte Mittel entgegenzuwirken und damit auch den Erhalt der durch die Sprache getragenen Kulturen und Traditionen zu fördern. Auch in Uganda ist die Zahl der

---

140 Skutnabb-Kangas und Phillipson ziehen in ihren Publikationen oft einen Vergleich zwischen der Vielfalt der Sprachen und Biodiversität (1995, siehe außerdem Maffi 2000). Dies ist allerdings ebenso häufig kritisiert worden (siehe u.a. Blommaert 2001). Auch diese Untersuchung schließt sich der Kritik an und verfolgt daher diesen Aspekt nicht weiter.

Sprachen hoch und viele Sprachgemeinschaften fürchten um den Verlust ihrer Kulturen und Traditionen. Einige Wissenschaftler rekonstruieren sprachliche Ungleichverhältnisse in Afrika als Resultat des Kolonialismus. Auch die Betrachtung der historischen Entwicklung in Uganda hat gezeigt, dass der Kolonialismus unter anderem sprachliche Veränderungen zur Folge hatte (vgl. hierzu auch 12.2 Die koloniale Phase). So konnten sich die jungen, unabhängigen afrikanischen Staaten zwar von ihren Kolonialherren trennen, nur wenigen gelang auch die Trennung von der Kolonialsprache. Der Eingriff in die Sprachenlandschaft durch die Kolonialmacht hatte für die Menschen häufig zur Folge, dass durch äußere Umstände die ihnen vertrauten Sprachen auf allen Ebenen des täglichen und des öffentlichen Lebens durch eine Fremdsprache ersetzt wurden. Zudem wurden durch Machtungleichgewichte in multiethnischen Gesellschaften häufig Assimilationsprozesse angestoßen, die die Unterdrückung einer Sprachgemeinschaft und ihrer Sprache zur Folge hatten (vgl. Chen 1998: 48). In Uganda lassen sich diese Entwicklungen bestätigen: Englisch und Luganda haben durch die koloniale Fremdherrschaft eine weite Verbreitung erzielt (vgl. 12.2 Die koloniale Phase).

Auch Phillipson und Skutnabb-Kangas haben sich in einem Artikel in ihrem Sammelband der sprachrechtlichen Situation in Afrika gewidmet. Sie identifizieren den Kolonialismus als Ursache der sprachlichen Ungleichheit und sehen sprachenrechtliche Probleme in der postkolonialen Sprachpolitik vor allem darin, dass sie dem Machterhalt einer kleinen Elite dient. Sie fordern eine stärkere Einbindung lokaler, indigener Sprachen im Bildungs- und politischen Bereich, um so auch die bessere Kommunikation zwischen Herrschern und Beherrschten zu erleichtern (darauf wird im Folgenden noch unter dem Aspekt der Macht genauer eingegangen, vgl. 14.5 Macht).

Tatsächlich hat der Sprachenrechtsdiskurs auch Anstoß gegeben, Deklarationen zu Sprachenrechten zu formulieren. In Afrika ist ein solches Dokument, das den Status und den Erhalt afrikanischer Sprachen fördern soll, die *Asmara Declaration on African Languages und Literatures*. Sie wurde im Januar 2000 in Asmara (Eritrea) von Wissenschaftlern und Schriftstellern aus allen Regionen Afrikas aufgesetzt und verabschiedet. Die Deklaration hat nur Empfehlungscharakter und ist nicht verbindlich. Wie auch die Linguisten Skutnabb-Kangas und Phillipson sehen die Unterzeichner den Ursprung sprachlicher Ungleichheit in Afrika im Kolonialismus:

> „Colonialism created some of the most serious obstacles against African languages and literatures. We noted with concern the fact that these colonial obstacles still haunt independent Africa and continue to block the mind of the continent" (Asmara Declaration on African Languages and Literatures 2000, zitiert nach Blommaert 2001: 132).

Die *Asmara Declaration* ist inspiriert von Dokumenten wie den *Linguistic Human Rights* und anderen Sprachrechtskonzepten und fordert eine umfassende Reform der afrikanischen Sprachen, die den Bildungs- und Wissenschaftsbereich ebenso umfasst wie kulturelle und politische Aspekte. Sie geht damit über den rein sprachlichen Aspekt hinaus und verknüpft ihn mit politischen Zielen wie Demokratisierung und Geschlechtergleichheit (vgl. Blommaert 2001: 132f.). Über die Herstellung eines sprachlichen Gleichgewichts sollen hier auch politische und kulturelle Ziele sowie Grundrechte eingefordert werden.

Das zeigt auch, dass Sprache als soziales Phänomen in viele Bereiche hineinwirkt. Die *Asmara Declaration* stimmt in vielen Forderungen mit denen von Skutnabb-Kangas und Phillipson überein. Hier kann durchaus ein Einflusspotential des wissenschaftlichen Diskurses auf die politische Entscheidungsebene nachgewiesen werden, wie auch Blommaert bestätigt (ebd.: 134).

Die ideologisierten Ziele waren häufig Gegenstand der Kritik, weil sie für den Staat eine scheinbar kaum lösbare Herausforderung darstellen. Wie bereits ausgeführt wurde, nimmt bei den *Linguistic Human Rights* der Staat die zentrale Rolle ein. Selbst wenn Verfassungen die Förderung aller indigenen Sprachen betonen und auch umsetzen, wird durch Sprachpolitik automatisch ein Ungleichgewicht der Sprachen herbeigeführt. Durch die besondere Rolle, die eine Sprache als offizielle oder Nationalsprache einnimmt, wird ihr Sprachprestige positiv beeinflusst, und die Sprachgemeinschaft erlebt einen Machtzuwachs (vgl. Skutnabb-Kangas & Phillipson 1989: 3). Dies konnte bereits ausführlich in dieser Arbeit für das Fallbeispiel Uganda dargestellt werden.

Blommaert kritisiert das Konzept, indem er seine Umsetzbarkeit, die Praxistauglichkeit und die Nachhaltigkeit dieser Forderungen infrage stellt (vgl. Blommaert 2001: 134). Das Konzept fokussiere Ungleichverhältnisse von Sprachen und ethnolinguistischen Gruppen auf nationaler und staatlicher Ebene. Dabei komme dem Staat eine idealtypische Rolle zu, die in der Realität – insbesondere in Ländern der sogenannten Dritten und Vierten Welt – nicht in dieser Form anzutreffen sei. Häufig herrschen in afrikanischen Staaten politische Instabilität und mangelnde demokratische Legitimität. Ferner beachtet das Konzept lediglich Sprachen als Gesamtkonzept: Sprachliche Variationen werde nicht berücksichtigt. Blommaert stellt fest, dass die Koexistenz mehrerer Sprachen nicht gleichbedeutend mit Sprachenrechten ist. Sprachen müssen institutionalisiert und in Bildungseinrichtungen gefördert werden. Diese Forderung der *Linguistic Human Rights* sei nicht umsetzbar: Eine multilinguale Gesellschaft, in der alle Sprachen in gleichem Maße in Bildungseinrichtungen vertreten sind sowie über gleiche finanzielle Unterstützung verfügen und ausgewogene mediale Vertretung erhalten, sei utopisch. Neben ökonomischen Aspekten hat Blommaert auch Bedenken linguistischer Art: „It is sociolinguistically impossible because it would involve the development and introduction of status varieties in these languages, and thus make specific varieties of the languages exclusive and elite-hegemonic" (Blommaert 2001: 137). Eine solche Entwicklung würde zwar die Ungleichheit zwischen den Sprachen minimieren, aber die Ungleichheiten zwischen den Varianten innerhalb einer Sprache erhöhen (vgl. Blommaert 2001, 2005). Auch Stroud und Heugh kritisieren die *Linguistic Human Rights* vor allem wegen ihres liberalen Staatsverständnisses und den damit verbunden Schwierigkeiten der Anwendung. Am Beispiel Südafrikas widerlegen sie, dass durch *Linguistic Human Rights* Ungleichverhältnisse beseitigt werden können, da es wesentliche rechtliche Aspekte außer Acht lässt (vgl. Stroud & Heugh 2004: 191ff., 213). Eine Perspektive, der Coulmas zustimmt und zudem eine stärkere Verknüpfung mit den Rechtswissenschaften fordert, um wirklich von Sprachen*rechten* sprechen und damit mehr Erfolg in der Umsetzung erzielen zu können (vgl. Coulmas 1998: 64).

Während die einen vor allem die schwere Umsetzbarkeit der *Linguistic Human Rights* betonen, verweisen andere auf ihre Tautologie: Alles Sprachliche sei auch menschlich und müsse somit nicht notwendigerweise extra hervorgehoben werden (vgl. Bratt Paulston 1997: 76). Zudem stellt sich die Frage, ob eine rechtliche Umsetzung, so wie sie von Skutnabb-Kangas und Phillipson gewünscht wird, tatsächlich möglich ist: „While general proclamations of linguistic human rights may not do much harm, it is doubtful that they can be translated into law" (Coulmas 1998: 72).

Safran bezieht sich auf das Gleichheitspostulat und betont, dass zwar alle Sprachen im Hinblick auf kulturelles Gewicht, Sprachprestige und Vokabulargröße von gleichem Wert, jedoch nicht alle Sprachen für allgemeine Kommunikation in einem Land geeignet seien. Sie müssten einen gut entwickelten Standard haben, um zur transethnischen Kommunikation verwendet werden zu können (vgl. Safran 2005: 6f.). Durch die Anwendung pragmatischer und ökonomischer Aspekte reproduziert Safran hier diesen Diskurs und trägt mit der Feststellung zum Erhalt des Ungleichgewichts bei, da er nicht allen Sprachen die Fähigkeit zuspricht, die Funktion einer offiziellen oder nationalen Sprache zu übernehmen. Er schafft damit ein funktional bedingtes Ungleichgewicht.

Ein wesentlicher Kritikpunkt Blommaerts (2005) ist, dass dem Sprachenrechtsdiskurs die ethnographische bzw. empirische Fundierung fehlt. Dies dient in dieser Arbeit als Ausgangspunkt für die Analyse der *Linguistic Human Rights*. Neben der Kontrastierung und der Berücksichti gung des empirischen Materials aus Uganda werden Textelemente dieses Konzepts mit der Kritischen Diskursanalyse untersucht, um die inhärenten Sprachattitüden herausarbeiten und ihr Einflusspotential auf den politischen Prozess untersuchen zu können. Ziel ist, die Forderungen der *Linguistic Human Rights* mit dem ethnographischen und empirischen Wissen aus Uganda abzugleichen und so die relevanten Aspekte hervorheben und gleichzeitig dem Konzept inhärente Probleme durch dieses Wissen aufdecken zu können.

Da Identität eine primäre Kategorie in den *Linguistic Human Rights* ist, auf der viele weitere Annahmen aufbauen, wird diese im Folgenden zuerst vorgestellt.

14.3 Identität

Bereits in vorangehendem Kapitel wurde die Bedeutung der Muttersprache auf der Individualebene deutlich. Und auch auf der Kollektivebene sind es die Muttersprachen von Minoritäten, die im Vordergrund stehen.

Durch den Schutz von Minderheitensprachen versucht der Sprachenrechtsdiskurs einen Beitrag zum Erhalt der individuellen und kollektiven Identität eines Menschen zu leisten. Die UNESCO (2003) formuliert es in ihrem Arbeitspapier „Education in a multilingual world" wie folgt:

> „Language is not only a tool for communication and knowledge but also a fundamental attribute of cultural identity and empowerment, both for the individual and the group. Respect for the languages of persons belonging to different linguistic communities therefore is essential to peaceful cohabitation. This applies both to majority groups, to minorities (whether traditionally resident in a country or more recent migrants) and to indigenous peoples" (UNESCO 2003).

In vielen Deklarationen und Forderungen wird Identität sprachlich vor allem mit der Muttersprache assoziiert. So formuliert die UN Resolution *„Declaration on the Rights of Persons Belonging to National or Ethnic, Religious and Linguistic Minorities"*[141] Positivrechte für den Umgang mit Minderheiten und weist die Staaten explizit auf ihre Verantwortung als Schutzinstanz hin: „States shall protect the national or ethnic, cultural, religious and linguistic identity of minorities [...] and shall encourage conditions for the promotion of that identity" (zitiert nach Hilpold 2007: 186f.). Artikel 4(3) bezieht sich explizit auf die Muttersprache und fordert:

---

141 Verabschiedet von der UN Generalversammlung am 18.12.1992.

> „States should take appropriate measures so that, wherever possible, persons belonging to minorities may have adequate opportunities to learn their mother tongue or to have instruction in their mother tongue" *(UNO 1992)*.

Die Autoren der *Linguistic Human Rights* beziehen sich jedoch in ihren Publikationen zu Sprachenrechten immer auf die Muttersprache und heben sie als zentrales Merkmal von Identität hervor:

> „Alternatively, minority mother tongues are seen as non-resources, as handicaps which are believed to prevent minority children from acquiring the majority language (= the only valued linguistic resource), so that minority children should get rid of them in their own interest. At the same time, many minorities, especially minority children, are in fact prevented from fully acquiring majority resources, and especially majority languages, by disabling educational structures in which instruction is organised through the medium of the majority languages in ways which contradict most scientific evidence" (Skutnabb-Kangas 1998: 9).

Die Wissenschaftlerin unterscheidet in dieser Sequenz zwischen Minderheitenmuttersprachen und Muttersprachen von dominanten Sprachen. Bereits hier werden das Ungleichverhältnis und das Machtverhältnis (auf das im Folgenden noch genauer eingegangen wird) betont. Die Analyse mit der Kritischen Diskursanalyse offenbart, dass Skutnabb-Kangas sehr stark von Vorannahmen geprägt ist, die sich in einer manipulativen Terminologie niederschlagen. Dies offenbart sich in der Darstellungspraxis des Machtungleichverhältnisses und der Beschreibung des Werts der Muttersprache: Die Minoritätsmuttersprachen werden als „non-resources" bzw. „handicaps" bezeichnet, als etwas, von dem man sich abwenden und lösen müsse. Auf nachdrückliche Weise wird so das Ungleichgewicht ausgedrückt und die Affinität der Autorin gegenüber der Minderheit verdeutlicht. Sie macht mit ihrer Aussage in der Klammer auf die aus ihrer Sicht vorherrschende positive Sprachattitüde gegenüber der dominanten Sprache aufmerksam. Der Akteur, dessen Haltung sie wiedergibt, wird nicht genannt. Aufgrund der Kenntnis des Gesamtwerks von Skutnabb-Kangas lässt sich jedoch vermuten, dass sie sich auf den Staat bezieht. In dieser Textsequenz thematisiert sie die ungleichen Bildungschancen von Kindern, die einer sprachlichen Minderheit angehören: Sie beschreibt die Situation durch die Verwendung starker Antagonismen und kreiert damit den Eindruck unüberwindbarer Differenzen zwischen den Sprachen.

Die Muttersprache nimmt im Konzept der Autoren Skutnabb-Kangas, Rannut und Phillipson die Funktion der „ethnolinguistischen" Identität ein:

„Language learning generally follows a chronological sequence. The language of the *close community and primary, ethnolinguistic identity,* the **mother tongue,** is learned first. Next comes a language of *national integration,* **second language** for linguistic minorities, a **second variety** (in the sociolinguistic sense of particular registers) for linguistic majorities, and finally languages of *'wider communication'* beyond the confines of the state, i.e. **foreign languages** (Ngalasso 1990: 17). In the case of those whose mother tongue happens to be a standard variety of an internationally dominant language, these three types will be conflated to a single language, so that the learner adds different registers rather than different languages. Granted to that languages are often learned sequentially, one might postulate that rights in relation to these languages represent a hierarchy from most important to least important. As a result, being prevented from enjoying LHRs can be seen as graver in relation to languages learned earlier in one's socialisation, and might have more serious consequences for the individual's development, access to education and access to other human rights. This hierarchization of rights might implicitly serve to hierarchize the languages too, the mother tongue being the most important" (Phillipson, Rannut & Skutnabb-Kangas 1995: 10, Hervorhebung im Original).

Die Art der Darstellung ähnelt sehr stark dem räumlichen Identitätsverständnis in Uganda (vgl. 11.1.1 Die räumliche Konstruktion von Identität in Uganda): Auch hier wird die Muttersprache als Nukleus der Identitätsbildung verstanden und in der Hierarchie der Sprachen ganz oben angesiedelt. Die Räumlichkeit wird durch das Attribut „*close*" hervorgehoben. Nach der Nennung weiterer Sprachebenen resümieren die Autoren, dass die Muttersprache die wichtigste Sprache in der Hierarchie sei. Dies ist unabhängig vom Status, den eine Sprache hat, und demnach ein universalgültiges Postulat: „Identification with a mother tongue, the need to develop the language, and related concerns are equally important for speakers of all languages, regardless of numbers of speakers, citizenship, etc." (Phillipson, Rannut & Skutnabb-Kangas 1995: 9).

Die Autoren rekonstruieren ebenfalls ein konzentrisch angeordnetes Identitätsmodell, in dem die Muttersprache dem Menschen am nächsten steht. Die Wichtigkeit leitet sich aus der Darstellungspraxis der Autoren ab: Die „close community" als Orientierungsgröße drückt Zugehörigkeit aus. Die „nationale Integration" ist weniger vordringlich und scheint vor allem rationalen Gründen, wie der nationalen Kommunikation, zu dienen. Die Autoren nehmen hier eine sehr neutrale Sprachattitüde ein: Außer der funktionalen Komponente werden keine weiteren Angaben zur offiziellen Sprache gemacht. Sie konstatieren lediglich, dass es sich um die nächst höhere Ebene handele. Am weitesten vom Kern, dem Menschen, entfernt, sind die „Fremdsprachen". Sie haben in der sprachlichen Identitätskonstruktion der *Linguistic Human Rights* lediglich einen additiven Charakter und dienen als „Sprachen der weiteren Kommunikation". Die Autoren verwenden zur sprachlichen Fundierung ihrer Thesen eine Art argumentative Ringkonstruktion: Durch die Verwendung von Lokalitätsattributen „close" und „wide" wird das Räumlichkeitskonzept untermauert. Auf diese Weise entstehen Sprachattitüden bzw. eine Sprachenhierarchie, die für gesamte Theorie der *Linguistic Human Rights* als Grundlage dienen. Das mit der Muttersprache verbundene Identitätsverständnis wird mit Ethnizität in Verbindung gebracht und auf diese Weise eng mit Kultur und Tradition verknüpft. Daher setzen sie den Verlust der Muttersprache mit Kultur- und Identitätsverlust gleich. Trotz der vergleichbaren Anordnung werden auch hier Differenzen zum Identitätskonzept von Uganda deutlich: Die Differenzierung der Identitätsebenen war dort stärker ausgeprägt: Die Gesprächspartnerinnen und -partner unterschieden auf der Muttersprachenebene bereits Clan und *tribe* als Identifikationsstufen. In Uganda folgt an dritter Stelle die Nation, die in dieser Darstellung der zweiten Ebene, der offiziellen Sprache entsprechen würde (vgl. Abbildung 1).

Die Politikwissenschaftler Kymlicka und Patten sehen – neben den von Skutnabb-Kangas, Rannut und Phillipson genannten – weitere Sprachenungleichverhältnisse, die ihrer Meinung nach aufgehoben werden müssen, und kritisieren daher den starken Fokus auf die Muttersprache:

> „[...], but it falls far short of what is at stake in most linguistic conflicts around the world, where groups are fighting over the use of languages in public administration, higher education, and public media. Both majority and minority groups want more than is, or could reasonably be, guaranteed in international law" (Kymlicka & Patten 2003: 11).

Im Folgenden wird der Blick auf die Erfahrungen in Uganda gerichtet und dabei zum einen auf die Rolle der Muttersprache in der Identitätskonstruktion und zum anderen auf die Rolle der Muttersprache in der Schulbildung. Der von Vertretern der *Linguistic Human Rights* vertretene Dreiklang von Identität, Muttersprache und Bildung kann für Uganda so nicht bestätigt werden.

14.3.1 Die Bedeutung der Muttersprache in Uganda

Die Muttersprache – so zeigen die Untersuchungsergebnisse – wird auch in Uganda als identitätskonstituierend angesehen. Die Sprecherinnen und Sprecher zeigen eine sehr affirmative Haltung gegenüber ihrer jeweiligen Muttersprache, wie auch folgendem Interviewausschnitt zu entnehmen ist.

Beispiel 76: Kla2008-38f (Lugizu) (471-479)

```
01   [...] I love I love being able to speak my language for
02   example [ja] because it's a beautiful language. In fact
03   I'm sad, when I'm in my village and people don't want to
```

```
04  speak their language they want to speak Luganda you know
05  it's like when I'm in Kampala I don't speak my language
06  cause everyone speaks Luganda, so why is it when I'm in
07  my hometown you know, it's, it's an identity, it's a
08  culture as well ahm it's (.) it's everything
```

Die Frau beschreibt, dass sie es liebe, ihre Muttersprache zu sprechen (01), und bezeichnet sie als „schöne Sprache" (02). Dadurch verleiht sie ihr eine sehr positive, aber auch sehr persönliche Konnotation. Die emotionale Bindung, die die Sprecherin hier beschreibt, führt sie in Zeile 07 darauf zurück, dass ihre Muttersprache „eben eine Identität sei, eine Kultur, einfach alles". Die steigerungsähnliche Formulierung drückt eine besondere Betonung aus und hebt die Sequenz inhaltlich und sprachlich hervor. Die Muttersprache wird stark emotionalisiert dargestellt und damit von den anderen Sprachen Ugandas abgegrenzt. Dies wurde bereits in 11.1.1 Die räumliche Konstruktion von Identität in Uganda ausführlich dargestellt. Das Beispiel untermauert die Annahmen der *Linguistic Human Rights*. Im Gespräch argumentiert die Sprecherin auch für die gesamtugandische Situation.

Beispiel 77: Kla2008-38f (Lugizu) (206-223, 243-248)

```
01  [...] because language is also about identity ahm (.) I
02  do know for example that the people who the things that
03  are said in local languages (.) ahm how do I put this
04  when when people express certain ideas in their local
05  lang- people are more comfortable speaking their local
06  language so a lot more information is shared when the
07  local languages are used rather than when say just
08  English is used. Politics is about mass not so you want
09  to target mass group of people and (.) so it's usually
10  people flip back into their local languages for
11  communication purposes it is important to communicate
12  your point much easier but also the mass is mostly
13  illiterate, you know, here in Uganda, so [mh] ahm it
14  plays an important role for sure [mh], I think because
15  ja, you get talk target a lot more people than if you
16  spoke English but also there is lot that comes with
17  ?thing? the traditional language on the culture and
18  certain tendencies to then separate (0.8)
```

und weiter:

```
19  The language you're thinking and the language you
20  speaking ahm and this being a country where English
21  isn't the first language I'll say it would be better
```

```
22   that people communicate in the local language rather
23   than in just English for example in certain situations
```

In diesem Gesprächsbeitrag versucht die Sprecherin eine rationale Begründung für die Bedeutung der Muttersprache zu finden. Hierbei wechselt sie von Muttersprache zu „local language" (03). Sie plädiert für die Kommunikation in der lokalen Sprache, da auf diese Weise sich die Menschen erstens wohler fühlen und zweitens ein höherer Verbreitungsgrad von Informationen ermöglicht werden könne (06-09). Am Beispiel der Politik erklärt die Sprecherin, warum man in den lokalen Sprachen einen höheren Streuungsgrad von Informationen erzielen könne als auf Englisch (09-17). Sie weicht das Muttersprachenkonzept unbewusst auf. Indem sie von Muttersprache zu lokaler Sprache wechselt, wird ihre eigene Haltung gegenüber den Sprachen deutlich, was auch ab Zeile 04 sichtbar wird. Die Sprecherin macht vor allem eine Unterscheidung zwischen Englisch und den lokalen Sprachen. Damit bedient sie sich auch des Dominanzdiskurses, den die *Linguistic Human Rights* thematisieren. Sie trennt die Sprachen in eine Sprache des Denkens und eine Sprache des Sprechens (19-20). In Ländern, in denen Englisch nicht Erstsprache sei, plädiert sie für die lokalen Sprachen als Kommunikationsmittel. Die Frau stellt damit das Konzept der Muttersprache als primäres Merkmal von Identität infrage und argumentiert für eine Kommunikation in den lokalen Sprachen. In dieser Sequenz geht es weniger um Identitätsprozesse als darum, Menschen zu ermöglichen, ihre Gedanken in Worte fassen zu können und so bestmögliche Kommunikation zu erzielen. In Uganda scheint es neben der Muttersprache eine hohe Identifikation mit den „lokalen Sprachen" zu geben, die von F1 bestätigt wird. Dies spielt bei den Sprachenrechten eher eine untergeordnete Rolle. Der identitätskonstituierende Faktor rutscht in dieser Darstellung aus dem Fokus. Es zeigt sich, dass die Empirie weitaus vielschichtigere Argumente für den Erhalt von Minderheiten- bzw. „lokalen" Sprachen hat, als sie in den *Linguistic Human Rights* von Skutnabb-Kangas und Phillipson dargestellt werden.

Die Empirie belegt jedoch zweifelsohne auch, dass die Befragten, über das hier vorgestellte Material hinaus, den Erhalt der Muttersprache als notwendig erachten und befürworten.

Zudem wird die sehr einseitige Identitätskonstruktion in bi- und multilingualen Familien vor eine Herausforderung gestellt.

<u>Beispiel 78</u>: GD Kla2009fm (M1: Lugbara, Luganda) (51-55)

```
01   Ja, ok I was born in Luwero that is in a hospital called
02   Bolenji (.) and for me my parents I'm just half Lugbara
03   half a Baganda cause my father is a Baganda and my
```

```
04  mother is Lugbara so I've been often times I've been
05  staying with my mum and eh it was difficult for me to
06  speak Luganda ja, I've been speaking now Lugbara ja
```

Auf die allgemeine Frage der Herkunft der Beteiligten der Gruppendiskussion in Kampala macht der Sprecher hier auf ein Problem aufmerksam, das in den *Linguistic Human Rights* nicht berücksichtigt wird: Mehrsprachigkeit innerhalb der Familie. Der Mann berichtet, dass er aus einer bilingualen Familie stamme. Wie an dieser Stelle nur bedingt deutlich wird, aus den Vor- und Nachgesprächen aber in Kenntnis gebracht werden konnte, hat der Sprecher seine Kindheit und Jugend fast ausschließlich allein mit der Mutter in deren familiären Umfeld verbracht, sodass er vor allem ihre Sprache gelernt hat.

In Familien, in denen beide Elternteile das Aufwachsen des Kindes begleiten, stellt die Mehrsprachigkeit eine Herausforderung für die Erziehung dar (vgl. Beispiel 14). So zum Beispiel, wenn das Kind mit Mutter- und Vatersprache aufwächst. In diesen Fällen werden die *Linguistic Human Rights* vor ein Problem gestellt, da sie nicht nur den Erhalt der Muttersprache durch die Anerkennung fordern, sondern auch den Unterricht in der Muttersprache. Sprachenrechtlich relevante Untersuchungen müssten in Zukunft auch das Phänomen konkurrierender Mutter- und Vatersprachen berücksichtigen, um dazu eine valide Einschätzung zu liefern.

Zudem stellt sich die Frage, wie sich die *Linguistic Human Rights* positionieren, wenn Menschen – aufgrund der heute sehr hohen Mobilität – in einer Region aufwachsen, in der nicht die Muttersprache gesprochen wird. Hier kann dem Kind eigentlich keine Muttersprachenerziehung in der Schulbildung ermöglicht werden. In diesen Fällen müssten die Eltern die Pflege der Sprache der Familie übernehmen, um dem Kind traditionelle Werte und Identität zu vermitteln. In diesen Fällen müsste der Staat dieser Pflicht entbunden werden.

14.3.2 Die Muttersprache als Unterrichtssprache in der Primarbildung

Die *Linguistic Human Rights* binden ihre Forderungen an Reformen der Schulcurricula. Auch Skutnabb-Kangas sieht keine Alternative zur Muttersprache als Unterrichtssprache:

> „My conclusion is that we have still to work for education through the medium of the mother tongue to be recognized as a human right. At present, we are still living with linguistic wrongs which are partly symptoms of what I have called the ideology of monolingual stupidity or monolingual reductionism" (Skutnabb-Kangas 2000a: 8).

Skutnabb-Kangas betont, dass Unterricht in der Muttersprache ein Menschenrecht werden müsse. Sie wird dabei von vielen Wissenschaftlern unterstützt (Brock-Utne 2000, Toukooma 2000, Heugh 2000). Sie beschreibt den gegenwärtigen Zustand als „linguistic wrongs" und „ideology of monolingual stupidity". Die Expressivität der Formulierung ist typisch für Skutnabb-Kangas und die *Linguistic Human Rights*: Sie nutzen drastische Darstellungsformen, um auf – aus ihrer Sicht – bestehende Missstände hinzuweisen und drehen damit aber gleichzeitig die Argumentation um. Was im Ist-Zustand als Norm definiert wird, betrachten die Autoren in ihrem Konzept als abnorm und umgekehrt. Die *Linguistic Human Rights* nutzen diese Art der Charakterisierung, um bestehende Annahmen, den *Common Sense*, zu durchbrechen und auf ihre Ziele aufmerksam zu machen.

In Uganda hat die Regierung diese Aufgabe angenommen und das *National Curriculum Development Center* (NCDC) beauftragt, Lehrpläne in der Muttersprache für die Grundschulbildung zu entwickeln und dieses Projekt in mehreren Pilotregionen zu testen. Diese Entwicklung geht auf das Weißbuch der Regierung von 1992 bzw. auf die Empfehlungen einer Kommission zur Bildungspolitik (1989) zurück (vgl. 12.5 Die ugandische Sprachpolitik vor der Verfassung 1995). Tabelle 2 (Seite 132) zeigt die beabsichtigte Bildungspolitik in Uganda. Das Weißbuch empfahl für die ländlichen Regionen die jeweils dominante lokale Sprache und für die urbanen (ethnisch-diversen) Zentren Englisch als Unterrichtssprache zu etablieren (vgl. hierzu Republic of Uganda 1992, Tembe & Norton 2008: 36). Bisher sind diese Veränderungen im Lehrplan nicht umgesetzt worden. Langfristig wird aber beabsichtigt, diese Veränderungen in den Curricula zu manifestieren[142]. Sie sehen vor, in den ersten drei Jahren der Grundschulbildung[143] in der Muttersprache zu unterrichten und erst danach in Englisch:

> „The thematic Curriculum has been developed for P.1 to P.3. Focus is on improving pupils' performance levels in literacy, numeracy and life skills. The policy recommends the use of local language as a medium of Instruction and that English be taught as a subject. For P.4 to P.7, the local language selected by the school authority is taught as a subject. The medium of instruction is the English language" (NCDC 2006).

Diese Entwicklung kommt den Forderungen der *Linguistic Human Rights* nach und gestattet den Sprechern von Minderheitensprachen, ihre

---

142 Gespräch mit einer Mitarbeiterin des NCDC am 30.06.2008.
143 Das ugandische Bildungssystem umfasst sieben Grundschuljahre (P1 bis P7). Danach beginnt die Secondary School bis zur 11. Klasse (S1-S4). Danach schließt sich eine Oberschule mit zweijähriger Dauer an. Anschließend kann ein Hochschulstudium von drei bis fünf Jahren absolviert werden.

Muttersprache zu erlernen und damit ihre Identität zu bewahren. Zudem soll sie gleiche Bildungschancen für alle Kinder ermöglichen. Wie auch Freeland und Patrick attestieren, sind diejenigen Kinder benachteiligt, die während ihrer Schullaufbahn in einer aufgezwungenen, fremden Sprache unterrichtet werden (vgl. 2004: 1). Zudem haben wissenschaftliche Untersuchungen ergeben, dass der Grad der Kenntnis der ersten Sprache, der Muttersprache, direkten Einfluss auf den Spracherwerb der Zweitsprache hat (vgl. Tembe & Norton 2008: 34).

Die folgenden Sequenzen aus dem empirischen Datenmaterial zeigen, dass die Sprecher diese Initiative unterstützen:

Beispiel 79: Kla2008-42m (Luganda) (315-322)

```
01   First, it is the context, where they come from [mh]
02   these are children who are in rural areas [mh] where
03   communication is in the mother tongue [yeah, of course]
04   at home with their peers, even at school ((lacht)) when
05   they get out of the classroom and begin playing [mh]
06   it's in the mother tongue [yeah] so why divorce it also
07   from instruction, the main instruction? So, feel that it
08   that was an injustice
```

Der Sprecher betont hier die Ungerechtigkeit (08), dass Kindern die Möglichkeit verwehrt werde, in ihrer Muttersprache unterrichtet zu werden, obwohl diese ihr hauptsächliches Kommunikationsmittel ist (03-06). Der Mann, der in Kampala lebt und arbeitet, bezieht sich auf einen häufig thematisierten Bias zwischen Stadt- und Landbevölkerung. Aus der Sicht des Städters bezieht er sich auf die ruralen Gegenden des Landes (02) und betont, dass es für diese Kinder besonders wichtig sei, in ihrer Muttersprache unterrichtet zu werden. Das fernweisende Demonstrativpronomen „these" (02) drückt dabei Abgrenzung aus und verdeutlicht, dass der Sprecher über eine Gruppe spricht, zu der er sich und seine Kinder nicht hinzuzählt. Es ist zu vermuten, dass er – wie auch viele andere Sprecher – hier seine urbane Identität betonen und sich von der Landbevölkerung abgrenzen möchte. Die Stadtbewohner in Uganda offenbaren in den Gesprächen häufig eine Präferenz für Englisch. Dies lässt sich auf das hohe Prestige zurückführen, das Englisch als Sprache der Elite und der Bildung genießt (vgl. 13.2.6 Eliten und Macht, 13.2.7 Bildungsniveau sowie 13.3.4 Englisch). Auch in obigem Gesprächsausschnitt ließe sich eine solche Lesart vermuten, zumal der Sprecher nicht sagt, dass er sich eine Erziehung in der Muttersprache in Kampala wünsche. Sein Urteil ist deckungsgleich mit dem Regierungsweißbuch, das für urbane Zentren Englisch als Unterrichtssprache aufgrund der heterogenen Gesellschaftsstruktur empfiehlt. Gleichzeitig werden damit aber die Luganda-Sprecher benachteiligt, die hauptsächlich in Kampala leben, aber dort aufgrund der genannten Heterogenität in Englisch unterrichtet würden. Außerdem wird auf diese Weise der Stadt-Land-Bias beibehalten und durch die Regierung verschärft. Dies scheint M1 nicht zu stören. Er kreiert damit ein gesellschaftliches Ungleichgewicht.

Statt um Identität scheint es sich hier vielmehr um die lokale Angemessenheit von Sprache in Bildungskontexten zu handeln: Die Landbevölkerung, die des Englischen nicht in der Weise mächtig ist wie die urbane Bevölkerung, solle in der lokalen Sprache unterrichtet werden, um damit bessere Lernerfolge zu erreichen. Zudem wird die ländliche Region als sprachlich homogen konstruiert, sodass die Unterrichtung in der Muttersprache leicht umzusetzen sei. Tatsächlich ist die ethnische Diversifizierung auf dem Land geringer als in der Stadt.

Uganda setzt die Forderungen der *Linguistic Human Rights* nur begrenzt um. Nach Beendigung der Pilotphase müssen Unterrichtsmaterialien hergestellt werden, um den Forderungen nachzukommen. Des Weiteren steht noch nicht fest, welche Sprachen als Unterrichtssprache in den ersten drei Jahren der Primarschuldbildung verwendet werden sollen. Es scheint aber festzustehen, dass nicht in allen 43 Sprachen unterrichtet werden kann. Mit dem Beschluss, in urbanen Gegenden (welche Städte außer Kampala von dieser Regelung noch betroffen sind, ist nicht bekannt) in Englisch zu unterrichten, wird gegen die *Linguistic Human Rights* verstoßen. Neueste Entwicklungen in Uganda zeigen aber, dass die Regierung plant, Kiswahili als verpflichtendes Unterrichtsfach in den Schulen einzuführen. Dies geht auf die Integration in die EAC zurück (vgl. 12.6.1.1 Außenpolitische Relevanz: Das Wirtschaftsbündnis EAC und die Sprachenfrage). Dadurch würde die Bildungspolitik weiterhin beeinflusst, erforderte dies doch Englisch und Kiswahili neben einer dritten Sprache als Unterrichtsfach bzw. -sprache in den ersten Schuljahren einzuführen.

Die Autoren der *Linguistic Human Rights* kritisieren gerade diese Dominanz des Englischen bzw. „dominanter" Sprachen und schlagen in multilingualen Regionen die regional am stärksten verbreitete Sprache als Unterrichtssprache vor. Die Autoren wenden sich damit generell gegen das Unterrichten in Englisch in der Primarbildung.

Der beschriebene Stadt-Land-Bias wird nicht von allen Gesprächspartnern thematisiert. Ein Lehrer aus dem *Nakasongola District* sieht diese Initiative der Regierung sehr positiv und berichtet von den Vorteilen einer lokalen Unterrichtssprache:

Beispiel 80: Nak2008-08m (Ruruuli) (145-148, 207-210)

```
01  [...] when we are teaching we are using Luganda but at
02  times we explain in the loCAL LANGuage, that is within
03  the mother tongue, that is the Luluuli [ok] and eh when
04  you explain they understand more [of course] ja
```
und weiter

```
05  [...] how we can be united as one (.) united tribe [mh] and
06  that's how we came up then we sorted to that it was
07  really wise to improve on our language because it is our
08  mother tongue. So, we are trying to find ways of how we
09  can put down in paper then begin teaching it in primary.
```

Beide Männer betrachten das Unterrichten in der Muttersprache in den ersten drei Schuljahren der Grundschulbildung als wichtig, da die Kinder so mehr verstehen (Beispiel 80 Zeile 04) und gleichzeitig die ethnische Gemeinschaft vereint werden könne (Bsp. 79 (01) und Bsp. 80 (03-04)). Sprache wird hier offensichtlich als ein wichtiges Verbindungsmerkmal zwischen ethnischer Zugehörigkeit und Identität angesehen (Beispiel 80 Zeilen 06-07). Der befragte Lehrer aus dem *Nakasongola District* berichtet in Zeile 02 aus seiner Berufspraxis. Üblicherweise werde Luganda als Unterrichtssprache verwendet (01), jedoch nutze das Lehrpersonal auch die Muttersprache Ruruuli[144], da die Kinder so mehr verstünden. Der Interviewte wendet an dieser Stelle eine abgeschwächte Form des *teacher checks* (Abd-Kadri & Hardman 2007: 5) an, der bereits ausführlich beschrieben wurde (vgl. Beispiele 37, 44, 59). Die routinisierte Gesprächspraxis wird an dieser Stelle als Fokusmarker verwendet und hebt durch die steigende Betonung von „loCAL" am Wortende das folgende Wort mit erhöhter Intonation an wortinitialer Stelle hervor.

Der Sprecher macht deutlich, dass ihm und seinen Kollegen („we") durchaus bewusst ist, dass Kinder besser in der Muttersprache lernen und mehr verstehen (04) ,und beschreibt ihre Verwendung als gängige Lehrpraxis. Der Sprecher nennt hier auch lokale Sprachen und die Muttersprache in einem Atemzug, ähnlich der Sprecherin aus Beispiel 77. Der Lehrer bezieht sich aber auf das konkrete Beispiel seines Unterrichts in einem Ruruuli-Sprachgebiet.

Im zweiten Teil seines Redebeitrags beschreibt der Befragte das Sprechen und Erlernen der Muttersprache als eine Strategie zur Vereinigung des *tribe*. Der Sprecher scheint Bedarf zu sehen, die Gesellschaft der Baruuli mittels Sprache zu vereinen. Er gibt an dieser Stelle keine weiteren Details, sieht aber in der Pflege und dem Aufbau der Sprache einen wichtigen Identifikationsfaktor für die ethnische Gemeinschaft und

---

144 Der Sprecher spricht von „Luluuli". Dies ist eine freie Variante von Ruruuli.

strebt daher auch den Unterricht in der Muttersprache in den ersten drei Jahren der Primarschulbildung an.

Mit dieser Initiative des NCDC der ugandischen Regierung wird einer grundsätzlichen Forderung der *Linguistic Human Rights* nachgekommen: Die Förderung der Muttersprache in der Grundschulbildung ist einer der wesentlichen Pfeiler dieses Ansatzes. Die Reaktionen bestätigen die wissenschaftliche Annahme, dass die Muttersprache eine wichtige Rolle in der Identitätsbildung spielt und dass das Lernen in der Muttersprache bessere Lernerfolge hervorbringt als in einer Fremdsprache. Fast alle befragten Lehrerinnen und Lehrer haben sich für die Muttersprache in der Primarbildung ausgesprochen, da sie Lerndefizite bei den Kindern durch die Sprachbarriere zu erkennen meinen[145]. Ein Problem jedoch, das von den *Linguistic Human Rights* nicht thematisiert wird, ist der Mangel an Unterrichtsmaterialien in den lokalen Sprachen. In Uganda liegen diese für nur sehr wenige Sprachen vor. Da für das Ruruuli bisher keine Orthographie existiert, arbeitet das *Language Board* des Distrikts derzeit an einer Umsetzung[146]. Bis dahin, so die Aussage des *District Chairman*, werde man keine Unterrichtsmaterialien produzieren können, wodurch sich die Umsetzung des Programms verzögern werde[147]. Der Staat Uganda ist seiner Aufgabe, die Muttersprache als Unterrichtssprache in der Primarschulbildung zu etablieren, in Teilen nachgekommen. Das *Linguistic Human Rights* Konzept beweist in diesem Punkt seine mangelnde ethnographische Fundierung, da die Probleme fehlender Orthographien, die in Afrika weit verbreitet sind, nicht thematisiert werden.

In den bereits vorgestellten Beispielen plädieren die Sprecher für das Recht auf Unterricht in der Muttersprache, wobei sie jedoch unterschiedliche Konnotationen mit dem Konzept verbinden. Während der Lehrer aus Nakasongola ein sehr positives Bild der Muttersprache zeichnet und ihr große Potentiale für Lehre und den Zusammenhalt der ethnischen Gemeinschaft bescheinigt, plädiert der zweite Sprecher zwar auch für die Muttersprache als Unterrichtssprache, jedoch lediglich für die Landbevölkerung. Sein von der starken Stadt-Land-Dichotomie geprägter Redebeitrag zeigt, dass er diese Politik keineswegs für ganz Uganda wünsche. Vielmehr sieht er sich offenbar als Mitglied der urbanen Elite, deren präferierte Sprache Englisch ist, und lehnt damit die Forderungen der *Linguistic Human Rights* ab. Im weiteren Verlauf des Interviews wird

---

145 Das Material zeigt darüber hinaus auch, dass die Befragten noch weitere Aspekte für den Erhalt der Muttersprache anbringen.
146 Nach Aussage des District Chairman hat das Language Board des Nakasongola District die Orthographie fertig gestellt und zum Zeitpunkt des Gesprächs im Juni 2008 dem *Ministry of Education and Sports* zur Verabschiedung vorgelegt. Auch beim zweiten Besuch 2009 hatte das Ministerium die Orthographie nicht verabschiedet.
147 Private Kommunikation mit dem District Chairman des Nakasongola District am 20.05.2008 und 20.06.2008.

dies umso deutlicher, als er die mangelnde Zustimmung zu diesem Regierungsprojekt des NCDC thematisiert:

Beispiel 81: Kla2008-42m (Luganda) (421-431)

```
01  [...] because one of the biggest challenges is again
02  parents as you are asking also asking those very
03  questions. For you you speak English [ja] it's the
04  language of power [ja] it's the language of opportunity.
05  You want our children to start in these languages and
06  and you try make sure that our children remain backward
07  that sort of thinking so, first and foremost advocacy is
08  very very important [mh] to make parents aware of the
09  importance of the mother tongue [mh] then also to make
10  also the policy makers [ja] educational policy makers to
11  really believe that these are sound and logical
12  arguments which can work [...]
```

Er weist auf das Problem hin, dass viele Eltern die Muttersprache als Unterrichtssprache in den ersten drei Jahren der Grundschulbildung nicht gutheißen (02-08). Sie bevorzugen, dass ihre Kinder in Englisch unterrichtet werden, was ihnen Chancen auf dem (inter-)nationalen Arbeitsmarkt und in der Hochschulbildung eröffnen könne (01-04). Dies ist ein in Afrika weitverbreitetes Phänomen: Die Kolonialsprachen werden – im Gegensatz zu den lokalen Sprachen – positiv konnotiert. Die Eltern fürchten, dass ihre Kinder die Anschlussfähigkeit für internationale Universitätsstandards und Eliten verlieren, wenn man sie in der Muttersprache oder einer lokalen Sprache unterrichte. Eine solche Politik erfordere daher „Fürsprache" (07), um erfolgreich sein zu können. Einmal mehr wird das hohe Prestige des Englischen deutlich (vgl. 13.2.6 Eliten und Macht, 13.2.7 Bildungsniveau & 13.3.4 Englisch). Die Eltern lehnen die Bildungspolitik ab, weil sie eine Marginalisierung ihrer Kinder befürchten. Auch Harnischfeger beobachtet in Südafrika ein ganz ähnliches Phänomen:

> „Gerade schwarze Südafrikaner, die selber keine englischsprachige Ausbildung erhielten, drängen darauf, dass wenigstens ihre Kinder Englisch lernen, um auf diese Weise eine Chance für den sozialen Aufstieg zu erhalten" (Harnischfeger 2003: 5).

Und auch die Studie von Tembe und Norton bestätigt die ugandischen Erfahrungen. Sie stellen fest, dass „[f]or many rural parents [...] knowledge of English represents progress and justifies the many financial sacrifices they make to send their children to school" (Tembe & Norton 2008: 44).

Es ist deutlich geworden, dass auch in der Bildungspolitik Sprachprestige und Sprachattitüden Einfluss haben. Die Projektverantwortlichen für die Umsetzung der Muttersprache als Unterrichtssprache berichten von einigen Fällen, in denen Eltern ihre Kinder aufgrund dieser Bildungspolitik von den Pilotschulen abgemeldet und in andere Schulen mit englischer Unterrichtssprache eingeschult hätten[148]. Im Bereich der Bildungspolitik scheint es also weniger um den Faktor der Identität als um die Schaffung eines Raumes zu gehen, der Kindern Möglichkeiten für eine bessere Zukunft eröffnet. Die lokalen Sprachen und die Muttersprache werden dabei als „rückständig" und damit wenig angemessen erachtet.

Es konnte festgestellt werden, dass die Muttersprache eine wichtige Bezugsgröße für die Identität eines Menschen ist. Gleichzeitig ist deutlich geworden, dass die Sprachattitüden der *Linguistic Human Rights* gegenüber der Muttersprache in vielen Bereichen nicht deckungsgleich mit denen der Bevölkerung sind. Dies wird im Folgenden kurz zusammengefasst.

Ein erster Kritikpunkt am Sprachenrechtsdiskurs, der sich aus der Auseinandersetzung mit der Sprachensituation in Afrika ergibt, ist die starke Fokussierung auf die Muttersprache als der zentralen Größe in der Identifikationsstruktur. Makoni, Brutt-Griffler und Mashiri üben daran Kritik, weil die *Linguistic Human Rights* damit neue Formen der Identifikation, die mit Sprachwandelprozessen in Afrika verbunden sind, ausblendet: „While urban vernaculars are the mother tongues of many urban children, children continue to be tested in 'indigenous' languages that sound foreign to their users" (Makoni, Brutt-Griffler & Mashiri 2007: 34). Dies spielt vor allem für das sich ausbreitende Sheng in Ostafrika und andere Stadtsprachenphänomene eine große Rolle. Die *Linguistic Human Rights* sehen zwar eine Beachtung dieser sprachlichen Register vor:

> „This also implies the right to learn those *varieties* of the language(s) of the environment that enable everyone to participate fully in the cultural, economic and political processes of the country. This right is a collective right (even if learning itself still happens in individuals)" (Skutnabb-Kangas, Rannut & Phillipson 1995: 12, Hervorhebung im Original).

Allerdings werden diese im Sinne des konzentrischen Identitätsmodells auf einer Ebene mit den offiziellen Sprachen und damit hinter der Muttersprache in der Hierarchie der Sprachen angesiedelt.

---

148 Aus Gesprächen mit Mitarbeitern des National Curriculum Development Center sowie von LABE (Literacy for Adult Basic Education).

Des Weiteren kritisieren Makoni, Brutt-Griffler und Mashiri, dass es sich bei den Muttersprachen zum Teil auch um konstruierte Entitäten handelt, die durch den Kolonialismus und den Wissenschaftsdiskurs geprägt werden:

> „The resulting languages, named, codified and standardized by colonial agents, were then assigned to southern Africans in rather arbitrary ways as part of what Brutt-Griffler 2002 calls the containment policy of limiting the spread of English, often for purposes of undertaking education in the 'mother tongue' together with the pragmatic demands of colonial administration. While the set of assumptions on which the language endangerment movement operates includes the notion of the imposition of English as part of a European policy of linguistic imperialism (Phillipson 1992), the colonial reality in Zimbabwe was ironically one of the European imposition of these European-generated versions of African languages. These 'vernaculars' became the basis of the primary education that was alone available to the vast majority of Africans. These written languages – produced as much by colonial agency as by southern Africans, and bearing at times little resemblance to the spoken language of the region's peoples – became, in effect, mother tongues in search of speakers" (Makoni, Brutt-Griffler & Mashiri 2007: 34: 31f.).

Auch die *Linguistic Human Rights* prägen durch ihre Forderungen eine Haltung gegenüber der Muttersprache, die in manchen Ländern oder auch nur für einzelne ethnische Gruppen nicht der realen Lebenswelt entspricht. Auf diese Weise werden Muttersprachen künstlich idealisiert und gefördert. Es darf nicht dazu kommen, dass der Wissenschaftsdiskurs eine Politik fordert, die weder den Lebensumständen noch den Bedürfnissen einer Gesellschaft entspricht:

> „It leads to the ironic phenomenon in many parts of Africa, so far entirely ignored by the language rights movement, that 'mother tongues' as they are used in schools are less and less the home languages of the students educated through them. What is euphemistically labelled 'mother-tongue education' thus becomes a vehicle for mother tongues in search of speakers. It is strange that language rights advocates have apparently ignored this violation of the basic tenets of mother-tongue education, to which African sociolinguistics has increasingly called attention" (ebd.: 47).

In Uganda hat die Untersuchung gezeigt, dass die Muttersprache noch von Bedeutung ist, die Menschen das Verständnis von Muttersprache jedoch aufweichen, indem sie sich von den sehr starren Konzepten lösen und sie durch „lokale Sprachen" ersetzen. Die überwiegende Anzahl der Menschen in Uganda ist bi- oder multilingual. Für sie ist vor allem wichtig, dass sie auch weiterhin in lokalen Sprachen kommunizieren können.

Die Betrachtung der empirischen Fakten hat auch gezeigt, dass die Sprecher häufig eine Mutter- und eine Vatersprache haben, die nebeneinander bestehen oder mitunter miteinander konkurrieren (siehe 11.3.2 Privatsphäre: Intrapersonale Ebene). Dies wird von den Autoren der *Linguistic Human Rights* nicht berücksichtigt. Die ethnographische bzw. empirische Betrachtung zeigt, dass die Realität in Uganda deutlich vielschichtiger ist, als das Konzept es vorsieht. Diese Realitäten sind für die *Linguistic Human Rights* eine Herausforderung, der sie sich stellen müssen, um für die ugandische bzw. afrikanische Sprachenrechtssituation einen Beitrag leisten zu können.

Eine weitere Schwäche der *Linguistic Human Rights* bezüglich ihres Gleichberechtigungsanspruchs ist, dass ihre Forderung in der Umsetzung neue Ungleichheiten schaffen kann. In Uganda ist die Etablierung der Muttersprache in den ersten Jahren der Primarschulbildung nur für bestimmte Regionen und Sprachen vorgesehen. In sprachlich heterogenen Gegenden, die in Uganda die Norm darstellen, sieht die Wahl der Unterrichtssprache wie folgt aus:

> „All learning materials used in these three years will be provided in the child's own language or a language familiar to the child. Any written tests that are used for assessment purposes, apart from assessment of English language competence for non-English medium schools, will also be in the local language. When the mix of languages in a school is such that there is no predominant local or area language, the curriculum will be delivered and assessed in English" (NCDC 2006: 6).

In multilingualen Schulen wird eine den Kindern „vertraute" Sprache oder Englisch verwendet. Es entscheiden rationale und (nachvollziehbare) finanzpolitische Gründe darüber, welche lokale Sprache in einer Region als Unterrichtssprache eingeführt wird. Allerdings ist mit der „vertrauten" Sprache die jeweils dominante Sprache, sozusagen die regionale *lingua franca* gemeint[149]. Gerade in solchen Regionen ist aber die Durchsetzung einer dominanten lokalen Sprache bzw. die Beibehaltung des Englischen als ein Verstoß gegen die *Linguistic Human Rights* zu werten. Des Weiteren trägt eine solche Politik zur Segregation der Bevölkerung bei. Wenn solche Forderungen gestellt und entsprechende Projekte ins Leben gerufen werden, sollten tatsächlich alle indigenen Sprachen eine gleiche Behandlung erfahren. Ansonsten werden erneut Ungleichverhältnisse zwischen den Sprachen hergestellt bzw. neue Minoritätssprachen kreiert. In einem Kommentar zu einem Sprachenrechtsartikel von Makoni (2012) heben Phillipson und Skutnabb-Kangas erneut die

---

149 Im Sinne von linguae francae könnte man von Acholi in Norduganda, Luganda in Zentraluganda, Lugizu in Ostuganda, sowie Runyakitara in Westuganda sprechen.

Bedeutung des Muttersprachenunterrichts hervor und beschreiben ihn als Instrument zur Aufhebung der Marginalisierung:

> „[...] what good mother tongue-based multilingual education (as now offi-
> cially embraced by the African Union and the African Academy of Lan-
> guages) can achieve is that formerly marginalized groups can benefit from
> education in ways that they had no chance of achieving earlier"
> (Phillipson & Skutnabb-Kangas 2012: 32).

Die Annahme, dass es sich allein bei der Umsetzung des Muttersprachenunterrichts um eine Verbesserung des Bildungssystems handelt, muss kritisch hinterfragt werden. Vielen marginalisierten Gruppen ist aufgrund mangelnder finanzieller Mittel oder auch der Infrastruktur ein Zugang zu Bildung überhaupt nicht möglich. Die Bildungsministerin Geraldine Namirembe äußerte sich in einem Interview 2008 wie folgt:

> „We haven't yet achieved that goal so there are areas of the country where
> the number of schools is very low, such as in remote rural regions of the
> north or in pastoralist sparsely populated areas where people are very mo-
> bile. But in densely populated parts of Uganda, we are now 78% there"
> (Namirembe in: Guardian.co.uk, 15.09.2008[150]).

Die Ministerin spricht hier das regionale Ungleichgewicht zwischen Nord- und Süduganda an, das noch auf die Kolonialzeit zurückgeht (vgl. 12.2 Die koloniale Phase). Das bedeutet, dass auch hier der Sprachenrechtsansatz zunächst darauf angewiesen ist, dass das Menschenrecht auf Bildung eines jeden Menschen verwirklicht werde, bevor die *Linguistic Human Rights* Forderungen ansetzen können.

Eine idealtypische Umsetzung der *Linguistic Human Rights* hätte noch einen weiteren gesellschaftlichen Nachteil: Würde man den Unterricht nach Muttersprachen trennen, käme es zu einer Ethnifizierung der Schulbildung, die letztlich auch eine Ethnifizierung der Gesellschaft nach sich ziehen könnte und wahrscheinlich auch würde. Statt einer frühzeitigen interethnischen Kommunikation, verbunden mit dem Abbau von Stereotypen, würde die Trennung in den Schulen diese Entwicklung und die Förderung des Nationalstaats konterkarieren (weitere Aspekte zu diesem Punkt siehe 14.6 Der wissenschaftliche Diskurs um Sprachenrechte – ein Resümee).

In bildungspolitischer Hinsicht bergen die *Linguistic Human Rights* Schwächen und sind nur bedingt geeignet, „faire" sprachenrechtliche Lösungen für Schulcurricula in multilingualen Staaten anzustoßen. Dies wird auch deutlich, wenn man die Forderungen und Wünsche der Eltern in Uganda betrachtet: Diese werden durch die *Linguistic Human Rights*

---

150 http://www.guardian.co.uk/katine/2008/sep/15/education.empowerment, 19.03.2012, 22.30h.

ignoriert. Obwohl die Forderung der Sprachenrechtskonzepte nachvollziehbar und inhaltlich richtig ist und von vielen Interessengruppen
(Lehrern und internationalen Organisationen) unterstützt wird, ist die
reale Gefahr der Marginalisierung den Eltern ein zu hohes Risiko. Wie
der Sprecher aus Beispiel 81 richtigerweise bemerkte, wäre eine Kam-
pagne notwendig, für diese Entwicklung zu werben und auf ihre Vorteile hinzuweisen, um die Haltungen der Eltern zu beeinflussen. Eine Missachtung dieser Einstellung der Eltern und die Implementierung der veränderten Schulcurricula käme einem neokolonialistischen bzw. hegemonialen Verhalten gleich. Eine Durchsetzung dieser Bildungspolitik würde von den Bürgern als Machtausübung interpretiert werden.

14.4 Inklusion und Exklusion

Die Sprachwahl kann als Inklusions- oder Exklusionsmechanismus
fungieren und wird häufig auch genutzt, um Machtgefälle zu betonen.
In dieser Arbeit werden diese Faktoren jedoch getrennt untersucht, da
explizit auf die hohe Funktionalität von Sprache in Markierung von Zugehörigkeit hingewiesen werden soll. In manchen Fällen handelt es sich
dabei weniger um Machtverhältnisse, als um die öffentliche Darstellung
einer Identität. Wie bereits in Kapitel 11.0 Die Metaebene: Die Kernfunktionen von Sprache hervorgehoben wurde, sind diese Kategorien sehr
stark miteinander verwoben und in der Realität nicht immer so eindeutig voneinander zu trennen.

Die hohe Funktionalität von Sprache in der Organisation der Zugehörigkeit wurde bereits ausführlich in 11.2 Inklusion und Exklusion beschrieben. Es konnte gezeigt werden, dass in Uganda Zugehörigkeit zu
einer Gruppe sehr häufig sprachlich markiert wird und Identifikation
über die Sprachgemeinschaft funktioniert.

Die Autoren der *Linguistic Human Rights* betrachten Inklusion und Exklusion von Sprache vor allem vor dem Hintergrund ethnischer Konflikte: „[...] when conflict occurs, *language* is in many situations one of se-
veral factors separating the parties. In other conflicts, the parties *share a
language* but differ on other counts" (Phillipson, Rannut & Skutnabb-
Kangas 1995: 6, Hervorhebung im Original). Die Autoren heben in ihren
Aussagen hervor, dass Sprache in dieser Weise ein trennendes bzw. ver-
bindendes Element sein kann, aber nicht zwangsläufig sein muss. Häufig
– und das bestätigt auch die Erfahrung in Uganda – wird Sprache als Instrument benutzt, um ethnische Unterschiede zu verstärken bzw. um
Allianzen herzustellen.

In Uganda sehen die Sprecher der Gruppendiskussion in Gulu das
Problem, dass Sprache Konflikte auslösen bzw. prägen kann:

Beispiel 82: GD Gulu2009fm (1705-1727)

```
01  F1:  Language is it triggers conflicts
02  JB:  it does?
03  F1:  yes it does especially when it's not agreed upon
04       you understand?
05  F3:  it is definitely going to
06  F1:  Yes because if I look at Uganda really and then we
07       are to choose one language you know (.) everyone in
08       Uganda wants to be notified you know? I want to be
09       noticed by someone the other one wants to be noticed
10       [...]
11       and then again when they are with their peers they
12       wouldn't wish to to be heard speaking the other
13       language so it's really going to create conflict of
14       which language actually to choose you know?
```

F1 und F3 erklären der Interviewerin JB, dass Sprache Konflikte auslösen könne (01), insbesondere, wenn es sich – wie bei der Frage um die
Nationalsprache – um ein Thema handele, über das Uneinigkeit bestehe.
Jeder *tribe* wünsche Beachtung und die Verbesserung seines Status, sodass ein Konsens nur schwer zu finden sei (06-09). Die hochfrequente
Verwendung des Diskursmarkers „you know" (07, 08, 14) deutet auf
eine Fokusmarkierung hin: Das Gesagte hat für F3 besondere Bedeutung
und wird durch „you know" sprachlich als „self-referenced way of high-
lighting" (House 2010: 36) betont. Zudem versichert F1 sich durch die
rhetorische Wendung, ob die Interviewerin ihre Argumentation nachvollziehen kann. Sie bietet mit „you know" einen turn relevance place
an, der der Interviewerin die Möglichkeit eröffnen könnte, Nachfragen
zu stellen. In Zeile 07 wird dies durch die Minimalpause noch verstärkt.
Zum Ende ihrer Textsequenz hebt sie noch einmal hervor, dass Sprache
konfliktrelevant sein könne, wenn es um sprachpolitische Entscheidungen gehe. Die Annahme der *Linguistic Human Rights*, dass Sprache in
Konflikten von Bedeutung sei, wird durch diese Aussage bestätigt.

Die *Linguistic Human Rights* betrachten aber nicht nur Inklusion und
Exklusion, sie prägen selbst eine Dichotomie, die Grundlage ihres Konzepts ist. Diese Dichotomie bezieht sich auf sprachliche Mehr- und Minderheiten. Die Autoren leiten sie von einer Weltanschauung ab, die Monolingualismus positiv und Multilingualismus negativ konnotiert. Monolingualismus sei eine Ideologie der Ersten Welt und verknüpft mit
Assoziationen wie Einheit, Menschenrechtsschutz, Modernität und
Reichtum. Mehrsprachigkeit hingegen werde mit negativen Eigenschaften (primitiv, traditionell, arm, politisch instabil und undemokratisch)
verknüpft (vgl. Skutnabb-Kangas & Phillipson 1989: 4f.). Mehrsprachig-

keit sei vor allem in der Dritten und Vierten Welt ausgeprägt, weshalb diese negativ konnotiert würden. Dieser Weltanschauung – so die Autoren – liege eine vorurteilsgeprägte Vision einer „wir-und-sie" Betrachtung zugrunde, die aus der positiven Eigenwahrnehmung „das Fremde" abwertend konstruiere. Über diese Ideologien werde das Ungleichgewicht beibehalten:

> „Ideologies and structures which are used to legitimate, effectuate and reproduce an unequal division of power and resources (both material and non-material) between groups which are defined on the basis of language" (Skutnabb-Kangas 1986: 45, zitiert nach Skutnabb-Kangas & Phillipson 1989: 5).

Die Autoren bezeichnen die ungleiche Machtverteilung als ideologiebasiertes Konstrukt. Die Darstellung ihrer Dichotomie erweckt einen unüberwindbaren Eindruck; die Rollen der Sprachen und ihre hierarchische Position scheinen festgeschrieben zu sein. Anhand dieser bestehenden Kategorien wird Macht aufgeteilt und die Minderheit vom politischen Partizipationsprozess bzw. aus dem sozialen Leben exkludiert. Skutnabb-Kangas und Phillipson beschreiben dies als sprachlichen Konflikt, der mithilfe der *Linguistic Human Rights* aufgelöst werden könne. Menschenrechte und Sprachenrechte können so verhindern, dass Minderheiten selbstbestimmt innerhalb eines Staates leben können, ohne assimiliert zu werden:

> „Both the existence of LHRs and, especially, the degree to which they are implemented in practice, are inextricably interwoven with the question of the collective political status of each linguistic group – are they autochthonous or indigenous, national majorities or minorities, territorial or non-territorial, or (recent) immigrants? As the goal of human rights is to maintain and protect human values, they recognize the right to identity as a cultural characteristic of both minorities and majorities. The right to self-determination is a basic principle in international law, aimed at recognizing the right of peoples (not only states) to determine their own political, economic and cultural destiny, possibly within their own sovereign state, and hence avoid being assimilated. There are no specific instruments of international law that specify how the right to self-determination should be implemented but the principle has been recognized as universally valid since the nineteenth century and was widely used in the period of decolonization. States have been reluctant to apply the principle, as the experience of the Eritreans, Kurds, Namibians and Palestinians, among others, show.
> The right of *peoples* to self-determination dovetails with the implementation of LHRs. In the contemporary world, several minority groups (like the Catalans and Basques) are involved in comprehensive linguistic normalization processes within a framework of autonomy, one of the forms that self-determination can take" (Skutnabb-Kangas, Rannut & Phillipson 1995: 10f.).

In diesem Textbeitrag ziehen die Autoren auch den politischen Status zur Definition des bipolaren Systems heran. Linguistische vermischt sich mit ethnischer Minderheit. Die Darstellungspraxis ist auch hier sehr stark von Antagonismen geprägt: Anhand der Selbstbestimmung werden Mehrheit und Minderheit gemessen und die Bedeutung von Menschen- und Sprachenrechten hervorgehoben. Durch die Darstellung der beiden Gegensätze werden die Unterschiede pointiert dargestellt und das Machtgefüge verschärft. Um es aufzuheben, müssen Rahmenbedingungen geschaffen werden, die vom Staat implementiert und gesichert werden. Auf diese Weise könne Assimilation verhindert werden. Der Textausschnitt schließt damit, dass durch *Linguistic Human Rights* diese Rechte, die im vorausgehenden Abschnitt für die ethnische Gruppe formuliert wurden, auch für Sprachgemeinschaften von Minderheitensprachen gelten. Wie schon gesehen, nutzen die Autoren immer starke sprachliche Mittel, um die *Linguistic Human Rights* zu positionieren. Sie tragen diesen Machtbias in ihr Material hinein und reproduzieren es als *Common Sense*. Auf diese Weise wird der Wissenschaftsdiskurs sehr stark geprägt und dient als Ausgangspunkt aller weiteren Untersuchungen. (Wie das Material aus Uganda aber gezeigt hat, existieren auch Machtdiskurse zwischen statusgleichen Sprachgemeinschaften, vgl. 13.2.5 Überlegenheit und Dominanz.) Es ist darauf zu verweisen, dass Minderheit auch sozial konstruiert und folglich auch instrumentalisiert wird. Heller verdeutlicht dies am Beispiel des Nationenbildungskonzepts des 18. Jahrhunderts:

> „The concept of linguistic minority makes sense today only within the ideological framework of nationalism in which language is central to the construction of the nation [...]. Linguistic minorities are created by nationalisms which exclude them. At the same time, the logic of linguistic nationalism is available to minorities as a way to resist the power of the majority. The language revitalization movements which began in the 1960s in Europe and North America, and which continue to this day, are replications on a demographically smaller scale of the nation-building movements in Europe in the nineteenth and early twentieth centuries. And, of course, they create their own minorities, since groups are never perfectly homogeneous" (Heller 2006: 6f).

Auch Heller führt, wie die Autoren der *Linguistic Human Rights*, den Ursprung des Machtbias von Minderheits- und Mehrheitssprachen auf den Nationalstaat zurück: Durch die Konstruktion eines sozialen Gefüges haben sich Ungleichverhältnisse etabliert, die sich aus der immer heterogenen Struktur eines Landes ergeben. Das bedeutet, dass Macht auf nationaler Ebene ebenso wie zwischen Menschen diskursiv hergestellt wird (vgl. II Theoretische Grundlagen zur Konstruktion diskursiv hergestellter Realitäten). Der Staat bzw. die Nation scheint in allen Sprachen-rechtstheorien der Ursprung ethnischer und sprachlicher Ungleichheit und Ungleichbehandlung zu sein. Auch Bamgbose beschreibt die Dicho-tomie von Mehrheit und Minderheit als Lebensrealität in multilingualen Staaten und konstatiert, dass der Minderheitsstatus ein „parameter of ex-clusion" ist. Dieser werde entweder durch die Missachtung der Sprache generell oder durch die Unterdrückung durch den Staat forciert (Bamg-bose 2000: 14).

Minderheit ist also konstruiert und wird durch verschiedene Mecha-nismen erhalten. Die *Linguistic Human Rights* adressieren genau diese Minderheiten:

> „But if LHRs are seen as having beneficiaries too, these collectivities have to be defined. The question of the definition of concepts *like nations, peoples, indigenous peoples/minorities, tribals, national (ethnic) minorities, (ethnic) groups, im/migrant, minorities/groups* has been one of the most tricky ones in the social sciences and international law. [...]" (Skutnabb-Kangas, Rannut & Phillipson 1995: 12f., Hervorhebung im Original).

Die Zielgruppe des universalen Konzepts sind o.g. Minderheiten, die laut Skutnabb-Kangas, Rannut und Phillipson schwer zu definieren sind. Das Konzept kann somit als benefaktivisch verstanden werden. Damit stellt sich jedoch die Frage nach seinem universalistischen Ansatz: Wenngleich sie betonen, dass alle Sprachen gleiche Rechte haben, exklu-dieren sie in ihrer Darstellung immer wieder die sogenannten domi-nanten Sprachen. Durch die Wortwahl schaffen die Autoren eine Ab-grenzung: Sie positionieren sich eindeutig auf der Seite der Minderhei-tensprachen, deren Machtungleichgewichte untereinander jedoch nicht berücksichtigt werden, und exkludieren damit die Sprachgemeinschaft der dominanten Sprache (siehe hierzu auch 14.5.1 Dominante Sprachen in Uganda).

Es kann an dieser Stelle jedoch festgestellt werden, dass die strikte Trennung von Mehrheit und Minderheit problematisch sein kann. Hannah Arendt warnte bereits 1958 vor den Risiken von Minoritätsrech-ten: „minority treaties did not necessarily offer protection but could also serve as an instrument to single out certain groups for eventual expul-sion" (Arendt 1958: 282). Inwieweit dies auch auf Uganda zutrifft, wird im Folgenden im Hinblick auf die Markierung von Zugehörigkeit unter-sucht.

14.4.1 Forcierte Inklusion

In diesem Abschnitt wird durch die Untersuchung einer forcierten In-klusionspraxis in Uganda auch der Machtfaktor deutlich (zur Unter-suchung des Machtkonzepts der *Linguistic Human Rights* siehe 14.5

Macht). Gegenstand der Untersuchung ist eine in die Kolonialzeit zu-
rückreichende Assimilationspraxis der Baganda, die u.a. eine Namensassimilation vorsah, um die unterdrückten Gruppen besser in die eigene
inkludieren zu können und damit Macht zu demonstrieren. Namensgebung ist Ausdruck individueller Identität ebenso wie einer übergeordneten Gruppenidentität und -zugehörigkeit. In multilingualen Gesellschaften ist mitunter eine forcierte Inklusion der unterlegenen Gruppen in die
herrschende Ethnie zu beobachten, die sich auch auf die Namensgebung
auswirkt (vgl. Jernudd 1995: 121)[151]. In manchen Staaten und Gesellschaften unterliegt die Namensgebung strengen traditionellen und kul-
turspezifischen Regeln und Auflagen. Eine Assimilation widerspricht
den Forderungen und dem Gleichheitspostulat der *Linguistic Human
Rights* und wird von den Betroffenen als Eingriff in die kollektive Identität der Gruppe betrachtet.

Auch in Uganda waren und sind solche Praktiken der Assimilation zu
beobachten. Die folgenden Gesprächsausschnitte stammen aus dem *Nakasongola District* in Zentraluganda. Die dort lebenden Baruuli zählten
vor der Kolonialisierung Ugandas zum Bunyoro-Kitara Königreich und
wurden im Rahmen der kolonialen Gebietsumverteilung an Buganda an-
geschlossen (vgl. 12.2 Die koloniale Phase). Erst mit der Erteilung eines
Distriktstatus und der Reinstallation ihres Königs haben die Baruuli sich
von den Baganda lösen können und sind nun selbstbestimmt.

Die formale Zuordnung zum bugandischen Königreich hatte neben
dem Verlust der territorialen Autonomie auch eine Assimilation der
Sprache und Namensgebung zur Folge: Die Baruuli durften fortan in der
Öffentlichkeit nur noch Luganda sprechen. Zudem wurden sie umbenannt und erhielten Luganda-typische Namen. Wie die Transkriptauszüge belegen, hatte dies Auswirkungen auf Sprache, Kultur und Selbstverständnis der Baruuli.

Beispiel 83: Nak2008-8m (Ruruuli) (193-202)

```
01  [...] So, they got assimilated with some
02  of the (.) their new landlords they even the names
03  changed cause the Baruuli used to name their children
04  according to the situation (.) if say somebody was born
05  when it was raining he was given the name of Kagula [mh]
```

---

151 Prägnante Beispiele außerhalb Afrikas sind Indonesien und Bulgarien. Die in Bulgarien lebende
türkischstämmige Minderheit darf ihren Kindern keine türkischen oder türkisch lautende Namen
geben. Diese Maßnahmen wurden von weiteren sprachenrechtlich fragwürdigen Bestimmungen, wie
dem allgemeinen Verbot der Verwendung der türkischen Sprache, untermauert und führten zu einer
Migrationsbewegung dieser Minderheit in die Türkei (vgl. Jernudd 1995: 122). In Indonesien ist es der
chinesisch sprechenden Minderheit verboten, Namen ihrer Sprache und Kultur entsprechend zu ver-
geben. Durch eine Assimilationspolitik der indonesischen Regierung, die eine sehr starke sprachliche
Komponente hat, werden diese Menschen unterdrückt und ihrer Identität beraubt (vgl. ebd. 122f.).

```
06   indicating that he was born when it was raining [mh] then
07   when somebody was born when there was famine (.) then he
08   was named Wasal indicating that he born during the time
09   when there was a lot of famine [mh] so that was the kind
10   of naming we had here but AS we got assimilated then we
11   got attached to some clans (5)
```

Der Sprecher berichtet von der Landumverteilung, die die Baganda zu den neuen „landlords" (02) gemacht habe. Er beschreibt den Unterordnungsprozess als Assimilationsprozess, der sich bis auf die sprachliche Ebene niedergeschlagen habe. Den Eingriff in die traditionelle Namensgebung scheint der Sprecher als nicht normal im Rahmen der Unterordnung zu erachten, da er ihn mit „sogar" (02) hervorhebt und dadurch betont, dass es sich um einen sehr weitreichenden Anpassungsprozess handele. In den Zeilen 04-09 beschreibt er die traditionelle Namensgebung der Baruuli, die vor allem geprägt sei durch äußerliche Umwelteinflüsse oder gesellschaftlich bedeutende Veränderungen. Mit der forcierten Inklusion an die Baganda sei dies beendet worden. Das Ende dieser Tradition markiert der Befragte sprachlich durch die Verwendung des Präteritum „we had" und der Einleitung des Nebensatzes, „but AS", der die Wende einläutet (10). Der Sprecher hebt die Konjunktion „als" durch Betonung hervor und verdeutlicht damit den Wendepunkt in seiner Erzählung. Die temporäre Angabe bezieht sich auf den Zeitpunkt der Machtübernahme des *Nakasongola District* durch die Baganda. Danach sei die Namensgebung entsprechend der bugandischen Tradition erfolgt, die sich nach Clanzugehörigkeit gerichtet habe (11). Diese Assimilationspraxis, die sich bis in den sprachlichen Bereich und die Identitätsebene vollzogen hat, ist auch als Machtdarstellung der herrschenden Ethnie zu verstehen, sich die unterlegenen Gruppen gänzlich unterzuordnen. Auch das nachfolgende Beispiel beschreibt diese allumfassende forcierte Inklusion:

Beispiel 84: Nak2008-6m (Ruruuli) (272-315)

```
01   [...] and were bringing the language that language
02   everything now yet they uni- they tuning their language
03   to displace and now (1.1) ((...))) this involve even the
04   LEARNT [mh] [...] yes, that was how the colonisti brought
05   the Baganda here and the even made this people to start
06   ah naturalizing either into their tribes [ok] giving
07   their names (..) not the indigenous name we had our
08   indigenous names which we are giving our children
09   depending depending on eh (.)
10   [...]
```

```
11   and we started eh ah speaking Ruru- LuGANDa [mh] they
12   were saying "no, you are no longer Muruuli you are a
13   Muganda you don't you see the way you look you're a
14   Muganda then you're ((...)) things put away that side so
15   to be just give our names".
16   [...]
17   so please that's how the colonialists disturbed our
18   culture [mh] eh that how it came about
```

Der Mann berichtet ebenfalls von den Assimilationspraktiken der Baganda und den Auswirkungen auf die Baruuli-Kultur. Allerdings sieht der Sprecher vor allem die Schuld bei der britischen Kolonialmacht, da sie für die Machtumverteilung in Uganda maßgeblich verantwortlich gewesen sei (04ff.). Dies hatte zur Folge, dass auch die Sprache der Baganda bei den Baruuli eingeführt wurde, was ebenso die gebildete Elite betroffen habe (04). Das scheint er als besonders erwähnenswert zu erachten, was durch die starke Betonung hervorgehoben wird. Der 58-jährige Mann hat den Kolonialismus und seine Auswirkungen im *Nakasongola District* miterlebt und war selbst auch von der Namens- und Sprachenassimilation betroffen. Es wird deutlich, dass die Inklusion alle gesellschaftlichen Klassen der Baruuli betroffen hatte.

Die Namensassimilation beschreibt der Mann als Einbürgerungspraxis (06) in die bugandische Kultur und Gesellschaft. Er stellt diesen Prozess tatsächlich als forcierte Inklusion dar, indem er ein fiktives Gespräch zwischen einem Muganda und Muruuli wiedergibt (12-15). Hierin wird die Absicht der absoluten Anpassung sehr deutlich. Die Menschen sollen zu Baganda werden, d.h. sie sollen ihre alte Identität aufgeben und eine neue annehmen. Dies bestätigt den einflussreichen Faktor von Sprache in Identitätsprozessen und macht die Notwendigkeit sprachenrechtlicher Konventionen zur Verhinderung derartiger Praktiken deutlich.

In den ausgelassenen Sequenzen (10/16) erläutert der Mann ausführlich die Namensgebungspraxis der Baruuli und ergänzt, dass die Assimilation auch den alltäglichen Sprachgebrauch betroffen und verändert habe. Durch die Verwendung eines Parallelismus in Form einer Ringstruktur beendet der Sprecher seinen *turn*: Erneut hebt er als Verursacher die Kolonialmacht hervor und macht diese für den Eingriff in die Kultur verantwortlich (17f.). Der Befragte aus Beispiel 83 hingegen sah in den Baganda die Schuldigen.

Anhand beider Fälle konnte veranschaulicht werden, dass Sprache als Macht- bzw. Inklusionsmechanismus wirkt. Die durch die Kolonialmacht begünstigte Privilegierung der Baganda und die damit einhergehende Verbreitung ihrer Sprache hatten Auswirkungen auf die ethnische Identität der unterlegenen Gruppen. Da Namen auch Symbole der Zugehörigkeit und der Identität sind, ging mit der Anpassung an das Luganda ein wesentliches Identitätsmerkmal der Baruuli verloren. Ferner wurde das Ruruuli durch die neue Sprachpolitik, die auch Auswirkungen auf die Schulcurricula hatte, vernachlässigt.

Sprache wird also als Instrument in Anpassungsprozessen genutzt und im Rahmen von Integrationskonzepten besonders hervorgehoben. Diese Inklusionspraxis hat einen Eingriff in die individuelle Identität eines Menschen zur Folge. Die ugandischen Beispiele dokumentieren, dass die Umsetzung der Forderung der *Linguistic Human Rights*, dass jeder Mensch seine Muttersprache sprechen dürfen muss, ohne Repressalien fürchten zu müssen, wichtig ist. In diesem Punkt lässt sich in der Empirie durchaus Bedarf nachweisen.

14.4.2 Positive Exklusion: Markierung ethnischer Grenzen

Die Anerkennung einer Sprachgemeinschaft als ethnischer Entität kann in manchen Fällen eine besondere Rolle spielen. Der Assimilationsprozess, der in vorangehendem Kapitel untersucht wurde, hatte zur Folge, dass die Baruuli sich einer Gruppe untergeordnet fühlten, von der sie sich eigentlich abgrenzen wollten. Die Inklusion in die Sprachgemeinschaft der Baganda war nicht gewünscht. Umso bedeutender gestaltete sich für die Baruuli, dass der Präsident sie – im Rahmen einer allgemeinen ethnischen Diversitätskampagne – als eigenständige Ethnie anerkannte und ihnen auch ermöglichte, ihr kulturelles Oberhaupt, den Isaabaruuli, zu reinstallieren. Diese positive Exklusion (von den Baganda), die sprachliche und ethnische Abgrenzung, wird im Folgenden auch von einem Gesprächspartner aus Nakasongola beschrieben.

<u>Beispiel 85</u>: Nak2008-6m (Ruruuli) (324-340)

```
01   ja we have received a lot of impact with this Museveni
02   because he has a acknowledged our group as an identity
03   group [mh] which is there in Uganda and it is on his
04   side on his regime when we have succeeded going in in
05   the constitution [ah] ja but by then they were just
06   saying "no there is no Baruuli you are a Muganda what
07   don't claim that there is Baruuli nonononono" so with
08   Museveni we are put in the position and now we are given
09   the district status so we are pulling down up things
10   what we have left down. Now we are coming up we can we
11   can acknowledge we have ((...)) the language can be
12   spoken. It is even gazetted in the constitution there is
13   no problem with it. We are proud of him because all this
14   development you are seeing in the district ((...))
```

Der Sprecher lobt in den Zeilen 01-04 die gegenwärtige Regierung des Präsidenten Museveni und beschreibt die Anerkennung der Baruuli als eigenständige Gruppe und Sprachgemeinschaft bzw. des *Nakasongola District* als autonome Verwaltungsinstanz als langwierigen Prozess. Die Darstellung und die Wahl der *Agency* zeigen, dass der Sprecher das Erreichte als Erfolg der Baruuli verbucht und in dem Präsidenten einen Wohlgesinnten sieht, der gute Arbeit leiste, was er durch die Formulierung, dass die Baruuli „stolz" auf ihn seien (13), verstärkt.

Die Erteilung des Distriktstatus in Uganda erfolgt sehr häufig entlang ethno-linguistischer Grenzen. Bei inzwischen 111 Distrikten (Stand Juli 2011, vgl. 9.2 Regionen und ethnische Gruppen) werden immer häufiger Unterscheidungsmerkmale künstlich kreiert, um Distriktstatus zu erhalten. Die Argumentation der Regierung zur Verteidigung dieser Distriktfülle ist, auch ethnischen und linguistischen Minoritäten Autonomie zu gewähren. Damit kommt die ugandische Regierung formal den Forderungen der *Linguistic Human Rights* nach: Der Staat erkennt die Minorität als eigenständige Entität an und erteilt ihr dafür eine gewisse Autonomie im Gesamtsystem. Dass diese Politik jedoch nichts an der formalen Tatsache des Minderheitenstatus ändere, konstatiert Elliott Green aufgrund empirischer Forschung in Uganda: „Of the 46 districts created over Museveni's reign, only 13 or 28.3% have led to a minority ethnic group becoming a majority in either the new or the rump district" (E. Green 2008: 9). Green sieht in der Heterogenisierung der Distriktlandschaft einerseits eine politische Strategie der Regierung[152] und andererseits eine Verschlechterung der interethnischen Beziehungen des Landes. Auch während der für diese Arbeit durchgeführten Feldforschung konnte beobachtet werden, dass Unterscheidungsmerkmale konstruiert wurden, um neue Distrikte zu schaffen. Exklusion basiert damit auf dem gezielten Wunsch, sich abzugrenzen.

Die folgenden Beispiele aus Uganda aber belegen, dass es auch unter den Ethnien, die eigentlich in keinem hierarchischen Verhältnis zueinander stehen, Dominanzverhältnisse gibt und Sprache funktionalisiert wird, um sich abzugrenzen.

Beispiel 86: GD Mba2009fm (1853-1868)

```
01   F2:   excuse me I I don't know whether in German that is
02)        also the way like it is in Uganda because for us
03         here if there's an advert for a job I carried my
04         papers too this man also brought his she brought but
05         the boss is maybe an Iteso they will first look at
```

---

152 Green betrachtet dies vor allem als Machterhaltungsstrategie des gegenwärtigen Präsidenten Museveni (2008).

```
06        the Iteso-teso
07   M2:  Nepotism
08   F2:  even if if and if she doesn't have the
09        qualifications (.) but the language because they
10        speak the same language (.) my person of home will
11        for us we will say mwanawengu first (.) first look
12        at your people before <even if they don't have the
13        qualification but you fix them before you fix an
14        outsider> because (.) you speak the SAme? (.)
15        [language]
16   F1:  [language]
```

F2 berichtet von der gängigen Einstellungspraxis in Uganda, die entlang ethnischer Affiliation erfolge. M2 kommentiert die Erfahrungen von F2 in Zeile 07 mit „Nepotismus" und verweist damit auf klienteltypische Machtpolitik. So nutzt der Einstellende seine Machtposition aus und verschafft Menschen der gleichen Herkunft einen kompetitiven Vorteil aufgrund der Herkunft und Sprache. Dies verstößt sicherlich auch formell gegen die *Linguistic Human Rights*, kann aber, da es sich um die Individualebene handelt, nicht geahndet werden und ist sicherlich ein weit verbreitetes Phänomen weltweit. Bamgbose bemerkt hierzu: „Languages do not exclude; it is people who do" (Bamgbose 1991: 16). Gleichzeitig funktioniert dies auch umgekehrt, d.h. Sprecher von Mehrheitssprachen werden von Sprachgemeinschaften von Minoritätssprachen exkludiert. Sprache fungiert dennoch als Merkmal ethnischer und linguistischer Zugehörigkeit. Es zeigt sich, dass Zugehörigkeit über den Faktor Sprache ausgehandelt wird. Die Wendung „mwanawengu first" (11) beschreibt die hohe Kohärenz der Gruppe, von der andere ausgeschlossen werden.

Diese Form der Zugehörigkeit kann, wie auch von den Autoren der *Lingustic Human Rights* thematisiert, zu Konflikten führen. Sprache ist in diesen Konstellationen der Auslöser bzw. ein verschärfender Faktor.

Beispiel 87: GD Jin2008fm (449-461)

```
01   well thank you absolutely there is a very big
02   relationship between (3) ahm (2) the conflict and
03   language (.) where I come from just within the same
04   district that is led I will find a number of different
05   ethnic tribes (3) and ahm most of the time conflict has
06   arisen because (4) people once they talk people do not
07   understand the
08   language of another one (.) ah we have the ethnic
09   minority called eh (4) they speak such a different
10   language though somehow now the ma- ah majority group
11   has tried to influence them to speak their language. BUT
```

```
12   STILL when they are among themselves they speak their
13   own language NOW and again when they are speaking their
14   language you find the people from the majority group
15   tend to think of them differently that they're probably
16   are biting them and vice versa and the MOMent that
     bias come in you find the tensions growing up
```

Die Frage der Interviewerin, ob es einen Zusammenhang zwischen Sprache und Konflikten gebe, bejahte der Mann in der Gruppendiskussion in Jinja. Am Beispiel eines heterogenen Distrikts erläutert er, wie sich das Nichtverstehen verschiedener Sprachen negativ auf die Beziehungen unter den Menschen auswirke. Hier wird ein sehr wichtiger Faktor angesprochen, der so keine Berücksichtigung in den *Linguistic Human Rights* erfährt: Wenn ethnische Gruppen bzw. Sprachgemeinschaften ihr Recht auf ihre Sprache ausüben, kann das in interethnischen Gesellschaftskonstellationen dazu führen, dass sich die Gruppen nicht verstehen und ohnehin schon bestehende Grenzen und Klüfte verstärkt werden können. In Zeile 13 und 14 wird vom Sprecher symbolisch das „über-einander-schlecht-Sprechen" („biting them") als mangelnde Kommunikation und Ursache für Konflikte hervorgehoben. Das führe dazu, dass die Spannungen ansteigen und verschärft werden. Dass Kommunikation aber zwischen den Gruppen hergestellt werden muss und so wiederum eine Nationalsprache erforderlich ist, zeigt der weitere Gesprächsausschnitt des Mannes aus der Gruppendiskussion in Jinja:

Beispiel 88: GD Jin2008fm (468-478)

```
01   so that they can learn from each other that language is
02   a gift nobody really went to buy that all want to speak
03   their particular language but they call themselves
04   speaking that WHICH means that authority who made them
05   to speak that dis- different language had a reason for
06   that so, they need to appreciate each other within that
07   context but at the same time, much as they speak
08   differently, they need differently they can still work
09   together (.) so that's what how we have been trying to
10   encourage them bring the different sides on board
11   meeting together doing certain activities together and
12   there we are still hoping that we shall continue to do
13   that so that we bridge that gap of biasness [JB: mh] mhm
```

Der Sprecher klassifiziert Sprache als Geschenk und folgert, dass dies der Grund sei, warum jeder Mensch seine Sprache sprechen wolle. Er folgert, dass die fremdinduzierte Sprachpolitik (04f.) der Regierung die

Absicht verfolge, dass die Menschen lernen, einander zu akzeptieren und in bestimmten Kontexten, er verweist hier auf den Kontext der Arbeit, sich besser verständigen können (06). Der Sprecher interpretiert damit ein sehr ideales Konzept von Sprachenrechten und Sprachpolitik: Er erkennt die Notwendigkeit einer Nationalsprache oder einer offiziellen Sprache an und beschreibt ihren Verwendungsradius: In interethnischen Situationen, die eine Kommunikation erfordern, zum Beispiel dem Arbeitsplatz, ist eine solche Sprache notwendig und kann „that gap of biasness" überbrücken (13). Einmal mehr steht die Funktionalität von Sprache im Vordergrund. Der Sprecher schreibt einer offiziellen oder nationalen Sprache die Fähigkeit zu, die interethnischen Machtverhältnisse zu überbrücken. Damit können Inklusion und Exklusion überwunden werden.

Die Analyse der Zugehörigkeit in Form von Inklusion und Exklusion hat gezeigt, dass Sprachenrechte eine besondere Rolle spielen können: *Linguistic Human Rights* könnten einer Assimilationspraxis, so wie sie in Uganda praktiziert wurde, vorbeugen.

Der *Linguistic Human Rights* Diskurs ist sehr stark von einer positiven Haltung gegenüber den Minderheiten geprägt: Die Autoren kritisieren die Dichotomie zwar, nehmen sie aber als universalgültigen Ausgangspunkt ihrer Arbeiten. Die Analyse der ugandischen Beispiele hat aber auch gezeigt, dass durch eine zu starke Betonung der Unterschiede eine gesellschaftliche Segregation gefördert wird, die auch von der ugandischen Politik durch die stetige Distrikterweiterung Unterstützung findet. Diese Entwicklung kann nur bedingt positiv gewertet werden (siehe hierzu auch 14.6 Der wissenschaftliche Diskurs um Sprachenrechte – ein Resümee). Das Zugrundelegen des Machtbias reproduziert die gesellschaftlichen Ungleichgewichte und ignoriert interethnische Konflikte. Durch die Konzentration auf die Polarität von Mehrheit und Minderheit betrachten die Autoren nämlich nicht, dass sich Macht und Zugehörigkeit nicht nur zwischen diesen Antagonismen bewegen können, sondern durchaus auch auf einer sprachlichen Ebene.

Im Folgenden wird untersucht, in welcher Weise die Sprachenrechte Macht definieren und ob sich ihr Verständnis von sprachlichen Machtverhältnissen im empirischen Material wiederfindet.

14.5 Macht
Mithilfe der Kritischen Diskursanalyse konnte „Macht" als zentrale Kategorie der *Linguistic Human Rights* herausgearbeitet werden (vgl. hierzu auch 11.0 Die Metaebene: Die Kernfunktionen von Sprache). Macht führt in multiethnischen und -lingualen Gesellschaften zu sozialer

Kontrolle und Assimilationsprozessen, wie auch die Beispiele aus Uganda verdeutlicht haben.

Skutnabb-Kangas, Rannut und Phillipson selbst führen den Machtbegriff ein:

> „The book brings together language and human rights, topics which are seldom merged, and politically sensitive and inextricably interwoven with power structures" (Skutnabb-Kangas, Rannut & Phillipson 1995: 1).

Neben der Betonung der Neuheit ihres Forschungsansatzes heben sie hervor, dass das Thema sehr stark verwoben ist mit Machtstrukturen. Sie definieren ein Machtungleichgewicht von Sprachen, das sie beabsichtigen mithilfe ihres Konzepts allgemein verbindlicher Sprachenrechte aufzuheben. Die Autoren haben eine sehr genaue Vorstellung von der Minderheit-Mehrheit-Dichotomie: Sie konstruieren das Machtgefälle als Reaktion auf das Sprachensterben, dass sie in einer ihrer ersten Publikationen zu diesem Thema als „Linguicism" bezeichnen. Für das Aussterben von Sprachen machen sie verschiedene Ursachen aus:

> „We define linguicism as 'ideologies and structures which are used to legitimate, effectuate and reproduce an unequal division of power and resources (both material and non-material) between groups which are defined on the basis of languages' (Skutnabb-Kangas 1986: 45). Linguicism forms part of the hegemonic structure which permits the dominance of certain groups or classes and their languages over others" (Skutnabb-Kangas & Phillipson 1989: 5).

Die Autoren thematisieren in ihren Publikationen Machtkonstellationen zwischen Sprachen. Wie bereits gezeigt wurde, ist die Muttersprache Ansatzpunkt der *Linguistic Human Rights*.

Die Kreation des Begriffs „Linguicism" ist angelehnt an den Begriff Rassismus und bezeichnet wie alle Worte mit dem Derivationssuffix „-ismus" Abstrakta. Diese Wortkreation drückt Diskriminierung, Abwertung und ein Missverhältnis aus. Sie wird durch die Verwendung weiterer Begriffe aus dem Machtdiskurs wie „hegemonic" und „dominance" verstärkt. Die Autoren bedienen sich hier gezielt eines Vokabulars, das auf gesellschaftliche und politische Ungleichverhältnisse verweist, und wenden es auf die Sprachensituation an. Dadurch wird der Sprachendiskurs zum Machtdiskurs.

Insgesamt – in allen Textelementen der *Linguistic Human Rights* – ist auffällig, dass die Autoren sich hochfrequent einer Terminologie bedienen, die Machtkonstellationen beschreibt und Ungleichverhältnisse andeutet. Dadurch werden ihre inhärenten Sprachattitüden bzw. ihre Haltungen gegenüber den sogenannten dominanten Sprachen explizit. Sie werden gewissermaßen dekonstruiert und tauschen die Rolle mit der

Minoritätssprache. Sie projizieren damit auch ein Machtgefüge in ihre Darstellung und gehen so auch nicht wertfrei an den Diskussionsgegenstand heran. Dies wird auch aus folgendem Textauszug der Publikation von 1995 deutlich.

> „Linguistic rights should be considered basic human rights. Linguistic majorities, speakers of a dominant language, usually enjoy all those linguistic human rights, which can be seen as fundamental, regardless of how they are defined. Most linguistic minorities in the world do not enjoy these rights. It is only a few hundred of the world's 6-7,000 languages that have any kind of official status, and it is only speakers of official languages who enjoy *all* linguistic human rights" (Skutnabb-Kangas, Rannut & Phillipson 1995: 1f., Hervorhebung im Original).

Primär handelt es sich um eine Darstellung, was die Autoren mit ihrer Forderung nach Sprachenrechten beabsichtigen: Sie beschreiben, dass nur ein geringer Anteil der Sprecher aller Sprachen der Erde die vollen Sprachenrechte genießt. Sie leiten den Absatz mit der Formulierung ein, dass die Sprecher von dominanten Sprachen üblicherweise diese Rechte genießen würden. In der Darstellungsweise wird die „sprachliche Mehrheit" als überlegene Gruppe konstruiert. Damit wird der Leser automatisch für die Sprachgemeinschaften von Minderheitensprachen eingenommen. Der Diskurs um Sprachenrechte ist also nicht neutral. Die Sprachgemeinschaften dominanter Sprachen werden damit negativ konnotiert bzw. werden als Träger aller Rechte in Abgrenzung zu den Sprechern von Minderheitensprachen positioniert. Der Wissenschaftsdiskurs von Skutnabb-Kangas und ihren Kollegen konstruiert an dieser Stelle selbst auch ein Ungleichgewicht: Die Autoren manipulieren es zugunsten ihrer Argumentation und nehmen eine sehr positive Sprachattitüde zu den Minderheitensprachen ein.

Die Darstellung der dominanten Sprachen ist in mancher Hinsicht zu kritisieren. Erstens verfolgen Skutnabb-Kangas, Phillipson und Rannut das Ziel, die Minoritätssprachen den Majoritätssprachen in Status und Ansehen ebenbürtig zu machen. Die Autoren kritisieren also die dominanten Sprachen aufgrund ihres Status' und verstoßen damit selbst gegen das Gleichheitspostulat aller Sprachen. Auf diese Weise kreieren sie eine Lesart, in der die Sprechergemeinschaften der dominanten Sprache als verantwortlich für die Ungleichbehandlung der Minderheiten betrachtet werden können (vgl. 14.4 Inklusion und Exklusion). Die Autoren vertreten also eine negative Sprachattitüde gegenüber der dominanten Sprache und üben so Macht aus, die den Diskurs prägt. Dies macht die *Linguistic Human Rights* und ihre Forderung nach gleichen Rechten für alle Sprachen angreifbar.

In ihrer Publikation zu Sprachenrechten in Afrika thematisieren Phillipson und Skutnabb-Kangas das Machtungleichgewicht zwischen Herrscher und Beherrschten und weniger zwischen den Sprachen. Sie sehen die Machtkonstellation begründet durch die Sprachenkonstellation und konstatieren: „The majority of Africans are governed in a language that they do not understand, but few African states have given serious attention to language policy" (Phillipson & Skutnabb-Kangas 1995: 336). Dieses Machtungleichgewicht wird also durch Sprache hergestellt und kann nur durch die Umsetzung von *Linguistic Human Rights* aufgehoben werden:

> „Increasing use of African languages would promote better communication between rulers and ruled, harness the energies of the rural population to the development of their environment, and stimulate more scientific study of African languages" (ebd.: 344).

Aufbauend auf ihrem idealistischen Staatsverständnis nehmen die Autoren auch den Willen der Regierung an, dieses Ungleichgewicht aufzuheben. Nicht immer ist dies – auch außerhalb Afrikas – gewollt. Es ist jedoch festzustellen, dass Sprache zwischen Herrschern und Beherrschten ein wichtiges Instrument ist und dass eine sprachpolitische Veränderung sich positiv auf die Partizipation der Bevölkerung und damit die Demokratisierung eines Staates auswirken könnte.

Die drei Autoren untergliedern die Machtfunktion in verschiedene Ebenen: Als Mechanismus zwischen den Sprachen, zwischen Menschen und hierbei als soziale Kontrollfunktion:

> „The need for multidisciplinary clarification is urgent in view of the obvious importance of language as a means of social control, and abundant evidence that language is often a factor in the mediation of social injustice" (Skutnabb-Kangas, Rannut & Phillipson 1995: 1).

Sprache wird als Instrument „sozialer Kontrolle" beschrieben und Faktor in Mediationsprozessen. In dieser Textsequenz wird Macht positiv konnotiert: Die Autoren sehen die Notwendigkeit der Schaffung eines multidisziplinären Ansatzes, um die Bedeutung und das Potential, das Sprache als Faktor sozialer Kontrolle hat, zu nutzen. In diesem Ansatz wird Sprache vor allem als Instrument zur Überwindung sozialer Ungerechtigkeit gesehen. Während in dieser Sequenz Sprache als Instrument sozialer Kontrolle positiv interpretiert wird, hat die Analyse für Uganda gezeigt, dass es sich auch häufig um ein Instrument der Unterdrückung handelt (vgl. 11.3 Macht). In der Lesart der sprachlichen Machtgefälle haben unterschiedliche Sprachen unterschiedliche Kontrollfunktionen: Dominante Sprachen können eine stärkere Kontrollfunktion ausüben als Minoritätssprachen. In dieser Lesart wird Sprache und soziale Kontrolle funktional interpretiert: Nur wenn Sprachen in bestimmten Positionen oder Funktionen sind (wie offizielle Sprache oder Nationalsprache), können sie bestimmte Wirkungen erzielen und Kontrolle ausüben. So fahren die Autoren fort:

> „The principle underlying the concept of universal human rights is that individuals and groups, irrespective of where they live, are entitled to norms which no state can be justified in restricting or violating. But not all human rights are a question of the death penalty, torture, or arbitrary imprisonment. Often individuals and groups are treated unjustly and suppressed by means of language. People who are deprived of LHRs may thereby be prevented from enjoying other human rights, including fair political representation, a fair trial, access to education, access to information and freedom of speech, and maintenance of their cultural heritage. There is therefore a need to formulate, codify and implement minimal standards for the enjoyment of LHRs. These should be an integral part of international and national law" (ebd.: 1f.).

Auch in diesem Statement konstruieren die Autoren ein Machtgefüge, in dem die Menschen – auch durch sprachliche Mittel – unterdrückt werden. Sprache tritt hier nur in seiner funktionalen Rolle auf und ist in vielen genannten Konstellationen nicht von zentraler Bedeutung für das Ungleichgewicht. Phillipson führt die Überlegenheit des Englischen auf den Hegemonieanspruch der USA zurück und verknüpft den Sprachenrechtsdiskurs mit politischen Entwicklungen (Phillipson 2009: 88f). Aus Sicht der Verfasserin ist bei solchen politischen Statements Vorsicht geboten. Die Autoren beschreiben zwei Arten von Machtkonstellationen. Erstens Dominanzverhältnisse zwischen den Sprachen und zweitens die Machtkonstellation zwischen Machthaber und Bevölkerung. Das Machtverhältnis zwischen Herrscher und Beherrschten in Uganda ist bereits in Kapitel 11.3.1 Die öffentliche Sphäre: Politik ausführlich thematisiert worden. Daher richtet sich die Analyse der ugandischen Situation zunächst auf Dominanzverhältnisse zwischen Sprachen und anschließend auf sprachlich bedingte Machtmechanismen auf interethnischer Ebene.

14.5.1 Dominante Sprachen in Uganda

Auch in Uganda lässt sich durchaus beobachten, dass es eine Ablehnung von dominanten Sprachen gibt, aber es ist notwendig, dies differenziert zu betrachten.

Ein zentrales Problem der Sprachenrechte und *Linguistic Human Rights* ist die Umkehrung der Hierarchie von Sprachen: Während die Autoren überwiegend davon ausgehen, dass es ein Ungleichgewicht zwischen Sprachen, den sogenannten Minderheitensprachen und den „globalen" Sprachen wie Englisch gibt, lässt die Darstellungspraxis erkennen, dass die Autoren eine Umkehrung dieses Ungleichgewichts begrüßen würden: Die dominante Sprache wird als „Problem" identifiziert. Die *Linguistic Human Rights* fordern daher, lokale Sprachen zu stärken, um so das Machtgefälle aufzuheben. Der Transkriptauszug aus einem Beispiel in Uganda belegt allerdings, dass die Betroffenen eine solche Politik mit Skepsis betrachten:

<u>Beispiel 89</u>: GD Kla2009fm (1240-1243)

```
01   M4: There ((…)) because people love their language if
02   you decide to make a ONE language form within national
03   language it can't work cause everyone will say "Ah why
04   not mine? why them?" so it will be very I think it will
05   be impossible
```

Sprachpolitische Entscheidungen haben erwartungsgemäß Folgen für den Status von Sprachen. Der Sprecher M4 geht aber davon aus, dass – da alle Menschen ihre Sprachen liebten (01) – die Implementierung einer indigenen Sprache („from within" 02) als Nationalsprache zu einem Missklang zwischen den Ethnien führen könnte. Diese würden sich fragen, warum nicht ihre Sprache diese Funktion habe übernehmen dürfen. Dadurch sei eine solche Sprachpolitik unmöglich umsetzbar (05). Durch diese Sprachpolitik würden – wie Skutnabb-Kangas, Rannut und Phillipson für Englisch annehmen – Dominanzen zwischen den Sprachen geschaffen. Dass diese bereits bestehen, wurde in Beispiel 14 von F1 thematisiert.

Ein Beispiel aus Nigeria zeigt aber, wie sich der Wissenschaftsdiskurs selektiv eines Dominanzbegriffs bedient und ihn seinen Studien zugrunde legt: So bezeichnen auch die Autoren Igboanusi und Peter (2004) Hausa und Englisch als „unterdrückende" Sprachen in Nordnigeria und kreieren so einen Machtbias. Wenngleich die Autoren in ihrem Artikel die Dominanz dieser beiden Sprachen in der nigerianischen Gesellschaft belegt sehen, so machen sie doch einen Unterschied zwischen den Nationalsprachen Hausa, Igbo, Yoruba und Englisch auf: Anders als beispielsweise Skutnabb-Kangas und Phillipson identifizieren Igboanusi und Peter neben Englisch eine indigene Sprache als dominante Sprache. Sie belegen dies anhand ihres Materials auch, indem sie aufzeigen, dass es eine Präferenz in Nordnigeria gibt, Englisch und Hausa auch im privaten Umfeld und familiären Bereich zu sprechen. Zudem lässt sich aufgrund der veröffentlichten Daten eine vergleichbare Tendenz für das Englische in Südnigeria erkennen. Die Ursache hierfür sehen die Autoren darin, dass vor allem junge Menschen eine Präferenz für die dominanten Sprachen, aber insbesondere Englisch hätten – eine Tendenz, die in vielen weiteren Ländern Afrikas (und in der Welt) zu beobachten ist. Durch diese Entwicklung in Nordnigeria sehen die Autoren die vielen Minderheitensprachen dort vom Sprachsterben gefährdet, was anhand ihrer Daten belegt wird. Diese zeigen jedoch auch, dass in ganz Nigeria eine Tendenz zur Nutzung des Englischen zu beobachten ist. Nordnigeria unterscheidet sich nur insofern vom Süden des Landes, als dort auch Hausa weit verbreitet ist. Interessanterweise konnotieren die Autoren aber vor allem das Hausa sehr negativ und stellen die Frage, ob es sich bei Hausa um eine „colonising language", eine „assimilation language" oder eine „language of domestic imperialism" handelt (Igboanusi & Peter 2004: 138). Englisch wird dieser Kritik nicht ausgesetzt.

Die Autoren beschreiben nicht nur ein Ungleichgewicht zwischen den Sprachen in Nigeria, auch tragen sie dazu bei, ein Ungleichgewicht zwischen den vermeintlich dominanten Sprachen zu konstruieren. Englisch wird in der Darstellung mit weniger negativen Attributen versehen als Hausa. Es scheint sich hier vor allem um eine Konkurrenz zwischen Hausa, Yoruba und Igbo zu handeln. Ähnlich wie Blommaert sehen sie den Ursprung dieses Wandels im Sprachverhalten in den Funktionen von Sprachen: „In Africa, these languages [minority languages, J.B.] are being eliminated because they have lost their functions" (Igboanusi & Peter 2004: 137). Die dominanten Sprachen finden Verwendung in relevanten Bereichen wie Bildung, Berufstätigkeit, Anschlussfähigkeit an den wirtschaftlichen Weltmarkt, etc. Zudem ist Englisch für junge Menschen ein Instrument, in ihrem lokalen Kontext transnationale Identität zu markieren (vgl. Blommaert 2005: 404f.).

Wie die Analyse der Identitätsstruktur in Uganda verdeutlicht hat, muss die These, dass der Sprachwechsel als Unterdrückungsmechanismus empfunden wird, mit Vorsicht behandelt werden: Sicherlich lässt sich in verschiedenen Bereichen (öffentlicher Raum, Berufswelt) durch die Dominanz einer Sprache Verdrängung lokaler Sprachen beobachten und die Entwicklung regionaler *linguae francae* oder globaler Sprachen sind nachgewiesenermaßen für Sprachtod verantwortlich.

In Uganda sind diese Ungleichverhältnisse historischen Ursprungs. In Kapitel 12 konnte gezeigt werden, dass durch die koloniale Herrschaftspraxis ethnische und sprachliche Dominanzverhältnisse entstanden sind. Durch diese fremdinduzierten Entwicklungen hat es Veränderungen in der Sprachenlandschaft gegeben, die auch zu Sprachwandel und Sprachsterben führen können.

Häufig, und das belegt auch das Material aus Uganda, wird die Entscheidung für die Wahl einer Sprache situationsangemessen gefällt. Für den privaten Bereich lässt sich in Uganda für die befragten Personen und untersuchten Regionen des Landes konstatieren, dass die Dominanz des Luganda und des Englischen dort <u>keinen</u> Einzug in den Nukleus der Fa-

milien gehalten hat, wo es die Familie nicht wollte. In Uganda wird die
Entscheidung der Sprachwahl im Kreise der Familie als „family kind of
affair" (vgl. Beispiel 15) beschrieben. In diesem Bereich hat der Staat als
solcher keinen Einfluss. Die Darstellungspraxis der Autoren lässt vermuten, dass der Diskurs um Sprachenrechte und Gleichberechtigung von
Sprachen vielmehr dazu führt, dass der Wissenschaftsdiskurs Entscheidungen der Sprachwahl als Ungleichverhältnisse interpretiert, die von
den Betroffenen unter Umständen nicht als solche empfunden werden.
Hier stellt sich die Frage, an welcher Stelle Sprachenrechtsdiskurse ansetzen sollen bzw. dürfen und inwieweit eine „positive Diskrimini-
rung" nicht auch dem Postulat der Gleichheit widerspricht.

In Uganda müssten Englisch und Luganda als dominante Sprachen
im Sinne des Sprachenrechtsdiskurs interpretiert werden: Englisch, weil
es die Sprache der ehemaligen Kolonialmacht, und Luganda, weil es die
Sprache der größten Ethnie des Landes ist. Dennoch lassen sich keine
Vergleiche zu den in Nigeria gemachten Beobachtungen ziehen. Tatsächlich ist es so, dass man nicht ein so eindeutiges Bild erkennen kann wie
in Nigeria: In Kapitel 13.0 Die Perspektive der Bevölkerung wurden dreizehn Sprachattitüden zu vier Sprachen analysiert. Nur wenige Sprachattitüden waren genau einer Sprache zugeordnet, oftmals verbanden
Menschen gleiche Assoziationen mit unterschiedlichen Sprachen. Das
zeigt auch, dass sprachliche Machtkonstellationen und Ungleichgewichte individuell konnotiert werden. Betrachtet man aber die Sprachattitüden, die sich für Englisch und Luganda ergeben, erkennt man hier
sehr unterschiedliche Assoziationen, die die theoretischen Annahmen
der *Linguistic Human Rights* konterkarieren.

Englisch ist offizielle Sprache Ugandas und nimmt damit bereits
funktional eine besondere Rolle ein. Als Sprache der Bildungs- und Wirt-
schaftselite nimmt Englisch in Uganda zwar eine exklusive Rolle in der
Gesellschaftsstruktur ein, die Konnotationen sind dennoch fast ausschließlich positiv. Die Ungleichverhältnisse, die man unter Berücksichtigung der *Linguistic Human Rights* mit der Sprache in Verbindung bringen würde, werden von der Bevölkerung als gegeben hingenommen. Sie
besetzen Englisch überwiegend mit positiven Bedeutungen. Gerade im
Hinblick auf ihre Funktion als offizieller oder auch nationaler Sprache
spielt ihre nicht-indigene Herkunft eine wichtige Rolle. Das *Linguistic
Human Rights* Konzept würde in dieser nicht zu bestreitenden Machtkonstellation bzw. in diesem Ungleichgewicht der Sprachen einen
Rechtsverstoß sehen. Es ist nicht zu leugnen, dass die Dominanz des
Englischen inzwischen so stark ist, dass die Sprache nicht einmal mehr
kritisiert, sondern die Übermacht hingenommen wird. Allerdings ermöglicht die emische Perspektive, dass die Menschen damit deutlich we-

niger hadern als beispielsweise mit einer Dominanz des Luganda. Es ist hier aber zu berücksichtigen, dass die Haltungen allesamt von Ugandern stammen, die Englisch sprechen können. Diese möglicherweise oder wahrscheinliche Verzerrung der Sprachattitüde gegenüber Englisch ist auf die Zusammenstellung des Samples zurückzuführen (vgl. 9.1 Das Sample). Die positive Haltung gegenüber Englisch ließe sich dann als die Haltung einer privilegierten Gruppe der Bevölkerung, einer Elite, interpretieren, die über ein hohes Bildungsniveau verfügt. Dies ist bei der Einschätzung der Lesart zu beachten.

Die historischen Ursachen für die weite Verbreitung des Luganda und die Dominanz der Ethnie haben dazu beigetragen, dass eine Mehrzahl der befragten ethnischen Gruppen Luganda sehr negativ konnotiert. Die Sprachattitüde „Ablehnung" (vgl. 13.2.13) hatte ausschließlich Luganda zum Gegenstand und die Haltungen waren durchweg stark emotionalisiert und negativ konnotiert. Da Luganda bereits die Funktion einer Stadtsprache genießt und in Kampala allgegenwärtig zu sein scheint, ist eine weitere funktionale „Verbesserung" in den Augen der Befragten nicht gewünscht. Die *Linguistic Human Rights* würden an dieser Stelle auch seitens der Bevölkerung bestätigt, dass nämlich durch eine solche Politik Ungleichgewichte geschaffen würden.

Hierin lässt sich eine Übereinstimmung mit dem Beispiel aus Nigeria erkennen: Während die Autoren in Nigeria Englisch offensichtlich als das „kleinere Übel" betrachten, sind es in Uganda die Bürger.

Das Sprachenrechtskonzept kann auf einer individuellen Ebene nur dafür sorgen, dass die Menschen ein Bewusstsein für den Wert ihrer Sprache erhalten. Die Umsetzung und die Haltung, die die Menschen dann zu ihrer Muttersprache und anderen Sprachen einnehmen, sind nicht beeinflussbar.

Der Staat bzw. die Regierung in Uganda kann auch nicht uneingeschränkt mit den *Linguistic Human Rights* Kategorien kritisiert werden: Wie in Kapitel 12.0 Die Perspektive der Regierung gezeigt werden konnte, bemüht sich der Staat mit Kiswahili auch um eine neutrale Lösung als Nationalsprache. Im Sinne der *Linguistic Human Rights* handelt es sich hier um eine fragwürdige Lösung, da mit Kiswahili eine weitere Fremdsprache, ähnlich dem Englischen, in Uganda als Kommunikationsmittel eingeführt und dadurch eine weitere Marginalisierung der lokalen Sprachen erfolgen würde (vgl. zu Kiswahili als „Fremdsprache" auch Blommaert 2005: 411). Interpretierte man die *Linguistic Human Rights* aber in einem funktionalen Sinn, losgelöst von den einzelnen Sprachen, trüge die Politik der Regierung dazu bei, das Gleichgewicht zwischen den indigenen Sprachen beizubehalten. An der Größe einer Sprachgemeinschaft kann man nichts ändern. Auch weiterhin werden sich die ethnischen Gruppen aufgrund verschiedener historischer Ereignisse, politischer Unstimmigkeiten oder Stereotypen zueinander positionieren. Eine funktional neutrale Sprachpolitik könnte dann aber dazu beitragen, dass das Machtgefüge seitens des Staates nicht negativ beeinflusst würde.

In Uganda wird Englisch zwar als Sprache der Kolonialherren benannt, aber gleichzeitig noch immer als die Sprache der Zukunft und des sozialen Aufstiegs bewertet. Eine Sprachpolitik im Sinne eines egalitären Sprachenrechtsansatzes würde bedeuten, Englisch neben allen anderen Sprachen neutral zu betrachten und die Funktionalität der Sprachen in den Vordergrund zu stellen. Eine solche Sprachpolitik müsste dann Fragen stellen, wie: Welche Sprache kann die nationale Kommunikation am ehesten gewährleisten? Welche Sprache(n) ist/sind geeignet als ideale(s) Unterrichtssprachen und welche als Unterrichtsfächer?

Einer tatsächlichen Dominanz des Englischen weltweit wird in dieser Arbeit nicht widersprochen. Die Dominanz des Englischen lässt sich global in allen Gesellschaften beobachten, und auch die graduelle Potenzierung dieses Prozesses soll und will nicht geleugnet werden. Dazu ist die Literatur über die „Weltsprache Englisch" viel zu umfangreich (vgl. hierzu auch Phillipson 2009, Stein 2004). Der Wunsch des Sprachenrechtsdiskurses, die Dominanz des Englischen (oder auch einer anderen dominanten Sprache, wie dem Hausa, wie oben beschrieben) durch einen egalitären Sprachenrechtsansatz zu durchbrechen, erscheint an dieser Stelle unmöglich. Die Entwicklung transnationaler Organisationen und die internationale Vernetzung im Zeitalter der Globalisierung lassen es schwierig erscheinen, diese Überlegenheit wieder aufzuheben.

Blommaert beschreibt die Rolle des Englischen in Tansania sehr differenziert. Die Sprachattitüden gegenüber Englisch haben sich im Laufe der Geschichte gewandelt (Blommaert 2005: 401) und sind seit den neunziger Jahren eher positiv. Vielmehr hat sich Englisch in Tansania lokal etabliert, d.h. die Menschen haben Englisch als Sprache der Wirtschaft und „code of success" (ebd. 404) angenommen, sie lokal eingebunden und sich zunutze gemacht. Die ugandische Geschichte hat darüber hinaus auch gezeigt, dass Sprachattitüden sich verändern können. Eine Einbindung des Englischen in den Alltag ist durchaus auch in Uganda zu beobachten. Die Integration des Englischen in den lokalen Diskurs, „local diacritics", bedeutet auch eine Annäherung an die „transnational imaginary networks" (ebd.). Diese spezifische Aneignung der englischen Sprache ist damit Ausdruck einer Identität, die sowohl tansanisch als auch transnational ist. Daher weist Blommaert nach Ansicht der Verfasserin sehr richtig darauf hin, dass Englisch keineswegs eine Sprache der

Dominanz ist, sondern es sich um ein weitaus komplexeres Phänomen handelt:

> „So we are not really witnessing an invasion of an imperialistic or killer-language here. What we are witnessing is a highly complex, intricate pattern of appropriation and deployment of linguistic resources whose values have been relocacted from a transnational to a national set of indexicalities. It is a *Tanzanian* bourgeois (or bourgeois-aspiring) resource" (ebd. 404f., Hervorhebung im Original).

Die Analyse der Beispiele aus Uganda und auch die Betrachtung des nigerianischen Fallbeispiels legen für ein Sprachenrechtskonzept nahe, weniger ein Ungleichgewicht zwischen den Sprachen selbst zu fokussieren als vielmehr die Funktionen, in denen Sprachen sich befinden, zu hinterfragen und darüber das Machtgefüge zu analysieren. Blommaert stellt fest:

> „Inequality has to do with modes of language use, not with languages, and if we intend to do something about it, we need to develop an awareness that is not necessarily the language you speak, but how you speak it, when you can speak it, and to whom that matters. It is a matter of voice, not of language. And as I also said at the outset: this is a social problem, only partially a linguistic one" (Blommaert 2005: 411).

Übertragen auf das Beispiel aus Nigeria muss man daher die Frage stellen, warum Menschen ihre Muttersprache zugunsten einer dominanten Sprache vernachlässigen und welche Funktion die Muttersprache für die Sprecher noch erfüllt. Aufgrund der bisher erworbenen Erkenntnisse dieser Arbeit wird die These aufgestellt, dass die Gründe hierfür in den Sprachattitüden liegen können. Unter Umständen werden lokale Sprachen mit einer negativen Symbolik besetzt, wie beispielweise in Uganda, als Sprachen von „backward people" (vgl. Beispiel 34). Sprachenrechte können in diesem Rahmen vor allem dazu dienen, ein Bewusstsein in der Gesellschaft zu schaffen, dass Muttersprachen bzw. lokale Sprachen wichtig sind, um auf diese Weise die Sprachattitüden von Individuen und Staat zu beeinflussen.

14.5.2 Interethnische Machtbeziehungen in Uganda

Nach der Betrachtung, wie sich Macht zwischen Sprachen manifestiert und welche Bedeutung dies für die Sprachattitüden hat, wird nun der Fokus auf die interethnische Ebene gelenkt und analysiert, welche Bedeutung sprachliche Differenzen im ugandischen Alltag haben können, bzw. wie Sprache eingesetzt wird, um Differenzen hervorzuheben bzw. Macht auszuüben. In 11.3.2 Privatsphäre: Intrapersonale Ebene wurden bereits Machtmechanismen auf intrapersonaler Ebene untersucht. An dieser Stelle werden nun interethnische Machtbeziehungen untersucht. Hier stehen also Kollektive im Vordergrund. Skutnabb-Kangas und ihre Kollegen konstruieren ein Machtungleichgewicht zwischen den Menschen als Resultat der Einrichtung des Nationalstaats.

Das folgende Beispiel belegt, wie durch sprachliche Dominanzen ethnische Machtgefälle konstruiert bzw. verfestigt werden können.

Beispiel 90: Gul2009-52m (Acholi) (640-652)

```
01   M1: [...] ah ONE why maybe I start from the most
02   interesting why not a Ugandan language? The history of
03   Uganda has been a history of struggling for dominance
04   and superiority now you need to know that there are two
05   key (2.3) battlefronts there's Lwo HERE [mh] and then
06   there is the Bantu you know [ah] led by the Baganda. The
07   Lwo would wish their language as a sign of dominance you
08   know the function of a language domineering as well the
09   Baganda won't use the Langi as a representation of the
10   Bantu (1) and the war is now between the two big region
11   SO you can NO:: longer talk about ah Luganda without
12   necessarily causing a fight North would outrately say
13   "NO" (1.5) [mh] (1.6) same for would also outrately say
14   "no"
```

Auf die Frage, warum nicht eine ugandische Sprache Nationalsprache werden solle (der Sprecher plädierte vorab im Gespräch für Kiswahili), reagiert der Sprecher mit der Aussage, dass die Geschichte Ugandas geprägt sei vom Kampf um Macht und Überlegenheit (03-04). Einen Jargon wählend, der diesen Konflikt bildhaft beschreibt, berichtet M1 von den beiden „Kampffronten", die er als sprachliche Trennlinie zwischen nilotischen und Bantuvölkern ansiedelt (05-06). Durch die starke Betonung „here" (05) verdeutlicht der Sprecher seine Affiliation in dieser Konstellation und begibt sich nicht – wie sonst in seiner Rede üblich – in die Position des Beobachters, sondern positioniert sich eindeutig zu den nilotischen Gruppen. Beide Fronten wünschen sich ihre Sprache als Nationalsprache, um dadurch Macht über die andere Gruppe ausüben zu können. M1 definiert Sprache dabei eindeutig als Instrument, um Macht auszuüben (08), sieht aber auch das Problem, dass keine der beiden Gruppen sich durch die Sprache der anderen repräsentiert fühlte.

Beispiel 91: GD-Kla2009fm (1294-1321)

```
01  M2: Yes, (lacht) I would not support the use of Luganda
02      you know EVERY tribe here in Uganda is special, unique
03      [F2. ja] just as you we are talking about it in the
04      beginning the cultures and the values they are identical
05      to some other particular tribes but what I also believe
06      is what I strongly believe is the ethnicity Bantu people
07      are large in number here in Uganda (.) and choosing
08      Luganda is disintegrating the Bantu themselves first
09      before you may look at the hamites [JB: ok] or the Nilo-
10      Hamites if you chose Luganda WHY? because (1) Buganda
11      region or the Central region where the Baganda live
12      mostly has some other historical advantages because of
13      her location secondly because of the kingdom it's one of
14      the oldest kingdoms maybe in East Africa other have died
15      but it is still living or it was revived that is special
16      you see and because of the kingdom it has been in
17      position to keep its culture and traditions alive to
18      that (.) SO whereas other tribes have lost everything
19      they had in one way whether the leadership or whatever
20      but they still have their culture and their traditions
21      so their is that kind of superiority [JB: ja I see]
22      complex that may develop around the Baganda and the
23      other people begin to look at themselves as inferiors
24      ((...)) themselves so you will find that the inferior
25      small=small tribes like when you look in Eastern Uganda
26      you have the Bagwere you have the Banyoli we have the
27      they are very small=small=small things but they are
28      Bantus so when you talk about Bantu they come together
29      we are all Bantus when we begins specifically talking
30      ON? tribe [JB: ja] Baganda are very large ja these other
31      tribes are very small they will begin to feel insecure
```

Macht wirkt sich also auf interethnischer Ebene sprachlich aus und sorgt für ein Ungleichgewicht zwischen den Sprachen. Die vorausgehende Sequenz macht dies am Beispiel von Luganda und anderen, kleinen Bantusprachen deutlich (18ff.). Durch die Übermacht der Baganda fühlen sich die kleinen tribes „unsicher" (31) und benachteiligt. Dies stimmt fraglos mit den Erkenntnissen der *Linguistic Human Rights* überein. Sprachpolitische Entscheidungen, insbesondere im Nationalstaat, können solche Konflikte hervorrufen und diese Differenzen begünstigen. Allerdings muss das Sprachenrechtskonzept von Skutnabb-Kangas und ihren Kollegen dahingehend erweitert werden, dass sie auch lokale Sprachen in diese Dominanzannahmen mit einbinden.

Phillipson und Skutnabb-Kangas sehen durchaus auch für Tansania ein Machtungleichgewicht zwischen Kiswahili und den lokalen Sprachen. Jedoch ist ihr Urteil milder als gegenüber Englisch (vgl. 1995: 343). Blommaert hingegen ist deutlicher in seinem Urteil über Kiswahili und hebt durchaus seine Dominanz hervor:

> „Neither can I be led to believe that the indigenous language Swahili has only been the key to progress and liberation for the Tanzanians. Again, it isn't that simple. Swahili was, during its heyday, as effective an 'imperial' language as English, Russian or Mandarine Chinese. It was imposed as a monoglot standard with its own prestige varieties, and it was promoted together with strong encouragements to stop using other languages" (Blommaert 2005: 410).

Blommaert leitet aus seinen Erkenntnissen ab, dass das Machtgefälle zwischen den Sprachen nicht aufgehoben werden könne (vgl. ebd.: 409). Auch in der vorliegenden Arbeit hat sich durch die Analyse der Sprachattitüden der Eindruck verfestigt, dass die Gleichheit aller Sprachen ein nicht zu erreichendes Ziel bleibt. Da Sprache ein soziales System ist, eingebunden in gesellschaftliche Strukturen und Gefüge, wird sie immer auch als Repräsentation einer Gruppe wahrgenommen werden. Ihr symbolischer Charakter wird fortwährend von den Menschen neu diskursiv ausgehandelt und verändert sich. Daher werden Sprachattitüden und – ideologien modifiziert, dies konnte auch mit der Betrachtung der Geschichte Ugandas verdeutlicht werden: Gewaltsame Machtübernahmen und Herrschaftsperioden, die Herkunft eines Machthabers oder seine Sprachpolitik haben Sprachen in ihrem Prestige beeinflussen können. Dies kann auch für die Zukunft angenommen werden, sodass sich das Machtgefälle zwischen den Sprachen und den Menschen nicht wird aufheben lassen.

Im folgenden Resümee werden die Perspektive der Wissenschaft noch einmal zusammengefasst und die zentralen Aspekte aufgeführt.

14.6 Der wissenschaftliche Diskurs um Sprachenrechte – ein Resümee

Die Analyse der wissenschaftlichen Perspektive hat gezeigt, dass auch dem wissenschaftlichen Diskurs Sprachattitüden inhärent sind, die ihn prägen und ihn so beeinflussen.

Es ist fraglos richtig und notwendig, dass Minderheiten geschützt werden müssen. Die Sensibilisierung von Staat und Bürger, kulturelle Vielfalt anzuerkennen, zu beschützen und zu erhalten, muss in jedem Staat der Welt angestrebt werden. Die Ziele der *Linguistic Human Rights* sind daher äußerst unterstützenswert und in ihrem hochideologischen Anspruch auch nicht zu kritisieren.

Jedoch hat sich gezeigt, dass sprachenrechtliche Forderungen eine ethnographische bzw. empirische Perspektive benötigen, um die tatsächlichen Bedarfe in einer Gesellschaft zu analysieren und entsprechend zu handeln. Die Untersuchung multilingualer Settings, wie dem in Uganda, hat auch gezeigt, dass viele Annahmen des universalistischen Sprachenrechtskonzepts von Skutnabb-Kangas und Phillipson nicht *per se* für alle multilingualen Staaten der Welt Gültigkeit besitzen.

Anders als die *Allgemeine Erklärung der Menschenrechte*, die tatsächlich universalen Anspruch und Gültigkeit besitzt, erscheinen die Sprachenrechte in ihren Forderungen häufig zu absolut und stimmen nicht mit den Wünschen der Betroffenen überein. Anhand der Leitkategorien von Identität, Inklusion und Exklusion sowie Macht wurde das wissenschaftliche Konzept mit dem Datenmaterial aus Uganda kontrastiert.

Es hat sich gezeigt, dass einige Grundannahmen, die in den *Linguistic Human Rights* vertreten werden, auch auf Uganda zutreffen: Die Bedeutung der Muttersprache für die individuelle Identität wird von einer großen Mehrheit der Bevölkerung festgestellt und ist auch – wie beiden konzentrischen Modellen zu entnehmen ist – das primäre Identifikationsmerkmal. Zudem hat sich gezeigt, dass die in den *Linguistic Human Rights* postulierte sprachliche Ungleichheit auch in Uganda gegeben ist. Die Sprecherinnen und Sprecher bewerten Sprachen in unterschiedlicher Weise und erstellen ihre eigene Hierarchie von Sprachen.

Unterstützer wie Kritiker der *Linguistic Human Rights* weisen darauf hin, dass eine sprachenrechtliche Perspektive in vielerlei Hinsicht sinnvoll sei, um Sprachsterben vorzubeugen und Minderheiten zu schützen. Wichtig ist vor allem aber die Entwicklung und Etablierung eines interdisziplinären Ansatzes, um den Wert und die Anerkennung über die Sprachwissenschaft hinaus zu manifestieren und gemeinschaftlich einen Beitrag zum Schutz von Minderheiten zu leisten. Der Erhalt von Minderheitensprachen muss deshalb ein wesentlicher Bestandteil eines solchen Konzepts sein. Jedoch sollte es darüber hinausgehen: Der moralische Anspruch kann nicht ausreichen, um Sprachenrechte international zu etablieren. Es müssen rechtswissenschaftliche Gedanken eingebunden werden, um bereits angesprochene Tautologien zu überwinden und Sprachenrechte tatsächlich in einem rechtlichen Kontext zu etablieren. Die Notwendigkeit solcher Regularien wird kaum infrage gestellt. Es sind vielmehr die Umsetzung und die Formulierung von Normen und Ansätzen, die Gegenstand der Kritik sind (vgl. Grin 2005, Coulmas 1998). Dabei produzieren so stark ideologisierte Diskussionen ihrerseits auch Stereotypen und Sprachattitüden, wie am Beispiel von Uganda gezeigt werden konnte.

Vor dem Hintergrund des empirischen Materials haben sich einige Schwächen der *Linguistic Human Rights* offenbart, die im Folgenden einer differenzierten Kritik ausgesetzt werden. Als zentrale Kritikpunkte haben sich das idealisierte Staatsverständnis, das enggefasste Identitätskonzept, das andere Sprachen ausschließt, die starke Polarisierung der Sprachenhierarchie, der paternalistische bzw. hegemoniale Ansatz sowie die Ethnifizierung der Gesellschaft herausgebildet.

Den *Linguistic Human Rights* liegt ein Bias bezüglich des Staatsverständnisses zugrunde: Die Autoren kritisieren zum einen die staatliche Sprachpolitik und sehen in der politischen Machtausübung eine Ursache für sprachliche Marginalisierung. Zum anderen tragen sie Forderungen an den Staat in Form von Rechtsnormen heran, die ohne eine staatliche Grundlage nicht umsetzbar wären: Die Implementierung von Rechtsnormen obliegt dem Staat und auch deren Wahrung sowie die Verfolgung bei Rechtsverstößen. Damit aber gehen sie von einem idealisierten Staatsverständnis aus, das nicht universal vorzufinden ist. Bamgbose kritisiert das von den *Linguistic Human Rights* angenommene Staatsideal, das in den wenigsten Staaten der Dritten und Vierten Welt existiert. Ohne eine Instanz, die sich der Umsetzung und Wahrung von *Linguistic Human Rights* widmet, haben diese keine Chance auf Beachtung. Bamgbose formuliert das Problem wie folgt: „Unless individuals whose linguistic rights have been violated can have access to redress in a court of law or tribunal, there will be nothing to stop the continued abuse of such rights" (Bamgbose 2000: 19).

In Uganda zeigt sich zudem ein weiteres Problem, das mit dem Staat verbunden ist: Die ugandische Regierung beabsichtigt, eine Sprache als Nationalsprache zu etablieren, um die nationale Kommunikation im Land zu fördern. Diese Art der Sprachpolitik wird von den *Linguistic Human Rights* insofern kritisiert, als sie das Machtungleichgewicht zwischen den Sprachen als Risiko für die Minderheitensprachen erachten. Eine solche Entscheidung hätte natürlich auch Auswirkungen auf die Bildungspolitik und würde die Schulcurricula verändern. Die Notwendigkeit einer barrierefreien Kommunikation bzw. uneingeschränkten Interaktion in einem Land wird wiederum nicht nur in Teilen in der Literatur gefordert, sondern vor allem auch von Regierung und Bevölkerung. Eine solche Sprache wiederum kann zudem auch hilfreich sein, die politische Partizipation zu fördern, und als solches auch als universales Menschenrecht definiert werden. Die Betroffenen sehen auch eine Notwendigkeit für eine solche Politik:

Beispiel 92: GD Kla2009fm (1019-1025)

```
01   [...] because even the difference in languages one language
02   spoken all over Uganda will bind people together if you
03   come and you talk to me in a language I hear I'll be
04   glad (.) there is a way it creates a positive feeling
05   but if you come you start speaking a different that I
06   don't understand then I even feel insulted that you
07   maybe abusing me when I'm not hearing then that's I
08   second the idea bringing a language that is known to
09   everyone in Uganda (.)
```

Sprache wird hier als vereinendes Merkmal identifiziert (02). Der Sprecher bezieht sich auf ein bereits angesprochenes Phänomen, welches Konflikte durch Missverständnisse bzw. gescheiterte Kommunikation auslöst (05-07). Daher unterstütze er die Idee einer Nationalsprache („language that is known to everyone in Uganda", 08f.). Die Erkenntnisse aus der Empirie zeigen, dass die Etablierung einer übergeordneten Sprache nicht zwangsläufig negativ wahrgenommen wird und die Befragten ihre Identität durch die Nationalsprache nicht gefährdet sehen.

In solchen Diskursen liegt die Herausforderung vielmehr darin, sprachenrechtliche Ansprüche gegen nationale Interessen abzuwägen und entsprechend zu handeln. Ein wirklich interdisziplinärer Ansatz, der auf empirischen Erfahrungen verschiedener multilingualer Staaten der Welt basiert, kann dazu beitragen, die Rechte von Sprachgemeinschaften zu sichern. Die bereits im Staatsverständnis erkennbare ethnozentristische Prägung wird vor allem in der paternalistischen oder hegemonialen Haltung deutlich, die vielfach kritisiert wurde.

Als Beispiel aus Uganda kann die Wahl der Muttersprache herangezogen werden: Die *Linguistic Human Rights* entsprechen mit ihrer Forderung nach Unterricht in der Muttersprache nicht unbedingt den Wünschen der Eltern. Harnischfeger bezeichnet diese Rechtsnormen damit auch als Entmündigung und als neokoloniales Verhalten der sprachwissenschaftlichen Gemeinschaft. Die Wünsche der afrikanischen Bevölkerung, Englisch lernen zu wollen, werden von der Wissenschaft und ihren Theorien und Forderungen ignoriert:

> „Um den Menschen ihre neokoloniale Einstellung auszutreiben, fordert er [Webb, Anm. J.B.] staatliche Interventionen, neue Gesetze und Aufklärungskampagnen. Diese paternalistische Haltung, die für sich reklamiert, im Interesse der Schwarzen zu sprechen, während sie sich über die expliziten Wünsche der Menschen – ,the almost universal call by black parents [is] for Englisch' (Luckett 1995: 62) – hinwegsetzt ist nicht grundsätzlich verschieden von der Politik der Vergangenheit" (Harnischfeger 2003: 9).

Die Erkenntnisse aus dieser Arbeit sehen die absoluten Forderungen der *Linguistic Human Rights* zum Teil auch als neokolonialen Wissenschaftsdiskurs, weil er sich unabhängig von ausführlichen ethnographischen Studien für ein universales Rahmenkonzept ausspricht. Viel wichtiger, so ein weiteres Ergebnis dieser Arbeit, ist eine positive Duldung von Mehrsprachigkeit. Ein sprachenrechtlicher Ansatz, wie er in dieser Arbeit favorisiert wird, beinhaltet eine Wahlmöglichkeit: Menschen von Minderheitensprachen darf das Sprechen ihrer Muttersprache und der Erhalt ihrer Kultur nicht verwehrt werden. Der Staat muss dafür sorgen, dass dies rechtlich geregelt und eingehalten wird. Gleichzeitig kann der Staat in den multilingualen Ländern Afrikas, in denen eine Vielzahl der Minderheitensprachen noch nicht beschrieben und verschriftlicht sind, nicht dafür sorgen, dass jedes Kind in seiner Muttersprache unterrichtet wird.

Die Aufgabe des Staates in einem hier favorisierten Sprachenrechtsmodell ist, die Mehrsprachigkeit anzuerkennen und nicht zu bekämpfen. Es geht aber darum, Menschen durch Bildungseinrichtungen die Möglichkeit zu geben, offizielle Sprache und Nationalsprache zu erlernen und darüber hinaus ein positives Umfeld für Minderheitensprachen zu schaffen, sodass sich die Sprachattitüden von einer Symbolik der „backwardness" zu einem Gefühl des Stolzes verändern. Die Bevölkerung muss die Wahl haben dürfen, welche Sprache ihre Kinder erlernen. Darin manifestiert sich – basierend auf den Ergebnissen dieser Arbeit – das universale Sprachenrecht.

Eine weitere Problematik, die den *Linguistic Human Rights* inhärent ist, ist eine Ethnifizierung der Gesellschaft: Der Erhalt der Sprachen und Sprechergemeinschaften geht einher mit dem Erhalt tribaler Elemente einer Gesellschaft, insofern als Sprache, Kultur und ethnische Zugehörigkeit eng miteinander verbunden sind (vgl. II Theoretische Grundlagen). Zum Erhalt der Identität einer Sprachgemeinschaft fordern die *Linguistic Human Rights* die Unterrichtung in der Muttersprache. Das Beispiel Ugandas zeigt, dass es sowohl Zustimmung als auch Ablehnung dafür gibt. Allerdings bedeutete es – von außen betrachtet – für die ugandische Gesellschaft und die interethnischen Beziehungen eine nachteilige Entwicklung: Eine solche Forderung ist unter Berücksichtigung ethnographischer Faktoren aus mehreren Gründen nicht umsetzbar. Aus einer wissenschaftlichen Perspektive erscheint die Forderung nach der Unterrichtung in der Muttersprache als „Ethnifizierung der Schulbildung". Das bedeutet, dass Bildung entlang ethnisch-sprachlicher Grenzen vollzogen wird. Das Unterrichten in der Muttersprache (oder lokal dominanten Sprache) bedeutet in einer multilingualen Gesellschaftsstruktur, dass es bereits im Kindesalter zu einer ethnischen bzw. sprachlichen

Trennung kommt. Diese steht nationalen Interessen ebenso entgegen, wie es im Sinne des multiethnischen Zusammenlebens nicht förderlich sein kann, die Menschen bereits im Kindesalter auf die Unterschiede aufmerksam zu machen: „Anderssein" wird bereits im Kindesalter manifestiert, wodurch sich Stereotype bilden und ethnische Inklusion und Exklusion verstärkt werden. Das ugandische Beispiel hat zudem gezeigt, dass viele Befragte es begrüßen würden, die interethnischen Barrieren zu vermindern. Gerade bei interethnischen Hochzeiten ist dies in Uganda noch immer ein wichtiges Thema und zeigt die tiefen Gräben in der Gesellschaft:

Beispiel 93: GD Gulu2009fm (1236-1260)

```
01  F1:  Now ahm (1.2) there is a lot of that tribalism we
02       would term it as tribalism (.) the other wish to
03       associate themselves with ONLY their cultures
04       [F3: mh] you know basically the parts of all that
05       issues that have really been brought up above the
06       Acholis and what and you'll find that intermarriage
07       much much as it's been encouraged in Uganda still to
08       some cultures is limited (.) ahm like the Ankole
09       culture. @trust me@ if you go to marry an Ankole
10       even though you are the most handsome man here they
11       will never recognise you as the husband to their
12       daughter
13  F3:  cause you can't
14  F1:  That's because they say ((...)) an Acholi you're
15       dark (M2 lacht) you're going to to to [M2: spoiled]
16       mix up and spoil up their blood their beauty
17       [M2:((Acholibegriff)) aha! (F1 und M2 lachen) you see
18       so there is this tribalism still in that ahm
19       interculture is not really so (1.8) good (.) yes
20       that level though we are trying through our
21       education to mix around
22  F3:  yeah we just [force ]
23  F1:               [ok] (alle lachen)
24  F3:  Actually my friends from school
25  F1:                        yes it's only through
26       school [M2: ja] that you can intermix BUT socially
27       (1.8) not so much
```

Die Diskutanden aus der Gruppendiskussion in Gulu bewerten die Ethnitizierung bzw. den Tribalismus in Uganda negativ (01-04). Am Beispiel interethnischer Hochzeiten verdeutlichen sie die Tiefe der Gräben zwischen den verschiedenen *tribes* (05-22). Die Art der Darstellung lässt vermuten, dass die Diskussionsteilnehmer betroffen sind von der gegenseitigen Abwertung, was sie mithilfe des häufigen Lachens, im Sinne einer „Schmäh-Rede", versuchen zu überspielen (vgl. Kotthoff 1998: 133). Auch hier lässt sich die Nord-Süd Differenz erkennen: Die Acholi werden – wie bereits bei den Sprachattitüden in Kapitel 14 deutlich wurde – stark marginalisiert und von den Ankole nicht als Ehepartner akzeptiert. Diese Form der Diskriminierung kann laut den Gesprächsteilnehmern aufgelöst werden. F1 argumentiert, dass Schulen der Ort seien, an dem sich die Kinder vorurteilsfrei treffen können. Die Schule wird damit nicht nur als Bildungsstätte (20f.) wahrgenommen, sondern auch als der Ort, an dem man sich mit anderen ethnischen Gruppen „vermischen" könne (25f.). Auf einer sozialen Ebene sei dies sonst eher nicht möglich (26f.). Die Teilnehmer der Gruppendiskussion sprechen sich in dieser Textsequenz ganz deutlich für interethnische Schulklassen aus. Damit widersprechen sie den Forderungen der *Linguistic Human Rights*. Die Diskussion zeigt jedoch auch, welche Folgen eine solche Ethnifizierung der Schulbildung haben könnte: Wenn die Schule tatsächlich einer der wenigen Plätze ist, an denen sich Menschen verschiedener sprachlicher und ethnischer Herkunft begegnen, würde der Muttersprachenunterricht diese letzte Instanz der interethnischen Kommunikation vernichten und damit auch zur gesellschaftlichen Segregation beitragen. Diese Erkenntnis führt gleichzeitig zu einem *double bind*: Die Wahl einer nicht ethnifizierten Strategie der Bildungspolitik würde nicht das Problem des einfacheren Lernens in der Muttersprache auflösen. Zudem bleibt die Herausforderung, ethnische und nationale Ziele zu vereinbaren, bestehen.

Des Weiteren ist der Aspekt der Umsetzbarkeit in diesem Zusammenhang zu erwähnen: In Uganda gibt es fast keinen Distrikt, in dem nur eine Sprache gesprochen wird. Die Sprachendichte ist mitunter sehr hoch, und es existieren bisher nur wenige Unterrichtsmaterialien in lokalen Sprachen. Sollte sich nach erfolgreicher Beendigung des Pilotprojektes tatsächlich das Konzept des NCDC durchsetzen, beabsichtigt die Institution, die in einer Region am häufigsten vertretene Sprache als Unterrichtssprache zu etablieren. Dies ist aus praktischen und ökonomischen Aspekten nachvollziehbar, tritt aber in Konflikt mit dem idealtypischen Ansatz des *Linguistic Human Rights* Konzepts. Damit verschieben sich die Dominanzverhältnisse von der nationalen auf die lokale Ebene: Durch die Bevorteilung der neuen Unterrichtssprachen werden neue Hierarchien und Differenzen geschaffen. Coulmas formuliert ganz richtig, dass eine sprachenrechtliche Politik nicht universell anwendbar sei und die Entscheidung über das Unterrichten in der Muttersprache von Fall zu Fall entschieden werden müsse:

> „In some cases it may be advisable to make a minority language a compulsory subject in all schools, in others it makes more sense to make it a compulsory or optional subject for children of minority parents only, as the case may be" (Coulmas 1998: 67).

Das Prinzip der Gleichberechtigung kann so nicht mehr gewährleistet werden und widerspricht damit menschenrechtlichen Prinzipien. Chen beschreibt dieses Problem am Beispiel Kanadas, wo es der frankophonen Bevölkerung, der sprachlichen Minderheit Kanadas, in den französischen Bundesstaaten nicht gestattet ist, ihre Kinder auf anglophone Schulen zu schicken. Diese Schulen dürfen nur von der anglophonen Minderheit in dieser Region besucht werden. Auch dies ist ein Eingriff in die Entscheidungsfreiheit der Menschen und birgt Probleme. Chen konstruiert dies als einen Konflikt zwischen Individual- und Kollektivebene: Wenn die Sprechergemeinschaft verlangt, dass ihre Kinder in der Muttersprache statt in einer Mehrheitssprache unterrichtet werden, betrifft dies das Recht des Kollektivs. Fordern aber einzelne Mitglieder der Gemeinschaft Unterricht in Englisch oder Französisch, betrifft dies die Individualebene (vgl. Chen 1998: 51). Das verdeutlicht ein weiteres Dilemma der *Linguistic Human Rights* und spiegelt sich auch in den hier präsentierten Ergebnissen aus Uganda wider: Was von einem Kollektiv, bzw. für ein Kollektiv gefordert wird, muss nicht zwangsläufig von allen ihm angehörenden Mitgliedern unterstützt werden bzw. nicht im Sinne aller Kollektive in einem Staat sein. In einem solchen Fall ist es schwierig, sprachenrechtliche Entscheidungen zu treffen.

Prinzipiell sind Sprachenrechte gute Ansätze zur Minderheitenförderung. Sie sollten idealiter bei jeder sprachpolitischen Entscheidung berücksichtigt werden. Löst man sie von ihrem technokratischen Macht- und Staatsverständnisses können sie einen wichtigen Beitrag zur Sprachpolitik liefern.

Allerdings ist die Umsetzung der *Linguistic Human Rights* nur dann sinnvoll, wenn sie nicht aus sich selbst heraus neue Konflikte und Ungleichheiten in der Gesellschaft schüren, d.h. wenn durch ihre Umsetzung (wie nur die teilweise implementierte Strategie des NCDC in Uganda) nicht selbst Benachteiligungen und Marginalisierungen herbeigeführt werden.

Diese Arbeit lehnt sich an das Verständnis von Blommaert (2005) an, der ein Unleichgewicht in der sprachlichen Funktionalität sieht. Unter Berücksichtigung der gewonnenen Erkenntnisse dieser Arbeit ist es vor allem die Funktionalität von Sprache, die in der Sprachpolitik eine Rolle spielt. Es geht also weniger darum, allen Sprachen der Welt rechtlich den gleichen Status zu verleihen und diese Gleichheit in die rechtlichen Systeme der Staaten zu übernehmen, sondern dass Menschen ein Raum eröffnet wird, innerhalb dessen sie Bildung genießen können und ihnen ermöglicht wird, eine nationale und offizielle Sprache zu lernen. Das Kommunikationsverhalten innerhalb der Familie kann und darf nicht durch rechtliche Normen beeinflusst werden, auch wenn dies aus sprachwissenschaftlicher Sicht negative Konsequenzen haben könnte.

Nach der Betrachtung der drei Perspektiven der Regierung, der Bevölkerung und der Wissenschaft wird im Folgenden nun ein abschließendes Fazit formuliert, das die gewonnenen Erkenntnisse bündeln und das Einflusspotential von Sprachattitüden auf Sprachpolitik und interethnische Beziehungen (in Uganda) bewerten soll.

KAPITEL V

Fazit

Die Arbeit versteht sich als ein ethnographischer Beitrag zum Wissenschaftsdiskurs um Sprachattitüden. Mithilfe eines qualitativen Methodenansatzes der Sozialforschung wurden linguistische mit soziologischen Fragestellungen zu Sprache, Identität und Nation verknüpft. Die Kombination von Methoden hat ermöglicht, die unterschiedlichen Forschungsinteressen und das umfangreiche Datenmaterial hinsichtlich der Fragestellung zu untersuchen. Durch die Analyse verschiedener Perspektiven konnte das Einflusspotential von Sprachattitüden auf Sprachpolitik, Nationalität und interethnische Beziehungen in Uganda rekonstruiert und interpretiert werden.

Abschließend werden nun zunächst die wesentlichen Erkenntnisse der drei Perspektiven von Regierung, Bevölkerung und Wissenschaft zusammengefasst und das Potential einer Betrachtung der Sprachattitüden für sprachpolitische Fragestellungen herausgestellt. Sodann wird die Funktionalität von Sprache als alternativer Ansatzpunkt für Sprachpolitik präsentiert, bevor in einem Ausblick Anknüpfungspunkte für weitere wissenschaftliche Arbeiten aufgezeigt werden.

15.0 Sprachattitüden in Uganda – ein Rückblick

Die Analyse dieser Arbeit hat gezeigt, dass Sprachattitüden sich in allen drei Untersuchungsperspektiven abbilden lassen und so durch den jeweiligen Akteur erheblichen Einfluss auf die Sprachpolitik nehmen.

Um die sich wandelnden Motive und die inhärenten Sprachattitüden der Sprachpolitik Ugandas seit der Unabhängigkeit zu untersuchen, wurde für die Analyse der *Perspektive der Regierung* eine historische Betrachtungsweise gewählt. Sprachpolitische Entscheidungen in sprachlich wie ethnisch heterogenen Gesellschaften zu treffen, ist eine Herausforderung für die jeweilige Regierung. In Uganda haben sich die Haltungen gegenüber der jeweiligen Nationalsprache aufgrund der persönlichen Präferenzen und Ziele von Regierungsoberhaupt zu Regierungsoberhaupt unterschieden. Dabei blieben die zentralen Beweggründe jedoch stets dieselben. Sowohl nationale Einheit als auch Aspekte des Machterhalts, die Exklusion bestimmter ethnischer Gruppen sowie wirtschaftliche Interessen spielten eine Rolle bei der Implementierung der jeweils

präferierten Nationalsprache. In den inzwischen fünfzig Jahren der Unabhängigkeit haben Ugandas Regierungen mehrere Konzepte für eine
Nationalsprachenpolitik vorgelegt, von denen sich keines durchsetzen
konnte oder von Nachhaltigkeit geprägt war.

Bei der Analyse der Darstellungspraxis der sprachpolitischen Entscheidungen war auffallend, dass alle Regierungschefs, unabhängig von
ihrer individuellen Motivation oder ihrem Politikstil dazu tendierten, ihre jeweilige Entscheidung gegenüber der Bevölkerung durch die Kommunikation positiver Sprachattitüden zu legitimieren. Zwar erfüllten
weder Obote noch Amin den Willen des Volkes, jedoch zielte ihre Darstellung auf einen gesellschaftlichen Konsens ab. Im Sinne der politischen Rhetorik wählten sie positive Sprachattitüden aus und versuchten
so das Bild der Nationalsprache aufzuwerten, damit es von der Bevölkerung angenommen würde. Obote implementierte Englisch als Nationalsprache und versuchte damit auch die Macht der Baganda einzugrenzen.
Jedoch präsentierte er diese Entscheidung als Notwendigkeit, um tribale
Konflikte zu verhindern und damit zu einer positiven Entwicklung
Ugandas beizutragen. Die (vermeintlich) negative Sprachattitüde der
Kolonialsprache wurde von Obote in eine Sprachattitüde der Neutralität
und Einheit umgewandelt, um die politische Entscheidung gegenüber
dem Volk zu vertreten.

Auch Amin gab vor, im Sinne der Bevölkerung zu handeln, indem er
Kiswahili zur Nationalsprache machte. Er verwendete eine vergleichbare
Symbolik wie Obote und schuf das Bild des Kiswahili als Sprache der
Afrikanisierung.

Anders als Obote und Amin hat die Regierung Museveni ihre präferierte Sprachpolitik nicht gesetzlich manifestiert. Musevenis Sprachpolitik zeichnet sich dadurch aus, dass er die Haltungen gegenüber Kiswahili immer wieder in seine rhetorische Strategie einbringt und damit offensichtlich versucht, das Bild des Kiswahili langfristig und nachhaltig zu
verbessern. Trotz des offensichtlichen Drucks von außen und der innenpolitischen Notwendigkeit wartet die Regierung mit der Implementierung des Kiswahili als Nationalsprache ab. Die Ernennung zur „zweiten
offiziellen Sprache" könnte dahingehend als ein erster Schritt in diese
Richtung gewertet werden. So sahen auch einige Befragte in Uganda Kiswahili als „Sprache der Zukunft" (vgl. 13.2.12) und argumentierten,
dass die Menschen Zeit brauchten, um Kiswahili zu akzeptieren.
Möglicherweise ist dies ein Grund für die langsame Implementierungs-
strategie der Regierung, um so eine möglichst hohe Zustimmung aus der
Bevölkerung zu erzielen. Die ansonsten sehr geringe Bezugnahme der
Bevölkerung auf die Politik der Regierung scheint die These Musevenis
zu belegen, nach der auch deshalb eine Nationalsprache etabliert werden

müsse, um einen Dialog zwischen Herrscher und Beherrschten herzustellen.

Die Erkenntnisse der Regierungsperspektive zeigen damit nicht nur,
dass Sprachattitüden einen substantiellen Beitrag zur Untersuchung von
Sprachpolitik liefern können, sondern dass sie auch gezielt von Politikern genutzt werden, um politische Entscheidungen zu legitimieren: Die
Regierungen Ugandas haben durch die Verwendung bestimmter Sprachattitüden ihre politischen Entscheidungen zu legitimieren versucht und
sich ihrer damit manipulativ bedient. Im Rahmen der Betrachtung politischer Rhetorik zu Sprachpolitik konnte gezeigt werden, dass Sprachattitüden auch eine Gesprächsstrategie sein können, die sich Politiker zunutze machen, um ihre Ziele und die Beweggründe ihrer Politik heraus-
zustellen. Dies belegt auch, dass Politiker Sprachen und Sprachattitüden
funktional nutzen, wie im Folgenden noch ausführlich gezeigt werden
wird: Sprachattitüden versinnbildlichen die Funktion, die eine (National)-Sprache erfüllen soll.

Die *Perspektive der Bevölkerung* hat einen Einblick in den Facettenreichtum von Sprachattitüden gegeben und offenbart, dass sie individuelle
Einschätzungen sind, da es keine einheitlichen Haltungen gegenüber einer Sprache gibt. Gleichzeitig ist aufgefallen, dass sich nur sehr wenige
Befragte in ihrer Argumentation auf die Sprachattitüden der Regierung
beriefen. Vielmehr stellten sie ihre persönlichen Haltungen in den Vordergrund.

Die Bevölkerung ist von individuellen Motiven und Erfahrungen geprägt, sodass sie auch für unterschiedliche Sprachmodelle als Nationalsprache plädiert. Für Uganda standen vor allem vier Sprachen im Vordergrund: Englisch, Kiswahili, Luganda und Acholi. Interessant bei der
Aufgliederung ist, dass die präferierten Lösungen sich stärker auf die
nicht-indigenen Sprachen Englisch und Kiswahili bezogen, während die
lokalen Sprachen Luganda und Acholi eher polarisierten und mit sehr
emotionalen Sprachattitüden versehen wurden. Die Sprachprofile, die
unter 13.3 erstellt wurden, zeigen die Heterogenität der Haltungen. So
ist keine Sprache mit nur einer Sprachattitüde konnotiert, wenngleich es
Assoziationen gibt, die häufiger genannt wurden als andere (z.B. Ablehnung bei Luganda oder Gewalt bei Kiswahili und Acholi).

Ferner kann man den Sprachprofilen entnehmen (13.3.1-13.3.4), dass
manche Sprachattitüden auch Ausdruck ethnischer Differenzen oder
Bündnisse sind. Bestimmte Sprachattitüden wurden hauptsächlich von
Sprechern einer Sprachgemeinschaft vertreten (siehe hierzu z.B. die star-
ke Konnotation der Gewalt gegenüber Kiswahili, die vornehmlich von
Baganda vorgetragen wurde). Diese Erkenntnisse lassen eine Generali-

sierung zu: Die Betrachtung von Sprachattitüden ermöglicht einen Rückschluss auf die (inter)ethnischen Beziehungen eines Landes. Anhand der Sprachattitüden lassen sich ethnische Konstellationen ablesen und auch, wie sich Sprachgemeinschaften zu ihrem Umfeld positionieren. Insofern sind Sprachattitüden als gesellschaftliches Statement zu verstehen, worin ein erhebliches Potential bei ihrer Untersuchung liegt.

Nationale Identifikation wird in Uganda weniger mit der Herkunft der Sprache in Verbindung gebracht, als vielmehr mit bestimmten Eigenschaften und Funktionen, die eine solche Sprache erfüllen muss (vgl. hierzu 17.0).

Durch die Einnahme einer etischen Perspektive konnte festgestellt werden, dass der Wissenschaftsdiskurs der *Linguistic Human Rights* mitunter auch ein Hegemoniediskurs ist, dem ein technokratisches Verständnis von Macht und Staat zugrunde liegt. Die Sprachattitüden der *Perspektive der Wissenschaft* offenbarten das eurozentristische Denken der *Linguistic Human Rights*. Die sprachwissenschaftliche Sorge um Sprachsterben und Sprachtod verleitet den Sprachenrechtsansatz zu einer paternalistischen Haltung. Gleichzeitig erscheinen sprachenrechtliche Ansätze wie die Rücksichtnahme und Förderung von Minderheitensprachen sehr wichtig, um Mehrsprachigkeit und kulturelle Vielfalt in einem Staat zu gewährleisten. Sprachenrechte können im Hinblick auf Sprachpolitik jedoch nur dann von Nutzen sein, wenn ihre Forderungen nicht ihrerseits neue Ungleichverhältnisse schaffen. Die Reduktion des Minderheitenproblems auf sprachliche Phänomene hält Edwards für nicht ausreichend:

> „So, even if we discard most of the existing conceptions of empowerment, on the grounds that they are patronising and often half-hearted attempts to compensate for the inequities of a system which is not about to change, and even if we were to support and encourage a more direct or aggressive accession to power, we would still be naïve to assume that major alterations in the linguistic and cultural landscape would be forthcoming. For such an assumption would ignore the subtle interweavings of a sociohisto rical fabric that has many more colours than simple black and white" (Edwards 2006: 29).

Sprachpolitik kann daher nur ein Teil in einer umfassenden politischen Strategie zur Förderung und Sicherheit von Minderheiten sein. In Uganda wurde beobachtet, dass eine solche Strategie auch genutzt werden kann, um die Segregation weiter zu fördern. Der Grat zwischen Minderheitenförderung und Segregation erscheint dabei sehr schmal. Dies darf jedoch kein Argument gegen die Förderung von Minderheiten sein, sondern sollte lediglich bei der politischen Umsetzung beachtet werden.

Führt man die drei Perspektiven von Regierung, Bevölkerung und Wissenschaft zusammen, wird deutlich, dass Sprachen nicht frei von Assoziationen und Werten sind. In multilingualen Gesellschaften kann die Wahl einer Sprache daher häufig auch als gesellschaftliches und individuelles Statement verstanden werden. Die Sprachwahl drückt in diesen Fällen Loyalität, Inklusion oder Exklusion, Macht oder Unterlegenheit aus, sie ist emotional beladen und oftmals Ausdruck von Identität oder Zugehörigkeit. Die Sprachattitüden liefern dabei den Ansatz, diese „Innenansicht" zu rekonstruieren.

Gleichzeitig lässt sich keine einheitliche Haltung der drei Perspektiven zu Sprachpolitik in Uganda erkennen. Die Ziele und Motive, die von den drei Akteuren vertreten werden, sind sehr heterogen, sodass es über den Faktor der Sprache selbst unmöglich scheint, einen Konsens zu finden. Betrachtet man jedoch die funktionale Ebene von Sprache, so erscheint eine Sprachpolitik, die alle drei Perspektiven berücksichtigen kann, möglich.

16.0 Funktionalität von Sprache

In dieser Arbeit wird die „Funktionalität" von Sprache im Hinblick auf die Sprachattitüden und nicht im Sinne der funktionalen Sprachtheorie betrachtet, welche die Funktion der Sprache für ihre Sprecher in den Fokus rückt (vgl. Bühler 1934, Hymes 1962). Funktionalität wird als diejenigen Eigenschaften definiert, welche eine Sprache erfüllt oder erfüllen muss, um eine bestimmte Funktion entsprechend den Erwartungen der Akteure ausfüllen zu können. Damit geht das Funktionalitätsverständnis dieser Arbeit über das von Luckmann hinaus, der die Funktionalität vor allem auf das Verhältnis zwischen Sprecher und der Sozialstruktur bezieht (vgl. Knoblauch 2005: 174, bzw. 4.1 Sprachbegriff). Folglich wird vorliegend die Definition um den funktionalen Aspekt von Sprache in der Sozialstruktur erweitert, d.h. in welcher Weise Sprachattitüden und -ideologien funktional in einer sozialen oder politischen Struktur angewendet werden bzw. sich auswirken können.

Die Funktionalität von Sprache bietet so eine alternative Perspektive auf Sprachpolitik. Sprachpolitik ist in einem Spannungsfeld von Sprachattitüden, Funktionalität und Macht angesiedelt. Gerade die funktionalen Eigenschaften von Sprache und ihre Symbolik können in diesem Zusammenhang genutzt werden, um den *double bind* von sprachlichen und ethnischen Minderheitenrechten und nationaler Sprachpolitik aufzulösen.

Bei der Analyse der drei Perspektiven traten immer wieder funktionale Aspekte von Sprache und Sprachpolitik in den Vordergrund:

Für Regierungen sind Sprachen sowohl Gegenstand ihrer politischen Arbeit als auch Instrumente, um ihre Politik durchzusetzen. Durch Sprachpolitik wird Sprache zum Gegenstand des politischen Handelns. Zur Vermittlung zwischen Herrschern und Beherrschten ist Sprache Instrument oder „Werkzeug" (Bühler 1934). Dabei könnte eine funktionale Betrachtung von Sprache dazu beitragen, die Wahl einer Nationalsprache zu erleichtern. So stünden die Eigenschaften, die eine Sprache als Nationalsprache erfüllen müsste, im Vordergrund des politischen Handelns. Unter der Berücksichtigung „relevanter" Sprachattitüden könnte ein Sprachprofil mit den bevorzugten Eigenschaften erstellt werden. Die Definition „relevanter Sprachattitüden" ließe sich in Uganda sehr eindeutig aus den Haltungen der Interviewten und Diskutanden ableiten. Für sie ist das Profil der Nationalsprache verbunden mit Einheit, nationaler Homogenität und Neutralität.

Die nationale Identifikation ist in Uganda, wie bereits in Abbildung 1 (siehe Seite 90) dargestellt wurde, eher weniger bedeutend für das eigene Identitätskonzept. Als solches stehen auch übergeordnete Funktionen wie nationale Homogenität und Neutralität im Vordergrund, um die interethnischen Beziehungen zu entspannen.

Durch ihre multiple Identitätsstruktur ist es den Menschen möglich, die unterschiedlichen Ebenen und damit verbundenen Sprachen funktional zu betrachten und zu verwenden: Wie bereits in mehreren Studien erkannt wurde, orientiert sich das Sprachverhalten in multilingualen Gesellschaften am Kontext:

> „In many other multilingual settings codes are held apart, but speakers make language choices on a regular basis. These choices are motivated by the social meaning they carry. [...]. However, as individuals and as groups, multilingual communities exploit the linguistic resources available which in the event comprise what are thought of as different languages" (Coulmas 2006: 66).

Die Sprachwahl erfolgt also intuitiv und unterliegt einer gewissen Routine. Im Privatleben wird möglicherweise eine andere Sprache gesprochen als im beruflichen Kontext, beim Einkauf oder im Gespräch mit Fremden. Sprachen erfüllen folglich unterschiedliche Funktionen für die jeweiligen Sprecherinnen und Sprecher.

Die funktionale Lesart wird ferner durch die Darstellung von Sprache als Akteur gestützt. Die Gesprächspartnerinnen und -partner stellten Sprache als handlungsfähiges Element dar, das „gewalttätig" oder „neutral" sein kann (vgl. u.a. Beispiele 25, 32). Der Akteurscharakter von Sprache wird in diesen Beispielen von den Sprechern intentional formuliert: Durch Verwendung der Klassenpräfixe Ki-, Chi- oder Lu-, die im Bantu als Klassenpräfixe (Kiswahili: Klasse 7, Luganda: Klasse 11) für

die Bezeichnung von Sprachennamen verwendet werden, markieren die
Sprecherinnen und Sprecher eindeutig, dass es sich um die Sprache und
nicht um die Sprachgemeinschaft handelt. Das bedeutet, dass Sprachen
bestimmte Charakteristika zugeschrieben werden. Dieser Prozess verläuft meist unbewusst, kann aber auch strategisch eingesetzt werden.
Oftmals nutzen Menschen Sprachattitüden, um sich zu Sprachen und
ihren Sprachgemeinschaften zu positionieren. Des Weiteren zeigen sie,
dass sie ihre Mehrsprachigkeit flexibel den äußeren Bedingungen anpassen und sich die Symbolik von Sprache zunutze machen können. Entsprechend der Situation ermöglicht ihnen die Mehrsprachigkeit, ihre vielen Identitäten nach außen abzubilden und sich somit entsprechend der
jeweiligen Situation, Lokalität oder des Umfelds zu positionieren.

Die intuitive Anwendung zeigt, dass der Mensch funktional über seine Sprachwahl bestimmt: „Language is a marker of ethnic identity; a ve-
hicle for expressing a distinct culture; a source of national cohesion; and
an instrument for building political community" (Safran 2005: 1).

Die Ergebnisse lassen den Schluss zu, dass es auch im nationalen Rahmen eine Sprache zur Herstellung nationaler Kohäsion geben müsse, die
situativ angewendet würde. Dies spielt auch in Uganda eine wichtige
Rolle, umso mehr, als das Nationenmodell von den Bürgern nicht infrage gestellt wurde. Die Mehrzahl der Befragten wünschte sich gerade die
Schaffung eines solchen Konstrukts, um die nationale Kommunikation,
die interethnischen Beziehungen und die kollektive Identität in Uganda
zu verbessern (vgl. 13.1 Nationalsprache in Uganda – Positionen der Bevölkerung).

Die Funktion einer Nationalsprache ist aus Sicht der ugandischen Bevölkerung mit dem Anspruch von Neutralität verbunden. Es zeigt sich,
dass eine gesellschaftliche, nationale Inklusion über Sprache gewünscht
ist, die über ethnische Barrieren hinweg Kommunikation ermöglicht.

Ein funktionaler Ansatz in der Sprachpolitik könnte die Möglichkeit
eröffnen, dass die politische Entscheidung auf eine größere Unterstützung der Betroffenen stoßen würde. Die Suche nach einer Sprache, die
bestimmte Eigenschaften erfüllen muss, bzw. die Betrachtung entsprechender Sprachattitüden könnte die Suche nach einer Nationalsprache
unterstützen, indem die Regierung bei der Implementierung der Nationalsprache die aus Sicht der Bevölkerung entscheidenden Funktionen
berücksichtigt. So zeigt das Beispiel des Nouchi in der Elfenbeinküste,
dass sich eine de facto Nationalsprache durch die Wandlung der Sprachattitüden über einen langen Zeitraum etablieren und von der Bevölkerung akzeptiert werden kann: Von einer einst als negativ konnotierten
Jugendsprache hat sich dieses sprachliche Register inzwischen zum all-

gemeinen Kommunikationsmittel in der Elfenbeinküste etabliert und wird daher von der Bevölkerung mit „Ivorian national pride" (Newell 2009: 158) assoziiert. Eine Nationalsprache oder ein nationales Register kann aus der Gesellschaft heraus emergieren und über einen bestimmten Zeitraum eine so positive Sprachattitüde erhalten, dass sie von der Mehrheit in einem Land als nationales Kommunikationsmittel anerkannt wird. Das zeigt, dass eine Sprache oder eine sprachliche Varietät mit einem positiven Symbolscharakter versehen sein muss, um als Nationalsprache von der Bevölkerung Anerkennung zu erfahren und damit erfolgreich angewendet werden kann. Viele Befragte in Uganda drückten dies auch damit aus, dass eine Nationalsprache „nur Zeit brauche", um von der Gesamtbevölkerung akzeptiert zu werden.

Auch für die Wahrung von Sprachenrechten verspricht eine funktionale statt einer sprachenbezogenen Betrachtung großes Potential. Ausgehend von den Ebenen von Identität, könnte ein Sprachenrechtsansatz genau an dieser Stelle anknüpfen und Rechte für die jeweiligen Ebenen einfordern. Das würde bedeuten, dass der rechtliche Rahmen die Sicherung der Ebenen schützen würde, die Ausgestaltung der Individualebene aber in der Hand des Individuums bliebe: Die Sprachwahl des Menschen wäre damit frei und entspräche auch den Forderungen der *Linguistic Human Rights*. Auf diese Weise könnten die angesprochenen Probleme von Vater- und Muttersprache, die starke Polarisierung von Sprachen und das inhärente Machtverhältnis minimiert werden. Auf einer kollektiven Ebene würde dadurch der Staat zwangsläufig verpflichtet, alle Sprachen in seinem Staatsgebiet anzuerkennen. Der Sprachenrechtsansatz könnte also die Grundlage dafür liefern, positive Sprachattitüden gegenüber den lokalen Sprachen bzw. zu ihren Funktionen herzustellen und damit das Machtungleichgewicht zu verringern.

Wie alle wissenschaftlichen Ansätze birgt eine funktionale Herangehensweise auch Schwächen: Es besteht das Risiko, dass die Betonung der Funktionalität von den Akteuren missbraucht werden könnte, um ihre eigentlichen Ziele zu verschleiern. Dies zeigen die Amtsperioden unter Amin und Obote, die durch die Verwendung positiver Sprachattitüden negative Effekte der Sprachpolitik der Bevölkerung vorzuenthalten versuchten. Dieses Risiko besteht jedoch immer und kann auch von wissenschaftlicher Seite nicht verhindert werden. Möglicherweise ist eine funktional ausgerichtete Sprachpolitik dagegen eine Lösung, interethnischen Spannungen vorzubeugen.

Des Weiteren könnte aus sprachwissenschaftlicher Sicht kritisiert werden, dass durch die Betonung von Neutralität die verstärkte Nutzung nicht-indigener Sprachen gefördert würde. Dies würde zu einer weiteren Schwächung der Position der lokalen Sprachen beitragen. Gleichzeitig liegt aber gerade in der Nutzung positiver Sprachattitüden auch das Potential, lokale Sprachen so zu stärken, dass sie auf eine breite Unterstützung seitens der betreffenden Akteure treffen. Umso mehr, als auch die Ergebnisse der Arbeit gezeigt haben, dass die Menschen durchaus das Bedürfnis haben, sich abzugrenzen und ihre Zugehörigkeit zu markieren. Möglicherweise bietet der Ansatz damit auch das Potential, Sprachsterben – wenn nicht zu verhindern – so doch bestmöglich vorzubeugen, indem Regierungen für den Schutz der Individualebene sensibilisiert und Minderheitensprachen damit geschützt werden.

Die Untersuchung der Sprachattitüden hat gezeigt, dass sie Einfluss auf Sprachpolitik ausüben und Ausdruck interethnischer Beziehungen sind: Erstens geben Sprachattitüden Aufschluss über die Haltungen der betreffenden Akteure zu Sprachpolitik.

Zweitens ist die Berücksichtigung von Sprachattitüden in sprachpolitischen Analysen von so großer Bedeutung, weil sie eine „Innenansicht" liefern, die – im Sinne eines induktiven Vorgehens – die Haltungen und Einstellungen verschiedener Akteure rekonstruieren können.

Durch die Untersuchung konnten Erkenntnisse über die Auswirkungen sprachpolitischer Entscheidungen auf das interethnische Gefüge eines Landes gewonnen werden. Es wurde deutlich, dass „sprachliches Handeln" bzw. die Kontextualisierung von Sprache, insbesondere an der Schnittstelle von Linguistik und gesellschaftswissenschaftlichen Themen, von besonderer Bedeutung ist. Die Untersuchung von Sprachattitüden und -ideologien bietet sich hier als gewinnbringender Zugang zum Untersuchungsgegenstand an, wie auch Garrett, Coupland und Williams betonen:

> „In sociolinguistics language ideology is emerging as an important concept for understanding the politics of language in multilingual situations, such as in relation to immigration and social inclusion/exclusion generally [...] and indeed as a politically more sensitive backdrop to any investigation of language variation and change" (Garrett, Coupland & Williams 2003: 11).

Da Sprachpolitik in Machtgewinn und -verlust einzelner Sprachgemeinschaften resultiert und die Ideologisierung einer oder mehrerer Sprachen zur Folge hat, bieten Sprachattitüden einen Ansatzpunkt für die Analyse und Reflektion soziolinguistischer Fragestellungen. Bei einer funktionalen Herangehensweise an Sprachpolitik bieten sie überdies den Zugang zu den wichtigen Funktionen und Eigenschaften, die eine Sprache in einer bestimmten „Rolle" erfüllen sollte.

17.0 Ausblick

Sprachattitüden haben sich als vielversprechende Analyseperspektive erwiesen und einen interessanten Einblick in die ugandische Sprachpolitik geliefert. Ein Problem, das bereits im Verlauf der Arbeit angesprochen wurde, ist, dass nur Mitglieder der alphabetisierten Bevölkerung, die zudem Englisch sprechen, befragt werden konnten. Dieser Umstand hat für die Untersuchung des Einflusspotentials von Sprachattitüden auf Sprachpolitik in Uganda wohl keine Auswirkungen. Jedoch ist vorstellbar und wahrscheinlich, dass sich bei der Untersuchung der Perspektive der Bevölkerung weitere Sprachattitüden oder andere Schwerpunkte ergeben würden.

Die Verwendung einer Methodenkombination hat sich als gewinnbringend herausgestellt: Mithilfe der qualitativen Inhaltsanalyse konnten die Kategorien der Sprachattitüden gebündelt und systematisiert werden. Des Weiteren diente sie zur Sichtung der wissenschaftlichen Texte und der politischen Reden. Mit ihrer Hilfe konnten induktiv die zugrunde liegenden Grundbegriffe herausgearbeitet werden, die dann diskursanalytisch weiterbearbeitet wurden. Die Anwendung gesprächsanalytischer Methoden diente vor allem dazu, die Gesprächspraktiken von wissenschaftlichen Texten und politischen Reden herauszuarbeiten: Dadurch ließen sich die inhärenten Sprachattitüden erkennen und auf ihren Zweck in der Argumentation untersuchen. Die Daten wurden im Rahmen eines ethnographischen Vorgehens interpretiert und geben somit eine „Innenansicht" für das Fallbeispiel Uganda.

Im Hinblick auf weitere Untersuchungen zu Sprachattitüden – durch die Zuhilfenahme weiterer lokaler Positionen – erscheint die Verwendung eines „Locally Mediated Research" (Beck 2011 : 68ff.) sinnvoll, um die Synergieeffekte interkulturellen Zusammenarbeitens und interkulturellen Wissens optimal für die Analyse einzusetzen.

Die Erkenntnisse dieser Arbeit deuten darauf hin, dass Sprachattitüden einen wichtigen Beitrag im Untersuchungsfeld von Linguistik und Soziologie liefern können. Während gerade in den letzten Jahren in der Soziolinguistik und Sprachsoziologie eine Vielzahl von Untersuchungen zu Sprachattitüden veröffentlicht wurde, fehlen doch empirische Arbeiten, die sich der Verknüpfung von Sprachattitüden mit anderen Themen, wie der Sprachpolitik, widmen. Diese Untersuchung möge Ausgangspunkt für weitere Forschungen auf diesem Gebiet in Afrika sein.

KAPITEL VI

Bibliographie

ABD-KADIR, Jan & Frank HARDMAN. 2007. The Discourse of Whole Class Teaching: A Comparative Study of Kenyan and Nigerian Primary English Lessons. In: *Language and Education* 21/1. 1-15.

ABELS, Heinz. 2009. *Einführung in die Soziologie. Band 2: Die Individuen in ihrer Gesellschaft.* Wiesbaden: VS Verlag für Sozialwissenschaften.

ABELS, Heinz. 2010a. *Identität.* Wiesbaden: VS Verlag für Sozialwissenschaften.

ABELS, Heinz. 2010b. *Interaktion, Identität, Präsentation. Kleine Einführung in interpretative Theorien der Soziologie.* Wiesbaden: VS Verlag für Sozialwissenschaften.

ADEGBIJA, Efurosibina. 1994. *Language Attitudes in Sub-Saharan Africa. A Sociolinguistic Overview.* Clevedon (u.a.): Multilingual Matters Ltd.

ADEGBIJA, Efurosibina. 1997. The language factor in the achievement of better results in literacy programs in Nigeria: some general considerations. In: SMIEJA, Birgit & Meike TASCH (Hg.). *Human Contact through Language and Linguistics.* Frankfurt a. M. (u.a.): Peter Lang Verlag. 221-241.

AKERE, Funso. 1982. Language Use and Language Attitudes in a Yoruba Suburban Town: A Sociolinguistic Response to the Factors of Traditionalism and Modernity. In: *Anthropological Linguistics* 24/3. 344-362.

ALEXANDRE, Pierre. 1972. *An Introduction to Languages and Language in Africa.* London: Heinemann.

ALTHUSSER, Louis. 1922. *Ideologie und ideologische Staatsapparate.* Hamburg: VSA.

ANDERSON, Benedict. 1996. *Die Erfindung der Nation. Zur Karriere eines folgenreichen Projekts.* Frankfurt M. & New York: Campus Verlag.

APUULI, David Kihumuro. 1994. *A Thousand Years of Bunyoro-Kitara Kingdom. The People and the Rulers.* Kampala. Fountain Publishers.

ARENDT, Hannah. 1958. *The Human Condition.* Chicago: The University of Chicago Press.

ARZOZ, Xabier. 2007. The Nature of Language Rights. In: *Journal on Ethnopolitics and Minority Issues in Europe* 6/2. 1-35.

ATTINASI, John. 1983. Language attitudes and working class ideology in a Puerto Rican Barrio of New York. In: *Ethnic Groups* 5. 54-78.

AUSTIN, John Langshaw. 1972. *Zur Theorie der Sprechakte.* Stuttgart: Reclam

BAKER, Colin. 1992. *Attitudes and Language*. Clevedon (u. a.): Multilingual Matters Ltd.

BAMGBOSE, Ayo. 1991. *Language and the Nation. The Language Question in Sub-Saharan Africa*. Edinburgh: Edinburgh University Press.

BAMGBOSE, Ayo. 2000. *Language and Exclusion. The Consequence of Language Policies in Africa*. Münster (u.a.): LIT Verlag.

BAUMAN, Richard & Charles L. BRIGGS. 2003. *Voices of Modernity Language Ideologies and the Politics of Inequality*. Cambridge: Cambridge University Press.

BECK, Rose Marie. 2006. We speak Otjiherero but we write in English – Disempowerment through language use in participatory extension work. In: PÜTZ, Martin, Joshua A. FISHMAN & JoAnne NEFF-VAN AERTSELAER (Hg.). *„Along the Routes to Power" Explorations of Empowerment through Language*. Berlin & New York: Mouton de Gruyter. 305-332.

BECK, Rose Marie. 2009a. Finanzdebatte auf Herero: wer definiert die Macht der Fakten? Kommunikation zwischen Tradition und Moderne – aus einer soziolinguistischen Studie. In: *Forschung Frankfurt 24*. 53-57.

BECK, Rose Marie. 2009b. „Tusidanganye – Machen wir uns doch nichts vor!" Wissensproduktion und HIV-Prävention in Nairobi (Kenia). In: *Gesprächsforschung – Online-Zeitschrift zur verbalen Interaktion 10*. (www.gesprächsforschung-ozs.de). 292-352.

BECK, Rose Marie. 2010. Urban Languages in Africa. In: *Africa Spectrum 3*. 11-41.

BECK, Rose Marie. 2011. *Bridging the Language Gap. Approaches to Herero Verbal Interaction as Development Practice in Namibia*. Köln: Rüdiger Köppe Verlag.

BECKER, F., U. GERHARD & J. LINK, J. 1997. Moderne Kollektivsymbolik. Ein diskurstheoretischer Forschungsbericht mit Auswahlbibliographie. Teil II. In: *Internationales Archiv für Sozialgeschichte der deutschen Literatur 22*. 70-154.

BECKER, Julia Maximiliane. 2006. *Die Rolle der Oppositionsparteien im politischen Prozess Ugandas (1996-2005). Einfluss- und Demokratiepotentiale von Parteien in nicht-demokratischen Gesellschaften*. Frankfurt: Goethe-Universität. Unveröffentlichte Magisterarbeit.

BEHREND, Heike. 1998. War in Northern Uganda. In: CLAPHAM, Christopher (Hg.). *African Guerillas*. Kampala: Fountain Publishers.

BERGMANN, Jörg R. 1994. Ethnomethodologische Konversationsanalyse. In: FRITZ, Gerd & Franz HUNDSNURSCHER (Hg.). *Handbuch der Dialoganalyse*. Tübingen: Niemeyer Verlag. 3–16.

BERGMANN, Jörg R. 2011. Qualitative Methoden der Medienforschung – Einleitung und Rahmung. In: AYAß, Ruth & Jörg R. BERGMANN (Hg.). *Qualitative Methoden der Medienforschung*. Mannheim: Verlag für Gesprächsforschung. 13-41.

BLOMMAERT, Jan. 1992. Codeswitching and the exclusivity of social identities: some data from Campus Swahili. In: *Journal for Multilingual and Multicultural Development* 13. 57-70.

BLOMMAERT, Jan. 1999a. *State Ideology and Language in Tanzania*. Köln: Rüdiger Köppe Verlag.

BLOMMAERT, Jan. 1999b. The debate is open. In: BLOMMAERT, Jan (Hg.). *Language Ideological Debates*. Berlin & New York: Mouton de Gruyter. 1-34.

BLOMMAERT, Jan. 1999b. The debate is closed. In: BLOMMAERT, Jan (Hg.). *Language Ideological Debates*. Berlin & New York: Mouton de Gruyter. 425-438.

BLOMMAERT, Jan. 2001. The Asmara Declaration as a sociolinguistic problem: Reflections on scholarship and linguistic rights. In: *Journal of Sociolinguistics* 5/1. 131-155.

BLOMMAERT, Jan. 2005. Situating language rights; English and Swahili in Tanzania revisited. In: *Journal of Sociolinguistics* 9/3. 390-417.

BLOMMAERT, Jan & Jef VERSCHUEREN. 1998. The Role of Language in European Nationalist Ideologies. In: SCHIEFFELIN, Bambi, Kathryn A. WOOLARD & Paul V. KROSKRITY. *Language Ideologies. Practice and Theory*. New York & Oxford: Oxford University Press. 189-210.

BLOT, Richard. 2003. Introduction. In: BLOT, Richard (Hg.). *Language and Social Identity*. Westport: Praeger Publishers. 1-11.

BOKAMA, Eyamba G. 2008. D.R. Congo: Language and "Authentic Nationalism". In: SIMPSON, Andrew (Hg.). *Language and National Identity in Africa*. Oxford (u.a.): Oxford University Press. 214-233.

BOHNSACK, Ralf. 1993. *Rekonstruktive Sozialforschung. Einführung in Qualitative Methoden*. Opladen: Leske und Budrich.

BOHNSACK, Ralf. 2000. Gruppendiskussionen. In: FLICK, Uwe, Ernst VON KARDOFF & Ines STEINKE (Hg.). *Qualitative Forschung Ein Handbuch*. Reinbeck: Rowohlts Enzyklopädie. 369-384.

BOHNSACK, Ralf. 2008. *Rekonstruktive Sozialforschung. Einführung in Qualitative Methoden*. Opladen & Farmington Hills: Verlag Barbara Budrich.

BOHNSACK, Ralf & Aglaja PRZYBORSKI. 2006. Diskursorganisation, Gesprächsanalyse und die Methode der Gruppendiskussion. In: BOHNSACK, Ralf, Aglaja PRZYBORSKI & Burkhard SCHÄFFER (Hg.). *Gruppendiskussionsverfahren in der Forschungspraxis*. Opladen: Verlag Barbara Budrich. 233-248.

BOHNSACK, Ralf & Burkhard SCHÄFFER. 2001. Exemplarische Textinterpretation: Diskursorganisation und dokumentarisches Methode. In: BOHNSACK, Ralf ET AL. (Hg.). *Die dokumentarische Methode und ihre Forschungspraxis: Grundlagen qualitativer Forschung*. Opladen: Leske & Budrich. 309-321.

BOSIRE, Mokaya. 2006. Hybrid Languages. The Case of Sheng. In: ARASANYIN, Olaoba F. & Michael A. PEMBERTON (Hg.). *Selected Proceedings of the 36th Annual Conference on African Linguistics*. Somerville: Cascadilla Proceedings Project. 185.193.

BOURDIEU, Pierre. 1987. *Die feinen Unterschiede. Kritik der gesellschaftlichen Urteilskraft*. Frankfurt a.M.: Suhrkamp.

BOURDIEU, Pierre. 1990. *Was heißt sprechen? Die Ökonomie des sprachlichen Tausches*. Wien: Braunmüller.

BOUSSOFARA-OMAR, Naïma. 2011. Learning the 'Linguistic Habitus' of a politician: A presidential authorative voice in the making. In: MOONEY, Annabelle ET AL. (Hg.). *The Language, Society and Power Reader*. London & New York: Routledge.

BRATT PAULSTON, Christina. 1997. Language Policies and Language Rights. In: *Annual Review of Anthropology* 26. 73-85.

BRATT PAULSTON, Christina. 2000. Ethnicity, Ethnic Movements, and Language Maintenance. In: KINDELL, Gloria & M. Paul LEWIS (Hg.). *Assessing Ethnolinguistic Vitality Theory and Practice*. Dallas: SIL International. 27-39.

BRINKER, Klaus & Sven F. SAGER. 2006. *Linguistische Gesprächsanalyse. Eine Einführung*. Berlin: Erich Schmidt Verlag.

BROCK-UTNE, Birgit. 2000. Education for All – In Whose Language? In: PHILLIPSON, Robert (Hg.). *Rights to Language. Equity, Power, and Education*. Mahwah & London: Lawrence Erlbaum Associates. 239-242.

BROCK-UTNE, Birgit & Rodney Kofi HOPSON. 2005. Educational Language Contexts and Issues in Postcolonial Africa. In: BROCK-UTNE, Birgit & Rodney Kofi HOPSON (Hg.). *Languages of Instruction for African Emancipation: Focus on postcolonial Contexts and Considerations*. Kapstadt: CASAS. 1-22.

BROß, Michael. 2001a. Nationalsprache. In: MABE, Jacob E. (Hg.). *Das Afrika-Lexikon. Ein Kontinent in 1000 Stichwörtern*. Wuppertal & Stuttgart/Weimar: Peter Hammer Verlag & Verlag J.B. Metzler. 431 f.

BROß, Michael. 2001b. Verkehrssprache. In: MABE, Jacob E. (Hg.). *Das Afrika-Lexikon. Ein Kontinent in 1000 Stichwörtern*. Wuppertal & Stuttgart/Weimar: Peter Hammer Verlag & Verlag J.B. Metzler. 673f.

BROSZINSKY-SCHWABE, Edith. 2011. *Interkulturelle Kommunikation. Missverständnisse – Verständigung*. Wiesbaden: VS: Verlag.

BUCHOLTZ, Mary & Kira HALL. 2004. Language and Identity. In: DURANTI, Alessandro (Hg.). *A Companion to Linguistic Anthropology*. Malden (u.a.): Blackwell Publishing. 369-394.

BÜHLER, KARL. 1934. *Sprachtheorie: die Darstellungsfunktion der Sprache*. Jena: G. Fischer.

CAMPBELL, D. T. & D. W. FISKE. 1959. Convergent and discriminant validation by the multitrait-multimethod matrix. In: *Psychological Bulletin* 56(2). 81-105.

CAMPELL-MAKINI, Z. M. Roy. 2000. The Language of Schooling. Deconstructing Myths about African Languages. In: MAKONI, Sinfree B. & Nkonko KAMWANGAMALU (Hg.). *Languages and Institutions in Africa*. Kapstadt: CASAS. 111-130.

CHOMSKY, Noam. 2004. *Language and Politics*. Oakland & Edinburgh: AK Press.

CICOUREL, Aaron. 1964. *Method and Measurement in Sociology*. New York: Free Press.

COHEN, Ronald (Hg.). 1970. *From tribe to nation in Africa: studies in incorporation processes*. Scranton: Chandler.

COULMAS, Florian. 1998. Language Rights – Interests of State, Language Groups and the Individual. In: *Language Sciences* 20/1. 63-72.

COULMAS, Florian. 2006. The power to choose and its sociolinguistic implications. In: PÜTZ, Martin, Joshua A. FISHMAN & JoAnne NEFF-VAN AERTSELAER (Hg.). *„Along the Routes to Power" Explorations of Empowerment through Language*. Berlin & New York: Mouton de Gruyter. 55-72.

DAVIDSON, Basil. 1992. *The Black Man's Burden. Africa and the Curse of the Nation State*. London: James Currey.

DECALO, Samuel. 1989. *Psychoses of Power: African personal dictatorships*. Boulder (u.a.): Westview Press.

DENZIN, Norman & Yvonna S. LINCOLN (Hg). 2000. *Handbook of Qualitative Research*. Thousand Oaks: Sage.

DEPPERMANN, Arnulf. 2000. Ethnographische Gesprächsanalyse: Zum Nutzen und Notwendigkeit von Ethnographie für die Konversationsanalyse. In: *Gesprächsforschung – Online Zeitschrift zur verbalen Interaktion Ausgabe* 1. 96-124.

DEPPERMANN, Arnulf. 2001. *Gespräche analysieren*. Opladen: Leske und Budrich.

DEPPERMANN, Arnulf, Reinhard FIEHLER & Thomas SPRANZ-FOGASY (Hg.). 2006. *Untersuchungen zum Zusammenhang von grammatischen Strukturen und Gesprächsprozessen*. Radolfzell: Verlag für Gesprächsforschung.

DÖRING, Jörg & Tristan THIELMANN (Hg.). 2008. *Spatial Turn. Das Raumpa-radigma in den Kultur- und Sozialwissenschaften*. Bielefeld: transcript Verlag.

DOLAN, Chris. 2009. *Social torture: the case of Northern Uganda 1986-2006*. New York (u.a): Berghahn.

DOORNBOS, Martin R. 2001. *The Ankole Kingship Controversy*. Kampala: Fountain Publishers.

DOYLE, Shane. 2006. *Crisis and Decline in Bunyoro: Population and Environ-ment in Western Uganda 1860-1955*. London: The British Institute in East Africa.

DURANTI, Alessandro. 1997. *Linguistic Anthropology. A Reader*. Cambridge: Cambridge University Press.

EDWARDS, J. R. 1982. Language Attitudes and Their Implications among English Speakers. In: BOUCHARD RYAN, Ellen & Howard GILES (Hg.). *Attitudes Towards Language Variation*. Edward Arnold. 20-33

EDWARDS, JOHN. 1995. The power of nationalism: the Canadian Referen-dum 1992. In: FASE, Willem, Jaspaert T. KOEN & Sjaak KROON (Hg.). *The State of Minority Languages International Perspectives on Survival and Decline*. Lisse: Swets & Zeitlinger. 25-36.

EDWARDS, John. 2006. The power of language, the language of power. In: PÜTZ, Martin, Joshua A. FISHMAN & JoAnne NEFF-VAN AERTSELAER (Hg.). *„Along the Routes to Power" Explorations of Empowerment through Language*. Berlin & New York: Mouton de Gruyter. 13-34.

EHRENSPECK, Yvonne, Alexander GEIMER & Steffen LEPA. 2008. Inhalts-analyse. In: SANDER, Uwe, Friederike VON GROS & Kai-Uwe HUGGER, (Hg.). *Handbuch Medienpädagogik*. Wiesbaden: VS Verlag für Sozialwissenschaften. 351-355.

EICHSTAEDT, Peter H. 2009. *First kill your family: child soldiers of Uganda and the Lord's Resistance Army*. Chicago: Lawrence Hill Books.

ENGEL, Ulf & Gorm Rye OLSEN. 2010. *Authority, sovereignty and Africa's changing regimes of territorialism*. Leipzig: Leipziger Universitatsver-lag GmbH.

ENGEL, Ulf & Paul NUGENT. 2010. Introduction: The Spatial Turn in Afri-ca. In: ENGEL, Ulf & Paul NUGENT (Hg.). *Respacing Africa*. Leiden & Boston: Brill 1-10.

ENGELHARDT, Marc. 2010. Mit Äxten und Macheten. In: *taz 29.03.2010*.

EPELU-OPIO, Justin. 2009. *Teso War 2986-1992. Causes and Consequences*. Kampala: Fountain Publishers.

FAIRCLOUGH, Norman. 2003. *Analyzing discourse: textual analysis for social research*. London (u.a.): Routledge.

FAIRCLOUGH, Norman & Ruth WODAK. 1997. Critical Discourse Analysis. In: VAN DIJK, Teun A. (Hg.). *Discourse as social interaction*. London: Sage Publications. 258-284.

FAULSTICH, Katja. 2008. *Konzepte des Hochdeutschen. Der Sprachnormierungsdiskurs im 18. Jahrhundert*. Berlin & New York: Walter de Gruyter.

FINLAYSON, Rosalie. 1982. Hlonipha – the Women's Language of Avoidance among the Xhosa. In: *South African Journal of African Languages* Supplement 1. 25-60.

FISHMAN, Joshua A. 1971. *Bilingualism in the Barrio*. Bloomington: Indiana University Publications.

FISHMAN, Joshua A. 1972a. *The Sociology of Language*. Rowley: Newbury House Publishers.

FISHMAN, Joshua A. 1972b. *Language and Nationalism. Two Integrative Essays*. Rowley: Newbury House Publishers.

FISHMAN, Joshua A. 1972c. The impact of nationalism on language planning. In: HARRIS, Roxy & Ben RAMPTON (Hg.). *The Language, Ethnicity and Race Reader*. New York (u.a.): Routledge. 117-126.

FISHMAN, Joshua A. 1975. *Soziologie der Sprache*. München: Max Hübner Verlag.

FLICK, Uwe. 2010. *Qualitative Sozialforschung*. Reinbeck: Rowohlt Verlag.

FLICK, Uwe, Ernst VON KARDOFF & Ines STEINKE (Hg.). 2000. *Qualitative Forschung. Ein Handbuch*. Hamburg: Rowohlt Taschenbuchverlag.

FOUGHT, Carmen. 2008. *Language and Ethnicity*. Cambridge: Cambridge University Press.

FREELAND, Jane & Donna PATRICK (Hg.). 2004. *Language Rights and Language Survival*. Manchester & Northhampton: St. Jerome Publishing.

FRIEBERTSHÄUSER, Barbara. 1997. Interviewtechniken Ein Überblick. In: FRIEBERTSHÄUSER, Barbara & Annedore PRENGEL (Hg.). *Handbuch Qualitative Forschung in der Erziehungswissenschaft*. Weinheim & München: Juventa Verlag. 371-395.

FÜSSER, W. K. 1989. *Rebellion in Buganda Eine Staatskrise in Ostafrika*. Hamburg: Ergebnisse Verlag.

GALINDO, Leticia. 1995. Language attitudes towards Spanish and English varieties: A Chicano perspective. In: *Hispanic Journal of Behavioural Sciences 17*. 5-17.

GARDNER, Robert C. 1985. *Social psychology and second language learning: the role of attitudes and motivation*. London (u.a.): Arnold.

GARDNER, Robert C. & Wallace E. LAMBERT. 1972. *Attitudes and Motivation in Second-Language Learning*. Rowley: Newbury House.

GARFINKEL, Harold. 1967. *Studies in Ethnomethodology.* Englewood Cliffs: Prentice Hall.

GARRETT, Peter. 2010. *Attitudes to Language.* Cambridge: Cambridge University Press.

GARRETT, Peter, Nikolas COUPLAND & Angie WILLIAMS. 2003. *Investigating Language Attitudes.* Cardiff: University of Wales Press.

GIESEN, Bernhard. 1999. *Kollektive Identität. Die Intellektuellen und die Nation 2.* Frankfurt: Suhrkamp Taschenbuch Wissenschaft.

GIRTLER, Roland. 2006. *Kulturanthropologie. Eine Einführung.* Wien & Münster: LIT Verlag.

GITHIORA, Chege. 2002. Sheng: peer language , Swahili dialect or emerging Creole?. In: *Journal of African Cultural Studies 15/2.* 159-181.

GITHIORA, Chege. 2008. Kenya: Langauge and the Search for a Coherent National Identity. In: SIMPSON, Andrew (Hg.). *Language and National Identity in Africa.* Oxford (u.a.): Oxford University Press. 235-251.

GLASER, Barney & Anselm STRAUSS. 1967. *The Discovery of Grounded Theory.* Chicago: Aldine

GREEN, Matthew. 2008. *The wizard of the Nile: the hunt for Africa's most wanted.* London: Portobello Books.

GREEN, Elliott. 2008. *District Creation and Decentralization in Uganda.* London: London School of Economics. Development Studies Institute.

GRIN, François. 2005. Linguistic Human Rights as a source of policy guidelines: A critical   assessment. In: *Journal of Sociolinguistics 9/3.* 448-460.

GROEBEN, Norbert & Ruth RUSTEMEYER. 2002. Inhaltsanalyse. In: KÖNIG, Eckard & Peter ZEDLER (Hg.). *Qualitative Forschung.* Weinheim & Basel: Beltz Verlag. 233-258.

GULU DISTRICT. o.A. www.gulu.go.ug. 09.11.2009. 12.30h.

GUMPERZ, John 1972. *Directions in Sociolinguistics.* New York: Holt, Rinehart and Winston.

GUMPERZ, John 1979. Cross-Cultural Communication. In: HARRIS, Roxy & Ben RAMPTON (Hg.). *The Language, Ethnicity and Race Reader.* New York (u.a): Routledge. 267-275.

GUMPERZ, John & Stephen C. LEVINSON (Hg.). 1996. *Rethinking Linguistic Relativity.* Cambridge: Cambridge University Press.

GURR, Ted Robert. 2000. *Peoples vs. States.* Washington D.C.: Institute of Peace.

GUTHRIE, Malcolm. 1948. *The classification of the Bantu languages.* London (u.a.): Oxford University Press.

HABERMAS, Jürgen. 1967. *Zur Logik der Sozialwissenschaften.* Tübingen: Mohr.

HABERMAS, Jürgen. 1995. *Theorie des Kommunikativen Handelns*. Frankfurt am Main: Suhrkamp.

HABWE, John. 2009. The Role of Kiswahili in the Integration if East Africa. In: *The Journal of Pan African Studies* 2/8. 2-10.

HANEWINKEL, Birgit. 1993. *Interaktion im Wahlkampf. Gesprächsanalytische Untersuchung der Kandidatendebatte Mitterand – Chirac vom 28. April 1988*. Dissertation / München. Onlinepublikation: http://edoc.ub.uni-muenchen.de/12483/1/Hanewinkel_Birgit.pdf, 05.03.2012. 18.23.

HANSEN, Klaus P. 2009. *Kultur, Kollektiv, Nation*. Passau: Stutz.

HARNISCHFEGER, Johannes. 2003. *Afrikanisierung und Nation-Building: Sprachpolitik in Südafrika*. Leipzig: Institut für Afrikanistik.

HART, Manfred. 1978. Uganda. In: WEROBÈL-LA ROCHELLE, Jürgen, Rolf HOFMEIER & Mathias SCHÖNBORN, . *Politisches Lexikon Schwarzafrika*. München: Verlag C.H. Beck. 475-485.

HEINZE, Thomas. 2001. *Qualitative Sozialforschung: Einführung, Methodologie und Forschungspraxis*. München & Wien: Oldenbourg.

HELLER, Monica. 1999. Alternative ideologies of la francophonie. In: *Journal of Sociolinguistics* 3/3. 336-359.

HELLER, Monica. 2006. *Linguistic minorities and modernity*. London & New York: continuum.

HELLWIG, Birgit. 2007. Fieldwork among the Goemai in Nigeria: discovering the grammar of property expressions. In: *Sprachtypologie und Universalienforschung* (STUF) 60. 67-80.

HERBST, Kathrin & Gerald HEUSING. 2006. Das Acholi übersetzen – Hilfe für ein Volk in Uganda. In: *Leipzig Alumni International Ausgabe* 13. 20.

HEUGH, Kathleen. 2000. Giving Good Weight to Multilingualism in South Africa. In: PHILLIPSON, Robert (Hg.). *Rights to Language. Equity, Power, and Education*. Mahwah & London: Lawrence Erlbaum Associates. 234-238.

HEUSING, Gerald. 2005. Anspruch und Wirklichkeit der ugandischen Sprachpolitik von 1986 bis 2002. in: HEUSING, Gerald (Hg.). *Aspekte der linguistischen und kulturellen Komplexität Ugandas*. Leipzig: Universität Leipzig Institut für Afrikanistik. 14-24.

HILPOLD, Peter. 2007. UN Standard-Setting in the Field of Minority Rights. In: *International Journal on Minority and Group Rights* 14. 181-205.

HILL, Lloyd. 2010. Language and status: On the limits of language planning. In: *Stellenbosch Papers in Linguistics* 39. 41-58.

HOBSBAWM Eric J. 2005. *Nationen und Nationalismus. Mythos und Realität seit 1780*. Frankfurt & New York. Campus Verlag.

HOFFMANN-RIEM, Christel. 1980. Die Sozialforschung einer interpretativen Soziologie – Der Datengewinn. *Kölner Zeitschrift für Soziologie und Sozialpsychologie 32.* 339-372.

HOLMES, Janet. 1992. *An introduction to sociolinguistics.* London & New York: Longman.

HOUSE, Juliane. 2003. English as a lingua franca: A threat to multilingualism? In: *Journal of Sociolinguistics 7/4.* 556-578.

HOUSE, Juliane. 2010. The Pragmatics of English as a lingua franca In: TROSBORG, Anna (Hg.). *Pragmatics across Language and Culture.* Berlin & New York: De Gruyter Mouton. 363-390.

HOVE, Chenjerai. 1994. Demokratie in Lumpen. In: IMFELD, Al (Hg.). *Chamäleon und Chimäre. Afrikanische Standpunkte.* Zürich: Unionsverlag. 81ff.

HUDSON, Richard Anthony. 1987. *Sociolinguistics.* Cambridge (u.a.): Cambridge University Press.

HUMAN RIGHTS WATCH. 2004. *IStGH: Umfangreiche Untersuchungen in Uganda gefordert.* ; 12.04.2011, 11.41h.

HYMES, Dell H. 1962. The ethnography of speaking. In: GLADWIN, Thomas & William C. STURTEVANT (Hg.). *Anthropology and human behavior.* Washington: Anthropological Society. 11-33.

IGBOANUSI, Herbert & Lothar PETER. 2004. Oppressing the oppressed: the threats of Hausa and English to Nigeria's minority languages. In: *International Journal of Social Languages 170.* 131-140.

IRVINE, Judith. 1975. *Wolof speech styles and social status.* Austin: Southwest Educational Development Lab.

IRVINE, Judith & Susan GAL. 2000. Language Ideology and Linguistic Differentiation. In: KROSKRITY, Paul (HG.). *Regimes of Language.* Santa Fe: School of American Research Press. 35-84.

JACKSON, Jennifer. 2006. To Be a Developed Nation is to Speak as a Developed Nation: Constructing Tropes of Transparency and Development Through Syntax, Register, and Context in the Political Oratory of Imerina, Madagascar. In: *Texas Linguistic Forum 49 (Proceedings of the Thirteenth Annual Symposium About Language and Society – Austin, April 15-17,2005).* 72-83.

JÄGER, Siegfried. 2009. *Kritische Diskursanalyse. Eine Einführung.* Münster: Unrast-Verlag.

JÄGER, Siegfried (Hg.). 2010. *Lexikon Kritische Diskursanalyse: Eine Werkzeugkiste.* Münster: Unrast-Verlag.

JÄGER, Margarete & Siegfried JÄGER. 2007. *Deutungskämpfe. Theorie und Praxis Kritischer Diskursanalyse.* Wiesbaden. VS Verlag für Sozialwissenschaften.

JAHODA, Marie, Paul Felix LAZARSFELD & Hans ZEISEL. 1975. *Die Arbeitslosen von Marienthal: Ein soziographischer Versuch über die Wirkungen lang andauernder Arbeitslosigkeit.* Frankfurt: Suhrkamp Verlag.

JANSON, Tore & Joseph TSONOPE. 1991. *Birth of a National Language. The history of Setswana.* Oxford [u.a.]: Heinemann.

JERNUDD, Björn H. 1995. Personal names and human rights. In: SKUTNABB-KANGAS, Tove & Robert PHILLIPSON (Hg.). *Linguistic Human Rights. Overcoming Linguistic Discrimination.* Berlin (u.a.): Mouton de Gruyter. 121-132.

JICK, T. D. 1979. Mixing Qualitative and Quantitative Methods: Triangulation in Action. In: *Administrative Science Quarterly* 24/4. 602-619.

KASOZI, A. B. K. 1994. *The Social Origins of Violence in Uganda 1964-1985.* Montreal (u.a.): McGill-Queen's University Press.

KAWOYA, V.F.K. 1985. Kiswahili in Uganda. In: MAW, J. & D. PARKIN (Hg.). 1985. *Swahili Language and Society.* Wien: AfroPub. 35-46.

KELLER, Reiner. 2007. *Diskursforschung. Eine Einführung für SozialwissenschaftlerInnen.* Wiesbaden: VS Verlag für Sozialwissenschaften.

KLEINING, Gerhard. 1982. Umriß zu einer Methodologie qualitativer Sozialforschung. In: *Kölner Zeitschrift für Soziologie und Sozialpsychologie* 34. 224-253.

KLOSS, Heinz. 1977. *The American bilingual tradition.* McHenry Delta Systems.

KNAPP, Werner. 2008. Die Inhaltsanalyse aus linguistischer Sicht. In: MAYRING, Philipp & Michaela GLÄSER-ZIKUDA (Hg.). *Die Praxis der Qualitativen Inhaltsanalyse.* Weinheim & Basel: Beltz Verlag. 20-36.

KNOBLAUCH, Hubert. 1991. Kommunikation im Kontext. John J. Gumperz und die Interaktionale Soziolinguistik. In: *Zeitschrift für Soziologie* 20/6. 446-462.

KNOBLAUCH, Hubert. 1995. *Kommunikationskultur. Die kommunikative Konstruktion kultureller Kontexte.* Berlin & New York: Walter de Gruyter.

KNOBLAUCH, Hubert. 2005. *Wissenssoziologie.* Konstanz: UVK Verlagsgesellschaft.

KOHLI, Martin. 1978. „Offenes" und „geschlossenes" Interview. Neue Argumente zu einer Kontroverse. In: *Soziale Welt* 29. 1-25.

KOMBO, Salum M. 1972. The Role of Swahili Language in Tanzania as Both National and Working Language. In: *Kiswahili* 42/1. 39-42.

KONTRA, Miklós, Robert PHILLIPSON, Tove SKUTNABB-KANGAS & Tibor VÁRADY (Hg.). 1999. *Language: A Rights and a Resource. Approaching Linguistic Human Rights.* Budapest: CEU Press.

KOTTHOFF, Helga. 1998. *Spaß Verstehen. Zur Pragmatik von konversationellem Humor.* Tübingen: Max Niemeyer Verlag.

KRAPPMANN. Lothar. 2000. *Soziologische Dimensionen der Identität. Strukturelle Bedingungen für die Teilnahme an Interaktionsprozessen.* Stuttgart: Klett-Cotta.

KRIPPENDORFF, K. 1969. Models of messages: three prototypes. In GERBNER, G. ET AL. (Hg.). *The analysis of communication content.* New York: Wiley.

KROSKRITY, Paul V. 2004. Language Ideologies. In: DURANTI, Alessandro (Hg.). *A Companion to Linguistic Anthropology.* Malden (u.a.): Blackwell Publishing. 496-517.

KUBE-BARTH, Sabine. 2009. The multiple facets of the urban language form, Nouchi. In: MCLAUGHLIN, Fiona (Hg.). *The Languages of Urban Africa.* London (u.a.): Continuum. 103-114.

KYMLICKA, Will & Alan PATTEN. 2003. Language Rights and Political Theory. In: *Annual Review of Applied Linguistics* 23. 3-21.

LABOV, William. 1966. *The Social Significance of Speech in New York City.* Washington D.C.: Centre for Applied Linguistics.

LABOV, WILLIAM. 1972. *Sociolinguistic Patterns.* Oxford: Basil Blackwell.

LABOV, William. 1984. Five methods of the project on linguistic chance and variation. In: BAUGH, John (u.a.) (Hg). *Language in Use: Readings in Sociolinguistics.* Englewood Cliffs (u.a.): Prentice Hall.

LABOV, William. 2001. *Principles of Linguistic Change. Social Factors.* Oxford: Blackwell Publishers.

LADEFOGED, Peter, Ruth GLICK & Clive CRIPER (Hg.). 1971. *Language in Uganda.* Dar es Salaam (u.a.): Oxford University Press.

LAMNEK, Siegfried. 2002. Qualitative Interviews. In: KÖNIG, Eckard & Peter ZEDLER (Hg.). *Qualitative Forschung.* Weinheim & Basel: Beltz Verlag. 157-194.

LAMNEK, Siegfried. 2005. *Gruppendiskussionen Theorie und Praxis.* Weinheim & Basel: Beltz Verlag.

LAPINSKI, Dariusz & Peter ROSENBERG. 2001. *Sprachnationalismus und die „Logik" ethnosprachlicher Konflikte. Vortrag zur Jahrestatgung 2002 der Gesellschaft für Angewandte Linguistik (GAL).* Passau.

LEOPOLD, Mark. 2005. "Why are we cursed?" Writing History and making Peace in North West Uganda. In: *Journal of the Royal Anthropological Institute* 11. 211-229.

LEWIS, M. Paul (Hg.), 2009. *Ethnologue: Languages of the World.* Dallas / Texas: SIL International. Online version: http://www.ethnologue.com

LIPPI-GREEN, Rosina. 2011. Accent, Standard Language Ideology, and the Discriminatory Pretext in the Courts. In: SCHIEFFELIN, Bambi B. & Paul B. GARRETT (Hg.). *Anthropological Linguistics. Critical Concepts in Language Studies. Volume III Talking about Language.* London & New York: Routledge. 252-288.

LÖW-WIEBACH, Danielle A. V. 2005. *Language Attitudes and Language Use in Pitmedden (Aberdeenshire)*. Frankfurt a.M. (u.a.): Peter Lang Verlag. LOOS, Peter & Burkhard SCHÄFFER. 2001. *Das Gruppendiskussionsverfahren*. Opladen: Leske und Budrich Verlag.

LUCY, John. 1992. *Grammatical Categories and Cognition: A Case Study of the Linguistic Relativity Hypothesis*. Cambridge: Cambridge University Press.

MAC GIOLLA CHRÍOST, Diarmait. 2003. *Language, Identity and Conflict. A comparative study of language in ethnic conflict in Europe and Eurasia*. London / New York: Routledge.

MAFFI, Luisa. 2000. Linguistic and Biological Diversity: The Inextricable Link. In: PHILLIPSON, Robert (Hg.). *Rights to Language. Equity, Power, and Education*. Mahwah (u.a.): Lawrence Erlbaum Associates. 17-22.

MAKONI, Sinfree. 2012. Language and human rights discourses in Africa. Lessons from the African Experience. In: *Journal of Multicultural Discourses* 7/1. 1-20.

MAKONI, Sinfree, Janina BRUTT-GRIFFLER & Pedzisai MASHIRI. 2007. The use of "indigenous" and urban vernaculars in Zimbabwe. In: *Language and Society* 36. 25-49.

MAMDANI, Mahmood. 1983. *Imperialism and fascism in Uganda*. Nairobi (u.a.): Heinemann.

MARTEN, Lutz & Nancy C. KULA. 2008. Zambia: 'One Zambia, One Nation, Many Languages". In: SIMPSON, Andrew (Hg.). *Language and National Identity in Africa*. Oxford (u.a.): Oxford University Press. 291-313.

MAU, Steffen. 2007. *Transnationale Vergesellschaftung. Die Entgrenzung sozialer Lebenswelten*. Frankfurt a. M.: Campus Verlag.

MAY, Stephen. 2001. *Language and Minority Rights. Ethnicity, Nationalism and the Politics of Language*. Harlow: Pearson Education Ltd.

MAYER, Horst O. 2006. *Interview und schriftliche Befragung: Entwicklung, Durchführung und Auswertung*. München: Oldenbourg.

MAYNTZ, Renate, Kurt HOLM & Peter HÜBNER. 1974. *Einführung in die Methoden der empirischen Soziologie*. Opladen & Köln: Westdeutscher Verlag.

MAYRING, Philipp. 2000. Qualitative Inhaltsanalyse. In: FLICK, Uwe, Ernst VON KARDOFF & Ines STEINKE (Hg.). *Qualitative Forschung Ein Handbuch*. Reinbeck: Rowhlts Enzyklopädie. 468-475.

MAYRING, Philipp. 2002. *Einführung in die Qualitative Sozialforschung*. Weinheim & Basel: Beltz Verlag.

MAYRING, Philipp. 2008a. Neuere Entwicklungen in der qualitativen For-schung und der Qualitativen Inhaltsanalyse. In: MAYRING, Philipp & Michaela GLÄSER-ZIKUDA (Hg.). Die Praxis der Qualitativen In-haltsanalyse. Weinheim & Basel: Beltz Verlag. 7-20.

MAYRING, Philipp. 2008b. Qualitative Inhaltsanalyse. Grundlagen und Tech-niken. Weinheim & Basel: Beltz Verlag.

MAYRING, Philipp & Eva BRUNNER. 2009. Qualitative Inhaltsanalyse. In: BUBER, Renate & Hartmut H. HOLZMÜLLER (Hg.). Qualitative Markt-forschung. Konzepte – Methoden – Analysen. Wiesbaden: Gabler Ver-lag. 669-680.

MAZRUI, Alamin M. 1995. Slang and Code-switching : The Case of Sheng in Kenya. In: Afrikanistische Arbeitspapiere 42. 168-179.

MAZRUI, Ali A. & Alamin M. MAZRUI. 1995. Swahili State and Society. The Political Economy of an African Language. Nairobi & London: East Af-rican Educaional Publishers & James Currey.

MAZRUI, Ali A. & Alamin M. MAZRUI. 1998. The Power of Babel. Language & Governance in the African Experience. Oxford: James Currey (u.a.).

MBALE DISTRICT. 2007. Mbale District Five Year Orphans and other Vulne-rable Children's Strategic Plan. Mbale 2007.
http://www.coreinitiative.org/Grants/rfa/East/Mbale_SP.pdf, 15.03.2012, 16.59h.

MCLAUGHLIN, Fiona. 2009. Introduction to the languages of urban Africa. In: MCLAUGHLIN, Fiona (Hg.). The Languages of Urban Africa. Lon-don & New York: continuum.

MCLAUGHLIN, Fiona. 2008. Senegal: The Emergence of a National Lingua Franca. In: SIMPSON, Andrew (Hg.). Language and National Identity in Africa. Oxford (u.a.): Oxford University Press. 79-97.

MEAD, George Herbert. 1934. Geist, Identität und Gesellschaft. Frankfurt am Main: Suhrkamp (1973).

MESTHRIE, Rajend. 2000. Clearing the Ground. In: MESTHRIE, Rajend, Joan SWANN, Andrea DEUMERT & William L. LEAP (Hg.). Introducing Sociolinguistics. Edinburgh: Edinburgh University Press. 1-43.

MEUSER, Michael. 2003. Ethnomethodologie. In: BOHNSACK, Ralf, Winfried MAROTZKI & Michael MEUSER (Hg.). Hauptbegriffe Qualita-tiver Sozialforschung. Opladen: Leske & Budrich.

MIEHE, Gudrun. 1995. Forschungsgeschichtliche Einleitung. In: MIEHE, Gudrun & Wilhelm J. G. MÖHLIG (Hg.). Swahili Handbuch. Köln: Rüdiger Köppe Verlag. 9-24.

MOONEY, Annabelle. 2011. What is Language? In: MOONEY, Annabelle ET AL. (Hg.). Language, Society and Power. An Introduction. London & New York: Routledge. 1-23.

MORAN-ELLIS, Jo ET AL. 2006. Triangulation and integration: processes, claims and implications. In: *Qualitative Research* 2006/6. S. 45-59.

MORDAUNT, O. G. 1991. Attitudes of Swazi teacher trainees toward the first official language. In: *Journal of Multilingual and Multicultural Development* 12/3. 205-219.

MPUGA, Douglas. 2003. *The Official Language Use Issue. A look at the Uganda experience. A Paper presented at the African Language Research Project Summer Conference Ocean City, Maryland. 1.-3.Juli 2003*. o.A.

MUKUTHURIA, Mwenda. 2006. Kiswahili and Its Expanding Roles of Development in East African Cooperation: A Case of Uganda. In: *Nordic Journal of African Studies* 15(2). 154-165.

MUSAU, Paul M. 2003. Linguistic Human Rights in Africa: Challenges and Prospects for Indigenous Languages in Kenya. In: *Language, Culture and Curriculum* 2003. 155-164.

MUSEVENI, Yoweri Kaguta. 1997. *Sowing the mustard seed: the struggle for freedom and democracy in Uganda*. London (u.a.): Macmillan.

MUSEVENI, Yoweri Kaguta. 2009. Letter from the President. In: *Daily Monitor 4.08.2009*.

MUSEVENI, Yoweri Kaguta. 2011. *Address to the Diplomats 14.05.2011*. http://ugandaemb.org/HE_SPEECH_TO_DIPLOMATIC_CORPS_14_MAY_2011.pdf, 12.03.2012, 19.30h.

MUTIBWA, Phares. 1992. *Uganda since Independence – A Story of Unfulfilled Hopes*. Trenton: Africa World Press.

MYERS-SCOTTON, Carol. 2006. *Multiple voices: an introduction to bilingualism*. Malden (u.a.): Blackwell Publishing.

NATIONAL CURRICULUM DEVELOPMENT CENTER (MINISTRY OF EDUCATION AND SPORTS). 2006. *Primary School Curriculum – P2*. Uganda: Ministry of Education and Sports.

NDHLOVU, Finex. 2009. *The Politics of Language and Nation Building in Zimbabwe*. Bern: Peter Lang Verlag.

NEWELL, Sasha. 2009. Enregistering Modernity, Bluffing Criminality: How Nouchi Speech Reinvented (and Fractured) the Nation. In: *Journal of Linguistic Anthropology* 19/2. 157-184.

NSIBAMBI, Apolo. 1971. Language Policy in Uganda: An investigation into costs and politics. In: *African Affairs* 70/278. 62-71.

NSIBAMBI, Rhoda. 2000. A language policy for national integration: Facilitators and inhibitors. In: In: PARRY, Kate (Hg.). *Language and Literacy in Uganda. Towards a sustainable reading culture*. Kampala: Fountain Publishers. 16-22.

NUSCHELER, FRANZ & KLAUS ZIEMER. 1980. *Politische Herrschaft in Schwarz-afrika: Geschichte und Gegenwart.* München: Beck Verlag.

OBOTE, Milton. 1967. Language and National Identification. In: LANGLEY, J. Ayo. *Ideologies of Liberation in Black Africa, 1856-1970.* http://www.blackpast.org/?q=1967-milton-apollo-obote-language-and-national-identification, 18.01.2011. 18.57h.

OCHS, Elinor. 2005. Constructing Social Identity: A Language Socialization Perspective. In: KIESLING, Scott F. & Christina BRATT PAULSTON (Hg.). *Intercultural Discourse and Communication. The Essential Readings.* Malden (u.a.): Blackwell Publishing. 78-91.

OGECHI, Nathan Oyori. 2003. On Language Rights in Kenya. In: *Nordic Journal of African Studies* 12/3. 277-295.

OKUKU, Juma. 2002. *Ethnicity, State Power and the Democratisation Process in Uganda.* Uppsala: Nordiska Afrikainstitutet.

OMARU-OTUNNU, Amii. 1992. The Struggle for Democracy in East Africa. In: *The Journal of Modern African Studies* 30/3. 443-463.

ONYANGO, James Ogola. 2010. Politics of Language in the Parliament of Kenya: A Discourse-Historical Approach Perspective. In: DE CILLIA, R. ET AL. (Hg.). *Diskurs Politik Identität. Discourse Politics Identity.* Tübingen: Stauffenberg Verlag. 313-324.

OPPENHEIM, B. 1982. An exercise in attitude measurement. In: BREAKWELL, Glynis M. (Hg.) *Social Psychology: A Practical Manual.* Basingstoke. Macmillan. 38-56.

ORGANISATION OF AFRICAN UNITY. 1976. *Cultural Charter for Africa.* Port Louis, Mauritius.

ORMAN, Jon. 2008. *Language Policy and Nation-Building in Post-Apartheid South Africa.* New York: Springer.

PAWLIKOVÁ-VILHANOVÁ, Viera. 1996. Swahili and the Dilemma of Ugandan Language Policy. In: *Asian and African Studies* 5. 158-170.

PHILIPS, Susan U. 2004. Language and Social Inequality. In: DURANTI, Alessandro (Hg.). *A Companion to Linguistic Anthropology.* Malden (u.a.): Blackwell Publishing. 474-495.

PHILLIPSON, Robert (Hg.). 2000. *Rights to Language. Equity, Power and Education.* Mahwah & London: Lawrence Erlbaum Associates Publishers.

PHILLIPSON, Robert . 2009. *Linguistic Imperialism Continued.* New York & London: Routledge.

PHILLIPSON, Robert & Tove SKUTNABB-KANGAS. 1995. Language rights in postcolonial Africa. In: SKUTNABB-KANGAS, Tove & Robert PHILLIPSON (Hg.). *Linguistic Human Rights. Overcoming Linguistic Discrimination.* Berlin & New York: Mouton de Gruyter. 335-345.

PHILLIPSON, Robert & Tove SKUTNABB-KANGAS. 2012. Commentary Article: Getting language rights right: A response to Makoni. In: *Journal of Multicultural Discourses* 7/1. 29-35.

RAMIREZ, Arnulfo. 1981. Language attitudes and the speech of Spanish-English bilingual pupils. In: DURAN, Richard (Hg.). *Latino language and communicative behaviour.* Norwood: Ablex. 217-235.

REH, Mechthild. 2001. Sprachpolitik. In: MABE, JACOB E. ET AL. (Hg.). *Das Afrika-Lexikon. Ein Kontinent in 1000 Stichwörtern.* Wuppertal & Weimar: Peter Hammer Verlag & Verlag J.B. Metzler. 578-579.

REH, Mechthild & Bernd HEINE. 1982. Sprachpolitik in Afrika mit einem Anhang: Bibliographie zur Sprachpolitik und Sprachplanung in Afrika. Hamburg: BuskeVerlag.

REISIGL, Martin. 2011. Kommunikationstypologien des Handlungsbereichs Politik. In: HABSCHEID, Stephan (Hg.). *Textsorten, Handlungsmuster, Oberflächen. Linguistische Typologien der Kommunikation.* Berlin & New York: Walter de Gruyter. 437-472.

REPUBLIC OF UGANDA. 1992. *The Government White Paper.* Kampala.

REPUBLIC OF UGANDA. 1995. *The Constitution of the Republic of Uganda.* Kampala.

REPUBLIC OF UGANDA. 2000. *Uganda Participatory Poverty Assessment Process – Kampala District Report.* Kampala.

REPUBLIC OF UGANDA. 2002. *Uganda Census 2002.*
http://www.ubos.org/onlinefiles/uploads/ubos/pdf%20documents/2002%20Census%20Final%20Reportdoc.pdf. 01.04.2012, 12.47h.

REPUBLIC OF UGANDA. 2006. *Uganda National Culture Policy.A Culturally vibrant, cohesive and Progressive Nation.* Kampala: Ministry Gender, Labour and Social Development.

REPUBLIC OF UGANDA. 2007. *Ministry of Gender, Labour and Social Development Sector Strategic Plan For Statistics (2006/7 – 2010/11) Strengthening Statistics for Planning.*
http://www.ubos.org/onlinefiles/uploads/ubos/pdf%20documents/PNSD/MGLSD%20SSPS.pdf, 01.04.2012, 13.03 h.

RICENTO, Thomas. 2002. Introduction. In: *International Journal of Social Languages* 154. 1-9.

RICENTO, Thomas & Barbara BURNABY (Hg.) 1998. *Language and Politics in the United States and Canada. Myths and Realities.* Mahwah: Lawrence Erlbaum Associates.

RILEY, Philip. 2008. *Language, Culture and Identity. An Ethnolinguistic Perspective.* London & New York: continuum.

RIVERA-MILLS, Susana Victoria. 2000. *New Perspectives on Current Sociolinguistic Knowledge with Regard to Language Use, Proficiency, and Attitude among Hispanics in the U.S. The Case of a Rural Northern California Community.* Lewiston (u.a.): The Edwin Mellers Press.

ROSENTHAL, Gabriele. 2005. *Interpretative Sozialforschung. Eine Einführung.* Weinheim & München: Juventa Verlag.

SAAH, Kofi K. 1986. Language Use and Attitudes in Ghana. In: *Anthropological Linguistics* 28/3. 367-377.

SACKS, Harvey, Emanuel A. SCHEGLOFF & Gail JEFFERSON. 1974. A simplest systematics for the organization of turn-taking for conversation. *Language, 50.* 696-735.

SAFRAN, William. 2005. Introduction: The Population Aspects of Language. In: SAFRAN, William & Jean A. LAPONCE (Hg.). *Language, Ethnic Identity and the State.* London & New York: Routledge. 1-14.

SAPIR, Edward. 1921. *Language: An Introduction to the Study of Speech.* New York: Harcourt Brace.

SCHÄFFER, Burkhard. 2001. Das Gruppendiskussionsverfahren in erziehungswissenschaftlicher Medienforschung. In: *Medienpädagogik* www.medienpaed.com. 1-20.

SCHIEFFELIN, Bambi. 1990. *The Give and Take of Everyday Life: Language Socialization of Kaluli Children.* Cambridge: Cambridge University Press.

SCHLINDWEIN, Simone. 2011. Tränengas zur Amtseinführung. In: *taz 13.05.2011.*

SCHMIDT-GRUNERT, Marianne (Hg.). 1999. *Sozialarbeitsforschung konkret. Problemzentrierte Interviews als qualitative Erhebungsmethode.* Freiburg: Lambertus.

SEARGEANT, Philip. 2009. Language ideology, language theory, and the regulation of linguistic behaviour. In: *Language Sciences* 31. 345-359.

SEARLE, John Rogers. 1971. What is a Speech Act. In: SEARLE, John Rogers (Hg.). *The Philosophy of Language.* London (u.a.): Oxford University Press. 39-53.

SELTING, Margret ET AL. 2009. Gesprächsanalytisches Transkriptionssystem 2 (GAT2). In: *Gesprächsforschung – Online Zeitschrift zur verbalen Interaktion* 10. 353-402.

SEMBUYA, Stephen. 2009. *Museveni's greatest speeches.* Sest Holdings.

SIKOSEK, Marcus. 2006. *Die neutrale Sprache: eine politische Geschichte des Esperanto-Weltbundes.* Bydgoszcz : Skonpres.

SIMPSON, Andrew. 2008. Introduction. In: SIMPSON, Andrew (Hg.). *Language and National Identity in Africa.* Oxford [u.a.]: Oxford University Press. S. 1-25.

SKUTNABB-KANGAS, Tove. 2000a. *Linguistic Genocide in Education or Worldwide Diversity and Human Rights?* Mahwah & London: Lawrence Erlbaum Associates Publishers.

SKUTNABB-KANGAS, Tove. 2000b. Human Rights and Language Wrongs – A Future for Diversity? In: *Language Science* 20/1. 5-27.

SKUTNABB-KANGAS, Tove. 2009. Multilingual Education for Global Justice: Issues, Approaches, Opportunities. In: SKUTNABB-KANGAS, Tove, Robert PHILLIPSON, Ajit K. MOHANTY & Minati PANDA (Hg.). *Social Justice through Multilingual Education.* Bristol (u.a.): Multilingual Matters. 36-62.

SKUTNABB-KANGAS, Tove, Miklós KONTRA & Robert PHILLIPSON. 2006. Getting Linguistic Human Rights Right: A Trio Response to Wee (2005). In: *Applied Linguistics* 27/2. 318-324.

SKUTNABB-KANGAS, Tove & Robert PHILLIPSON. 2003. Can languages other than English benefit from globalisation and Europeanisation? Language policy and language rights challenges. In: VIELBERTH, Johann & Guido DREXEL (Hg.). *Linguistic Cultural Identity and International Communication.* Saarbrücken: AQ-Verlag. 79-93.

SKUTNABB-KANGAS, Tove & Robert PHILLIPSON. 1989. *Wanted! Linguistic Human Rights.* Roskilde: Universitetscenter.

SKUTNABB-KANGAS, Tove & Robert PHILLIPSON. 1995. Linguistic Human Rights, past and present. In: SKUTNABB-KANGAS, Tove & Robert PHILLIPSON (Hg.). *Linguistic Human Rights. Overcoming Linguistic Discrimination.* Berlin & New York: Mouton de Gruyter. 71-110.

SKUTNABB-KANGAS, Tove, Robert PHILLIPSON, Ajit K. MOHANTY & Minati PANDA (Hg.). 2009. *Social Justice through Multilingual Education.* Bristol (u.a.): Multilingual Matters.

SMIEJA, Birgit 2003. *Language pluralism in Botswana – hope or hurdle?: A sociolinguistic survey on language and language attitudes in Botswana with special reference to the status and the use of English.* Frankfurt am Main: Peter Lang Verlag.

SMIT, Ute. 2000. Language attitudes and social change – the changing of Standard South African English. In: DEMINGER, Szilvia, Thorsten FÖGEN, Joachim SCHARLOT & Simone ZWICKL (Hg.). *Einstellungsforschung in der Soziolinguistik und Nachbardisziplinen. Studies in Language Attitudes.* Frankfurt a.M. [u.a.]: Peter Lang Verlag. 83-98.

SMITH, Anthony D. 1991. *National Identity.* Reno [u.a.]: University of Nevada Press.

SPITULNIK, Debra. 1998. Mediating Unity and Diversity: The Production of Language Ideologies in Zambian Broadcasting. In: SCHIEFFELIN, Bambi, Kathryn WOOLARD & Paul KROSKRITY (Hg.). *Language Ideologies: Practice and Theory.* Oxford: OxfordUniversity Press. 163-188.

STEIN, Dieter. 2004. *Weltsprache Englisch: Dominanz und Beherrschung. Oder: Ein bisschen Englisch können viele.* Düsseldorf: Universität Düsseldorf, Institut für Anglistik. http://www.phil-fak.uni-duesseldorf.de/anglist3/weltsprache_englisch.pdf, 15.03.2012, 16.09 Uhr.

STORCH, Anne. 1999. *Das Hone und seine Stellung im Zentral-Jukunoid.* Köln: Rüdiger Köppe Verlag.

STORCH, Anne. 2004. Traces of a Secret Language – Circumfixes in Hone (Jukun) Plurals. In: AKINLABI, Akinbiyi & Oluseye ADESOLA. *Proceedings of the 4th Congress of African Linguistics News Brunswick 2003.* Köln: Rüdiger Köppe Verlag.

STROUD, Christopher & Kathleen HEUGH. 2004. Language Rights and Linguistic Citizenship. In: FREELAND, Jane & Donna PATRICK (Hg.). *Language Rights and Language Survival.* Manchester & Northampton: St. Jerome Publishing. 191-218.

SURE, Kembo & Nathan O. OGECHI. 2009. *Linguistic Human Rights and Language Policy in the Kenyan Education System.* Addis Ababa: Organization for Social Science Research in Eastern and Southern Africa (OSSREA).

TEMBE, Juliet & Bonny NORTON. 2008. English education, local languages and community perspectives in Uganda. In: COWEL, Hywel (Hg.). *Dreams and Realities: Developing Countries and the English Language.* www.britishcouncil.org.

TITSCHER, S. & R. WODAK, M. MEYER & E. VETTER. 1998. *Methoden der Textanalyse.* Wiesbaden: VS Verlag für Sozialwissenschaften.

TOPAN, Farouk. 2008, Tanzania: The Development of Swahili as a National and Official Language. In: SIMPSON, Andrew (Hg.). *Language and National Identity in Africa.* Oxford (u.a.): Oxford University Press. 252-266.

TOUKOMAA, Pertti. 2000. The Linguistic Problem Child has Many Names. In: PHILLIPSON, Robert (Hg.). *Rights to Language. Equity, Power, and Education.* Mahwah & London: Lawrence Erlbaum Associates. 214-218.

TWADDLE, Michael. 1993. *Kakungulu and the creation of Uganda (1868-1928).* London (u.a.): James Currey (u.a.).

UGANDA BUREAU OF STATISTICS. 2011. *2010 mid-year projected population for Town Councils.* http://www.ubos.org/onlinefiles/uploads/ubos/pdf%20documents/TP52010.pdf; 01.11.2011, 18.49h.

UNO. 1992. *Declaration on the Rights of Persons Belonging to National or Ethnic, Religious and Linguistic Minorities.* New York: UNO.

UNDP. 2009. *Assessment of Development Results: Uganda.* New York. UNDP.

UNESCO. 2003. *Education in a multilingual world.* Paris: UNESCO.

UNICEF. 2008. Childinformation Uganda.
http://www.childinfo.org/files/ESAR_Uganda.pdf. 08.10.2010, 15.38h.

URCIUOLI, Bonnie. 1995. Language and Borders. In: *Annual Review of Anthropology* 24. 525-546.

UTZINGER, André. 2009. *Identities and institutions beyond the Nation State: the case of emerging European polity.* Zürich: Universität Zürich.

VAN DIJK, Teun A. 1997a. *Discourse and Structure Process.* London: Sage Publications.

VAN DIJK, Teun A. 1997b. (Hg.). *Discourse as social interaction.* London: Sage Publications.

VAN DIJK, Teun A., Stella TING-TOOMEY, Geneva SMITHERMAN & Denise TRONTMAN. 1997. Discourse, Ethnicity, Culture and Racism. In: VAN DIJK, Teun A. (Hg.). *Discourse as social interaction.* London: Sage Publications. 144-180.

VON ALBERTINI, Rudolf. 1976. *Europäische Kolonialherrschaft 1800-1940.* Freiburg: Atlantis.

VON ALEMANN, Ulrich. 2012. *Die politischen Parteien, die Medien und das Publikum.* Fernuniversität Hagen:
http://socio.ch/movpar/Alemann.htm, 08.03.2012, 16.27h.

VEREINTE NATIONEN. 1948. *Allgemeine Erklärung der Menschenrechte.* New York.

WAGNER, Wolfgang. 2006. Qualitative Inhaltsanalyse: Die soziale Konstruktion sicherheitspolitischer Interessen in Deutschland und Großbritannien. In: SIEDSCHLAG, Alexander (Hg.). *Methoden der sicherheitspolitischen Analysen – Eine Einführung.* Wiesbaden: VS-Verlag für Sozialwissenschaften. 169-188.

WARDHAUGH, Ronald. 1992. *An Introduction to Sociolinguistics.* Oxford & Cambridge: Blackwell.

WEBB, Vic. 1996. English and Language Planning in South Africa: The Flip-side. In: DE KLERK, Vivian (Hg.). *Focus on South Africa.* Amsterdam & Philadephia: John Benjamins. 175-190.

WIEBE, Nicola. 1998. *Uganda – keine gewöhnliche Demokratie. Politik und Institutionenwandel in transitionstheoretischer Perspektive (1986-1996).* Hamburg: LIT Verlag.

WITZEL, Andreas. 1982. *Verfahren der qualitativen Sozialforschung. Überblick und Alternativen.* Frankfurt a.M.: Campus Verlag.

WITZEL, Andreas. 2000. Das problemzentrierte Interview. In: *FQS Forum Qualitative Social Research* 1/1. 1-8.

WODAK, Ruth (Hg.). 2007. *Methods of Critical Discourse Analysis.* Los Angeles (u.a.): SAGE.

WOLFF, Stephan. 2000. 5.1 Wege ins Feld und ihre Varianten. In: FLICK, Uwe, Ernst VON KARDORFF & Ines STEINKE (Hg.). *Qualitative Forschung. Ein Handbuch.* Hamburg: Rowohlt Taschenbuch Verlag. 334-349.

WOOLARD, Kathryn A. 1998. Language Ideology as a Field of Inquiry. In: SCHIEFFELIN, Bambi, Kathryn WOOLARD & Paul KROSKRITY (Hg.). *Language Ideologies: Practice and Theory.* Oxford University Press. 3-47.

YOUNG, Crawford. 1976. *The Politics of Cultural Pluralism.* Wisconsin: The University of Wisconsin Press.

YOUNG, Crawford. 1994. *The African colonial state in comparative perspective.* New Haven (u.a.): Yale University Press.

ZENTELLA, Ana Celia. 1981. Language variety among Puerto Ricans. In: FERGUSON, Charles & Shirley BRICE HEATH (Hg.). *Language in the U.S.A.* New York: Cambridge University Press.

ZENTELLA, Ana Celia. 1997. *Growing up bilingual. Children in El Barrio.* New York: Basil Blackwell.

Schriften zur Afrikanistik –
Research in African Studies

Herausgegeben von Rainer Vossen

Band 1 Gabriele Sommer: Das Innere eines Ortes sehen. Dokumentation einer Sprachforschung in Botswana. 1999.

Band 2 Sabine Neumann: The Locative Class in Shengologa (Kgalagadi). 1999.

Band 3 Abdourahmane Diallo: Grammaire descriptive du pular du Fuuta Jaloo (Guinée). 2000.

Band 4 Pascal Boyeldieu: La langue bagiro (République Centrafricaine). Systématique, textes et lexique. 2000.

Band 5 Abdourahmane Diallo: Phonologie et morphologie des emprunts arabes en pular de Guinée. 2001.

Band 6 Doris Löhr: Die Sprache der Malgwa (Nárá Málgwa). Grammatische Erstbeschreibung einer zentraltschadischen Sprache Nordost-Nigerias. 2002.

Band 7 Ronny Meyer / Renate Richter: Language Use in Ethiopia from a Network Perspective. Results of a sociolinguistic survey conducted among high school students. 2003.

Band 8 Reinhard Klein-Arendt: Die traditionellen Eisenhandwerke der Savannen-Bantu. Eine sprachhistorische Rekonstruktion auf lexikalischer Grundlage. 2004.

Band 9 Koen A. G. Bostoen: Des mots et des pots en bantou. Une approche linguistique de l'histoire de la céramique en Afrique. 2005.

Band 10 Rosalie Finlayson / Sarah Slabbert (eds.): Language and Identities in a Postcolony. Southern African perspectives. 2005.

Band 11 Mohamed El-Mohammady Rizk: Women in Taarab. The Performing Art in East Africa. 2007.

Band 12 William A. A. Wilson: Guinea Languages of the Atlantic Group. Description and Internal Classification. Edited by Anne Storch. 2007.

Band 13 Zygmunt Frajzyngier: A Grammar of Gidar. 2008.

Band 14 Christa Kilian-Hatz: Contes des Pygmées Baka du Cameroun. 2008.

Band 15 Rose-Juliet Anyanwu: Fundamentals of Phonetics, Phonology and Tonology. With Specific African Sound Patterns. 2008.

Band 16 Stella Linn / Maarten Mous / Marianne Vogel (eds.): Translation and Interculturality: Africa and the West. 2008.

Band 17 Daniel Ochieng Orwenjo: Lexical Innovation in Child Language Acquisition. Evidence from Dholuo. 2009.

Band 18 Antje Meißner: Morphologische Aspekte in den dialektalen Varietäten des Maa. 2011.

Band 19 Gerald Stell: Ethnicity and Language Variation. Grammar and Code-switching in the Afrikaans Speech Community. 2011.

Band 20 Julia Maximiliane Becker: Sprachattitüden in Uganda. Sprachpolitik und interethnische Beziehungen. 2013.

www.peterlang.de